U0895926

贵阳统计年鉴2021

GUIYANG STATISTICAL YEARBOOK 2021

贵 阳 市 统 计 局
Compiled by Guiyang Bureau of Statistics
国家统计局贵阳调查队
NBS Survey Office in Guiyang
编
Compile

中国统计出版社
China Statistics Press

© 中国统计出版社有限公司 2021
版权所有。未经许可,本书的任何部分不得以任何方式在世界任何地区以任何文字翻印、拷贝、仿制或转载。

© 2021 China Statistics Press Co.,Ltd.
All rights reserved. No part of the publication may be reproduced or transmitted in any form or by any means, electronic or mechanical, including photocopying, recording, or any information storage and retrieval system, without written permission from the publisher.

图书在版编目(CIP)数据

贵阳统计年鉴 . 2021 = Guiyang Statistical Yearbook 2021 : 汉英对照 / 贵阳市统计局 , 国家统计局贵阳调查队编 . -- 北京 : 中国统计出版社 , 2021.12

ISBN 978-7-5037-9623-4

Ⅰ . ①贵… Ⅱ . ①贵… ②国… Ⅲ . ①统计资料—贵阳— 2021 —年鉴—汉、英 Ⅳ . ① C832.731-54

中国版本图书馆 CIP 数据核字 (2021) 第 170937 号

贵阳统计年鉴一 2021

作　　者 / 贵阳市统计局 国家统计局贵阳调查队
责任编辑 / 钟钰
装帧设计 / 岑琪
出版发行 / 中国统计出版社有限公司
地　　址 / 北京市丰台区西三环南路 6 号　　邮政编码 / 100073
电　　话 / 邮购 (010) 63376909　　书　　店 / (010) 68783171
网　　址 / http://www.zgtjcbs.com
印　　刷 / 贵阳标书王快印有限公司
经　　销 / 新华书店
开　　本 / 890mmx1240mm 1/16
字　　数 / 728 千字
印　　张 / 30.75
版　　别 / 2021 年 12 月第 1 版
版　　次 / 2021 年 12 月第 1 次印刷
定　　价 / 300.00 元　Price: 300.00 yuan (RMB)

如有印装差错, 由本社发行部调换。

《贵阳统计年鉴-2021》编辑委员会

编委会顾问： 马宁宇

编委会主任： 王　嶒

编委会副主任： 张传皓　　张　缨　　张　英

编　委　委　员： （排名不分先后）

马　骁	王　黔	韦鸿宁	毛志伟
邓　谦	艾　疆	龙　华	皮启荣
刘　刚	刘俐莎	刘桂均	孙　昕
牟克林	杜华智	李　伟	李华荣
李红卫	杨　波	吴义宁	吴永康
吴德刚	何　明	张　宇	张　斌
张建军	陈　刚	练余天	胡　琳
俞　洋	洪　兵	姚飞扬	秦永康
徐　进	唐　樾	梁显泉	梁淑莲
谢国波	路喜宏	管　路	戴世驹
魏燕飞			

《贵阳统计年鉴-2021》编辑人员

主　　编：	张　缨	张　英				
副 主 编：	沈　毅	杨　云	张　华	王远志	姚梦兰	严朋华
	李雪非	樊红梅	李亚雄	赵顶平	熊　银	
编辑部主任：	岑　琪					
编辑部副主任：	田　红					
分科主编：	袁明亮	肖　飞	徐　勇	申晓希	刘　贤	涂　彪
	路海燕	宋　伟	王小燕	熊武冬	李　堃	王　坤
	黎　静	罗　均	杨　敏	张　波	高　雯	胡婷婷
	欧阳铁	但修卫	徐　琼	罗庆玲	钟智评	田　烨
	马　龙	曾文革	刘　颖	史进明	蒋丘莎	卢　昀
	王　霞	杨露燕	张　圣			
编辑人员：	陈　謦	李　荣	余汪洋	黄　骞	吴雯竹	吴金平
	陈天娥	何　刚	令狐昌敏	张　萍	李茂华	贺　敬
	冯　倩	杨　航	付珊珊	熊　雁	藏丰芸	杨　丹
	尤平美	赵文溢				
电脑排版：	王思琴					

编 者 说 明

一、《贵阳统计年鉴—2021》是一部全面反映贵阳市国民经济和社会发展情况的资料性年刊，信息量大，综合性强。本书收录了2020年贵阳市经济和社会发展等各方面的统计数据以及改革开放以来的主要统计数据。

二、本年鉴内容包括：行政区划和自然资源；综合；人口与计划生育；从业人员及职工工资；固定资产投资；能源消费；工业；建筑业；农业；国内外贸易及旅游；交通、运输、邮电、城市公用事业；财政、税收；金融、证券、保险；城乡调查；科技、教育、文化、广播；卫生、体育、民政及其他；全国、全省及省会城市和副省级城市主要经济指标；附录。

三、本年鉴资料来源于统计年报、抽样调查和部门资料，部分统计指标的范围及统计口径变化在表下加有注释。

四、本年鉴部分数据合计数或相对数由于四舍五入而产生的计算误差均未作机械调整。

五、凡有以前出版的统计资料数据与本年鉴不一致的，均以本年鉴为准。

六、本年鉴县域经济中各区（市、县）资料有部分指标是区（市、县）属口径。

七、本年鉴表中的符号使用说明："空格"表示该项数据不详或无数据，"#"表示其中数，"–"表示该项指标取消或无可比性，无法计算。

本年鉴在编辑过程中得到有关部门的大力支持和帮助，在此深表感谢！由于时间紧、信息量大和水平有限，书中难免存在不足之处，为了更好地满足社会各界的需要，希望广大读者提出宝贵意见和建议。

2021年11月

preface

Ⅰ. Guiyang Statistical Yearbook 2021 (hereinafter Yearbook) is an annual statistical publication, which comprehensively reflects the economic and social development in Guiyang. It covers data of all aspects, such as economical and social development, of Guiyang in 2020 and key statistical data since the reform and opening–up of China.

Ⅱ. The Contents of This Yearbook Include: Divisions of Administrative Areas and National Resources; General Survey; Population and Family Planning; Employment and Wages; Investment in Fixed Assets; Energy Consumption; Industry; Construction; Agriculture; Domestic Trade, Foreign Trade and Tourism; Traffic, Transportation, Postal and Telecommunication Services, Urban Public Utilities; Government Finance and Taxation; Finance, Securities and Insurance; Urban and Rural Survey; Science and Technology, Education, Culture and Broadcast; Public Health, Sports, Civil Administration and Others; Major Economic Indicators of China, Guizhou Province, Provincial Capital and Deputy Provincial Cities in China; Appendix.

Ⅲ. The major data sources of this publication are obtained from annual statistical reports, sample surveys and document of related departments. Some statistical data in this yearbook have been adjusted accordingly, and we have made footnotes to these indicators.

Ⅳ. Statistical discrepancies of some statistical total number and relative number due to rounding are not adjusted in this yearbook.

Ⅴ. In case of any discrepancy of data between previous yearbook and this one, data in this Yearbook shall prevail.

Ⅵ. Some indicators of districts (city, county) in the Yearbook have their own regional standards.

Ⅶ. Notations used in this yearbook: “blank” indicates that data are not available or unknown; “#” indicates the major items of the table; “–” indicates the data are cancelled or not comparable, which are beyond number.

During the edition of this yearbook, we have won strong support from related departments, and we deeply thank for these all. Because of the massive information, limited time and our ability, some mistakes are unavoidable in the book. Any candid comments and criticism are welcome.

Nov. 2021

目　　录

CONTENTS

一、行政区划和自然资源

Divisions Of Administrative Areas And Natural Resources

二、综 合

General Survey

四、从业人员及职工工资

Employment and Wages

五、固定资产投资

Investment In Fixed Assets

六、能源消费

Energy Consumption

七、工 业

Industry

八、建筑业

Construction

九、农 业

Agriculture

十、国内外贸易及旅游

Domestic Trade,Foreign Trade and Tourism

十一、交通、运输、邮电、城市公用事业

Traffic, Transportation,Postal And Telecommunication Services,Urban Public Utilities

十二、财政、税收

Government Finance, Taxation

十三、金融、证券、保险

Banking, Securities,Insurance

十四、城乡调查

Urban and Rural Survey

十七、全国、全省及省会城市和副省级城市主要经济指标

Major Economic Indicators of China,Guizhou,Provincial Capitals and Deputy Provincial Cities in China

附 录

Appendix

One

行政区划和自然资源

Divisions Of Administrative Areas And Natural Resources

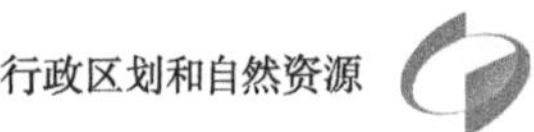

1-1 区(市、县)及乡(镇)、社区名称(2020年)

Name of Each District(City, county), Township (Town) Office and Community Office(2020)

区县(市) 名 称 District, County(City)	乡(镇、社区)名称 Township (Town and Community Office)				
南明区 Nanming	新华路街道 Xinhualu 河滨街道 Hebin 油榨街街道 Youzhajie 望城街道 Wangcheng 后巢乡 Houchao	西湖路街道 Xihulu 遵义街道 Zunyi lu 中曹司街道 Zhongcao si 水口寺街道 Shuikousi 永乐乡 Yongle	中华南路街道 Zhonghuamanlu 兴关路街道 Xingguan lu 二戈街道 Erge 小车河街道 Xiaochehe 云关乡 Yunguan	沙冲路街道 Shachong lu 太慈桥街道 Taiciqiao 五里冲街道 Wulichong 小碧布依族苗族乡 Xiaobi Bouyei and Miao Village	湘雅街道 Xiangya 花果园街道 Huaguoyuan 龙洞堡街道 Longdong bao
云岩区 Yunyan	文昌阁街道 Wenchangge 普陀路街道 Putuolu 头桥街道 Touqiao 马王街道 Mawang 渔安街道 Yuan	毓秀街道 Yuxiu 大营路街道 Dayinglu 三桥路街道 Sanqiao 茶园路街道 Chayuanlu 黔灵镇 Qianlin	八鸽岩街道 Bageyan 黔灵东路街道 Qianlingdonglu 盐务街街道 Yanwujie 杨惠街道 Yanghui	市西河街道 Shixihe 威清门街道 Weiqingmen 金关街道 Jinguan 水东路街道 Shuidonglu	
花溪区 Huaxi	阳光街道 Yangguang 黄河路街道 Huanghelu 高坡苗族乡 Gaopo Miao Village 孟关苗族布依族乡 Mengguan Miao and Bouyei Village	久安乡 Jiuan 贵筑街道 Guizhu 平桥街道 Pingqiao 燕楼镇 Yanlou 麦坪镇 Maiping	清溪街道 Qingxi 金筑街道 Jinzhu 黔陶布依族苗族乡 Qiantao Bouyei and Miao Village 马铃布依族苗族乡 Maling Bouyei and Miao Village	青岩镇 Qingyan 溪北街道 Xibei 小孟街道 Xiaomeng 石板镇 Shiban	
乌当区 Wudang	龙广路街道 Longguanglu 新场镇 Xinchang 羊昌镇 Yangchang	新创路街道 xinchuanglu 下坝镇 Xiaba 新堡布依族乡 Xinpu Bouyei Village	观溪路街道 guanxilu 百宜镇 Baiyi 偏坡布依族乡 Pianpo Bouyei Village	新光路街道 Xinguanglu 东风镇 Dongfeng	高新路街道 Gaoxinlu 水田镇 Shuitian

1-1 续表 (Continued)

区县(市)名称 District, County(City)	乡(镇、社区)名称 Township (Town and Community Office)
白云区 Baiyun	都拉营街道 dulaying 都拉布依族乡 Dula Bouyei Village 沙文镇 Shawen 大山洞街道 Dashandong 牛场布依族乡 Niuchang Bouyei Village 麦架镇 Maijia 云城街道 yuncheng 艳山红镇 Yanshanhong Town 龚家寨街道 gongjiazhai 泉湖街道 Quanhu
观山湖区 Guanshanhu	宾阳街道 binyang 金华园街道 Jinhuayuan 云潭街道 yuntan 金华镇 Jinhua 观山街道 Guanhu 朱昌镇 Zhuchang 世纪城街道 Shijicheng 百花湖镇 Baihuahu 长岭街道 changling
开阳县 Kaiyang	紫兴街道 Zixing 米坪乡 Miping 南江布依族苗族乡 Nanjiang Bouyei and Miao Village 楠木渡镇 Nanmudu 硒城街道 xicheng 宅吉乡 Zhaiji 云开街道 yunkai 龙岗镇 Longgang 毛云乡 Maoyun 高寨布依族苗族乡 Gaozhai Bouyei and Miao Village 双流镇 Shuangliu 永温镇 Yongwen 南龙乡 Nanlong 金中镇 Jinzhong 花梨镇 Huali 龙水乡 Longshui 禾丰布依族苗族乡 Hefeng Bouyei and Miao Village 冯三镇 Fengsan
息烽县 Xifeng	永阳街道 Yongyang 永靖镇 Yongjing 流长镇 Liuchang 小寨坝镇 Xiaozhaiba 鹿窝镇 Luwo 温泉镇 Wenquan 西山镇 Xishan 青山苗族乡 Qingshan 石硐镇 Shidong 九庄镇 Jiuzhuang 养龙司镇 Yanglongsi
修文县 Xiuwen	龙场街道 longchang 谷堡镇 Gupu 大石布依族乡 Dashi Bouyei Village 阳明洞街道 yangmingdong 小箐镇 Xiaoqing 龙场镇 Longchang 景阳街道 jingyang 六屯镇 Liutun 六广镇 Liuguang 扎佐街道 zhazuo 洒坪镇 Saping 六桶镇 Liutong 久长街道 jiuchang
清镇市 Qingzhen	青龙山街道 qinglongshan 流长苗族乡 Liuchang Miao Village 红枫湖镇 Hongfenghu 卫城镇 Weicheng 滨湖街道 binhu 王庄布依族苗族乡 Wangzhuang Bouyei and Miao Village 犁倭镇 Liwo 暗流镇 Anliu 巢凤街道 Chaofeng 麦格苗族布依族乡 Maige Miao and Bouyei Village 站街镇 Zhanjie 新店镇 Xindian

1-2 行政区划(2020 年)
Administrative Divisions(2020)

单位：个 (unit)

区(市、县)名 称	District (City, County)	乡 Township	民族乡 Ethnic Township	镇 Town	社区居委会 Community Council	村民委员会 Village Committee	社区服务中心 Community Service Center	社区服务机构 Community Service Institution
贵阳市	**Guiyang**	**9**	**17**	**45**	**661**	**912**	**80**	**2797**
南明区	Nanming	3	1		180	29		226
云岩区	Yunyan			1	159	19		204
花溪区	Huaxi	1	4	4	58	122		275
乌当区	Wudang		2	6	34	76	13	199
白云区	Baiyun		2	3	41	56	7	188
观山湖区	Guanshanhu			3	85	49	13	171
开阳县	Kaiyang	5	3	7	25	111	18	305
息烽县	Xifeng		1	9	17	161	10	427
修文县	Xiuwen		1	6	18	108	12	303
清镇市	Qingzhen		3	6	44	181	7	499

注：社区服务机构包括：社区服务中心、社区服务站、社区养老机构、社区互助型养老机构、其他社区服务机构；其中包括市本级 1 个。
Community Service Institutions include service center, service station, pension agency, mutual aid retirement organization and others, among which there is a city at corresponding level.

1-3 区(市、县)土地面积(2020 年)
Areas of District(City,County)(2020)

单位：平方公里 (sq.km)

区(市、县)名 称	District (City, County)	面 积 Area
贵阳市	**Guiyang**	**8043.37**
南明区	Nanming	209.28
云岩区	Yunyan	91.65
花溪区	Huaxi	964.15
乌当区	Wudang	683.22
白云区	Baiyun	269.52
观山湖区	Guanshanhu	307.64
开阳县	Kaiyang	2023.32
息烽县	Xifeng	1036.53
修文县	Xiuwen	1071.47
清镇市	Qingzhen	1386.58

注：土地面积数据来源于市自然资源和规划局。
The data of land areas are from Guiyang Municipal Natural Resources and Planning Bureau.

1-4 气象情况 (2020 年)

指　　标	Item	年 Year	一　月 January	二　月 February
平均气温 (℃)	Average Temperature (℃)	14.9	6.2	8.9
平均最高气温 (℃)	Average Highest Temperature (℃)	19.1	9.9	12.9
平均最低气温 (℃)	Average Lowest Temperature (℃)	12.3	3.8	6.4
极端最高气温 (℃)	Annual Highest Temperature (℃)	34.3	19.5	22.6
极端最高气温出现日期 (日)	Occurring Date of Annual Highest Temperature (day)	5月7日	1月2日	2月29日
极端最低气温 (℃)	Annual Lowest Temperature (℃)	-3.8	-1.1	-0.9
极端最低气温出现日期 (日)	Occurring Date of Annual Lowest Temperature (day)	12月17日	1月28日	2月16日
总降水量 (mm)	Total Precipitation (mm)	1378.0	69.2	39.5
一日最大降水量 (mm/日)	Daliy Precipitation (mm/day)	69.9	28.4	13.6
最大降水量出现日期 (日)	Occurring Date of Maximum Daily Precipitation (day)	9月14日	1月25日	2月15日
最长连续降水日数 (天)	Longest Continuous Rainy Days (day)	19	4	4
最长连续无降水日数 (天)	Longest Continuous Dry Days (day)	15	3	3
雨 (天)	Rain (day)	242	22	19
雾 (天)	Fog (day)	58	10	9
露 (天)	Dew (day)	30	1	3
雪 (天)	Snow (day)	7	2	3
结　冰 (天)	Freeze (day)	7	3	
霜 (天)	Frost (day)	2	1	
平均气压 (百 帕)	Average Atmospheric Pressure (100 Pa)	877.8	880.0	881.5
平均相对湿度 (%)	Relative Humidity (%)	82	88	84
日照时数 (小 时)	Sunshine Hours (hour)	1288.1	62.9	63.3

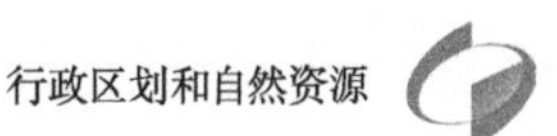

Basic Statistics on Meteorology(2020)

三 月 March	四 月 April	五 月 May	六 月 June	七 月 July	八 月 August	九 月 September	十 月 October	十一月 November	十二月 December
12.4	13.4	20.9	22.4	23.7	23.8	18.8	14.2	11.1	3.3
17.1	18.4	26.0	26.3	27.7	28.7	22.0	18.2	15.4	6.1
9.5	10.1	17.6	20.1	21.2	20.7	16.9	11.8	8.1	1.6
28.3	27.4	34.3	29.2	30.7	31.8	32.0	25.8	25.0	15.3
3月21日	4月16日	5月7日	6月29日	7月24日	8月27日	9月2日	10月3日	11月18日	12月28日
3.1	4.2	14.4	13.8	18.6	18.1	12.7	6.4	2.2	-3.8
3月29日	4月12日	5月26日	6月3日	7月28日	8月26日	9月18日	10月20日	11月28日	12月17日
22.7	77.7	197.8	213.2	290.7	48.0	288.4	96.1	17.8	16.9
3.2	26.3	34.2	60.9	55.3	24.4	69.9	38.4	6.3	3.1
3月29日	4月11日	5月15日	6月5日	7月8日	8月21日	9月14日	10月4日	11月2日	12月11日
6	5	4	7	6	6	19	7	6	12
3	3	8	5	5	7	9	6	15	8
21	22	20	22	15	20	27	19	13	22
4	3	3	2	2		6	4	5	10
1	1	6	3	5	9			1	
									2
									4
1									
877.4	880.0	874.0	871.5	871.7	873.0	876.8	881.8	883.0	883.3
80	78	75	83	81	75	90	84	78	86
106.1	111.2	178.1	109.3	146.4	190.2	53.5	102.5	133.7	30.9

1-5 自然资源(2020 年)
Natural Resources(2020)

指　标		Item		数　量 Amount
土　地		**Land**		
国土面积	(平方公里)	Total Land Area	(sq.km)	8043.37
耕地面积	(平方公里)	Total Land Area	(sq.km)	2554.99
建成区面积	(平方公里)			534.00
气　候		**Climate**		
平均温度	(℃)	Average Temperature	(℃)	14.9
极值高温	(℃)	Highest Temperature	(℃)	34.3
极值低温	(℃)	Lowest Temperature	(℃)	-3.8
年降水量	(毫 米)	Annual Precipitation	(mm)	1378.0
平均相对湿度	(%)	Average Relative Humidity	(%)	82.0
日照时数	(小 时)	Sunshine Hours	(hour)	1288.1
森　林		**Forest**		
森林面积(管护面积)	(万亩)	Forest Area(guarded)	(Ten thousand mu)	648
森林覆盖率	(%)	Forest Coverage Rate	(%)	55.0
水　利		**Water Conservancy**		
地表水资源总量	(亿立方米)	Annual Average Surface Water Resources	(100 million cu.m)	55.52
地下水资源总量	(亿立方米)	Annual Average Underground Water Resources	(100 million cu.m)	14.01
河长 10 公里以上或流域面积大于 20 平方公里河流	(条)	Number of River over 10 Kilometres Long or with Drainage Area over 20 Square kilometers	(line)	
多年平均径流量	(亿立方米)	Average Runoff	(100 million cu.m)	
水能理论蕴藏量	(万千瓦)	Hydroenergy Reserves in Theory	(10 000 kwh)	
水能可开发量	(万千瓦)	Available Hydroenergy Resources	(10 000 kwh)	
大中型水库总容量	(亿立方米)	Total Capacity of Large and Medium-sized Reservoirs	(100 million cu.m)	28.52
矿　产	**(保有储量)**	**Ensured Reserves of Minerals**		
铝　土	(亿 吨)	Alumina	(100 million tons)	5.51
磷	(亿 吨)	Phosphorus	(100 million tons)	13.10
煤	(亿 吨)	Coal	(100 million tons)	20.12

注：1) 国土面积、耕地面积、建成区面积数据来源于市自然资源和规划局；
2) 森林面积(管护面积)是指贵阳市天然林资源保护二期工程森林管护面积。

a) Data of land area and cultivated area are from Guiyang Guiyang Municipal Natural Resources and Planning Bureau.;
b) Forest area (guarded) refers to areas of guarded forest in the second phase of the natural forest resources protection project of Guiyang.

主要统计指标解释

行政区划 指国家对行政区域的划分。根据宪法规定，我国的行政区域划分如下:(1) 全国分为省、自治区、直辖市;(2) 省、自治区分为自治州、县、自治县、;(3) 自治州分为县、自治县、市;(4) 县、自治县分为乡、民族乡、镇:(5) 直辖市和较大的市分为区、县:(6) 国家在必要时设立的特别行政区。

气 候 指地球与大气之间长期能量交换与质量交换所形成的一种自然环境状态，它是多种因素综合作用的结果。气温、降水、混度等气象要素的多年平均值是用来描述一个地区气候状况的主要参数，而各种气象要素某年、某月的平均值(或总量)则可以反映出该时期天气气候状况的重要特征。

自然资源 指人类可以直接从自然界获得，并用于生产和生活的物质资源。自然资源一般可以分成可再生资源和非再生资源两大类。可再生资源指在较短时间内可以再生、可以循环利用的资源，包括土地资源、水资源气候资源、生物资源和海洋资源等。非再生资源指在使用后不能再生的资源，包括矿产资源和地热能源。

国 土 指中华人民共和国国家管辖下的领土、领海和领空。

耕地面积 指经过开垦用以种植农作物并经常进行耕耘的土地面积。包括种有作物的土地面积、休闲地、新开荒地和抛荒未满三年的土地面积。

森林面积 指由乔木树种构成，郁闭度 0.2 以上(含 0.2) 的林地或冠幅宽度 10 米以上的林带的面积，即有林地面积。森林面积包括天然起源和人工起源的针叶林面积、阔叶林面积、针阔混交林面积和竹林面积，不包括灌木林地面积和疏林地面积。

森林覆盖率 指一个国家或地区森林面积占土地总面积的百分比。森林覆盖率是反映森林资源的丰富程度和生态平衡状况的重要指标。在计算森林覆盖率时，森林面积包括郁闭度 0.2 以上的乔木林地面积和竹林地面积，国家特别规定的灌木林地面积、农田林网以及四旁(村旁、路旁、水旁、宅旁)林木的覆盖面积。计算公式为:

森林覆盖率 (%)= 森林面积 / 土地总面积 x100%

气 温 指空气的温度，我国一般以摄氏度(℃)为单位表示。气象观测的温度表是放在离地面约 1.5 米处通风良好的百叶箱里测量的，因此，通常说的气温指的是离地面 1.5 米处百叶箱中的温度。其统计计算方法为:

月平均气温是将全月各日的平均气温相加，除以该月的天数而得。

年平均气温是将 12 个月的月平均气温累加后除以 12 而得。

相对湿度 指空气中实际所含水蒸气密度和同温度下饱和水蒸气密度的百分比值。其统计方法与气温相同。

降水量 指从天空降落到地面的液态或固态(经融化后)水,未经蒸发、渗透、流失而在地面上积聚的深度。其统计计算方法为:

月降水量是将全月各日的降水量累加而得。

年降水量是将12个月的月降水量累加而得。

日照时数 指太阳实际照射地面的时间。其统计方法与降水量相同。

水资源 水在自然界中以固体、液体和气态三种聚集状态存在,分布于海洋、陆地(包括土壤)以及大气之中,通过水循环形成水资源。水资源包括经人类控制并直接可供灌溉、发电、给水、航运、养殖等用途的地表水和地下水,以及江河、湖泊、井、泉、潮汐、港湾和养殖水域等。水资源是发展国民经济不可缺少的重要自然资源。

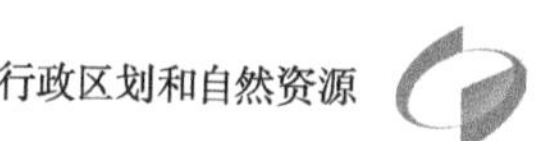

Explanatory Notes on Main Statistical Indicators

Divisions of Administrative Areas refer to the division of administrative areas by the State. The constitution says that l) the whole country is divided into provinces, autonomous regions and municipalities directly under the Central Govemment; 2) provinces and autonomous regions are further divided into autonomous prefectures, coun. ties , autonomous counties and cities ; 3) autonomous prefectures are further divided into counties , autonomous coun. ties and cities ; 4) counties and autonomous counties are further divided into townships, ethnic townships and towns;5)municipalities directly under the Central Govemment and large cities are divided into districts and counties, 6) the State shall, when necessary, establish special administrative regions.

Climate refers to the natural environmental status formed by the long - term exchange of energy and mass be tween the earth and the atmosphere , and is the result of interaction of many factors. The avernge values across sever al years of meteorological factors such as temperature , rainfall and humidity are used as important parameters to de. scribe the climate of a region, while the average values (or total values) of a given year or month of meteorological factors reflect the key characteristics of climate for that period of time.

Natural Resources refer to material resources that could be obtained from the nature by human being and used for production and living. Natural resources in general can be classified as renewable resources and non - re- newable resources. Renewable resources refer to resources that could be renewed and recyeled during a relatively short period of time, including land resource, water resource, climate resource, biology resource and marine re- source.Non-renewable resources include resources that could not be renewed, such as minerals and geothermal re-source.

Territory refers to territorial land, sea and air space under the administration of the People's Republic of China.

Area of Cultivated Land refers to area of land reclaimed for the regular cultivation of various farm crops, in. cluding crop-cover land , fallow, newly reclaimed land and land laid idle for less than 3 years.

Forest Area refers to wooded area, i.e. the area of forest where trees and bamboo grow with a canopy density above 0.2 (inclusive) or a crown width above 10 meters, including natural and planted coniferous forest, broad - leaved forest, mixed forest, and bamboo groves, but excluding shrubbery and open forest.

Forest Coverage Rate refers to the ratio of area of afforested land to total land area. lt is a very important in- dicator that reflects the status of abundance of forest resource and balance of the ecosystem. Forest land includes the area of trees and bamboo growing with a canopy density above 0. 2. the area of shrubby trees according to regulations of the govemment, the area of forest land inside farm land and the area of trees planted by the side of villages, farm houses and along roads and rivers. The fomula for calculating forest coverage rate is as follows:

Forestry coverage mte(%)=Area of Afforested Landx100% Area of Total Land

Temperature refers to the air temperature. China uses centigrade as the unit. The thermometry used for weather observation is put in a breezy shutter, which is 1.5 meters high from the ground. Therefore, the commonly used temperature refers to the temperature in the breezy shutter 1.5 meters away from the ground. The calculation method is as follows:

Monthly average temperature is the summation of average daily temperature of one month divided by the actual days of that particular month.

Annual average temperature is the summation of monthly average of a year divided by 12 months.

Relative Humidity refers to the ratio of actual water vapour pressure to the saturation water vapour density under the current temperature. The calculation method is the same as that of temperature.

Volume of Precipitation refers to the deepness of liquid state or solid state(thawed) water falling from the sky to the ground that has not been evaporated, infiltrated or run off. The calculation method is as follows.

Monthly precipitation is the summation of daily precipitation of a month. Annual precipitation is the summation of 12 months precipitation of a year.

Sunshine Hours refer to the actual hours of sun irradiating the earth. The calculation method is the same as that of the precipitation.

Water Resource Water exists in the nature in solid, liquid and gaseous states, is distributed in the ocean. land (including earth) and air, and constitutes the water resource through the circulation of water. Water resource includes surface water and ground water that is controlled by the human being for irrigation, power - generation, wa. ter supply, navigation and cultivation. It also includes rivers, lakes, wells, springs, tides, gulf and water area for cultivation. Water resource as an important natural resource is indispensable for the development of the national economy.

Surface Water and Ground Water Water on earth can be divided into surface water and ground water ac cording to its distribution. Surface water refers to different forms of water existing in rivers, lakes, swamps, glaciers. icecaps and so on. It is also called land water. Ground water refers to water deposited underground in crannies and holes of saturated rock soil and in water - eroded caves. Guiyang city belongs to the karst area, shallow groundwater eventually become a part of surface runoff, the total amount of the surface water resources

Total Water Resources refer to total volume of water resources measured as run - off for surface water from rainfall and recharge for groundwater in a given area, excluding transit water

Mineral Resources refer to useful minerals that can be used for industrial or agricultural purposes enriched in lithosphere or on earth surface due to geological processes.

综 合

General Survey

2-1 国民经济主要指标
Main Indicators of National Economy

指　　标	Item	2016	2017	2018	2019	2020	2020 年比 2019 年增长 (%) Growth Rate in 2020 over 2019 (%)
年末总人口(常住半年及以上)(万 人)	Population at Year-end(half year and above) (10 000 persons)	555.20	574.91	583.24	594.62	598.98	0.7
年平均人口(常住半年及以上)(万 人)	Annual Average Population(half year and above) (10 000 persons)	544.25	565.06	579.08	588.93	596.80	1.3
人口密度 (人/平方公里)	Population Density (person/sq.km)	690.26	714.76	725.12	739.27	744.69	0.7
生产总值(现价) (万 元)	GDP(current Price) (10 000 yuan)	31577101	35379637	37249700	40396000	43116518	5.0
第一产业 (万 元)	Primary Industry (10 000 yuan)	1371360	1473307	1531100	1613400	1783134	6.4
第二产业 (万 元)	Secondary Industry (10 000 yuan)	12187910	13751804	13747500	14954100	15525913	5.5
工　业 (万 元)	Industry (10 000 yuan)	7713303	8725688	8178300	8690000	8836847	4.5
建筑业 (万 元)	Construction (10 000 yuan)	4474608	5026116	5580800	6276700	6702067	7.0
第三产业 (万 元)	Tertiary Industry (10 000 yuan)	18017831	20154526	21971100	23828500	25807471	4.4
人均生产总值 (元)	Per Capita GDP (yuan)	51954	58037	64326	68592	72246	3.6
规模以上工业增加值增速(%)	Gross Output Value of Enterprises Above Designated Size (%)	9.9	9.7	7.4	6.3	6.1	-0.2 个百分点
农林牧渔业总产值 (万 元)	Gross Output Value of Agriculture, Forestry, Animal Husbandryand Fishery (10 000 yuan)	2256078	2479970	2562556	2701975	3052786	6.5
固定资产投资总额增速 (%)	Total Investment in Fixed Assets (%)	20.5	18.1	15	1.5	2.7	1.2 个百分点
社会消费品零售总额 (万 元)	Total Retail Sales of Consumer Goods (10 000 yuan)	15427633	17417921	19014470	20528549	22561694	6.6
建筑业总产值(当年价)(万 元)	Gross Output Value of Construction (current price) (10 000 yuan)	15621000	18360977	20470800	23144700	25468561	10.0
财政总收入 (万 元)	General Financial Revenue(10 000 yuan)	7177007	7828488	9032558	9013499	8815111	-2.2
#一般公共预算收入(万 元)	Public Budgetary Revenue(10 000 yuan)	3663181	3778473	4113402	4172610	3981279	-4.6
#税收收入 (万 元)	Tax Revenue (10 000 yuan)	2837769	2964789	3198440	3173773	3062936	-3.5
一般公共预算支出 (万 元)	Public Budgetary Expenditure(10 000 yuan)	5252621	5824776	6242193	7188224	6781587	-5.7
进出口总额 (万美元)	Total Value of Imports and Exports (10 000 USD)	392747	299156	349380	415115	599959	44.7
金融机构人民币各项存款余额 (亿 元)	Total Deposits of Financial Institutions (100 million yuan)	9928.30	10814.51	11357.44	11936.17	12485.17	4.6
金融机构人民币各项贷款余额 (亿 元)	Loan Balance of Financial Institutions (100 million yuan)	9153.20	10403.12	12412.75	14057.59	15799.15	12.4
在岗职工平均工资 (元)	Average Wage of On-post Staff (yuan)	70535	73939	82685	92650	101829	9.9
城镇常住居民人均可支配收入 (元)	Per Capita Disposable Income of Urban Households (yuan)	29502	32186	35115	38240	40305	5.4
农村常住居民人均可支配收入 (元)	Per Capita Disposable Income of Rural households (yuan)	12967	14264	15648	17275	18674	8.1

注：1) 本表绝对数为当年价格，增长速度按可比价格和可比口径计算；
2) 城镇(农村)常住居民人均可支配收入为实际增长(已扣除物价因素)；
3) 在岗职工平均工资为城镇非私营单位口径，包含劳务派遣人员。

a) The absolute figures in this table are calculated at current prices, whereas the growth rates are calculated at comparable prices.
b) Annual per capita disposable income of urban household and rural household refers to real increase, allowing for inflation.
c) Average wage of employed persons in Urban Non-Private units,and included wage of dispatched persons.

2-2 国民经济主要指标结构

The Ratio between the Main Indicators of the National Economy

单位: %　　(%)

指　标	Item	2016	2017	2018	2019	2020
生产总值三次产业	**GDP of Three Industries**					
第一产业	Primary Industry	4.3	4.2	4.1	4.0	4.1
第二产业	Secondary Industry	38.6	38.9	36.9	37.0	36.0
第三产业	Tertiary Industry	57.1	57.0	59.0	59.0	59.9
年末常住人口	**Permanent Residentsat Year-end**					
按城镇、乡村	Grouped by Residence					
城　镇	Urban Population	74.2	74.8	75.4	76.1	80.1
乡　村	Rural Population	25.8	25.2	24.6	23.9	19.9
按性别	Grouped by Gender					
男	Male	51.2	51.0	51.2	51.5	51.1
女	Female	48.8	49.0	48.8	48.5	48.9
农林牧渔业增加值比例（现价）	**Added Value Proportion of Agriculture,Forestry, Animal Husbandry and Fishery(current price)**					
农　业	Agriculture	66.8	67.5	70.4	72.1	70.0
林　业	Forestry	0.6	0.7	1.0	1.0	1.2
牧　业	Animal Husbandry	25.3	24.7	22.0	20.1	22.3
渔　业	Fishery	1.1	1.1	0.2	0.3	0.3
农林牧渔专业及辅助性活动	Services of Agriculture,Forestry,Animal Husbandry and Fishery	6.2	6.1	6.4	6.5	6.1
规模以上工业增加值中轻重工业比例	**Industrial Added Value Proportion of Light and Heavy Industry in the Enterprises Above Designated Size**					
轻工业	Light Industry	49.2	49.4	49.8	49.8	45.9
重工业	Heavy Industry	50.8	50.6	50.2	50.2	54.2
规模以上工业增加值经济类型结构	**Economic Structure of Industrial Added Value in the Enterprises Above Designated Size**					
国有企业	State-owned Enterprises	27.4	27.6	33.2	32.4	13.1
集体企业	Collective-owned Enterprises	0.2	0.2	0.1	0.2	
股份合作企业	Joint—equity Cooperative Enterprises					
联营企业	Joint Ownership Enterprises					
有限责任公司	Limited Liability Companies	36.5	40.9	38.2	34.4	54.5
股份有限公司	Companies Limited by Shares	11.8	9.5	10.5	10.1	11.6
私营企业	Private Enterprises	14.9	14.9	12.4	16.6	15.3
其他企业	Other Enterprises			0.1		
港澳台投资企业	Enterprises with Funds from Hong Kong, Macao and Taiwan	4.8	4.1	1.9	3.4	3.1
外商投资企业	Enterprises with Foreign Investment	4.4	2.9	3.5	2.9	2.4

注：2020年农林牧渔业比例为总产值比例。
The data of 2020 are Gross output value proportion of Agriculture ,Forestry,Animal Husbandry and Fishery.

2-2 续表 1 (Continued)

单位：%　　　　(%)

指　　标	Item	2016	2017	2018	2019	2020
建筑业总产值	**Gross Output Value of Construction**					
国有及国有控股	State-owned and State-holding Enterprises	76.7	67.6	60.6	60.6	66
非国有经济	Non-state-owned Economy	23.3	32.4	39.4	39.4	35.2
固定资产投资	**Investment in fixed Assets**					
第一产业	Primary Industry	4.4	2.6	2.1	2.0	3.8
第二产业	Secondary Industry	19.7	11.5	10.9	11.0	11.1
第三产业	Tertiary Industry	75.9	85.9	52.4	87.0	85.1
交通运输业	Transportation					
货运量	Structure of Freight Traffic					
铁　路	Railways	3.4	2.7	2.7	2.1	2.1
公　路	Highways	96.6	97.2	97.2	97.9	97.9
航　空	Aviation					
水　运	Waterways					
客运量	Structure of Passenger Traffic					
铁　路	Railways	3.3	3.5	3.8	3.7	2.7
公　路	Highways	94.3	93.8	93.6	93.5	95.5
航　空	Aviation	2.3	2.5	2.5	2.4	1.8
水　运	Waterways	0.1	0.3	0.2	0.3	0.1
金融业	**Financial Intermediation**					
金融机构人民币各项存款余额	Structure of Total Savings Deposit Balance					
# 住户存款	Personal Savings Deposit	25.0	24.5	25.0	26.5	29.2
财政性存款	Fiscal Deposits	4.5	5.8	5.2	2.7	3.9
金融机构人民币贷款余额	Balance of Depositsin Financial Institutions					
# 短期贷款	Short -term Loans	3.3	3.1	3.2	3.4	2.9
中长期贷款	Medium&Long-term Loans	15.88	16.58	17.24	19.01	19.54

2-2 续表 2 (Continued)

单位：%　　(%)

指 标	Item	2016	2017	2018	2019	2020
人民生活	**People's Living Conditions**					
城镇居民消费性支出	**Consumption Structure of Urban Residents**					
# 食品烟酒	Food,Tobacco and Liquor	31.5	30.6	27.8	30.8	31.2
衣着类	Clothing	7.2	7.0	7.5	7.8	7.9
居 住	Residence	19.6	19.5	19.6	18.8	21.4
生活用品及服务	Articles for Daily Use and Services	7.1	7.0	6.5	5.8	6.3
交通通信	Transport and Communications	12.5	12.8	18.0	14.8	13.6
教育文化娱乐	Education,Culture and Recreation	14.9	14.9	11.8	12.6	10.4
医疗保健	Medicines and Medical Services	5.2	5.9	6.3	6.5	6.9
其他用品和服务	Other Articles and Services	1.9	2.3	2.4	2.9	2.3
农村居民生活消费支出	**Consumption Structure of Rural Residents**					
# 食品烟酒	Food,Tobacco and Liquor	28.1	27.2	23.7	24.1	26.9
衣着类	Clothing	6.7	6.9	6.3	6.3	6.1
居 住	Residence	27.1	25.6	26.2	25.1	24.9
生活用品及服务	Articles for Daily Use and Services	6.4	6.4	5.9	5.9	6.1
交通通信	Transport and Communications	14.6	17.1	21.1	21.6	18.0
教育文化娱乐	Education,Culture and Recreation	10.8	9.8	8.4	8.4	8.1
医疗保健	Medicines and Medical Services	4.9	5.4	7.0	7.2	7.9
其他用品和服务	Other Articles and Services	1.5	1.7	1.4	1.5	1.9

注：1) 2000–2018 年数据根据四经普数据进行修订。
2) 农林牧渔业增加值 2002 年以后按新标准划分，2006 年、2007 年农业为第二次农业普查调整数，2010 年按国家对粮食生产核实数作相应调整；
3) 2000–2011 年规模以上工业增加值口径为年主营业务收入 500 万元及以上工业企业；2012 年起为年主营业务收入 2000 万元及以上工业企业。

a) Data from 2000 to 2018 are revised according to the fourth economic census.
b) The added value of agriculture, forestry, animal husbandry and fishery is calculated according to the new cretiea since 2002, The data of agriculture in 2006–2007 come from the second economic census, It has made an adjustment according to verification of food production in 2010;
c) The caliber of industrial added value of enterprises above the designated size over 2000–2011 refers to the industrial enterprises with annual main business income of 5 million yuan and above, since 2012 it refers to industrial enterprises with the main business income of 20 million yuan and above.

2-3 贵阳市主要经济指标占全省的比重
The Proportion of Main Economic Indicators of Guiyang to Guizhou Province

指标	Item	贵州 Guizhou Province 2020	贵州 Guizhou Province 2019	贵阳 Guiyang City 2020	贵阳 Guiyang City 2019	贵阳占全省比重(%) The Ratio of Guiyang to Guizhou Province(%) 2020	贵阳占全省比重(%) The Ratio of Guiyang to Guizhou Province(%) 2019
土地面积 (平方公里)	**Area of Land (sq.km)**	**176167**	**176167**	**8043**	**8043**	**4.6**	**4.6**
年末总人口(常住半年及以上)(万人)	**Population at Year-end (half year and above) (10 000 persons)**	**3858.00**	**3848.00**	**598.98**	**594.62**	**15.5**	**13.7**
生产总值 (亿元)	**GDP (100 million yuan)**	**17826.56**	**16769.34**	**4311.65**	**4039.60**	**24.2**	**24.1**
第一产业 (亿元)	Primary Industry (100 million yuan)	2539.88	2280.56	178.31	161.34	7.0	7.1
第二产业 (亿元)	Secondary Industry (100 million yuan)	6211.62	6058.45	1552.59	1495.41	25.0	24.7
#工业 (亿元)	Industry (100 million yuan)	4602.69	4545.97	883.68	869.00	19.2	19.1
第三产业 (亿元)	Tertiary Industry (100 million yuan)	9075.07	8430.33	2580.75	2382.85	28.4	28.3
人均生产总值 (元)	Per Capita GDP (yuan)	46267	43727	72246	68592	—	—
财政、金融	**Finance**						
财政总收入 (亿元)	General Financial Revenue(100 million yuan)	3082.20	3051.52	881.51	901.35	28.6	29.5
#一般公共预算收入 (亿元)	Public Budgetary Revenue(100 million yuan)	1786.78	1767.47	398.13	417.26	22.3	23.6
一般公共预算支出 (亿元)	Public Budgetary Expenditure(100 million yuan)	5723.27	5948.74	678.16	718.82	11.8	12.1
金融机构人民币各项存款余额 (亿元)	Total Deposits of Financial Institutions (100 million yuan)	28276.31	27170.60	12485.17	11936.17	44.2	43.9
#住户存款余额 (亿元)	Household Balance (100 million yuan)	12764.42	11527.25	3634.58	3164.12	28.5	27.4
金融机构人民币各项贷款余额 (亿元)	Loan Balance of Financial Institutions (100 million yuan)	32235.75	28448.73	15799.15	14057.59	49.0	49.4
固定资产投资	**Investment in Fixed Assets**						
固定资产投资总额增长 (%)	Investment in Fixed Assets (%)	3.2	1.0	2.7	1.5	—	—
#工业 (%)	Industry (%)	11.8	32.6	3.8	2.0	—	—

注：固定资产投资中的工业投资不含工业园区基础设施投资。
Industrial investment in fixed assets investment excludes infrastructure investment of industrial parks.

2-3 续表 (Continued)

指 标	Item	贵州 Guizhou Province 2020	2019	贵阳 Guiyang City 2020	2019	贵阳占全省比重(%) The Ratio of Guiyang to Guizhou Province(%) 2020	2019
国内外贸易	**Domestic and Foreign Trade**						
社会消费品零售总额增长 (%)	**Total Retail Sales of Consumer Goods (100 million yuan)**	**4.9**	**5.1**	**6.6**	**6.2**	—	—
进出口总额 (万美元)	**Total Value of Imports and Exports (10 000 USD)**	**790590**	**657358**	**599959**	**414554**	**75.9**	**63.1**
出 口 (万美元)	Imports (10 000 USD)	622679	474028	495983	304481	79.7	64.2
进 口 (万美元)	Exports (10 000 USD)	167911	183329	103976	110073	61.9	60.0
实际利用外资 (万美元)	**Total Amount of Foreign Investment Actually Utilized (10 000 USD)**		**474403**	**202108**	**178000**		**37.5**
旅 游	**Tourism**						
海外旅游人数 (万人次)	Number of Overseas Visitors (10 000 person-times)	4.36	161.31	2.18	70.99	50.0	44.0
国内旅游人数 (万人次)	Number of Domestic Visitors (10 000 person-times)	61777.00	113365.00	15317.70	22830.21	24.8	20.1
旅游外汇收入 (万美元)	Foreign Exchange Earnings from International Tourism (10 000 USD)	11200.00	34503.00	1846.16	35569.55	—	—
国内旅游收入 (亿 元)	Earnings from Domestic Tourism (100 million yuan)	5777.36	12296.03	1618.61	3074.31	28.0	25.0
教育、文化、卫生	**Education, Culture and Health Care**						
专任教师数 (万 人)	Full-time Teachers (10 000 persons)	56.56	55.73	8.81	8.46	15.6	15.2
在校学生数 (万 人)	Students Enrollment (10 000 persons)	972.47	957.35	163.70	154.10	16.8	16.1
医院、卫生院数 (个)	Number of Hospitals,Health Centers(unit)	2755	2708	271	267	9.8	9.9
医院、卫生院床位数 (张)	Number of Beds of Hospitals,Health Centers (bed)	260260	250701	39267	37125	15.1	14.8
医生数 (人)	Number of Doctors (person)	98597	89784	20679	19781	21.0	22.0
城镇常住居民人均可支配收入 (元)	**Per Capita Disposable Income of Urban Households (yuan)**	**36096**	**34404**	**40305**	**38240**	—	—
农村常住居民人均可支配收入 (元)	**Per Capita Disposable Income of Rural Households (yuan)**	**11642**	**10756**	**18674**	**17275**	—	—

注：医生数指执业医生和执业助理医生。
The number of doctors refers to licensed doctors and assistant doctors.

2-4 全市基本情况

指标名称		Item		2016 全市 The Whole City	2016 市辖区 Municipal District
行政区划、人口、劳动力及土地面积		**Divisions of Administrative Areas, Population, Labour and Land Area**			
行政区数	(个)	Number of Administrafive Districts	(unit)	6	
行政县数	(个)	Number of Countries	(unit)	3	
行政县级市数	(个)	Number of Cities at County Level	(unit)	1	
年末总人口(公安户籍)	(万 人)	Total Population at Year-end (Public Security Registration)	(10 000 persons)	401.35	244.86
年末常住人口(常住半年及以上)	(万 人)	Permanent Residents at Year-end(half year and above)	(10 000 persons)	555.20	414.62
年平均常住人口(常住半年及以上)	(万 人)	Annual Average Permanent Residents(half year and above)	(10 000 persons)	544.25	404.87
从业人员期末人数(城镇非私营单位)	(万 人)	Engaged Persons at Year-end (urban area)	(10 000 persons)	105.74	93.64
第一产业	(万 人)	Primary Industry(Agriculture,Forestry,Animal Husbandry and Fishery)	(10 000 persons)	0.14	0.03
第二产业	(万 人)	Secondary Industry	(10 000 persons)	53.79	48.10
第三产业	(万 人)	Tertiary Industry	(10 000 persons)	51.81	45.50
年末城镇登记失业人员数	(人)	Registrated Unemployment in Urban Area at Year-end	(person)	35103	
行政区域土地面积	(平方公里)	Land Area in Administrative Area	(sq.km)	8043.37	2525.46
建成区面积(中心城区)	(平方公里)	Built-up Area	(sq.km)		
地表水资源总量	(亿立方米)	Annual Average Surface Water Resources	(100 million cu.m)	32.55	
综合经济		**General Economy**			
生产总值(当年价格)	**(万 元)**	**Gross Domestic Product (current price)**	**(10 000 yuan)**	**31577101**	**24036527**
第一产业增加值	(万 元)	Added Value of Primary Industry	(10 000 yuan)	1371360	453418
第二产业增加值	(万 元)	Added Value of Secondary Industry	(10 000 yuan)	12187910.34	8400331
第三产业增加值	(万 元)	Added Value of Tertiary Industry	(10 000 yuan)	18017731	15182778
人均生产总值(常住人口平均)	(元)	Per Capita GDP(permanent resident average)	(yuan)	51954	
生产总值增长率	(%)	Growth Rate of Gross Domestic Product	(%)	9.6	
人均生产总值增长率	(%)	Growth Rate of Per Capita GDP	(%)	6.1	
人均生产总值(户籍人口平均)	(元)	Per Capita GDP(registered permanent residence average)	(yuan)	79626	99939.8
财政、金融、保险		**Government Finance,Banking and Insurance**			
一般公共预算收入	(万 元)	Public Budgetary Revenue	(10 000 yuan)	3663181	2011755
#各项税收	(万 元)	Taxes	(10 000 yuan)	2837769	1601014
#企业所得税	(万 元)	Corporate Income Tax	(10 000 yuan)	283594	123821
个人所得税	(万 元)	Individual Income Tax	(10 000 yuan)	118824	66149

注: 1) 建成区面积不含三县一市，由市自然资源和规划局提供。
2) 2016- 2018 年生产总值数据根据第四次全国经济普查结果修订。

Basic Situation of Guiyang

2017		2018		2019		2020	
全　市 The Whole City	市辖区 Municipal District	全　市 The Whole City	市辖区 Municipal District	全　市 The Whole City	市辖区 Municipal District	全　市 The Whole City	市辖区 Municipal District
6		6		6		6	
3		3		3		3	
1		1		1		1	
408.31	250.54	418.45	258.89	427.83	266.80	437.30	274.67
574.91	431.04	583.24	437.77	594.62	447.47	598.98	450.82
565.055	422.83	579.08	434.41	588.93	442.62	596.8	449.15
109.06	98.35	106.33	95.50	107.82		113.27	
0.14	0.03	0.17	0.06	0.11		0.14	
54.47	50.45	51.86	47.53	49.21		52.43	
54.45	47.86	54.30	47.91	58.50		60.71	
34971	26691	34951					
8043.37	2525.46	8043.37	2525.46	8043.37	2525.46	8043.37	2525.46
			433		440		455
52.65		48.08		47.86			55.52
35379637	**26760750**	**37249700**	**29782130**	**40396000**	**32514200**	**43116518**	**34523093**
1473307	484333	1531100	490148	1613400	457795	1783134	494073
13751804	9419298	13747500	10556618	14954100	11788505	15525913	12186867
20154526	16857119	21971100	18735364	23828500	20267900	25807471	21842153
58037		64326		68592		72246	
10.3		8.8		7.4		5.0	
6.2		6.1		5.6		3.6	
87394	108037	90110	116922	95467	123701	99676	127516
3778473	2068932	4113402	2202067	4172610	2157774	3981279	2093010
2964789	1726419	3198440	1888042	3173773	1848411	3062936	1758356
370425	195099	462944	276503	464344	252008	456683	549233
160189	90070	277030	174823	141141	86321	153946	94245

a) The built-up area does not include Qingzhen,Xifeng,Xiuwen and Kaiyang.The data is provided by Guiyang Municipal Bureau of Naturd Resources and Planning.
b) The data of gross domestic product is revised according to the forth national economic census.

2–4 续表 1

指标	Item	2016 全市 The Whole City	2016 市辖区 Municipal District
一般公共预算支出 （万元）	Public Bedgetary Expenditure (10 000 yuan)	5252621	2714818
#一般公共服务支出 （万元）	Expenditure for General Public Services (10 000 yuan)	742574	469292
科学技术支出 （万元）	Expenditure for Science and Technology (10 000 yuan)	172621	105499
教育支出 （万元）	Expenditure for Education (10 000 yuan)	992693	516719
文化体育与传媒支出 （万元）	Expenditure for Culture,Sport and Media (10 000 yuan)	78916	32415
社会保障和就业支出 （万元）	Expenditure for Social Security and Employment Effort (10 000 yuan)	389449	185677
卫生健康支出 （万元）	Expenditure for Medical and Health Care (10 000 yuan)	393314	154386
城乡社区事务支出 （万元）	Expenditure for Urban and Rural Community Affairs (10 000 yuan)	508370	352756
交通运输支出 （万元）	Expenditure for Transportation (10 000 yuan)	67798	17224
节能环保支出 （万元）	Expenditure for Environment Protection (10 000 yuan)	126349	66258
年末金融机构各项存款余额(人民币) （亿元）	Deposits of Financial Institutions at Year–end (RMB) (100 million yuan)	9928.30	9393.97
#住户存款 （亿元）	Saving Deposits of Urban and Rural Households (100 million yuan)	2486.07	2351.83
年末金融机构各项贷款余额(人民币) （亿元）	Loans of Financial Institutions at Year–end (100 million yuan)	9153.20	8734.95
保费收入 （万元）	Premium (10 000 yuan)	1143483	
财产险 （万元）	Property Insurance (10 000 yuan)	577687	
人身险 （万元）	Life Insurance (10 000 yuan)	565796	
赔款给付 （万元）	Payment of Claims (10 000 yuan)	453873	
财产险 （万元）	Property Insurance (10 000 yuan)	301510	
人身险 （万元）	Life Insurance (10 000 yuan)	152362	
农业	**Agriculture**		
蔬菜及食用菌产量 （万吨）	Output of Vegetables and Edible Mushrooms (10 000 tons)	263.47	86.95
园林水果产量 （万吨）	Output of Garden Fruits (10 000 tons)	19.40	6.81
肉类总产量 （万吨）	Output of Meat (10 000 tons)	15.19	2.97
牛奶产量 （吨）	Output of Milk (ton)	55787	6555
水产品产量 （吨）	Output of Aquatic Products (ton)	9560	719
工业	**Industry**		
规模以上工业企业数 （个）	Number of Industrial Enterprises (unit)	691	411

注：农业 2017 年数据为第三次全国农业普查最终修订数。

(Continued)

2017		2018		2019		2020	
全 市 The Whole City	市辖区 Municipal District	全 市 The Whole City	市辖区 Municipal District	全 市 The Whole City	市辖区 Municipal District	全 市 The Whole City	市辖区 Municipal District
5824776	3066872	6242193	3347598	7188224	3961188	6781587	3651927
780771	493915	924438	626017	1118827	712207	1006034	651412
166542	107430	247794	192669	284573	227625	257290	187930
1047672	533727	1210969	609199	1268289	643253	1322183	679142
79356	36951	74503	37412	83109	39052	88050	44442
542986	249381	534794	243818	541966	239600	604416	297767
425028	143484	451189	167937	497185	159180	553260	178406
729676	505909	809155	548944	1316445	981940	658021	510105
101938	11943	167636	35358	102023	24053	163652	83136
186122	109178	163334	89231	189969	81142	162398	83346
10814.51	10188.99	11357.44	10668.38	11936.17	11205.70	12485.17	11694.68
2646.09	2332.99	2835.74	2492.85	3164.12	2784.43	3634.58	
10403.12	9885.72	12412.75	11723.13	14057.59	13235.55	15799.15	14830.83
1425863		1615282		1805778		1848873	
683071		785625		855899		757309	
742793		829657		949879		1091563	
495900		601456		601956		671595	
347879		412604		463404		459183	
148022		188852		138552		212405	
206.32		237.28		250.32		281.97	
24.21		31.78		32.83		46.30	
12.48		13.00		12.64		13.25	
39800		38021		46528		47335	
9821		2316		3378		3385	
743		772	474	758	448	766	

The 2017 agricultural data are the final revision of the third national agricultural census.

2-4 续表 2

指　　标		Item		2016 全　市 The Whole City	2016 市辖区 Municipal District
内资企业	(个)	Domestic-fundes Enterprises	(unit)	655	383
国有企业	(个)	State-owned Enterprises	(unit)	31	29
私营企业	(个)	Private Enterprises	(unit)	250	122
港、澳、台商投资企业	(个)	Enterprises with Funds from HongKong,Macao and Taiwan	(unit)	19	9
外商投资企业	(个)	Enterprises with Foreign Investment	(unit)	17	12
工业总产值增长	(%)	Growth of Industrial Output Value	(%)	11.6	
工业增加值增长	(%)	Growth of Industrial Value Added	(%)	9.9	
内资企业	(%)	Domestic-fundes Enterprises	(%)	6.1	
国有企业	(%)	State-owned Enterprises	(%)	-14.8	
私营企业	(%)	Private Enterprises	(%)	28.2	
港、澳、台商投资企业	(%)	Enterprises with Funds from HongKong,Macao and Taiwan	(%)	159.8	
外商投资企业	(%)	Enterprises with Foreign Investment	(%)	20.2	
从业人员年平均人数	(万 人)	Average Annual Employed Persons	(10 000 persons)	19.51	
流动资产合计	(亿 元)	Total Current Assets	(100 million yuan)	1566.38	
主营业务收入	(亿 元)	Cost of Principal Business	(100 million yuan)	2767.40	
主营业务成本	(亿 元)	COst of Principal Business	(100 million yuan)	2116.20	
主营业务税金及附加	(亿 元)	Revenue from Principal Business	(100 million yuan)	110.86	
本年应交增值税	(亿 元)	Value-added Tax Payable	(100 million yuan)	92.45	
利润总额	(亿 元)	Total Profits	(100 million yuan)	267.72	
交通运输、邮电通信、能源电力		**Transportation,Postal and Telecommunication Service , Energy and Electric Power**			
民用车辆拥有量	(辆)	Possession of Civil Vehicles	(unit)	1190626	
#个人车辆拥有量	(辆)	Private Vehicles	(unit)	1072832	
民用汽车拥有量	(辆)	Possession of Civil Vehicles	(unit)	916740	
#个人汽车拥有量	(辆)	Possession of Private Vehicles	(unit)	800380	

(Continued)

2017		2018		2019		2020	
全 市 The Whole City	市辖区 Municipal District	全 市 The Whole City	市辖区 Municipal District	全 市 The Whole City	市辖区 Municipal District	全 市 The Whole City	市辖区 Municipal District
715	432	733	445	722	420	730	
22	19	27	23	17	14	21	
327	162	323	154	377	189	435	
18	12	19	12	16	11	14	
14	10	20	17	20	17	22	
8.8		5.3	3.4	5.3		5.5	
9.7		7.4	5.5	6.3		6.1	
13.3		7.4	5.8	4.2		5.9	
2.2		11.9	10.1	8.5		13.3	
24.1		5.0	10.3	4.9		2.5	
-17.3		2.4	5.8	16.9		22.0	
-36.0		-1.3	-1.9	-1.4		-3.3	
18.53		26.27	11.76	16.70		16.61	
1705.14		1799.47	1137.05	1875.83		1871.99	
		2160.52	1259.92	2368.58		2237.87	
2750.11		1545.15	800.57	1605.42		1456.81	
2148.60		123.99	116.47	255.36		247.73	
114.03		80.08	57.29	106.75		89.38	
85.33		206.20	172.78	198.31		259.44	
1314018		1492425		1687111		1830957	
1192524		1360002		1539785		1673981	
995522		1157420		1341511		1474046	
875986		1027333		1197035			

2–4 续表 3

指　　标	Item	2016 全 市 The Whole City	2016 市辖区 Municipal District
铁路客运量 (万 人)	Passenger Traffic of Railways (10 000 persons)	2204	
铁路货运量 (万 吨)	Freight Traffic of Railways (10 000 tons)	1313	
公路客运量(全社会) (万 人)	Passenger Traffic of Highways(in the Whole City) (10 000 persons)	62385	
公路货运量(全社会) (万 吨)	Freight Traffic of Highways(in the Whole City) (10 000 tons)	37355	
境内公路里程 (公 里)	Length of Highways (km)	10102	
#境内等级公路里程 (公 里)	Length of Class I to IV Highways (km)	9477	
#境内高速公路里程 (公 里)	Length of Expressways (km)	549	
水运客运量(全社会) (万 人)	Passenger Traffic of Waterways(in the Whole City) (10 000 persons)	72.00	
水运货运量(全社会) (万 吨)	Freight Traffic of Waterways (in the Whole City) (10 000 tons)	7.53	
内河航道通航里程 (公 里)	Length of Navigable Inland Waterways (km)	513	
#六级以上航道 (公 里)	Inland Waterways above Class VI (km)	316	
民用航空货邮运量 (吨)	Freight Traffic of Civil Aviation (ton)	95900	
民用航空客运量 (万 人)	Passenger Traffic of Civil Aviation (10 000 persons)	1511	
年末邮政局(所)数 (处)	Number of Postal Offices at Year-end (unit)	187	124
邮政业务收入 (万 元)	Business Revenue of Postal Services (10 000 yuan)	156984	
电信业务收入 (万 元)	Business Revenue of Telecommunication Services (10 000 yuan)	595877	
固定电话用户年末用户数 (万 户)	Subscribers of Fixed Telephone at Year-end (10 000 households)	87.52	
移动电话年末用户数 (万 户)	Subscribers of Mobile Telephone at Year-end (10 000 households)	655.89	
#4G移动电话用户 (万 户)	4G Mobile Phone Subscribers (10 000 households)	385.68	
互联网宽带接入用户数 (万 户)	Subscribers of Internet Broadband Access (10 000 households)	123.65	
全年用电量 (亿千瓦时)	Electricity Consumption of theWhole Year (10 000 households)	236.74	
#工业用电 (亿千瓦时)	Industrial Electricity Consumption (10 000 households)	143.38	
城乡居民生活用电 (亿千瓦时)	Households Electricity Consumption (10 000 households)	60.39	
内外贸易、外经、旅游	**Foreign Trade,Economy and Tourism**		
社会消费品零售总额 (万 元)	Total Retail Sales of Consumer Goods (10 000 yuan)	15427633	
限额以上批发零售贸易业商品销售总额 (万 元)	Total Sales Value of Enterprises above Designated Size of Wholesale and Retail Trade (10 000 yuan)	18138177	17225148
限额以上批发零售贸易企业数(法人数) (个)	Number of Enterprises above Designated Size of Wholesale and Retail Trades (unit)	536	443
#零售业 (个)	Retail Trade (unit)	360	283
限额以上批发零售贸易业企业财务	Finances of Enterprises of Wholesale and Retail Trades aboveDesignated Size		
流动资产合计 (万 元)	Total Current Assets (10 000 yuan)	9090031	8757820
固定资产合计 (万 元)	Total Fixed Assets (10 000 yuan)	501063	456314

注：因国家统计报表制度变化，此处为作对比，2017 年社会消费品零售总额按 2018 年口径调整。

(Continued)

2017		2018		2019		2020	
全 市 The Whole City	市辖区 Municipal District	全 市 The Whole City	市辖区 Municipal District	全 市 The Whole City	市辖区 Municipal District	全 市 The Whole City	市辖区 Municipal District
2553		3102		3352		2521	
1246		1470		1264		1485	
68522		76415		83823		89374	
44839		52451		60082		71044	
10342		10372		10034		10178	
9791		9848					
603		612		611		611	
184.06		148.02		299.08		67.55	
12.16		14.01		13.83		15.59	
513		513		513		513	
316		316		316		316	
102400		112396		120110		113500	
1811		2009		2191		1658	
187		187		187		187	
200300		237278		279545		307470	
636276		683391		676987		715500	
83.85		78.21		75.77		73.46	
748.95		804.94		819.25		812.79	
497.66		569.03		646.00		659.19	
145.60		190.52		193.78		199.40	
249.61		257.77		287.65		294.50	
145.82		139.23		153.16		156.00	
66.00		60.60		68.03		70.59	
17417921		19014470		20528549		22561694	
21111394	18863222	21982042	20895560	25268227		31615287	
567	461	605	498	629		699	
337	254	347	271	349		360	
9473973		10703634	10176561	11906344		13271661	
732764		611781	556106			1258368	

On account of changes in national statistical systems and in order to make a contrast and comparison between the two years, the data of total retail sales of consumer goods in 2017 has been adjusted according to the related caliber of 2018.

2-4 续表 4

指　　标		Item		2016	
				全　市 The Whole City	市辖区 Municipal District
主营业务收入	（万　元）	Revenue from Principal Business	(10 000 yuan)	15913279	15072312
主营业务成本	（万　元）	Cost of Principal Business	(10 000 yuan)	14626716	13915427
主营业务税金及附加	（万　元）	Tax and Extra Charges from Principal Business	(10 000 yuan)	146269	138075
本年应交增值税	（万　元）	Value-added Tax Payable	(10 000 yuan)	201520	189977
利润总额	（万　元）	Total Profits	(10 000 yuan)	314152	247019
进出口额（外贸数）	（万美元）	Total Value of Imports and Exports	(10 000 USD)	392747	
进口额	（万美元）	Total Imports	(10 000 USD)	63964	
出口额	（万美元）	Total Exports	(10 000 USD)	328783	
外国和港澳台地区在华直接投资		Direct Investments from Foreign Countries,Hong Kong, Macao and Taiwan			
当年新签项目（合同）个数	（个）	New Contracts	(unit)	19	13
合同引资额	（万美元）	Contracted Capital	(10 000 USD)	11423	
当年实际利用外资金额	（万美元）	Total Amount of Foreign Investment Actually Utilized	(10 000 USD)	111988	72045
海外游客人数（含一日游游客）	（人）	Overseas Tourists(including one-day tour tourists)	(person)	183685	
#外国人	（人）	Foreigners	(person)	82622	
港、澳、台同胞	（人）	Chinese Compatriots from Hong Kong,Macao and Taiwan	(person)	101063	
旅游（外汇）收入	（万美元）	Foreign Exchange Earnings from Tourism	(10 000 USD)	7902.86	
星级饭店数	（个）	Number of Star-rated Hotels	(person)	56	
固定资产投资		**Investment in Fixed Assets**			
固定资产投资总额增长	(%)	Growth of Total Investment in Fixed Assets	(%)	20.50	
#房地产开发投资	(%)	Real Estate Development	(%)	927.32	865.91
#住　宅	(%)	Residential Buildings	(%)	493.33	456.74
全年新增固定资产增长	(%)	Growth of Newly Increased Fixed Assets This Year	(%)	1861.10	
本年施工住宅面积增长	(%)	Growth of Floor Space under Construction This Year	(%)	4271.67	
本年竣工住宅面积增长	(%)	Growth of Floor Space Completed This Year	(%)	825.09	
房地产		Real Estate			
商品房屋销售面积	（万平方米）	Floor Space of Commercialized Buildings Sold	(10 000 sq.m)	988.57	874.81
#住　宅	（万平方米）	Residential Buildings	(10 000 sq.m)	832.78	732.10
#高档别墅公寓	（万平方米）	Villas,High-grade Apartments	(10 000 sq.m)	26.21	25.54
商品房屋销售额	（亿　元）	Total Sale of Commercialized Buildings	(100 million yuan)	587.47	546.09
#住　宅	（亿　元）	Residential Buildings	(100 million yuan)	447.98	417.48
#高档别墅公寓	（亿　元）	Villas,High-grade Apartments	(100 million yuan)	21.78	21.11
待售面积	（万平方米）	Floor Space of Commercialized Buildings for Sale	(10 000 sq.m)	270.59	236.32

(Continued)

2017		2018		2019		2020	
全 市 The Whole City	市辖区 Municipal District	全 市 The Whole City	市辖区 Municipal District	全 市 The Whole City	市辖区 Municipal District	全 市 The Whole City	市辖区 Municipal District
18421864		19389890	18485483	22508746		28203280	
16865729		17622582	16827513	20586180		26146134	
157437		154542	151518	173276		174802	
328784		325572	316956	228665		495729	
483408		515222	484707	687336		991701	
299156		349380		414554		599959	
72009		97884		304481		103976	
227146		251496		110073		495983	
33		52		43		68	
192227		334002		115742		48506	
134540	86565	158906	91108	178000	97600	182329	110494
409538		540590		709921		21783	
210015		292392		402263		10126	
199523		248198		307658		11657	
18562.96		23359.56		35569.55		1846.16	
48		45		46		42	
18.1		15.0		1.5		2.7	
10.7		-3.9		19.3		10.1	
20.9		7.4		14.5		26.6	
26.9		-2.6		-45.3		44.0	
-10.8		1.4		9.6		0.4	
-66.4		-32.0		-47.0		19.2	
1077.88	953.43	1118.97	910.18	1099.95		1238.70	
877.61	771.28	947.51	751.73	868.77		1108.70	
26.73	26.66	13.07	8.75				
780.00	723.55	1044.89	932.66	1152.75		1152.82	
572.08	533.07	835.63	735.22	853.76		1014.25	
39.44	39.40	19.70	14.64				
234.59	212.97	234.59	147.56	106.68		107.72	

2-4 续表 5

指标名称		Item		2016 全 市 The Whole City	2016 市辖区 Municipal District
教育、科技、文化、卫生		**Education,Technology,Culture and Health Care**			
学校数		Number of Schools			
普通高等学校	(所)	Regular Institutions of Higher Education	(unit)	32	5
成人高等学校	(所)	Institutions of Higher Education for Adult	(unit)	2	1
中等职业教育(学校)	(所)	Secondary Vocational Education(Schools)	(unit)	60	30
普通中学	(所)	Regular Secondary Schools	(unit)	316	243
职业中学(初中)	(所)	Vocational Secondary Schools(Junior Secondary Schools)	(unit)	2	
小 学	(所)	Primary Schools	(unit)	550	370
专任教师数		Full-time Teachers			
普通高等学校	(人)	Regular Institutions of Higher Education	(person)	19156	2331
成人高等学校	(人)	Institutions of Higher Education for Adult	(person)	334	280
中等职业教育(学校)	(人)	Secondary Vocational Education(Schools)	(person)	5463	1753
普通中学	(人)	Regular Secondary Schools	(person)	18204	12634
职业中学(初中)	(人)	Vocational Secondary Schools(Junior Secondary Schools)	(person)	46	
小 学	(人)	Primary Schools	(person)	18590	13183
在校学生数		Number of Students Enrollment			
普通高等学校	(人)	Regular Institutions of Higher Education	(person)	404401	59063
成人高等学校	(人)	Institutions of Higher Education for Adult	(person)	5439	1647
中等职业教育(学校)	(人)	Secondary Vocational Education(Schools)	(person)	137953	40947
普通中学	(万人)	Regular Secondary Schools	(10 000 persons)	23.81	16.33
#高 中	(万人)	Senior Secondary School	(10 000 persons)	8.88	5.79
职业中学(初中)	(人)	Vocational Secondary Schools (Junior Secondary Schools)	(person)	326	
小 学	(万人)	Primary Schools	(10 000 persons)	34.83	24.94
初中毕业生升学率	(%)	Promotion Rate from Junior Secondary Schools to Senior Secondary Schools	(%)	83.7	90.4
专利申请受理量	(件)	Number of Patents Application Accepted	(case)	9956	
专利申请授权量	(件)	Number of Patents Application Granted	(case)	4754	
#发 明	(件)	Inventions	(case)	1236	
公共图书馆个数	(个)	Number of Public Library	(unit)	14	
图书总藏量	(万册、件)	Total Collections of Public Libraries	(1000 copies)	999.57	
医院、卫生院数	(个)	Number of Hospitals and Health Centers	(unit)	260	

(Continued)

2017		2018		2019		2020	
全 市 The Whole City	市辖区 Municipal District	全 市 The Whole City	市辖区 Municipal District	全 市 The Whole City	市辖区 Municipal District	全 市 The Whole City	市辖区 Municipal District
34		34		34		35	
2	2	2	2				
56	49	56	49	57		57	
315	242	322	248	330		335	
1							
542	361	538	357	534		538	
20289		20492		20748		21351	
326	326	353	353	342			
5565	5303	5199	4698	5185		4782	
18492	12920	18890	16112	19313		19964	
23							
19747	14000	21016	12381	22274		23146	
419461		437600		468011		499457	
5398		4394	4394	4694		440212	
129482	121185	126589	113744	116718		105038	
23.45	16.31	23.72	16.45	23.98		24.88	
8.79		8.77		8.74		8.85	
195							
37.03	26.19	39.89	28.05	42.74		44.58	
91.9		95.0					
14118		17850		20931		20230	
5641		9113		10770		15379	
1072		1160		972		1286	
14		14		14		14	
1106.28		1112.34		1159.64		608.75	
261		268		267		271	

2-4 续表 6

指标名称		Item		2016 全市 The Whole City	2016 市辖区 Municipal District
医院、卫生院床位数	(张)	Number of Beds in Hospitals andHealth Centers	(bed)	30540	
医生数	(人)	Number of Doctors	(person)	15834	
#医院、卫生院医生数	(人)	Number of Doctors in Hospital and Health Centers	(person)	11252	
注册护士	(人)	Registered Nurses(person)		18333	
#医院、卫生院注册护士	(人)	Registered Nurses in Hospital and Health Centers	(person)	15048	
人民生活、社会保障		**People's Living Condition and Social Security**			
现住房总建筑面积	(平方米/人)	Total Floor Space of Houses	(sq.m/person)	36.25	
农民年末住房面积	(平方米/人)	Living Space at Year-end of Rural Residents	(sq.m/person)	50.63	
在岗职工平均人数	(万 人)	Average Number of On-post Staff	(10 000 persons)	93.62	
在岗职工工资总额	(万 元)	Total Wage Bill of On-post Staff	(10 000 yuan)	6511239	
在岗职工年平均工资	(元)	Annual Average Wage of On-post Staff	(yuan)	70535	
城镇居民家庭总收入	(元)	Total Household Income	(yuan)		
工资性收入	(元)	Income from Wages and Salaries	(yuan)		17696
经营净收入	(元)	Net Business Income	(yuan)		2511
财产净收入	(元)	Net Property Income	(yuan)		2720
转移净收入	(元)	Net Income from Transfer(yuan)			6575
城镇常住居民人均可支配收入	(元)	Annual Per Capita Disposable Income of Urban Households	(yuan)		29502
最低20%户人均可支配收入	(元)	Lowest Annual Per Capita Disposable Income(first ten percent group)(yuan)			14575
最高20%户人均可支配收入	(元)	Highest Annual Per Capita Disposable Income (first ten percent group) (yuan)			51931
城镇常住居民人均消费支出	(元)	Per Capita Consumption Expenditure of Urban Permanent Residents	(yuan)		24335
食品烟酒	(元)	Food,Tobacco and Liquor	(yuan)		7656
衣 着	(元)	Clothing	(yuan)		1763
生活用品及服务	(元)	Daily Necessities and Service	(yuan)		1739
医疗保健	(元)	Health Care and Medical Services	(yuan)		1271
交通通信	(元)	Transportation and Communication	(yuan)		3048
教育文化娱乐	(元)	Education, Culture and Entertainment	(yuan)		3620
居 住	(元)	Residence	(yuan)		4772
其他用品和服务	(元)	Others	(yuan)		466
每百户城镇居民家庭拥有		Per 100 Rural Households Owned			
家用电脑	(台)	Computer	(set)		55
固定电话	(部)	Fixed Telephone	(set)		46

注：均为贵阳数据。

(Continued)

2017		2018		2019		2020	
全 市 The Whole City	市辖区 Municipal District	全 市 The Whole City	市辖区 Municipal District	全 市 The Whole City	市辖区 Municipal District	全 市 The Whole City	市辖区 Municipal District
33312		34699		37125		39267	
16858		17794		19781		20679	
12174		12850		14190		15024	
20509		23395		26210		27622	
15865		18176		19973		21837	
35.60		37.50		37.00		37.0	
55.30		55.70		54.56		56.52	
96.22		96.22		97.29		101.30	
7149404		7694559		9158619		10377678	
73939		82685		92650		101829	
	33841		39760		43356		45723
	19135		22056		24151		25321
	2886		4261		4762		4940
	2951		3933		4312		4608
	7214		4866		5015		5436
	32186		35115		38240		40305
	14159		12532		13942		14036
	63264		80814		87005		93248
	26063		28250		29151		26433
	7987		7844		8981		8255
	1821		2113		2264		2079
	1834		1846		1689		1672
	1528		1787		1899		1830
	3336		5091		4312		3598
	3877		3347		3684		2750
	5089		5537		5472		5651
	591		685		849		597
	57		65		69		72
	42		17		13		13

2-4 续表 7

指标名称		Item		2016 全 市 The Whole City	2016 市辖区 Municipal District
移动电话	(部)	Mobile Telephone	(set)		209.77
电冰箱(柜)	(台)	Refrigerator(freezer)	(set)		97.39
彩色电视机	(台)	Color TV Set	(set)		104.86
家用汽车	(辆)	Automobile	(unit)		31.00
空调机	(台)	Air Condition	(set)		17.61
洗衣机	(台)	Washing Machine	(set)	99.40	
居民消费价格指数(上年为100)	(%)	Consumer Price Index(100 last year)	(%)	101.1	
农村常住居民人均可支配收入	(元)	Per Capita Disposable Income of Rural Households	(yuan)	12967	
养老保险参保人数	(人)	Endowment Insurance Contributors	(person)	1700106	
在职职工养老保险人数	(人)	Endowment Insurance of On-the-job Staff	(person)	1427615	
离退休养老保险人数	(人)	Retirement Endowment Insurance Contributors	(person)	272491	
基本医疗保险参保人数	(人)	Basic Medical Care Insurance Contributors	(person)	1320378	
失业保险参保人数	(人)	Unemployment Insurance Contributors	(person)	667312	
生育保险参保人数	(人)	Maternity Insurance Contributors	(person)	1207282	
工伤保险参保人数	(人)	Work Injury Insurance Contributors	(person)	891942	
城乡福利院机构数	(个)	Number of Social Welfare Homes(unit)		81	
城乡福利院床位数	(张)	Number of Beds in Social Welfare Institutes	(bed)	10177	
居民最低生活保障线以下人数	(人)	Number of Persons under Minimum Living Standard	(person)	102740	
城镇居民	(人)	Urban Households	(person)	58391	
农村居民	(人)	Rural Households	(person)	44349	
社会治安		**Social Security**			
火灾事故死亡人数	(人)	Number of Deaths in Fire Accidents	(person)	0	
火灾事故损失额	(万元)	Economic Losses in Fire Accidents	(10 000 yuan)	1552	
刑事案件立案数	(件)	Number of Criminal Cases Registered	(case)	7689	
犯罪人数	(人)	Number of Offenders	(person)	6757	

注:1)火灾为消防部门提供生产经营性火灾。
2)刑事案件立案数及犯罪人数由中级人民法院提供,犯罪人数为生效判决人数。

(Continued)

2017		2018		2019		2020	
全 市 The Whole City	市辖区 Municipal District	全 市 The Whole City	市辖区 Municipal District	全 市 The Whole City	市辖区 Municipal District	全 市 The Whole City	市辖区 Municipal District
	215.70		247.68		253.30		256.19
	98.80		101.38		102.50		103.82
	105.60		106.72		107.70		108.52
	32.20		55.87		46.80		51.17
	18.30		22.72		22.60		24.15
100.00		101.95		102.90		103.44	
101.0		101.7		102.7		102.4	
14264		15648		17275		18674	
1864859		2238658		2400129		2542439	
1575898		1871787		2013102		2138004	
288961		366871		387027		404435	
1384451		1466481		1522170		1592217	
745727		808085		858490		907237	
1301986		1385748		1445776		1592217	
975294		1069438		1360091		1621162	
91		96		98		104	
11818		11920		11160		11624	
87546		77547		74652		78378	
50990		47434		51042		52007	
36556		30113		23610		26371	
3		7		1		17	13
536		781		299		2020.4	1716
7639		6788		6090		5103	4008
10724		9638		7150		6500	4847

a) The fire accidents are production and operation fire provided by the fire department.
b) The number of criminal cases registered and offenders are provided by the Guiyang Intermediate People's Court.

2-4 续表 8

指标名称	Item	2016	
		全 市 The Whole City	市辖区 Municipal District
市政公用事业	**Municipal Public Utilities**		
城市维护建设资金支出 (万 元)	Expenditure on Municipal Infrastructure (10 000 yuan)		14379
年末实有城市道路面积 (万平方米)	Area of Paved Roads(at year-end) (10 000 sq.m)		2643
排水管道长度 (公 里)	Length of City Sewage Pipes (km)		3424
供水综合生产能力 (万立方米/日)	Production Capacity of Tap Water Supply (10 000 cu.m/day)		143.50
供水总量 (万立方米)	Total Volume of Tap Water Supply (10 000 cu.m)		34350.09
售水量 (万立方米)	Total Volume of Tap Water Sold (10 000 cu.m)		26518.15
#居民生活用水量 (万立方米)	Water Consumption for Residential Use (10 000 cu.m)		15943.35
用水人口 (万 人)	Number of Residents with Access to Tap Water (10 000 persons)		360.00
煤气(人工天然气)供气总量(万立方米)	Volume of Coal Gas Supply (artificial natural gas) (10 000 cu.m)		24903
#家庭用量 (万立方米)	Households Consumption (10 000 cu.m)		9854
用天然气人口 (万 人)	Population with Access to Natural Gas (10 000 persons)		252
液化石油气供气总量 (万 吨)	Volume of Liquefied Petroleum Gas Supply (10 000 tons)		4.40
液化石油气销售气总量 (万 吨)	Volume of Liquefied Petroleum Gas Sold (10 000 tons)		4.40
#家庭用量 (万 吨)	Households Consumption (10 000 tons)		4.40
用液化气人口 (万 人)	Number of Residents with Access to Liquefied Petroleum Gas (10 000 persons)		72
年末实有公共汽(电)车营运车辆数(辆)	Number of Public Vehicles under Operation at Year-end (unit)	3265	2759
全年公共汽(电)车客运总量 (万人次)	Passengers Transported by PublicVehicles in the Whole year (10 000 person-times)	61994	53569
年末实有出租汽车数 (辆)	Actual Number of Taxies at Year-end (unit)		8904
建成区绿地面积 (公 顷)	Garden Green Land of Completed Area (hectare)		11744
建成区公园绿地面积 (公 顷)	Area of Public Greenland in(hectare)Built-up Districts (hectare)		3601
建成区绿化覆盖面积 (公 顷)	Green Covered Area of Completed Area (hectare)		12296
环境保护	**Environment Protection**		
工业废水排放量 (万 吨)	Emission of Industrial Sewage (10 000 tons)		3768
工业二氧化硫排放量 (吨)	Emission of Industrial Surplur Dioxide (ton)		40373
工业固体废物综合利用率 (%)	Comprehensible Utilization Ratio of Industrial Solid Wastes (%)		39.1
生活垃圾无害化处理率 (%)	Harmless Treatment Ratio of Household Refuse (%)		97.5

(Continued)

2017		2018		2019		2020	
全　市 The Whole City	市辖区 Municipal District	全　市 The Whole City	市辖区 Municipal District	全　市 The Whole City	市辖区 Municipal District	全　市 The Whole City	市辖区 Municipal District
	16693		14806				
	2937		2924		3040		3040
	3474		3458		3847		3792
	151.50		154.50		174.50		193.45
	34992.74		38352.66		40612.12		45561.27
	27121.39		29479.57		30657.12		35094.41
	24123.88		18422.70		19209.69		21920.30
	375.72		430.57		485.81		528.22
	30692		34285		56932		60507
	11731		14493		20500		24228
	288		312		346		360
	4.60		4.80		5.30		5.50
	4.60		4.80		5.30		5.50
	4.60		4.80		1.40		1.45
	72		72		28		28
3477	3346	3350	3210	3374	3186	3401	2937
58605	56033	57227	55358	60988	55357	43379	41546
9497	8623	10513	9539	12862	10445	17405	13689
	11857		13993		14096		14207
	4328		4354		4425		4497
	14684		14800		14905		15015
	4452		5854				5846
	50631		16758				13340
	33.9		47.5				67.60
	97.5		97.8		98.0		100.0

2-5 地区生产总值
Gross Domestic Product

指标名称	Item	2020		2019		2020年比2019年增长(%) Growth Rate in 2020 over 2019 (%)
		绝对数(万元) Absolute Figures (10 000 yuan)	构成(%) Proportion (%)	绝对数(万元) Absolute Figures (10 000 yuan)	构成(%) Proportion (%)	
地区生产总值	**Gross Domestic Product**	**43116518**	**100.0**	**40396000**	**100.0**	**5.0**
按产业分	**By Three Strata of Industry**					
第一产业增加值	Primary Industry	1783134	4.1	1613400	4.0	6.4
第二产业增加值	Secondary Industry	15525913	36.0	14752700	36.5	5.5
第三产业增加值	Tertiary Industry	25807471	59.9	24029900	59.5	4.4
按国民经济行业分	**By Sector**					
农 业	Agriculture	1903532	4.4	1726100	4.3	6.3
#农林牧渔服务业	Farming Forestry, Animal Husbandry and Fishery Services	120398	0.3	112700	0.3	5.2
工 业	Industry	8836847	20.5	8488600	21.0	4.5
#金属制品、机械和设备修理业	Repair Serivice of Metal Products, Machinery and Equipment	10000	0.0	10000	0.0	
建筑业	Construction	6702067	15.5	6276700	15.5	7.0
批发和零售业	Wholesale and Retail Trades	2877761	6.7	2644200	6.5	5.4
交通运输、仓储和邮政业	Transport, Storage and Post	2620673	6.1	2540500	6.3	3.1
住宿和餐饮业	Hotels and Catering Services	822388	1.9	863900	2.1	-6.2
金融业	Financial Intermediation	5193107	12.0	4823600	11.9	4.5
房地产业	Real Estate	3213638	7.5	2763000	6.8	6.5
营利性服务业	For-profit Services	5147971	11.9	4912400	12.2	31.8
非营利性服务业	Non-profit Services	5798535	13.4	5357000	13.3	5.7
人均地区生产总值(元)	**Per Capita Gross Domestic Product(yuan)**	**72246**		**68592**		**3.6**

注：1) 表中绝对数按当年价格计算，增长速度按可比价格计算；
2) 表中人均生产总值按常住半年及以上平均总人口计算。

a) The absolute figures in this table are calculated at current prices,whereas the growth rates are calculated at comparable prices;
b) Per capita gross domestic product in this table is calculated according to average annual population who live in Guiyang for six months or above.

2-6 各区(市、县)生产总值(2020年)
Gross Domestic Product of District(City, County) in Guiyang(2020)

区(市、县)名称	District(City, County)	生产总值 Gross Domestic Product	第一产业 Primary Industry	第二产业 Secondary Industry	第三产业 Tertiary Industry	人均生产总值(元) Per Capita Gross Product (yuan)
绝对值(万元)	**Absolute Figures(10 000 yuan)**					
南明区	Nanming	8922506	11245	3088794	5822467	85493
云岩区	Yunyan	8601036	1927	2558422	6040688	81538
花溪区	Huaxi	6371390	170599	3521572	2679218	66004
乌当区	Wudang	1725114	190690	814357	720067	50746
白云区	Baiyun	2367832	75517	1178186	1114129	52700
观山湖区	Guanshanhu	6535215	44096	1025536	5465583	102369
开阳县	Kaiyang	2370368	411360	878081	1080927	68736
息烽县	Xifeng	1528131	243795	493029	791307	70243
修文县	Xiuwen	1885808	299251	872439	714117	65673
清镇市	Qingzhen	2809118	334654	1095497	1378967	44803
增速(%)	**Growth Rate(%)**					
南明区	Nanming	4.8	3.8	8.7	2.5	3.2
云岩区	Yunyan	2.7	3.6	0.2	3.9	2.1
花溪区	Huaxi	3.8	6.4	4.1	3.0	3.2
乌当区	Wudang	7.0	6.4	10.4	3.0	8.2
白云区	Baiyun	3.5	6.1	1.3	6.1	-2.1
观山湖区	Guanshanhu	6.5	6.2	12.4	5.3	3.5
开阳县	Kaiyang	7.2	6.5	8.5	6.4	7.9
息烽县	Xifeng	9.8	6.7	10.2	10.6	8.5
修文县	Xiuwen	7.1	6.5	6.7	8.0	5.5
清镇市	Qingzhen	5.8	6.3	3.9	7.6	4.4

备注：1) 本表绝对值按当年价格计算，增长速度按可比价格计算；
2) 人均生产总值按常住半年及以上平均人口数计算。

a) The absolute figures in this table are calculated at current prices, whereas the growth rates are calculated at comparable prices;
b) Per capita gross domestic product in this table is calculated according to average annual population who live in Guiyang for six months or above.

2-7 非公有制经济增加值
Added Value of Non-public Sector of the Economy

单位: 万元 (10 000 yuan)

指　　标	Item	GDP 总量 Total GDP		非公有制经济 Non-public Economy		
		2020	2019	2020	2019	增长 (%) Growth Rate (%)
生产总值	**Gross Domestic Product**	**43116518**	**40396000**	**22615997**	**20985733**	**4.9**
第一产业	Primary Industry	1783134	1613400	1474600	1329283	6.5
第二产业	Secondary Industry	15525913	14752700	8240431	7947115	4.6
工　业	Industry	8836847	8488600	4849185	4959389	-0.5
建筑业	Construction	6702067	6276700	3391246	2987727	13.9
第三产业	Tertiary Industry	25807471	24029900	12900966	11709334	4.9
交通运输、仓储和邮政业	Transportation,Storage and Post	2620673	2540500	1810885	1767104	3.2
批发和零售业	Wholesale and Retail Trades	2877761	2644200	2471996	2194646	9.1
住宿和餐饮业	Hotels and Catering Services	822388	863900	738504	800963	-9.4
金融业	Financial Industry	5193107	4823600	754039	687368	6.5
房地产业	Real Estate	3213638	2763000	2718738	2267745	6.7
其他营利性服务业	Other For-profit Services	5147971	4912400	2707833	2465980	4.4
非营利性服务业	Nonprofit Services	5798535	5357000	1698971	1525529	6.5

2-8 全市生产总值（历年）

Gross Domestic Product in the Whole City (Over Years)

（当年价 current price）

年 份 Year	生产总值（亿元）GDP (100 million yuan)	第一产业 Primary Industry	第二产业 Secondary Industry	工 业 Industry	第三产业 Tertiary Industry	三次产业构成(%) Composition of Industries (%) 第一产业 Primary Industry	第二产业 Secondary Industry	第三产业 Tertiary Industry
1978	10.77	1.44	7.04	6.48	2.29	13.4	65.4	21.2
1979	12.49	1.54	8.35	7.60	2.60	12.3	66.9	20.8
1980	14.15	1.72	9.53	8.09	2.89	12.2	67.4	20.5
1981	14.79	2.11	9.32	7.58	3.36	14.3	63.0	22.7
1982	16.45	2.49	10.27	8.30	3.69	15.1	62.4	22.4
1983	20.36	2.61	12.96	10.96	4.79	12.8	63.7	23.5
1984	25.49	3.40	15.47	13.07	6.62	13.3	60.7	26.0
1985	32.19	3.35	20.38	17.49	8.45	10.4	63.3	26.3
1986	35.71	3.92	22.37	19.01	9.43	11.0	62.6	26.4
1987	40.36	4.78	25.06	21.04	10.53	11.8	62.1	26.1
1988	45.16	6.08	26.60	23.32	12.47	13.5	58.9	27.6
1989	53.64	6.56	32.88	29.23	14.21	12.2	61.3	26.5
1990	60.22	6.20	34.99	30.99	19.04	10.3	58.1	31.6
1991	71.11	7.69	40.17	34.94	23.26	10.8	56.5	32.7
1992	83.33	7.98	45.85	40.26	29.49	9.6	55.0	35.4
1993	98.13	9.27	53.18	45.56	35.68	9.4	54.2	36.4
1994	123.67	14.24	66.41	55.15	43.02	11.5	53.7	34.8
1995	149.12	17.32	80.62	67.32	51.18	11.6	54.1	34.3
1996	171.19	20.66	85.65	74.58	64.88	12.1	50.0	37.9
1997	196.63	22.31	100.50	86.52	73.82	11.3	51.2	37.5
1998	219.80	22.89	112.71	97.15	84.20	10.4	51.3	38.3
1999	239.83	23.75	119.09	102.66	96.99	9.9	49.7	40.4
2000	271.51	22.66	130.59	113.77	118.26	8.3	48.1	43.6
2001	305.42	22.89	145.84	125.41	136.69	7.5	47.8	44.8
2002	337.31	23.89	161.96	137.81	151.46	7.1	48.0	44.9
2003	386.15	25.30	186.87	161.00	173.98	6.6	48.4	45.1
2004	447.49	28.49	206.55	180.56	212.45	6.4	46.2	47.5
2005	508.47	30.79	236.47	201.21	241.21	6.1	46.5	47.4
2006	581.46	32.74	271.63	224.90	277.09	5.6	46.7	47.7
2007	715.21	38.95	316.52	257.02	359.74	5.4	44.3	50.3
2008	861.25	43.01	363.05	285.79	455.19	5.0	42.2	52.9
2009	945.51	44.97	384.84	293.54	515.70	4.8	40.7	54.5
2010	1096.79	51.18	423.64	316.43	621.97	4.7	38.6	56.7
2011	1362.80	60.27	519.95	380.95	782.58	4.4	38.2	57.4
2012	1634.16	70.72	639.65	454.92	923.79	4.3	39.1	56.5
2013	1996.67	79.66	782.90	545.97	1134.11	4.0	39.2	56.8
2014	2287.02	107.41	901.14	611.14	1278.47	4.7	39.4	55.9
2015	2564.30	122.43	1010.09	667.44	1431.78	4.8	39.4	55.8
2016	2827.62	137.07	1106.70	710.65	1583.85	4.8	39.1	56.0
2017	3279.39	148.18	1235.22	760.54	1895.99	4.5	37.7	57.8
2018	3724.97	153.11	1374.75	817.83	2197.11	4.1	36.9	59.0
2019	4039.60	161.34	1475.27	848.86	2402.99	4.0	36.5	59.5
2020	4311.65	178.31	1552.59	883.68	2580.75	4.1	36.0	59.9

注：1）2004 年起，农林牧渔服务业划入第一产业。
2）2005 年起人均地区生产总值按常住半年人口计算，以往年份按常住一年人口计算。
3）2000–2018 年数据根据四经普数据进行修订。（下表同）

a) Since 2004, services of agriculture, forestry, animal husbandry and fishery have been divided into primary industry.
b) Since 2005, per capita GDP is calculated by resident population of six months, and in previous years, it was calculated by resident population of one year.
3) Data from 2000 to 2018 are revised according to the fourth economic census. (the same as in the following table)

2-9 全市生产总值指数(历年)
Indices of Gross Domestic Product in the Whole City (Over Years)

(以上年为 100)

年 份 Year	生产总值指数 (%) Gross Domestic Product Indices (%)	第一产业 Primary Industry	第二产业 Secondary Industry	工 业 Industry	第三产业 Tertiary Industry	人均生产总值 Per Capita GDP 当年价(元) Current Price(yuan)	指 数(%) Indices(%)
1978	127.7	102.3	143.2	146.2	105.0	464	125.9
1979	111.1	105.5	113.6	114.8	106.0	530	109.4
1980	108.1	110.7	108.6	105.5	102.2	592	106.7
1981	99.1	100.7	97.2	98.1	107.4	610	97.7
1982	113.4	117.6	113.3	115.4	108.8	667	111.6
1983	116.9	106.4	118.1	114.0	124.8	816	115.5
1984	115.5	110.3	114.7	110.3	125.2	1011	114.3
1985	115.4	97.5	118.8	117.4	118.5	1260	113.9
1986	106.4	107.1	104.6	103.2	114.0	1374	104.5
1987	109.3	105.5	109.2	112.5	112.6	1523	107.2
1988	111.8	101.7	108.1	107.0	133.8	1682	110.4
1989	107.9	99.6	105.9	103.8	119.2	1974	106.6
1990	107.1	85.8	104.5	107.8	124.4	2155	104.1
1991	108.9	126.6	105.2	104.0	112.3	2471	105.8
1992	110.7	106.8	102.1	98.5	131.4	2844	108.7
1993	107.1	106.3	103.9	101.5	113.0	3293	105.3
1994	111.8	107.2	112.2	109.1	112.3	4063	109.4
1995	109.8	100.6	115.9	117.3	102.2	4796	106.4
1996	112.9	101.4	117.6	118.2	107.4	5414	112.1
1997	111.5	107.5	112.0	112.3	111.6	6143	110.2
1998	111.9	103.6	112.3	112.7	112.9	6793	110.7
1999	112.0	103.6	112.6	112.7	112.8	7300	110.4
2000	111.7	102.3	111.6	111.6	113.7	8121	109.8
2001	110.2	103.3	108.6	109.4	113.3	9000	108.6
2002	110.5	103.9	112.7	110.6	109.3	9812	109.1
2003	111.0	104.6	112.6	112.6	110.3	11113	109.8
2004	110.4	105.2	109.2	110.0	112.5	12794	109.6
2005	113.2	106.1	111.5	111.3	116.1	13762	107.2
2006	113.4	107.0	109.6	108.5	118.0	14819	106.8
2007	115.9	104.6	111.3	111.5	121.5	17837	113.4
2008	112.2	106.8	106.5	106.0	117.6	21039	109.9
2009	111.7	106.5	109.9	107.9	113.5	22605	109.3
2010	112.7	106.2	114.1	113.7	112.3	25624	110.2
2011	115.7	101.7	118.1	119.0	115.3	30684	111.5
2012	112.8	108.1	117.2	114.9	110.1	34931	107.1
2013	112.9	105.4	114.4	114.5	112.3	40734	107.7
2014	110.3	106.4	111.2	110.0	109.8	44855	106.0
2015	110.4	106.2	112.7	108.5	109.0	48704	107.0
2016	109.6	106.0	111.6	108.9	108.5	51954	106.1
2017	110.3	106.5	109.8	106.9	110.9	58037	106.2
2018	108.8	107.3	107.3	105.2	110.0	64326	106.1
2019	107.4	105.2	107.6	105.4	107.4	68592	105.6
2020	105.0	106.4	105.5	104.5	104.4	72246	103.6

注：2010 年以来年末总人口数根据第七次全国人口普查修订。
The data of total population from 2010 were revised according to the seventh national population census.

主要统计指标解释

不变价格　指以同类产品某年的平均价格作为固定价格，用于计算各年的产品价值。按不变价格计算的产品价值消除了价格变动因素,不同时期对比可以反映生产的发展速度。新中国成立后,随着工农业产品价格水平的变化，国家统计局先后五次制定了全国统一的工业产品不变价格和农业产品不变价格。从 1952 年到 1957 年使用 1952 年工（农）业产品不变价格，从 1957 年到 1970 年使用 1957 年不变价格，从 1971 年到 1980 年使用 1970 年不变价格，从 1981 年到 1990 年使用 1980 年不变价格，从 1991 年到 2000 年使用 1990 年不变价格, 从 2001 到 2005 年使用 2000 年不变价格，从 2006 到 2010 年使用 2010 年不变价格，从 2011 年开始使用 2010 年不变价格。

可比价格　指计算各种总量指标所采用的扣除了价格变动因素的价格，可进行不同时期总量指标的对比。按可比价格计算总量指标有两种方法：一种是直接用产品产量乘某一年的不变价格计算；另一种是用价格指数进行缩减。

企业（单位）登记注册类型　是以在工商行政管理机关登记注册的各类企业为划分对象，以工商行政管理部门对企业登记注册的类型为依据, 将企业登记注册类型分为内资企业、港澳台商投资企业和外商投资企业三大类。内资企业包括国有企业、集体企业、股份合作企业、联营企业、有限责任公司、股份有限公司、私营公司和其他企业；港澳台商投资企业和外商投资企业分别包括合资经营企业、合作经营企业、独资经营企业和股份有限公司。对不在工商行政管理部门进行登记注册的行政机关、事业单位和社会团体，主要按其经费来源和管理方式进行划分。

国有企　业指企业全部资产归国家所有，并按《中华人民共和国企业法人登记管理条例》规定登记注册的非公司制的经济组织。不包括有限责任公司中的国有独资公司。

集体企业　指企业资产归集体所有，并按《中华人民共和国企业法人登记管理条例》规定登记注册的经济组织。

股份合作企业　指以合作制为基础，由企业职工共同出资入股，吸收一定比例的社会资产投资组建，实行自主经营，自负盈亏，共同劳动，民主管理，按劳分配与按股分红相结合的一种集体经济组织。

联营企业　指两个及两个以上相同或不同所有制性质的企业法人或事业单位法人，按自愿、平等、互利的原则, 共同投资组成的经济组织。联营企业包括国有联营企业、集体联营企业、国有与集体联营企业和其他联营企业。

有限责任公司　指根据《中华人民共和国公司登记管理条例》规定登记注册，由两个以上、五十个以下的股东共同出资，每个股东以其所认缴的出资额对公司承担有限责任，公司以其全部资产对其债务承担责任的经济组织。有限责任公司包括国有独资公司以及其他有限责任公司。

股份有限公司　指根据《中华人民共和国公司登记管理条例》规定登记注册，其全部注册资本由等额股份构成并通过发行股票筹集资本，股东以其认购的股份对公司承担有限责任，公司以其全部资产对其债务承担责任的经济组织。

私营企业　指由自然人投资设立或由自然人控股，以雇佣劳动为基础的营利性经济组织。包括按照《公司法》《合伙企业法》《私营企业暂行条例》规定登记注册的私营有限责任公司、私营股份有限公司、私营合伙企业和私营独资企业。

其他内资企业　指上述企业之外的其他内资经济组织。

与港澳台商合资经营企业　指港澳台地区投资者与内地企业依照《中华人民共和国中外合资经营企业法》及有关法律的规定，按合同规定的比例投资设立、分享利润和分担风险的企业。

与港澳台商合作经营企业　指港澳台地区投资者与内地企业依照《中华人民共和国中外合作经营企业法》及有关法律的规定，依照合作合同的约定进行投资或提供条件设立、分配利润和分担风险的企业。

港澳台商独资经营企业　指依照《中华人民共和国外资企业法》及有关法律的规定，在内地由港澳台地区投资者全额投资设立的企业。

港澳台商投资股份有限公司　指根据国家有关规定，经外经贸部依法批准设立，其中港、澳、台商的股本占公司注册资本的比例达 25% 以上的股份有限公司。凡其中港澳、台商的股本占公司注册资本的比例小于 25% 的，属于内资企业中的股份有限公司。

中外合资经营企业　指外国企业或外国人与中国内地企业依照《中华人民共和国中外合资经营企业法》及有关法律的规定，按合同规定的比例投资设立、分享利润和分担风险的企业。

中外合作经营企业　指外国企业或外国人与中国内地企业依照《中华人民共和国中外合作经营企业法》及有关法律的规定，依照合作合同的约定进行投资或提供条件设立、分配利润和分担风险的企业。

外资企业　指依照《中华人民共和国外资企业法》及有关法律的规定，在中国内地由外国投资者全额投资设立的企业。

外商投资股份有限公司　指根据国家有关规定，经外经贸部依法批准设立，其中外资的股本占公司注册资本的比例达 25% 以上的股份有限公司。凡其中外资股本占公司注册资本的比例小于 25% 的，属于内资企业中的股份有限公司。

行政机关事业单位和社会团体　参照企业登记注册类型，主要按其经费来源和管理方式划分。具体规定如下：

(1) 行政机关；包括国家机关和政党机关，原则上均列为“国有”。但有特殊规定的，如供销社等，则列为“集体”。

(2) 事业单位：包括经国家机构编制部门和有关业务主管部门批准成立的各类事业单位，不包括实行企业化管理的事业单位。事业单位的划分办法如下；

①由国家财政预算拨款或列人财政预算外资金管理以及经费主要来源于国有主管部门或国有上级单位的事业单位，列为“国有"。

②经费主要来源于集体单位的事业单位，列为“集体”。

③公民个人（或个人合伙）开办的事业单位，列为“私营”。

④上述以外的其他事业单位，如果其经费来源不明确，按管理方式进行归类。

(3) 社会团体：包括经民政部门批准成立以及未纳入社会团体管理条例范围的工会、妇联等各类社会团体。社会团体的划分办法如下：

①未纳人民政部社会团体管理条例范围的工会、妇联、共青团、青联、工商联、科协、侨联等社会团体，国家拨款设立的基金会或基金管理组织以及经费主要来源于国有业务主管部门或国有上级单位的社会团体，列为“国有”。

②经费主要来源于集体单位的社会团体，列为“集体”。

③公民个人（或个人合伙）开办的社会团体，划为“私营”。

④上述以外的其他社会团体，如果其经费来源不明确，改按管理方式进行归类。

生产总值 (GDP)　指一个国家（或地区）所有常住单位在一定时期内生产活动的最终成果。生产总值有三种表现形态，即价值形态、收入形态和产品形态。从价值形态看，它是所有常住单位在一定时期内生产的全部货物和服务价值超过同期中间投人的全部非固定资产货物和服务价值的差额，即所有常住单位的增加值之和；从收人形态看，它是所有常住单位在一定时期内创造并分配给常住单位和非常住单位的初次收入分配之和；从产品形态看，它是所有常住单位在一定时期内最终使用的货物和服务价值与货物和服务净出口价值之和。在实际核算中，生产总值有三种计算方法，即生产法、收人法和支出法。三种方法分别从不同的方面反映生产总值及其构成。

三大产业　是根据社会生产活动历史发展的顺序对产业结构的划分，产品直接取自自然界的部门称为第一产业，对初级产品进行再加工的部门称为第二产业，为生产和消费提供各种服务的部门称为第三产业。它是世界上较为通用的产业结构分类，但各国的划分不尽一致。

我国的三次产业划分是：

第一产业：农业（包括种植业、林业、牧业渔业）和农林牧渔服务业。

第二产业：工业（包括采掘业，制造业，电力、煤气及水的生产和供应业）和建筑业。

第三产业：除第一第二产业以外的其他各业。由于第三产业包括的行业多、范围广，根据我国的实际情况，第三产业可分为两大部分：一是流通部门，二是服务部门。

最终消费 指常住单位在一定时期内对于货物和服务的全部最终消费支出，也就是常住单位为满足物质、文化和精神生活的需要，从本国经济领土和国外购买的货物和服务的支出；不包括非常住单位在本国经济领十内的消费支出。最终消费分为居民消费和政府消费。

居民消费 指常住住户对货物和服务的全部最终消费支出。居民消费按市场价格计算，即按居民支付的购买者价格计算。购买者价格是购买者取得货物所支付的价格，包括购买者支付的运输和商业费用。居民消费除了直接以货币形式购买货物和服务的消费之外，还包括以其他方式获得的货物和服务的消费支出，即所谓的虚拟消费支出。居民虚拟消费支出包括以下几种类型：单位以实物报酬及实物转移的形式提供给劳动者的货物和服务；住户生产并由本住户消费了的货物和服务，其中的服务仅指住户的自有住房服务；金融机构提供的金融媒介服务；保险公司提供的保险服务。

政府消费 指政府部门为全社会提供公共服务的消费支出和免费或以较低价格向住户提供的货物和服务的净支出。前者等于政府服务的产出价值减去政府单位所获得的经营收入的价值，政府服务的产出价值等于它的经常性业务支出加上固定资产折旧；后者等于政府部门免费或以较低价格向住户提供的货物和服务的市场价值减去向住户收取的价值。

公路里程 指在一定时期内实际达到《公路工程[WTBZ]技术标准JTJ01-88》规定的等级公路，并经公路主管部门正式验收交付使用的公路里程数。包括大中城市的郊区公路以及通过小城镇街道部分的公路里程和桥梁、渡口的长度，不包括大中城市的街道、厂矿、林区生产用道和农业生产用道的里程。两条或多条公路共同经由同一路段，只计算一次，不得重复计算里程长度。

非公有制经济 按国家统计局《关于统计上划分经济成分的规定》：公有经济包括国有经济和集体经济。非公有经这包括私有经济港澳台经济和外商经济。

非公有制经济是从经济管理角度进行划分的一种经济形式，其基本特征主要表现在：从产权关系上看，具有产权主体多元化、产权明晰和利益分配明确等特征。非公有制经济多数为自筹资金、自由组合的经济实体。无论是个人投资、合伙投资或外商投资以及集体筹资创办的企业，其产权关系和利益关系都比较明确。

就本书而言，非公有制经济是对指除国有企业及国有控股企业以外的其他多种所有制经济的统称，包括个体工商户、私营企业、集体企业、港澳台投资企业和外商投资企业。

Explanatory Notes on Main Statistical Indicators

Constant Prices refer to the average price of a given product in a certain year which is used for evaluating the output value of similar products over time as a fixed - price. As the output value at constant prices removes the infuence of price changes, the comparison among constant prices of dilferent periods reflects the development speed of produetion over time. Since the foundation of the People's Republic of China in 1949, with the changes of industrial and agricultural products, National Bureau of Statisties of China has set nationally unified constant prices five times: the 1952 constant prices for the period from 1952 to 1957 ; the 1957 constant prices for the period fronr1957 to 1970; the 1970 constant prices for the period from 1971 to 1980; the 1980 constant prices for the period from 1981 to 1990;the 1990 constant prices for the period fron 1991 to 2000; the 2000 constant prices for the period from 2001 to 2005; the 2010 constant prices for the period from 2006 to 2010; and the 2010 constant prices has been adopted since 2011.

Comparable Prices refer to prices that have removed the influence of price changes in calculating aggregate indicators and they can be used to facilitate comparison of aggregate indicators of different periods. There are two methods for calculating aggregate indicators at comparable prices: first, to multiply output of products by their oonstant prices of a certain year; and second, to deflate price indices.

Registration Types of Enterprises(Units) refer to three kinds of classifications of enterprises, namel domestic-funded enterprises, enterprises with investment from Hong Kong, Macao and Taiwan as well as forcign invested enterprises, in the light of the registration type of an enterprise at industry and business administrative departments.Domestic - funded enterprises include state-owned enterprises, collective-owned enterprises, cooperative enterprises, joint ownership enterprises, limited liability corporations, share-holding corporations Ltd., private enterprises and other enterprises. Enterprises with investment from hong kong, Macao and Taiwan and foreign -invested enterprises both consist of joint - venture enterprises, cooperative enterprises, enterprises with sole fund and share-holding corporations Ltd. For administrative organizations, public institutions and social organizations which are not requested to register at industrial and commercial administrative departments, they are classified mainly by their sources of funding and manners of management.

State-owned Enterprises refer to unincorporated economic units where the entire assets are owned by the State and which have been registered in accordance with Regulations of the People's Republic of China for Controlling the Registration of Enterprises as Legal Persons. State sole funded corporations classified into limited liability companies are not included.

Collective-owned Enterprises refer to economic units where the assets are owned collectively and which have been registered in accordance with Regulations of the People's Republic of China for Controlling the Registration of Enterprises as Legal Persons.

Joint-equity Cooperative Enterprises refer to collective economic units whose capitals come mainly from employees as their shares, with certain proportion of social capital and who is organized on the basis of independent operation, responsibility for their own profits and losses, shared labor, democratic management and a distribution system that integrates remuneration according to work with sharing profits according to contributions.

Joint Ownership Enterprises refer to economic units established by two or more corporate enterprises on institutional persons of the same or different ownerships, through joint investment on the basis of voluntar participation , equality, and mutual benefits, including State joint ownership enterprises, collective joint ownership enterprises, joint State-collective enterprises and other joint ownership enterprises.

Limited Liability Companies refer to coonomic units established with investment from 2 to 50 investors and registered in accordance with Regulations of the People's Republic of China on the Administration of Compan) Registration. Besides, each investor bears limited liabilities in accordance with the amount of money he funded and the corporation bears the liability to pay off its debts with its total assets. Included in this category are State sole funded corporations and other limited liability companies.

Companies Limited by Shares refer to economic units registered in accordance with Regulations of the People's Republic of China on the Administration of Company Registration , with total registered capital raised through issuing equal shares. Besides, each investor bears limited liabilities in accordance with his shares of investment in the corporation he funded and the corporation bears the liability to pay off its debts with its total assets.

Private Enterprises refer to profit-making economic units invested and established or controlled by natura persons hiring labors. Included in this category are private limited liability companies, private companies limited by shares, private partnership enterprises and private exclusively funded enterprises registered in accordance with the Company Law,Partnership Enterprise Law and Interim Regulations on Private Enterprises.

Other Domestic-funded Enterprises refer to domestic-funded economic units other than those mentioned above.

Joint-venture Enterprises with Funds from Hong Kong,Macao and Taiwan refer to enterprises established by investors from Hong Kong, Macao and Taiwan with enterprises in mainland China in accordance with Law of the People's Republic of China on Chinese-foreign Equity Joint-ventures and other relevant laws, where the proportions of investment and the sharing of prolits and risks are stipulated under.cooperative contracts.

Cooperative Enterprises with Funds from Hong Kong, Macao and Taiwan refer to enterprises established by investors from Hong Kong, Macao and Taiwan with enterprises in mainland China in accordance with Law ofthe People's Republic of China on Chinese-foreign kquity Joint-ventures and other relevant laws, where the proportions of investment or provision of facilities and the sharing of profits and risks are stipulated under cooperative contracts.

Enterprises with Sole Fund from Hong Kong, Macao and Taiwan refer to enterprises established in mainland China with exclusive investment from inyestors from Hong Kong, Macao and Taiwan in accordance with Law ofthe People's Republic of China on Foreign-capital Enterprises and other relevant laws.

Companies Limited by Shares with Funds from Hong Kong, Macao and Taiwan refer to companies limited by shares established in accordance with relevant regulations and with the approval from Ministry of Forcigu Trade,where the share of investment from Hong Kong, Macao or Taiwan businessmen exceeds 25% of the total registered capital. In case the share of investment fron Hong Kong, Macao or Taiwan is less than 25% of the total registered capital, the enterprise is to be classified as domestic-funded companies limited by shares.

Sino-foreign Equity Joint Enterprises refer to enterprises jointly established by foreign enterprises or foreigners with enterprises in mainland China in accordance with Law ofthe People's Republic of China on Chinese. foreign Equity Joint-ventures and other relevant laws, where the sharing of investment, profits and risks is stipulated under contract.

Sino-foreign Collective Operation Enterprises refer to enterprises jointly established by foreign enterprises or foreigners with enterprises in mainland China in accordance with Law of the People's Republic of China on Chinese-foreign Equity Joint-ventures and other relevant laws, where the proportions of investment or provision of facilities and the sharing of profits and risks are stipulated under cooperative contracts.

Foreign-funded Enterprises refer to enterprises established in mainland China with exclusive investment fron foreign investors in accordance with Law ofthe People's Republic of China on Foreign-capital Enterprises and other relevant laws.

Companies Limited by Shares with Foreign Funds refer to companies limited by shares established in accordance with relevant regulations and with the approval from Ministry of Foreign Trade, where the share of inyestment from fornian inwestors exceeds 25% of the fotal renistered capital. in caee the share of investment from foreign investors is less than 25% of the total registered capital, the enterprise is to be classified as domestic-funded companies limited by shares.

Administrative Organizations, Public Institutions and Social Organizations are classified into following categories by source of funds and means of management taking reference of the registration types of enterprises:

(1)Administrative organizations: include state and party agencies, classified in principle as " state-owned". But there are exceptions, such as supply and marketing cooperatives which are classified as " collective".

(2)Public Institutions; include institutions of various types established with the approval from departments managing state executive establishments and relative competent departments for services but exclude public institutions adopting the management modes of enterprises. Public Institutions are further classified as follows:

(a)Public institutions whose expenditures come from state budget funds or are in the managing list of extra budgetary funds and mainly from State-owned competent departments or superior units. Such institutions are classified as "State-owned".

(b) Public institutions whose expenditures mainly come from collective units. Such institutions are classified as" collective".

(c)Public institutions established by individuals or a group of citizens. Such institutions are classified as private.

(d)Publie institutions other than those mentioned above whose expenditures are undefined. Such institutions are classified by the manner of management

(3)Social organizations: include such organizations as labor unions and women's federations established wit the approval from civil affairs departments and not covered by social organization management regulations. Social organizations as further classified as follows:

(a)Social organizations that are not covered by social organization management regulations of civil affairs departments such as trade unions, women's federations, communist youth leagues, youth associations, industrial and commerce associations, scientists associations, overseas Chinese associations, foundations and fund management organizations established with funds from the State and social organizations whose funds mainly come from State- owned competent departments or superior units. Such organizations are classified as State-owned.

(b) Social organizations whose expenditures mainly come from collective units. Such organizations are classified as collective-owned.

(c)Social organizations established by individual or a group of citizens. Such organizations are classified as private.

(d)Social organizations other than those mentioned above whose expenditures are undefined. Such organizations are classified by manner of management.

Gross Domestic Product(GDP) refers to the final products of all resident units in a country (or a region) during a certain period of time. Gross domestic product is expressed in three different forms, i. e. value, income. and products respectively. The form of value refers to the difference between the total value of all products as well as services produced by all resident units during a certain period of time and total value of intimidate input of materials and seryices of non-fixed assets or the summation of the added-value of all resident units; the form of income includes all the income created by all resident units and distributed primarily to all resident and non-resident unitss the form of products refers to the total sum of the value of all final goods and services for final use by all resident units and the value of net exports of goods and services during a given period of time. In actual adjust accounts.gross domestic product is calculate with three approaches, i. e. production approach, income approach and expenditure approach, which reflect gross domestic product and its composition from different aspects

Three Industries refer to three kinds of industry structures classified acoording to the historical sequences of social productive activities. Primary industry refers to extraction of natural resources; secondary industry involves processing of primary products; and tertiary industry provides seryices of various kinds for production and consumption. The above classification is universal although it varies to some extent form country to country

Three industries in China comprises:

Primary industry: agriculture (include farming, forestry, animal husbandry and fishery) and services of farming, forestry , animal husbandry and fishery.

Secondary industry: industry (including mining and quarrying, manufacturing as well as production and supply of electricity , water and gas) and building industry.

Tertiary industry: all other industries not included in primary or secondary industries.

Due to the fact that tertiary industry involves a large variety of industries in China, it is divided into two sectons. circulation sector and service sector.

Final Consumption refers to the total expenditure of resident units on final consumption of goods and services in a certain period, namely the expenditure of the resident units for purchases of goods and services within domestic economic territory and from abroad to meet the reguirements of material, cultural and spiritual life. It excludes the expenditure of non-resident units on consumption within domestic economic territory. The final consumption is classified into household consumption and government consumption.

Household Consumption refers to the total expenditure of resident households on the final consumption of goods and seryices. The household consumption is calculated at market prices, namely the purchaser's prices which the households pay; the purchasers' prices of goods are the prices the households pay when they obtain the goods, including delivery fees and commercial expenses paid by the houscholds. In addition to the purchases of goods and services by the households direetly with money, households purchase goods and services in other means, namely virtual expenditure. And virtual expenditure includes the following types: a) goods and services provided to the houscholds by the units in the form of payment in kind and transfer in kind; b) goods and services produced and oonsumed by the households themselves, in which the services refer only to owners' self-owned dwelling services. c) services of financial intermediary provided by the financial institutions; d) insurance services provided by the insurance companies.

Government Consumption refers to the expenditure on the consumption of public services provided by government to the whole society and net expenditure on goods and services provided by government to the households at free charge or lower prices. The former equals to the value gained by using the output value of government services to minus the value of operating income obtained by the government departments and the output value of government services equals to the total sum of its regular operating expenditure and depreciation of fixed assets. The latter equals to the value gained by using the market value of the goods and services provided by the government for free or at low prices to the households to minus the value received by the government from the households.

Highway Mileage refers to the length of highways which are built in conformity with the standards stipulated in Highway Engineering Standards [WIBZ] technical Standards JTJ01-88, have been formally checked and accepted by competent departments of highways and put into use. The length of highways includes that of the suburb highways in large and medium-sized cities, highways passing through streets in small cities and towns, and also the length of bridges and ferries. It does not include the length of streets in big and medium sized cities and highways built for production in factories, mines, forest areas and agricultural areas. If two or more highways pass through the same section of a highway, the length of the section is only calculated once and no duplication is allowed.

Non-public Sectors of Economy In accordance with Stipulations on Economic Sectors Used in Statistics

issued by National Bureau of Statistics of China, there are mainly two sectors: public economy, including state- owned economy and collective coonomy, as well as non public economy, including private economy, economies manipulated by Hong Kong, Macao and Taiwan and foreign economy.

Non-public economy is a form of economy classified from the perspective of economic management. Its essential features reveal in property relations, namely , non-public economy has diverse property rights entities, clear property rights and clear-cut benefit distributions, etc. Because most entities of non-public economy raise funds by themselves and combine freely,whether individually invested, jointly invested, foreign-invested or collectively invested enterprises, they have clear-cut property relations and benefit relationships.

When it comes to this book, non-public economy refers to other economies with dilferent types of ownerships apart from state-owned enterprises and state holding enterprises, including individual businesses, private enterprises. collective enterprises, enterprises with investments fron Hong Kong, Macao and Taiwan as well as forcign-invested enterprises.

人口与计划生育

Population and Family Planning

3-1 常住人口主要指标变动情况
Main Indicators on Permanent Resident Population

指　　标	Item	2016	2017	2018	2019	2020
年平均人口	**Annual Average Population**	**544.25**	**565.06**	**579.08**	**588.93**	**596.80**
年末总人口	**Total Population at the Year-end**	**555.20**	**574.91**	**583.24**	**594.62**	**598.98**
按城镇、乡村分	**Grouped by Residence**					
城 镇	Urban Population	415.84	438.66	453.18	468.56	479.60
乡 村	Rural Population	139.36	136.25	130.06	126.06	119.38
按性别分	**Grouped by Gender**					
男	Male	284.37	293.09	298.73	306.05	306.26
女	Female	270.83	281.82	284.51	288.57	292.72
性别比（以女性为 100)	Sex Ratio(Female=100)	105	104	105	106	104.63
人口出生率（‰）	Birth Rate(‰)	11.05	11.76	13.07	13.44	暂未返数
人口死亡率（‰）	Death Rate(‰)	5.20	5.68	4.53	5.15	暂未返数
自然增长率（‰）	Natural Growth Rate(‰)	5.85	6.08	8.54	8.29	暂未返数

3-2 各区（市、县）常住人口 (2020 年）
Resident Population of Districts (City, County) (2020)

区（市、县）名　称	District (City, County)	年末总人口（万　人）Total Population at Year-end (10 000 persons)	年平均人口（万　人）Annual Average Population (10 000 persons)	人口密度（人/平方公里）Population Density (person/sq.km)
贵 阳 市	**Guiyang**	**598.98**	**596.80**	**744.69**
南 明 区	Nanming	104.83	104.37	5009.03
云 岩 区	Yunyan	105.72	105.49	11534.74
花 溪 区	Huaxi	96.67	96.53	1102.65
乌 当 区	Wudang	33.66	34.00	492.67
白 云 区	Baiyun	45.65	44.93	1693.72
观山湖区	Guanshanhu	64.29	63.84	2089.78
开 阳 县	Kaiyang	34.41	34.49	170.07
息 烽 县	Xifeng	21.99	21.76	212.15
修 文 县	Xiuwen	28.82	28.72	268.98
清 镇 市	Qingzhen	62.94	62.70	453.92

注：土地面积来源于自然资源和规划局。
Data of land area come from Guiyang Municipal Natural Resources and Planning Bureau.

3-3 公安户籍人口变动情况
Household Registered Population

指　　标	Item	2016	2017	2018	2019	2020
年末总人口	**Total Population (at year-end)**	**401.35**	**408.31**	**418.45**	**427.83**	**437.30**
农业	Agricultural	259.98	148.05	143.85	141.46	136.23
非农业	Non-agricultural	141.37	260.26	274.60	286.36	301.07
按性别分	**Grouped by Gender**					
男	Male	202.94	205.69	210.42	214.66	218.96
女	Female	198.41	202.62	208.03	213.16	218.33
性别比(以女性为100)	Sex Ratio(Female=100)	1.02	1.02	1.01	1.01	1.02
人口出生率(‰)	Birth Rate(‰)	16.74	20.31	18.42	15.62	16.34
人口死亡率(‰)	Death Rate(‰)	5.27	11.05	4.14	3.75	4.91
自然增长率(‰)	Natural Growth Rate(‰)	11.47	9.26	14.29	11.87	11.43

3-4 各区(市、县)户籍人口(2020年)
Registered Population of Districts (City, County)(2020)

区(市、县)名　称	District (City, County)	年末总人口(万　人) Total Population at Year-end (10 000 persons)	非农业人口 Non-agricultural Population	农业人口 Agricultural Population	年平均人口(万　人) Annual Average Population (10 000 persons)
全市合计	Total	437.30	301.07	136.23	432.56
南明区	Nanming	66.64	65.05	1.60	66.16
云岩区	Yunyan	69.36	69.36	0.00	68.60
花溪区	Huaxi	55.16	39.56	15.61	54.47
乌当区	Wudang	23.11	13.55	9.56	22.84
白云区	Baiyun	24.00	22.55	1.46	23.65
观山湖区	Guanshanhu	36.38	29.55	6.83	35.02
开阳县	Kaiyang	45.75	18.67	27.09	45.67
息烽县	Xifeng	27.80	10.54	17.26	27.72
修文县	Xiuwen	33.51	12.65	20.86	33.32
清镇市	Qingzhen	55.57	19.60	35.97	55.12

注：本表资料为公安户籍数。
Data in this table are registered permanent residence of the police station.

3–5 全市常住人口及构成（历年）
Permanent Resident Population and Its Proportion (Over Years)

单位：万人 (10 000 persons)

年份 Year	年末总人口 Total Population at Year-end	按城镇乡村分 By Urban and Rural Area		按性别分 By Gender		出生率 (‰) Birth Rate (‰)	死亡率 (‰) Death Rate (‰)	自然增长率 (‰) Natural Growth Rate (‰)	人口密度 (人/平方公里) Population Density (person/sq.km)
		市镇 Urban Area	乡村 Rural Area	男 Male	女 Female				
1979	237.48	139.20	98.28	122.93	114.55	13.38	6.33	7.05	295.59
1980	240.53	146.81	93.72	124.41	116.12	14.68	6.53	8.08	299.39
1981	244.66	140.40	104.26	127.13	117.53	17.65	6.85	10.80	304.53
1982	248.30	142.32	105.98	128.80	119.50	15.90	6.69	9.21	309.06
1983	250.57	143.78	106.78	130.13	120.43	12.96	6.61	6.35	311.88
1984	253.48	147.53	105.96	131.55	121.93	14.23	6.52	7.70	315.51
1985	257.27	152.33	104.93	133.52	123.74	14.11	6.38	7.73	320.22
1986	262.75	156.06	106.68	136.45	126.30	16.35	6.31	10.04	327.04
1987	267.31	159.28	108.02	139.13	128.18	16.65	6.04	10.60	332.72
1988	269.64	163.83	105.81	140.22	129.42	15.91	6.28	9.63	335.62
1989	273.78	168.39	105.39	142.51	131.27	17.42	6.62	10.80	340.78
1990	285.15	175.43	109.71	148.26	136.88	18.21	5.73	12.48	354.92
1991	290.43	179.39	111.04	151.13	139.30	13.71	6.39	7.32	361.50
1992	295.58	256.68	38.89	153.27	142.31	11.99	6.52	5.47	367.91
1993	300.34	261.01	39.33	155.64	144.70	11.79	5.95	5.84	373.84
1994	308.37	268.73	39.64	160.25	148.12	12.87	5.81	7.06	383.83
1995	313.48	273.21	40.27	162.69	150.79	11.91	5.60	6.31	390.19
1996	318.85	278.21	40.64	165.24	153.61	12.02	6.15	5.87	396.88
1997	321.26	280.25	41.01	166.28	154.98	13.08	5.67	7.41	399.88
1998	325.87	284.27	41.60	168.66	157.21	13.85	5.92	7.93	405.61
1999	331.21	289.34	41.87	171.21	160.00	14.48	5.66	8.82	412.26
2000	337.45	206.42	131.03	177.40	160.05	14.87	6.07	8.80	420.03
2001	341.29	208.77	132.52	179.42	161.87	13.55	5.94	7.62	424.81
2002	346.27	214.58	131.69	182.03	164.24	12.90	5.80	7.10	431.01
2003	348.70	217.48	131.22	177.38	171.32	12.00	5.81	6.19	434.03
2004	350.85	221.83	129.02	178.65	172.20	12.07	5.92	6.15	436.71
2005	388.09	244.76	143.33	198.35	189.74	12.33	6.90	5.43	483.06
2006	396.66	250.17	146.50	200.83	195.83	11.85	6.10	5.75	493.73
2007	405.26	255.59	149.67	205.42	199.84	10.96	6.36	4.60	504.43
2008	413.44	265.35	148.09	209.50	203.94	10.75	6.31	4.44	514.61
2009	423.12	275.88	147.24	214.88	208.24	11.06	6.17	4.89	526.66
2010	432.93	294.96	137.97	222.79	210.14	11.11	4.48	6.63	538.87
2011	455.35	313.74	141.61	234.05	221.30	10.29	4.58	5.71	546.84
2012	480.31	335.83	144.48	247.23	233.08	10.73	4.76	5.97	554.11
2013	500.03	360.52	139.51	257.30	242.73	10.69	4.90	5.79	557.83
2014	519.71	380.43	139.28	267.20	252.51	10.47	4.99	5.48	646.13
2015	533.30	393.58	139.72	273.87	259.43	10.21	4.96	5.25	663.03
2016	555.20	415.84	139.36	284.37	270.83	11.05	5.20	5.85	690.26
2017	574.91	438.66	136.25	293.09	281.82	11.76	5.68	6.08	714.76
2018	583.24	453.18	130.06	298.73	284.51	13.07	4.53	8.54	725.12
2019	594.62	468.56	126.06	306.05	288.57	13.44	5.15	8.29	739.27
2020	598.98	479.60	119.38	306.26	292.72	暂未返数	暂未返数	暂未返数	744.69

注：1) 1979 年—2004 年为常住一年口径数，2005 年起为常住半年口径数。
2) 2010 年以来年末总人口数根据第七次全国人口普查修订。

a) Data from 1979 to 2004 refer to the calibers of permanent residents living in Guiyang for a year; data in 2005 refer to the calibers of permanent residents living in Guiyang for half a year.
b) The data of total population from 2010 were revised according to the seventh national population census.

3-6 出生及新婚情况(2020年)
Statistics on Birth and Marriage(2020)

单位：人 (person)

区(市、县)名称	District (City, County)	年初以来累计出生人数 Births Since the Beginning of the Year									
		合计 Total					一孩 1st Birth				
		小计 Subtotalq	计划内 Planned		计划外 Unplanned		小计 Subtotal	计划内 Planned		早育 Early Childbirth	
			男 Male	女 Female	男 Male	女 Female		男 Male	女 Female	男 Male	女 Female
合计	**Total**	**54527**	**25100**	**22892**	**3600**	**2935**	**23063**	**11170**	**10327**	**807**	**759**
南明区	Nanming	7185	3634	3254	173	124	3619	1871	1687	31	30
云岩区	Yunyan	6649	3400	3095	91	63	3426	1761	1639	15	11
花溪区	Huaxi	8639	3780	3494	763	602	3677	1740	1599	183	155
乌当区	Wudang	3461	1642	1487	184	148	1328	645	594	44	45
白云区	Baiyun	3806	1737	1618	265	186	1452	707	652	45	48
观山湖区	Guanshanhu	6264	3086	2710	280	188	2827	1445	1310	36	36
开阳县	Kaiyang	5203	2167	2006	537	493	1952	870	814	143	125
息烽县	Xifeng	3055	1326	1229	268	232	1107	495	487	63	62
修文县	Xiuwen	4112	1637	1549	500	426	1367	607	575	92	93
清镇市	Qingzhen	6153	2691	2450	539	473	2308	1029	970	155	154

注：本表数据来源于市卫生健康局(下表同)。
Data in this table come from Guiyang Municipal Health Bureau (the same below).

3-6 续表 (Continued)

单位：人 (person)

区(市、县)名称	District (City, County)	年初以来累计出生人数 Births Since the Beginning of the Year										年初以来死亡人数 Deaths Since the Beginning of the Year
		二孩 2nd Birth					多孩 3rd Birth and Above					
		小计 Subtotalq	计划内 Planned		早育 Early Childbirth		小计 Subtotal	计划内 Planned		计划外 Unplanned		
			男 Male	女 Female	男 Male	女 Female		男 Male	女 Female	男 Male	女 Female	
合计	**Total**	**24085**	**12317**	**11201**	**298**	**269**	**7379**	**1613**	**1364**	**2495**	**1907**	**21253**
南明区	Nanming	3081	1618	1445	10	8	485	145	122	132	86	3307
云岩区	Yunyan	2923	1549	1365	3	6	300	90	91	73	46	3400
花溪区	Huaxi	3703	1842	1743	61	57	1259	198	152	519	390	2706
乌当区	Wudang	1707	879	787	22	19	426	118	106	118	84	1239
白云区	Baiyun	1820	924	868	17	11	534	106	98	203	127	1369
观山湖区	Guanshanhu	2819	1495	1292	17	15	618	146	108	227	137	1176
开阳县	Kaiyang	2120	1054	988	44	34	1131	243	204	350	334	2414
息烽县	Xifeng	1331	677	607	22	25	617	154	135	183	145	1543
修文县	Xiuwen	1764	860	831	41	32	981	170	143	367	301	1640
清镇市	Qingzhen	2817	1419	1275	61	62	1028	243	205	323	257	2459

3-7 节育及领独生子女证情况 (2020 年)
Statistics on Contraception and Only-child Certificate Obtained(2020)

单位：人 (person)

地 区	Region	育龄妇女 Number of Child-bearing Women	已婚育龄妇女 Number of Married Child-bearing Woman					采取措施的已婚育龄妇女人数 Number of Female Contraception Users
			小 计 Subtotal	无 孩 No Child	一 孩 1st Birth	二 孩 2nd Birth	多 孩 3rd Birth and Above	
合 计	**Total**	**1257883**	**851992**	**48625**	**342189**	**360927**	**100251**	**643931**
南明区	Nanming	233090	149887	9202	72131	55074	13480	118350
云岩区	Yunyan	212508	131220	9049	67165	45213	9793	95085
花溪区	Huaxi	183327	124656	6941	49776	52779	15160	94024
乌当区	Wudang	75574	54310	3184	21981	23813	5332	37692
白云区	Baiyun	96258	68040	3596	23864	30656	9924	50619
观山湖区	Guanshanhu	146764	100749	6628	42405	41919	9797	73782
开阳县	Kaiyang	85471	59825	2899	18508	29231	9187	45790
息烽县	Xifeng	47775	35721	1515	10791	17878	5537	27900
修文县	Xiuwen	66230	48848	1916	13221	25422	8289	38726
清镇市	Qingzhen	110886	78736	3695	22347	38942	13752	61963

主要统计指标解释

人口数 指一定时点、一定地区范围内的有生命的个人的总和。年度统计的年末人口数指每年12月31日24时的人口数。

市镇总人口和乡村总人口其定义有两种口径：

第一种口径（按行政建制）

市人口：市管辖区域内的全部人口（含市辖镇，不含市辖区县）；

镇人口：县辖镇的全部人口（不含市辖镇）；

县人口：县辖乡人口。

第二种口径（按常住人口划分）

市人口：设区的市的区人口和不设区的市所辖的街道人口；

镇人口：不设区的市所辖镇的居民委员会人口和县辖镇的居民委员会人口；

县人口：除上述两种人口以外的全部人口。

出生率（又称粗出生率） 指在一定时期内（通常为一年）平均每千人所出生的人数的比率，一般用千分率表示。计算公式为：

出生率＝年出生人数 / 年平均人数 ×1000‰

式中：出生人数指活产婴儿，即胎儿脱离母体时（不管怀孕月数），有过呼吸或其他生命现象。

年平均人数指年初、年底人口数的平均数，也可用年中人口数代替。

死亡率（又称粗死亡率） 指在一定时期内（通常为一年）一定地区的死亡人数与同期平均人数（或期中人数）之比，一般用千分率表示。计算公式为：

死亡率＝年死亡人数 / 年平均人数 ×1000‰

人口自然增长率 指在一定时期内（通常为一年）人口自然增加数（出生人数减死亡人数）与该时期内平均人数（或期中人数）之比，一般用千分率表示。计算公式为：

人口自然增长率＝（本年出生人数—本年死亡人数）/ 年平均人数 ×1000‰

＝人口出生率—人口死亡率。

Explanatory Notes on Main Statistical Indicators

Total Population refers to the total number of people alive at a certain point of time within a given area. The annual statistics on total population at year-end is taken at 24, the 3lst of December.

Urban Population and Rural Population the definition is determined according to two standards as follows:

The first standard — Administrative System

Urban Population includes total population of cities and population of towns under the jurisdiction of cities, excluding districts and counties under the jurisdiction of cities;

Population of County-administrated Towns includes total population of towns under the jurisdiction of counties, excluding population of towns under the jurisdiction of cities;

Population of Counties includes total population of townships under the jurisdiction of counties.

The second standard — Permanent Resident Population

Urban Population includes population living in districts under the jurisdiction of cities with sub-districts and population living in communities under the jurisdiction of cities without sub-districts;

Population of County-administrated Towns includes total number of residents living in towns under the jurisdiction of cities without sub-districts and total number of residents living in towns under the jurisdiction of counties;

Population of Counties includes total population except those mentioned above.

Permanent Resident Population refers to those people who live or stay at home more than 6 months in the whole year, and their economy and life become an organic with their own households. Labors working outside although live outside more than 6 months, yet with income mainly brought to home, as well as economy and household united, so they are also considered as permanent resident population; state employees and retirees living at home with economy and household united are also considered as permanent resident population. But serviceman, students in technical secondary schools (except day students) and labors working outside not staying at home (except visiting relatives or receiving medical treatment) with stable careers and places to live are not included into permanent resident population. Permanent Resident Population includes: 1.Those who live in their own households (as well as those living in their own households with less than half a year outside), with registered permanent residence belonging to their own village, town and committee. 2. Those who live in their own households more than half a year, with registered permanent residence belonging to other villages, towns and committees. 3. Those who has left the former registered place more than half a year and live in their own households less than half a year with registered permanent residence belonging to other villages, towns and committees. 4. Those who live in their own households, with registered permanent residence undetermined.

Birth Rate (or Rough Birth Rate) refers to the ratio of the number of births to the average population (or mid-period population) during a certain period of time (usually a year), expressed in ‰. Birth rate in the chapter refers to annual birth rate. The following formula is used:

Birth Rate= (Number of Births)/(Annual Average Population) ×1000‰

Number of births in the formula refers to live births, i.e. when a baby has breathed or showed any vital phenomena regardless of the length of pregnancy.

Annual average population is the average of the number of population at the beginning of the year and that at the end of the year. Sometimes it is substituted by the mid-year population.

Death Rate (or Rough Death Rate) refers to the ratio of the number of deaths to the average population (or mid-period population) during a certain period of time (usually a year), expressed in ‰. The following formula is used:

Death Rate= (Number of Deaths)/(Annual Average Population) ×1000‰

Natural Growth Rate of Population refers to the ratio of natural increase in population (number of births minus number of deaths) in a certain period of time (usually a year) to the average population (or mid-period population) of the same period, expressed in ‰. The following formula is applied:

Natural Growth Rate of Population = (Number of Births-Number of Deaths)/(Annual Average Population) ×1000‰ = Birth Rate-Death Rate

Four

从业人员及职工工资

Employment and Wages

4-1 全社会就业人员
Number of Employed Persons

指 标	Item	2016	2017	2018	2019	2020	2020年比2019年增长(%) Growth Rate in 2020 over 2019 (%)
就业人员(万人)	**Number of Employed Persons (10000 persons)**	**285.42**	**302.30**	**306.14**	**307.67**	**310.74**	**1.0**
按产业分	**Grouped by Three Strata of Industry**						
第一产业	Primary Industry	52.42	51.04	42.83	37.04	31.07	-16.1
第二产业	Secondary Industry	88.27	96.49	98.42	99.25	102.54	3.3
第三产业	Tertiary Industry	144.74	154.76	164.89	171.38	177.12	3.4

4-2 城镇非私营单位从业人员和工资情况
Number of Employed Persons and Wages in Urban Non-Private Units

指　　标	Item	2016	2017	2018	2019	2020	2020年比2019年增长(%) Growth Rate in 2020 over 2019 (%)
从业人员年末人数(人)	**Number of Employed Persons in Urban Units (persons)**	**1057448**	**1090636**	**1063285**	**1078203**	**1132676**	**5.1**
国有单位	State - owned Units	351122	351841	337396	285931		
城镇集体单位	Urban Collective - owned Units	11175	11918	11212	8502		
其他单位	Units of Other Types of Ownership	695151	726877	714677	783770		
从业工资总额(万元)	**Total Wage Bill of Employed persons (10 000 yuan)**	**7047969**	**7784665**	**8375134**	**9585121**	**10864437**	**13.3**
国有单位	State - owned Units	2707080	2918831	3083474	2830478		
城镇集体单位	Urban Collective - owned Units	51675	54745	76041	41828		
其他单位	Units of Other Types of Ownership	4289214	4811089	5215619	6712816		
从业人员平均工资(元)	**Average Wage of Employed persons (yuan)**	**68453**	**72325**	**80485**	**90300**	**98610**	**9.2**
国有单位	State - owned Units	77024	83444	92029	99525		
城镇集体单位	Urban Collective - owned Units	46841	48897	64523	50743		
其他单位	Units of Other Types of Ownership	64295	67254	75181	87312		
在岗职工年末人数(人)	**Number of On - post Staff at Year -end (person)**	**938953**	**985465**	**939029**	**1006801**	**1046715**	**4.0**
国有单位	State - owned Units	321920	328995	316827	267054		
城镇集体单位	Urban Collective - owned Units	10560	11774	10953	8284		
其他单位	Units of Other Types of Ownership	606473	644696	611249	731463		
在岗职工工资总额(万元)	**Total Wage Bill of On - post Staff (10 000 yuan)**	**6511239**	**7149404**	**7694559**	**9158619**	**10377678**	**13.3**
国有单位	State - owned Units	2607139	2837996	3013402	2763543		
城镇集体单位	Urban Collective - owned Units	49765	53839	75094	40892		
其他单位	Units of Other Types of Ownership	3854335	4257569	4606063	6354184		
在岗职工平均工资(元)	**Average wage of On - post Staff (yuan)**	**70535**	**73939**	**82685**	**92650**	**101829**	**9.9**
国有单位	State - owned Units	81414	86737	95634	103915		
城镇集体单位	Urban Collective - owned Units	47823	49070	65225	50956		
其他单位	Units of Other Types of Ownership	65054	67713	76262	88926		

注：在岗职工包含劳务派遣人员（以下相关表同）。
The working staff at work include labor dispatching personnel (the related tables in the chapter are the same).

4-3 按国民经济行业分组的城镇非私营从业人员基本情况 (2020 年)
Main Indicators on Employed Persons in Urban Non-Private Units by Sector(2020)

指　　标	Item	从业人员年末人数（人）Number of Employed Persons at Year-end	从业人员工资总额（万元）Total Wage Bill of Employed Persons	从业人员平均工资（元）Average wage of Employed Persons
总　　计	**Total**	**1132676**	**10864437**	**98610**
按国民经济行业分组	**By Sector**			
农、林、牧、渔业	Agriculture,Forestry,Animal Husbandry and Fishery	1352	8810	64281
采矿业	Mining	3379	22207	68495
制造业	Manufacturing	96225	828439	87696
电力、热力、燃气及水生产和供应业	Production and Supply of Electricity, Heating Power, Gas and Water	54007	672963	123989
建筑业	Construction	370656	2757472	80779
批发和零售业	Wholesale and Retail Trades	56971	391808	69241
交通运输、仓储和邮政业	Transport,Storage and Post	77914	813971	103623
住宿和餐饮业	Hotels and Catering Services	10943	58503	53471
信息传输、软件和信息技术服务业	Services of Information Transmission, Software and Information Technology	28189	309394	109278
金融业	Financial Industry	40313	766818	198013
房地产业	Real Estate	48188	432422	79601
租赁和商务服务业	Leasing and Business Services	28743	222313	78628
科学研究、技术服务业	Scientific Research and Technical Service	33758	391757	116675
水利、环境和公共设施管理业	Management of Water Conservancy, Environment and Public Facilities	14218	100604	69839
居民服务、修理和其他服务业	Services to Household,Repair and Others	9703	37091	39630
教　育	Education	89548	983905	112463
卫生和社会工作	Health and Social Service	59831	759471	129503
文化、体育和娱乐业	Culture,Sports and Entertainment	9366	105636	107675
公共管理、社会保障和社会组织	Public Management,Social Security and Social Organization	99372	1200852	122483

4-4 按国民经济行业分组的城镇非私营在岗职工人数和工资情况（2020年）
Number of On-Post Staff and Workers in Urban Non-Private Units by Sector(2020)

指　标	Item	在岗职工年末人数（人）Number of On-Post Staff at Year-end	在岗职工工资总额（万元）Total Wage Bill of Employed Persons	在岗职工平均工资（元）Average wage of Employed Persons
		合　计 Total	合　计 Total	合　计 Total
总　计	**Total**	**1046715**	**10377678**	**101829**
按国民经济行业分组	**By Sector**			
农、林、牧、渔业	Agriculture,Forestry,Animal Husbandry and Fishery	1163	8399	72014
采矿业	Mining	3279	21853	69435
制造业	Manufacturing	94635	822453	88409
电力、热力、燃气及水生产和供应业	Production and Supply of Electricity, Heating Power, Gas and Water	50990	667879	130233
建筑业	Construction	322554	2425147	82408
批发和零售业	Wholesale and Retail Trades	55970	387545	69751
交通运输、仓储和邮政业	Transport, Storage and Post	76201	804190	104603
住宿和餐饮业	Hotels and Catering Services	10576	56879	54200
信息传输、软件和信息技术服务业	Information Transmission, Software and Information Technology in services	27305	302165	110969
金融业	Financial Industry	35058	748862	216150
房地产业	Real Estate	46300	424359	80919
租赁和商务服务业	Leasing and Business Services	27856	219343	80126
科学研究、技术服务业	Scientific Research and Technical Service	31907	378962	119076
水利、环境和公共设施管理业	Management of Water Conservancy, Environment and Public Facilities	13994	99707	70395
居民服务、修理和其他服务业	Services to Household, Repair and Others	9562	36692	39716
教　育	Education	82201	960849	119215
卫生和社会工作	Health and Social Service	57351	739217	131496
文化、体育和娱乐业	Culture, Sports and Entertainment	9149	105012	109141
公共管理、社会保障和社会组织	Public Management,Social Security and Social Organization	90667	1168166	129902

注：数据含劳务派遣人员，即：在岗职工＋劳务派遣人员。
The data include labour dispatch staff which refer to staff of on-post and labour service.

4-5 按国民经济行业分组的城镇非私营其他从业人员人数及报酬(2020年)

Number and Wage of Other Employed Persons in Urban Non-Private Units by Sector(2020)

指标	Item	其他从业人员(人) Number of Other Employed Persons (Person)	其他从业人员工资总额(万元) Total Wage of Other Employed Persons (10 000 yuan)
总计	**Total**	**85961**	**486759**
按国民经济行业分组	**By Sector**		
农、林、牧、渔业	Agriculture,Forestry,Animal Husbandry and Fishery	189	411
采矿业	Mining	100	354
制造业	Manufacturing	1591	5987
电力、热力、燃气及水生产和供应业	Production and Supply of Electricity, Heating Power,Gas and Water	3017	5084
建筑业	Construction	48102	332325
批发和零售业	Wholesale and Retail Trades	1002	4263
交通运输、仓储和邮政业	Transport,Storage and Post	1713	9781
住宿和餐饮业	Hotels and Catering Services	367	1624
信息传输、软件和信息技术服务业	Information Transmission,Software and Information Technology in services	884	7229
金融业	Financial Industry	5255	17956
房地产业	Real Estate	1888	8062
租赁和商务服务业	Leasing and Business Services	887	2970
科学研究、技术服务业	Scientific Research and Technical Services	1851	12796
水利、环境和公共设施管理业	Management of Water Conservancy, Environment and Public Facilities	224	897
居民服务、修理和其他服务业	Services to Household,Repair and Others	141	399
教育	Education	7347	23056
卫生和社会工作	Health and Social Service	2481	20254
文化、体育和娱乐业	Culture,Sports and Entertainment	217	624
公共管理、社会保障和社会组织	Public Management,Social Security and Social Organization	8705	32686

4-6 全市年末从业人员数（历年）
Number of Employed Persons at Year-end (Over Years)

单位：万人 (10 000 persons)

年份 Year	从业人员 Number of Employed Persons	第一产业 Primary Industry	第二产业 Secondary Industry	第三产业 Tertiary Industry	城镇私营（含个体） Urban Private Enterprises (Include Self-employed Individuals)	农村从业人员 Rural Employed Persons
1978	102.69	51.36	32.04	19.29	0.66	52.19
1979	104.70	50.97	34.61	19.12	0.72	51.89
1980	107.94	52.12	35.59	20.23	0.98	53.15
1981	111.82	53.12	35.86	22.84	1.37	55.13
1982	114.92	54.69	36.30	23.93	1.56	56.81
1983	116.09	54.72	36.65	24.72	1.86	58.29
1984	125.17	55.84	39.67	29.66	2.59	60.93
1985	133.41	56.89	46.75	29.77	2.92	63.98
1986	139.64	59.57	45.85	34.22	5.02	65.97
1987	143.07	62.16	48.69	32.22	3.71	68.55
1988	146.47	67.70	48.51	33.26	3.96	71.50
1989	152.09	68.67	48.95	34.47	4.98	76.61
1990	159.57	71.50	49.99	38.08	5.15	80.89
1991	164.06	72.42	52.77	38.87	5.44	81.25
1992	169.85	74.77	52.20	42.88	5.24	83.76
1993	173.71	76.93	53.00	43.78	6.06	88.46
1994	181.94	79.11	56.28	46.55	4.11	90.63
1995	184.30	78.07	56.29	49.94	9.02	84.96
1996	189.73	78.85	56.00	54.88	17.28	94.71
1997	195.86	77.79	59.96	58.11	18.78	96.98
1998	200.35	77.24	63.27	59.84	19.82	98.95
1999	200.58	79.32	59.40	61.86	19.66	99.73
2000	204.29	87.01	53.70	63.58	24.55	116.83
2001	202.75	79.52	52.21	71.02	27.83	105.69
2002	205.06	76.39	51.41	77.26	29.52	106.04
2003	210.15	77.95	52.75	79.45	29.83	109.38
2004	211.66	72.98	55.33	83.35	38.41	110.24
2005	200.52	94.01	37.18	69.34	21.81	111.08
2006	206.69	93.17	39.39	74.14	24.35	115.19
2007	204.89	85.40	39.93	79.55	26.95	114.75
2008	209.74	81.41	42.03	86.31	28.46	117.60
2009	213.42	76.62	45.25	91.55	35.05	116.66
2010	224.04	74.06	48.90	101.08	46.65	118.83
2011	218.67	65.96	49.10	103.62	44.02	118.41
2012	224.82	61.41	55.03	108.38	40.47	117.48
2013	237.08	59.04	62.96	115.07	45.80	116.51
2014	255.50	57.92	72.51	125.08	45.95	115.77
2015	272.38	56.50	81.26	134.62	43.85	114.09
2016	285.42	52.42	88.27	144.74	37.68	111.10
2017	302.30	51.04	96.49	154.76	50.23	113.58
2018	306.14	42.83	98.42	164.89	39.24	107.50
2019	307.67	37.04	99.25	171.38		105.67
2020	310.74	31.07	102.54	177.12		106.47

注：2010 — 2020 年为第七次人口普查调整数。
Data from 2010 to 2020 refer to the adjusted figures of the Seventh Population Census.

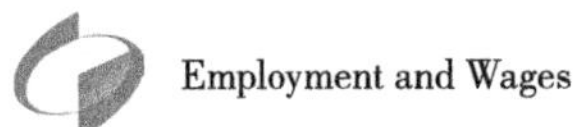

4-7 全市城镇非私营单位从业人员和工资情况（历年）
Number of Staff and Their Wages Bill in Urban Non-Private Units (Over Years)

年 份 Year	从业人员期末人数（万人） Number of Staff at Year-end (10 000 persons)	国有单位 State-owned Units	城镇集体单位 Urban Collective-owned Units	其它单位 Others	从业人员工资总额（万元） Total Wages of All Staff (10 000 yuan)	国有单位 State-owned Units	城镇集体单位 Urban Collective-owned Units	其它单位 Others	在岗职工平均工资（元） Average Wages of On-Post Staff(yuan)
1978	49.84	37.01	12.83		29466	23411	5876		626
1979	52.10	38.58	13.52		33116	26859	6089		647
1980	53.80	40.30	13.50		39884	32369	7419		754
1981	55.32	42.46	13.86		41777	33352	8298		765
1982	56.55	43.53	14.02		43699	34756	8967		782
1983	55.94	42.77	14.17		45583	35490	9730		817
1984	56.79	43.18	14.53	0.08	53492	41153	12160		944
1985	60.05	43.12	16.43	0.50	64125	51292	12833		1109
1986	61.61	45.53	16.02	0.06	73409	59618	13748	43	1193
1987	63.26	46.90	16.34	0.02	82510	67533	14929	48	1317
1988	63.77	48.05	15.59	0.13	97748	107830	16819	98	1520
1989	64.32	49.25	14.87	0.20	109392	91423	17662	306	1742
1990	68.31	50.68	17.23	0.39	134771	109630	24155	985	2035
1991	70.33	51.67	18.28	0.38	149080	119246	28633	1200	2179
1992	71.22	51.78	18.79	0.65	173728	137969	33572	2186	2516
1993	72.71	52.92	18.83	0.96	209844	164713	41114	4016	2961
1994	70.75	52.84	16.95	0.95	280397	228097	47217	5083	3947
1995	66.60	51.85	12.64	1.98	316787	263713	41337	11736	4793
1996	68.32	52.23	13.20	2.89	366122	296943	50759	18420	5461
1997	69.00	52.76	13.29	2.95	397699	324947	50808	21944	5814
1998	60.99	42.58	10.45	7.96	397802	284117	51178	62507	6588
1999	55.55	38.82	8.57	8.16	419681	308397	47082	64202	7592
2000	53.62	38.00	7.44	8.18	473641	351290	46795	75556	8784
2001	50.11	36.09	5.57	8.45	525095	404655	39109	81331	10611
2002	53.95	37.82	5.22	10.91	575551	428048	38616	108887	10987
2003	55.45	35.26	5.06	15.13	664234	449066	39755	175413	12182
2004	57.30	34.98	4.53	17.79	791311	527475	38079	225757	14099
2005	60.59	36.73	4.13	19.73	964896	640431	42929	281536	16553
2006	59.11	35.58	3.44	20.10	1086325	722524	44864	318937	18524
2007	65.31	39.76	3.26	22.28	1420653	949233	54442	416977	22581
2008	64.52	38.93	3.13	22.46	1704279	1142652	54080	507547	26388
2009	66.25	37.86	2.60	25.79	1803395	1134357	49720	619318	28026
2010	69.84	41.08	2.35	26.41	2087789	1311053	45471	731265	31192
2011	72.15	40.54	2.39	29.22	2742300	1742040	53787	946474	38674
2012	75.86	37.97	1.61	36.28	3236338	1798308	51845	1386185	42974
2013	89.16	33.19	1.50	54.47	4508238	1866776	54506	2586956	50817
2014	93.06	36.53	1.23	55.30	5434671	2383933	54369	2996369	59334
2015	93.34	32.74	1.05	59.55	5813417	2402964	45721	3364732	63949
2016	105.74	35.11	1.12	69.52	7047969	2707080	51675	4289214	70535
2017	109.06	35.18	1.19	72.69	7784665	2918831	54745	4811089	73939
2018	106.33	33.74	1.12	71.47	8375134	3083474	76041	5215619	82685
2019	107.82	28.59	0.85	78.38	9585121	2830478	41828	6712816	92650
2020	113.27				10864437				101829

主要统计指标解释

从业人员 指在16周岁及以上，从事一定社会劳动并取得劳动报酬或经营收入的人员。这一指标反映了一定时期内全部劳动力资源的实际利用情况，是研究我国基本国情国力的重要指标。

单位从业人员 指在各级国家机关、政党机关、社会团体及企业、事业单位中工作，取得工资或其他形式的劳动报酬的全部人员。包括在岗职工、再就业的离退休人员、民办教师以及在各单位中工作的外方人员和港澳台方人员、兼职人员、借用的外单位人员和第二职业者。不包括离开本单位仍保留劳动关系的职工。各单位的就业人员反映了各单位实际参加生产或工作的全部劳动力。

国有单位 指资产归国家所有的经济组织。包括按《中华人民共和国企业法人登记管理条例》规定登记注册的非公司制的经济组织，以及中央、地方各级国家机关、事业单位和社会团体。

集体单位 指生产资料归集体所有，并按《中华人民共和国企业法人登记管理条例》规定登记注册的经济组织。

其他单位 包括股份合作单位、联营单位、有限责任公司、股份有限公司、港澳台商投资单位以及外商投资单位等其他登记注册类型单位。

在岗职工 指在本单位工作并由单位支付工资的人员，以及有工作岗位，但由于学习、病伤产假等原因暂未工作，仍由单位支付工资的人员。

工资总额 指各单位在一定时期内直接支付给本单位全部就业人员的劳动报酬总额。工资总额的计算原则应以直接支付给就业人员的全部劳动报酬为根据。各单位支付给就业人员的劳动报酬以及其他根据有关规定支付的工资，不论是计入成本的还是不计入成本的，不论是按国家规定列入计征奖金税项目的，还是未列入计征奖金税项目的，不论是以货币形式支付的还是以实物形式支付的，均包括在工资总额内。

平均工资 指企业、事业、机关单位的就业人员在一定时期内平均每人所得的货币工资额。它表明一定时期职工工资收入的高低程度，是反映就业人员工资水平的主要指标。计算公式为：

平均工资 = 报告期实际支付的全部就业人员工资总额 / 报告期全部就业人员平均人数

Explanatory Notes on Main Statistical Indicators

Employed Persons refer to persons aged 16 and over who are engaged in gainful employment and thus receive remuneration payment or earn business income. This indicator reflects the actual utilization of total labour force during a certain period of time and is often used for the research on China's economic situation and national power.

Persons Employed in Various Units refer to all the persons working in government agencies of various levels, party organizations, social organizations, enterprises and institutions, and receiving wages or other forms of payment. They include fully-employed staff and workers, re-employed retirees, teachers in schools run by the local people, foreigners and Chinese compatriots from Hong Kong, Macao, and Taiwan working in various units, part-time employees, employees of other units working temporarily at current posts, and employees holding the second job, but exclude staff and workers who have left their working units while keeping their labour contract (employment relation) unchanged. This indicator reflects the total number of laborers actually engaged in production or other operations in various units.

State-owned Units refer to economic units whose assets are owned by the state, including non-corporation units registered according to Regulations of the People's Republic of China for Controlling the Registration of Enterprises as Legal Persons, state organs, institutions and social organizations at the central-level and local levels.

Collective-owned Units refer to economic units registered according to Regulations of the People's Republic of China for Controlling Registration of Enterprises as Legal Persons where the means of production are collectively owned.

Units of Other Types of Ownership refer to units registered with other types of ownership, including cooperative units, joint ownership units, limited liability corporations, share holding corporations, units funded by entrepreneurs from Hong Kong, Macao, and Taiwan, and foreign- funded units.

On-Post Staff refer to persons who work in working units and working units would pay wages for them. Persons who have their work posts but are temporarily absent from work for reasons of study or on sick, injury or maternal leave and still receive wages from their working units are also included.

Total Wages Bill refers to the total remuneration payment to staff and workers in various units during a certain period of time. The calculation of total wages is based on the total remuneration payment to the staff and workers. Therefore, total wage bill, whether or not included in cost and national bonus tax,whether or not paid in money or in kind, shall be included in the calculation of total wage.

Average Wage refers to the average per capita wage in money terms during a certain period of time for employed persons. It shows the general level of wage income of staff and worker during a certain period of time, one major indicator to reflect the wage level. It is calculated as follows:

$$\text{Average Wage} = \frac{\text{Total Wage Bill Of Staff and Workers at Reference Time}}{\text{Average Number of Staff and Workers at Reference Time}}$$

固定资产投资

Investment In Fixed Assets

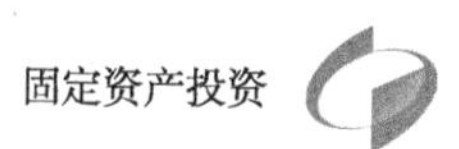

5-1 投资主要指标
Total Investment in Fixed Assets in the Whole City

指　　标	Item	2016	2017	2018	2019	2020	2020年比2019年增长(%) Growth Rate in 2020 over 2019 (%)
固定资产投资构成	**The Composition of Investment in Fixed Assets**						
按产业分　(%)	**Grouped by Three Strata of Industry (%)**						
第一产业	Primary Industry	6.2	4.6	2.1	2.0	3.8	95.3
第二产业	Secondary Industry	14.9	17.4	10.9	11.0	11.1	4.0
第三产业	Tertiary Industry	78.9	78.0	87.0	87.0	85.1	0.4
按管理类别分　(%)	**By Management　(%)**						—
#建设项目	Construction Project	73.3	71.6	65.5	58.4	56.5	—
房地产开发	Real Estate Development	26.7	28.4	34.5	40.6	43.5	10.1
按构成分　(%)	**Grouped by Structure　(%)**						—
建筑安装工程	Construction and Installation	76.9	77.9	75.3	69.7	69.9	3.0
设备工器具购置	Purchase of Equipment and Instruments	4.6	3.4	5.1	4.0	4.9	24.9
其他费用	Others	18.5	18.7	19.6	26.3	25.2	-1.5
按城乡分(%)	**Grouped by Urban and Rural Areas**						—
城　镇	Urban Area	92.9	94.2	92.7	95.8	94.2	1.0
农　村	Rural Area	7.1	5.8	7.3	4.2	5.7	37.8
固定资产投资资金来源构成(%)	**Sources of Fund for Investment in Fixed Assets in the Whole City(%)**						—
国家预算内资金	State Budget	2.6	2.4	1.0	2.5	4.6	81.0
国内贷款	Domestic Loans	19.7	19.0	27.6	18.7	14.3	-25.8
债　券	Bond	0.7	0.1	0.1	0.4		-100.0
利用外资	Foreign Investment			0.2	0.1	0.0	-99.7
自筹资金	Self-raised Funds	41.0	45.8	36.4	42.7	44.0	0.2
其他资金	Others	19.1	21.0	6.2	20.6	7.0	-66.9
房屋建设面积　(平方米)	**Floor Space of Buildings　(sq.m)**						—
施工面积	Floor Space under Construction	89121873	80776217	79722595	87366760	78983768	-1.8
#住　宅	Residential Buildings	42716736	38117400	38632832	52212864	52366656	0.4
竣工面积	Floor Space Completed	21576527	12753911	7160283	3793838	3593286	16.4
#住　宅	Residential Buildings	8250923	2769215	1882704	1858414	2211460	19.2

5-2 固定资产投资
Total Investment in Fixed Assets in the Whole City

指　　标	Item	2016 构成(%) Proportion (%)	2017 构成(%) Proportion (%)	2018 构成(%) Proportion (%)	2019 构成(%) Proportion (%)	2020 构成(%) Proportion (%)	2020 年比 2019 年增长(%) Growth Rate in 2020 over 2019 (%)
投资总额	**Total Investment**	**100**	**100**	**100**	**100.0**	**100.0**	**2.7**
#住　宅	Residential Buildings	15.7	16.0	22.7	25.5	32.7	31.6
按隶属关系分	**By Jurisdiction of Management**						
中　央	Central Investment	3.0	3.7	3.3	4.5	3.9	-11.0
地　方	Local Investment	97.0	96.3	96.7	95.5	27.7	-70.1
按登记注册类型分	**By Status of Registration**						
内　资	Domestic Funded Enterprises	97.4	97.9	98.9	97.1	98.2	3.9
#国　有	State-owned Enterprises	18.9	22.5	16.5	10.6	5.8	-43.6
集　体	Collective-owned Enterprises	0.2	0.2	0.0	0.0	0.1	154.8
股份合作	Joint-equity Cooperative Enterprises		0.0			0.0	-61.6
集体联营企业	Collective Joint Ownership Enterprises						
国有与集体联营	Joint State-collective Enterprises					0.0	
其他联营	Other Joint Ownership Enterprises						
国有独资公司	State Sole Funded Corporations	17.2	16.9	23.0	20.7	17.8	-11.8
其他有限责任公司	Other Limited Liailities Companies	43.0	37.6	40.4	38.9	56.5	49.0
股份有限公司	Companies Limited by Shares	1.1	2.7	2.8	2.8	2.1	-23.7
私营个体	Individual Owned Enterprises	16.9	13.6	15.9	12.7	7.0	-43.5
其　他	Others	0.1	0.6	0.3	0.3	0.6	111.6
港澳台投资	Enterprises with Funds from Hong Kong, Macao and Taiwan	2.2	1.8	0.4	2.3	1.4	-38.5
#合资经营	Joint-venture Enterprises	0.5	0.5	0.4	0.8	0.2	-80.1
合作经营	Cooperative Business Operation	0.1					
独　资	Solely Funded Enterprises	1.6	1.3	0.0	1.5	1.2	-16.7
股份有限	Companies Limited by Shares					0.0	
外商投资	Enterprises with Foreign Investment	0.4	0.3	0.7	0.6	0.4	-29.9
#合资经营	Joint-venture Enterprises	0.0	0.0	0.4	0.2	0.2	-4.8
合作经营	Cooperative Business Operation	0.1	0.0		0.1		-
独　资	Solely Funded Enterprises	0.3	0.3	0.3		0.2	
股份有限	Companies Limited by Shares						
按产业分	**Grouped by Three Strata of Industry**						
第一产业	Primary Industry	4.6	6.2	2.1	2.0	3.8	95.3
第二产业	Secondary Industry	17.4	14.9	10.9	11.0	11.1	4.0
第三产业	Tertiary Industry	78.0	78.9	86.9	87.1	85.1	0.4
按管理类别分	**By Management**						
#建设项目	Construction Project	71.6	73.3	65.5	59.4	56.5	-2.3
房地产开发	Real Estate Development	28.4	26.7	34.5	40.6	43.5	10.1
按城乡分	**Grouped by Urban and Rural Areas**						
城　镇	Urban Area	94.2	92.9	92.7	95.8	94.2	1.0
农　村	Rural Area	5.8	7.1	7.3	4.2	5.7	37.8
按构成分	**Grouped by Structure**						
建筑安装工程	Construction and Installation	77.9	76.9	75.3	69.7	69.9	3.0
设备工器具购置	Purchase of Equipment and Instruments	3.4	4.6	5.1	4.0	4.9	24.9
其他费用	Others	18.7	18.5	19.6	26.3	25.2	-1.5
本年新增固定资产（万元）	**Newly Increased Fixed Assets(10 000 yuan)**				**23.3**	**32.7**	**44.0**
房屋建设面积（平方米）	**Floor Space of Buildings(sq.m)**						
施工面积	Floor Space under Construction	100.0	100.0	100.0	100.0	100.0	-1.8
#住　宅	Residential Buildings	47.9	47.2	48.5	59.8	66.3	0.4
竣工面积	Floor Space Completed	100.0	100.0	100.0	100.0	100.0	16.4
#住　宅	Residential Buildings	38.2	21.7	26.3	49.0	61.5	19.2

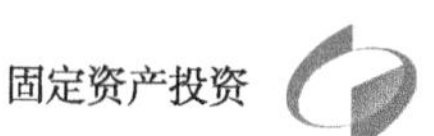

5-3 固定资产投资(按国有和非国有经济分)
Total Investment in Fixed Assets in the Whole City (Grouped by State-owned Economy and Non-state-owned Economy)

指标	Item	2019年比2018年增长(%) Growth Rate in 2019 over 2018(%)		2020年比2019年增长(%) Growth Rate in 2020 over 2019(%)	
		国有经济 State-owned Economy	非国有经济 Non-State-owned Economy	国有经济 State-owned Economy	非国有经济 Non-State-owned Economy
投资额	**Total Investment (10 000 yuan)**	**-8.8**	**12.5**	**13.8**	**-6.8**
按产业分	Grouped by Three Strata of Industry				
第一产业	Primary Industry	14.5	-13.1	166.9	61.5
第二产业	Secondary Industry	14.5	-3.5	23.1	-5.9
第三产业	Tertiary Industry	-10.7	813.7	10.7	-9.0
按构成分	Grouped by Structure				
建筑安装工程	Construction and Installation	-11.9	-0.2	8.3	-1.6
设备、工器具购置	Purchase of Equipment and Instruments	1.4	-31.6	67.7	-8.8
其他费用	Others	-0.6	94.0	21.3	-19.7
本年资金来源小计	**Source of Funds for Investment (10 000 yuan)**	**-25.1**	**-1.0**	**12.0**	**-13.5**
国家预算内资金	State Budget	109.6	-100.0	80.4	
国内贷款	Domestic Loans	-37.0	-57.8	-32.0	13.5
债券	Bond	218.9	-100.0	-100.0	
利用外资	Foreign Investment	-100.0	1543.3		-100.0
自筹资金	Self-raised Funds	2.5	2.0	4.0	-2.8
其他资金	Others	-12.4	484.9	14.5	-84.8
新增固定资产	**Newly Increased Fixed Assets (10 000 yuan)**	**-38.8**	**-54.9**	**39.0**	**54.1**
房屋建筑面积	**Floor Space of Buildings (sq.m)**				
施工面积	Floor Space under Construction	-68.7	47.9	122.5	-23.3
#住宅	Residential Buildings	-69.8	73.1	291.1	-18.1
竣工面积	Floor Space Completed	-70.2	-37.3	58.0	-17.9
#住宅	Residential Buildings	-99.9	267.5	56569.9	-10.9

注:本表按控股情况划分。
Figures in this table were grouped by share-holding conditions.

5-4 固定资产投资资金来源构成
Proportion of Capital Sources for Fixed Asset Investment

单位：%　　(%)

指　　标	Item	2016	2017	2018	2019	2020	2020年比2019年增长(%) Growth Rate in 2020 over 2019 (%)
上年末结余资金	**Surplus Fund from the Year-end of Preceding Year**	**100.0**	**100.0**	**100.0**	**100.0**	**100.0**	**17.6**
本年资金来源小计	**Subtotal of Source of Funds This Year**	**100.0**	**100.0**	**100.0**	**100.0**	**100.0**	**-2.8**
#国家预算内资金	State Budget	3.1	2.8	1.0	2.5	4.6	81.0
国内贷款	Domestic Loans	23.7	21.5	27.6	18.7	14.3	-25.8
债　券	Bond	0.9	0.1	0.1	0.4		-
利用外资	Foreign Investment Utilization	0.0	0.0	0.2	0.1	0.0	-99.7
自筹资金	Self-raised Funds	49.3	51.8	36.4	42.7	44.0	0.2
其他资金来源	Others	23.0	23.8	6.2	20.6	7.0	-66.9
本年各项应付款合计	**Total Payment**	**100.0**	**100.0**	**100.0**	**100.0**	**100.0**	**25.7**
#工程款	Projects Funds	66.7	66.7	55.4	64.0	57.5	12.9

5-5 按国民经济行业分组的固定资产投资
Total Investment in Fixed Assets in the Whole City by Sector

指　　标	Item	2016 构 成 (%) Proportion (%)	2017 构 成 (%) Proportion (%)	2018 构 成 (%) Proportion (%)	2019 构 成 (%) Proportion (%)	2020 构 成 (%) Proportion (%)	2020 年比 2019 年增长 (%) Growth Rate in 2020 over 2019 (%)
总　计	**Total**	**100.0**	**100.0**	**100.0**	**100.0**	**100.0**	**2.7**
农、林、牧、渔业	**Agriculture,Forestry,Animal Husbandry and Fishery**	**4.6**	**6.2**	**2.1**	**2.0**	**3.8**	**95.3**
农　业	Agriculture	3.1	4.2	1.7	1.8	2.8	62.4
林　业	Forestry	0.4	0.2	0.0	0.0	0.1	654.8
畜牧业	Animal Husbandry	0.9	1.3	0.3	0.2	0.5	208.6
渔　业	Fishery	0.1	0.2	0.1	0.0	0.1	1028.3
农、林、牧、渔专业及辅助性活动	Service of Agriculture,Forestry,Animal Husbandry and Fishery	0.2	0.3	0.0	0.0	0.2	1622.1
采矿业	**Mining**	**1.5**	**0.9**	**0.7**	**0.9**	**0.7**	**-17.1**
煤炭开采和洗选业	Coal Mining and Dressing	0.4	0.1	0.2	0.2	0.0	-89.4
石油和天然气开采业	Petroleum and Natural Gas Mining						
黑色金属矿采选业	Ferrous Metal Ores Mining and Dressing	0.0	0.0		0.0	0.0	3.7
有色金属矿采选业	Non-ferrous Metal Ores Mining and Dressing	0.1	0.0	0.0	0.2	0.2	-1.1
非金属矿采选业	Non-metal Minerals Mining and Dressing	0.9	0.7	0.5	0.4	0.5	20.7
开采辅助活动	Mining Support Activities	0.0		0.0	0.0		
其他开采业	Others	0.0	0.0			0.0	
制造业	**Manufacturing**	**13.5**	**12.6**	**8.3**	**7.5**	**9.0**	**22.8**
农副食品加工业	Processing of Food from Agricutural Products	0.6	1.2	0.4	0.2	0.3	32.3
食品制造业	Manufacture of Foods	0.5	0.6	0.1	0.1	0.1	-23.4
酒、饮料和精制茶制造业	Manufacture of Liquor,Beverages and Refined Tea	0.7	0.6	0.2	0.2	0.1	-19.4
烟草制品业	Manufacture of Tobacco	0.0	0.0	0.0	0.0	0.0	11.6
纺织业	Manufacture of Textile	0.1	0.1			0.0	
纺织服装和服饰业	Manufacture of Textile, Wearing Apparel and Accessories	0.1	0.0	0.0	0.0		
皮革、毛皮、羽毛(绒)及其制品业	Manufacture of Leather,Furs, Feather and Related Products	0.0	0.0	0.0		0.0	
木材加工及木、竹、藤、棕、草制	Processing of Timer,Manufacture of Wood, Bamboo,Rattan,Palm,and Straw Products	0.2	0.1	0.1	0.0		
家具制造业	Manufacture of Furniture	0.2	0.1	0.0	0.0	0.1	564.0
造纸及纸制品业	Manufacture of Paper and Paper Products	0.1	0.1	0.0		0.0	
印刷业和记录媒介的复制	Printing and Reproductionn of Recording Media	0.1	0.1	0.2	0.0	0.1	412.5
文教体育用品制造业	Manufacture of Articles for Culture, Education and Sport Activities	0.1	0.1			0.0	
石油加工、炼焦及核燃料加工业	Processing of Petroleum,Coking and Processing of Nuclear Fuel	0.1	0.1	0.1	0.0	0.1	72.9
化学原料及化学制品制造业	Manufacture of Raw Chemical Materials and Chemical Products	1.3	0.9	0.6	0.3	0.4	34.7

5-5 续表 1 (Continued)

指 标	Item	2016 构成(%) Proportion (%)	2017 构成(%) Proportion (%)	2018 构成(%) Proportion (%)	2019 构成(%) Proportion (%)	2020 构成(%) Proportion (%)	2020 年比 2019 年增长 (%) Growth Rate in 2020 over 2019 (%)
医药制造业	Manufacture of Medicines	1.0	1.0	0.7	0.5	0.6	20.9
化学纤维制造业	Manufacture of Chemical Fibres						
橡胶和塑料制品业	Manufacture of Plastics and Rubber	0.9	0.3	0.2	0.1	0.6	371.7
非金属矿物制品业	Manufacture of Non-metallic Mineral Products	3.6	2.0	0.5	0.6	0.9	25.3
黑色金属冶炼和压延加工业	Smelting and Pressing of Ferrous Metals	0.2	0.3	0.0	0.0	0.1	514.6
有色金属冶炼和压延加工业	Smelting and Pressing of Non-ferrous Metals	0.6	1.0	0.1	0.2	0.2	14.1
金属制品业	Manufacture of Metal Products	1.1	0.8	0.2	0.2	0.2	-23.6
通用设备制造业	Manufacture of General Purpose Machinery	0.7	0.4	0.2	0.0	0.1	90.5
专用设备制造业	Manufacture of Special Purpose Machinery	0.6	1.0	0.7	0.4	0.6	25.9
汽车制造业	Manufacture of Automobiles	0.5	2.0	1.7	1.9	1.7	-20.3
铁路、船舶、航空航天等制造业	Manufacture of Railway,Watercraft,Aviation, Aerospace and Other Transport Equipment	0.5	0.0	0.1	0.0	0.1	732.8
电气机械及器材制造业	Manufacture of Electrical Machinery and Equipment	0.8	0.6	1.9	1.4	1.9	20.3
计算机、通信和其他电子设备制造业	Manufacture of Computers,Communication and Other Electronic Equipment	0.5	0.2	0.1	0.2	0.4	129.7
仪器仪表制造业	Manufacture of Measuring Instruments and Machinery	0.1	0.0	0.0	0.0	0.0	-37.2
其他制造业	Other Manufacturing	0.1	0.0	0.1	0.2	0.4	88.9
废弃资源综合利用业	Utilization of Waste Resources	0.1	0.0	0.0	0.1	0.1	18.5
金属制品、机械和设备修理业	Repair Service of Metal Products, Machinery and Equipment	0.0	0.0	0.0		0.0	
电力、热力、燃气及水的生产和供应业	**Production and Supply of Electricity,Heat,Gas and Water**	**1.9**	**1.4**	**1.9**	**2.2**	**1.4**	**-44.7**
电力、热力的生产和供应业	Production and Supply of Electricity and Heat	0.7	0.4	0.6	0.5	0.3	-43.0
燃气生产和供应业	Production and Supply of Gas	0.2	0.1	0.2	0.2	0.1	-67.4
水的生产和供应业	Production and Supply of Water	1.0	0.9	1.2	1.5	1.0	-42.1
建筑业	**Construction**	**0.2**	**0.2**			**0.0**	
房屋建筑业	Construction of Buildings	0.1	0.0			0.0	
土木工程建筑业	Civil Engineering	0.0	0.1				
建筑安装业	Building Installation	0.0	0.0				
建筑装饰和其他建筑业	Building Decoration and Others	0.0	0.0				
批发和零售业	**Wholesale and Retail Trades**	**2.5**	**4.3**	**0.9**	**0.2**	**0.5**	**100.3**
批发业	Wholesale Trade	1.7	2.4	0.4	0.1	0.2	111.8
零售业	Retail Trade	0.8	1.9	0.4	0.1	0.3	92.4

5-5 续表 2 (Continued)

指　　标	Item	2016 构 成 (%) Proportion (%)	2017 构 成 (%) Proportion (%)	2018 构 成 (%) Proportion (%)	2019 构 成 (%) Proportion (%)	2020 构 成 (%) Proportion (%)	2020 年比 2019 年增长 (%) Growth Rate in 2020 over 2019 (%)
交通运输、仓储和邮政业	**Transport,Storage and Post**	**8.1**	**7.5**	**7.2**	**9.3**	**8.4**	**-19.8**
铁路运输业	Railway Transport	0.9	0.5	0.7	0.6	0.6	-14.7
道路运输业	Road Transport	4.5	4.3	4.5	7.1	5.6	-30.7
水上运输业	Water Transport			0.0		0.0	-44.8
航空运输业	Air Transport	1.2	1.5	1.3	0.9	1.6	54.5
管道运输业	Pipeline Transport		0.0	0.1	0.0		
装卸搬运和运输代理业	Loading,Unloading and Forwarding Agency	0.4	0.2	0.1		0.0	
仓储业	Storage	1.2	1.0	0.5	0.6	0.7	3.2
邮政业	Post				0.0		
住宿和餐饮业	**Hotels and Catering Services**	**1.1**	**1.8**	**1.0**	**0.8**	**0.3**	**-69.1**
住宿业	Hotels	1.0	1.6	0.9	0.8	0.2	-73.1
餐饮业	Catering Services	0.2	0.2	0.1	0.1	0.1	-3.0
信息传输、软件和信息技术服务业	**Information Transmision,Software and Information Technology**	**1.9**	**2.7**	**3.1**	**2.0**	**2.7**	**15.3**
电信、广播电视和卫星传输服务业	Telecommunication,Radio,Television and Satellite Transmission Service	0.0	0.8	0.9	0.7	0.7	-15.3
互联网和相关服务业	Internet and Related Services	0.4	0.6	0.8	0.3	0.6	47.0
软件和信息技术服务业	Software and Information Technology	1.4	1.2	1.5	1.0	1.4	27.7
金融业	**Financial Intermediation**	**0.1**	**0.3**	**0.0**	**0.0**	**0.0**	**-39.9**
货币金融业	Monetary and Financial Industry	0.0	0.2	0.0	0.0	0.0	-9.8
资本市场业	Capital Markets	0.0	0.1	0.0	0.0		
保险业	Insurance		0.0				
其他金融业	Others	0.0					
房地产业	**Real Estate Industry**	**38.2**	**35.0**	**39.9**	**37.6**	**47.2**	**10.5**
房地产业	Real Estate	38.2	35.0	39.9	2.8	47.2	10.5
租赁和商务服务业	**Leasing and Business Services**	**1.1**	**2.3**	**2.4**	**2.3**	**1.6**	**-40.3**
租赁业	Leasing	0.1	0.2		0.0	0.1	313.5
商务服务业	Business Services	1.0	2.1	2.4	2.3	1.4	-44.6
科学研究和技术服务业	**Scientific Research and Technical Services**	**1.0**	**0.4**	**0.2**	**0.1**	**0.1**	**33.0**
研究与试验发展	Research and Experimental Development	0.0	0.1	0.1	0.0	0.0	-6.8
专业技术服务业	Professional Technical Services	0.5	0.3	0.1	0.1	0.1	37.2
科技推广和应用服务业	Services of Science and Technique Exchange and Popularization	0.5	0.0	0.0	0.0	0.0	160.0

5-5 续表 3 (Continued)

指　标	Item	2016 构成(%) Proportion(%)	2017 构成(%) Proportion(%)	2018 构成(%) Proportion(%)	2019 构成(%) Proportion(%)	2020 构成(%) Proportion(%)	2020年比2019年增(%) Growth Rate in 2020 over 2019(%)
水利、环境和公共设施管理业	**Management of Water Conservancy, Environment and Public Facilities**	**29.2**	**28.1**	**24.0**	**16.7**	**14.5**	**-23.4**
水利管理业	Management of Water Conservancy	1.1	1.9	1.6	0.7	0.5	-33.5
生态保护和环境治理业	Ecological Protection and Environmental Treatment	0.3	0.3	0.4	0.2	0.2	-11.0
公共设施管理业	Public Facilities Management	27.8	25.9	22.0	15.9	13.8	-23.2
土地管理业	Land Management	0.4	0.4		0.0	0.0	50.3
居民服务和其他服务业	**Services to Households and Other Services**	**0.3**	**0.2**	**0.2**	**0.1**	**0.3**	**189.2**
居民服务业	Services to Households	0.1	0.2	0.1	0.1	0.3	250.9
机动车、电子产品和日用产品修理业	Motor Vehicle,Electronic and Household Products Repair	0.0	0.0	0.0		0.0	-56.9
其他服务业	Others	2.8	3.1	0.1	0.0	0.0	-66.3
教　育	**Education**	**2.8**	**3.1**	**3.5**	**1.9**	**2.9**	**34.8**
教　育	Education	0.8	1.6	3.5	1.9	2.9	34.8
卫生和社会工作	**Health and Social Service**	**0.6**	**1.2**	**2.2**	**1.1**	**2.0**	**61.4**
卫　生	Health	0.2	0.4	2.1	1.1	2.0	60.7
社会工作	Social Service	1.3	2.1	0.1		0.0	376.0
文化、体育和娱乐业	**Culture,Sports and Entertainment**			**2.1**	**2.2**	**3.0**	**20.7**
新闻和出版业	Journalism and Publishing Industry		0.1				
广播、电视、电影和影视录音制作业	Radio, Television,Motion Picture and Vodeotape Programme Production Services	0.8	1.0	0.1	0.0	0.0	-36.8
文化艺术业	Culture and Art	0.3	0.4	0.5	0.5	0.6	0.6
体　育	Sports	0.3	0.6	0.2	0.1	0.6	254.5
娱乐业	Entertainment	0.9	0.3	1.4	1.5	1.8	7.1
公共管理和社会组织	**Public Management and Social Organizations**			**0.2**	**0.3**	**1.5**	**402.9**
中国共产党机关	Organs of the Communist Party of China	0.8	0.2				
国家机构	Government Agencies			0.2	0.2	1.4	560.3
人民政协和民主党派	PPCC and Democratic Parties	0.1	0.0				
社会保障	Social Security		0.0	0.0	0.0	0.0	23.9
群众团体、社会团体和其他成员组织	Mass Organizations, Social Organizations and Other Membership Organizations	0.1	0.0	0.0	0.1	0.1	-20.9
基层群众自治组织	Grassroots Self-Governing Organizations			0.0		0.0	
国际组织	**International Organization**						
国际组织	International Organization						

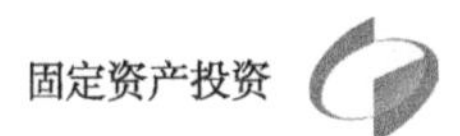

5-6 建设项目投资
Investment in Construction Projects

指　　标	Item	2016 构成(%) Proportion (%)	2017 构成(%) Proportion (%)	2018 构成(%) Proportion (%)	2019 构成(%) Proportion (%)	2020 构成(%) Proportion (%)	2020 年比 2019 年增长 (%) Growth Rate in 2020 over 2019 (%)
投资总额	**Total Investment**	**100.0**	**100.0**	**100.0**	**100.0**	**100.0**	**-2.3**
按隶属关系分	**By Jurisdiction of Management**						
中　央	Central Investment	1.1	1.2	0.8	1.4	1.3	-10.9
地　方	Prefectural Investment	57.3	58.7	73.2	52.0	57.7	162.5
其　他	Others	36.0	33.9	26.0	46.6	41.0	-14.2
按登记注册类型分	**By Status of Registration**						
内　资	Domestic Funded Enterprises	93.8	93.2	98.4	98.5	99.1	-1.8
#国　有	State-owned Enterprises	24.9	28.8	24.8	17.5	10.3	-42.6
集　体	Collective-owned Enterprises	0.2	0.2	0.0	0.0	0.1	154.8
股份合作	Joint-equity Cooperative Enterprises		0.0		0.0	0.0	-61.6
国有联营	State Joint Ownership Enterprises						
集体联营	Collective Joint Ownership Enterprises						
国有独资公司	State Sole Funded Enterprises	21.1	17.5	30.3	31.6	27.6	-14.7
其他有限责任公司	Other Limited Liailities Companies	28.9	25.6	31.8	33.4	43.8	28.3
股份有限公司	Companies Limited by Shares	1.2	3.0	2.5	4.5	3.6	-21.6
私营个体	Private Enterprises	17.3	17.3	8.6	10.9	12.4	10.9
其　他	Others	0.2	0.7	0.4	0.5	1.1	111.6
港澳台商投资	Enterprises with Funds from Hong Kong, Macao and Taiwan	0.1	0.2	1.0	0.7	0.2	-79.0
#合资经营	Joint-venture Enterprises	0.1	0.1	0.6	0.4	0.0	-96.1
独　资	Solely Funded Enterprises	0.0	0.0	0.0	0.3	0.1	-61.4
外商投资	Foreign Funded Enterprises	0.4	0.4	1.0	0.7	0.7	-5.8
#合资经营	Joint-venture Enterprises	0.0	0.2	0.5	0.3	0.3	18.1
独　资	Solely Funded Enterprises	0.4	0.4			0.4	
按产业分	**Grouped by Strata of Industry**						
第一产业	Primary Industry	6.0	7.9	3.3	3.3	6.7	95.3
第二产业	Secondary Industry	22.9	19.1	16.7	18.4	19.6	39.3
第三产业	Tertiary Industry	65.4	66.8	80.1	78.2	73.7	-16.3
按构成分	**Grouped by Structure**						
建筑安装工程	Construction and Installation	72.5	71.5	74.3	69.9	71.1	-0.7
设备工器具购置	Purchase of Equipment and Instruments	4.3	5.7	7.7	6.6	8.5	25.4
其他费用	Others	17.6	16.6	18.0	23.5	20.4	-15.0
按建设性质分	**By Type of Construction**						
#新　建	New Construction	82.8	84.1	89.8	87.9	87.6	-2.7
扩　建	Expansion	6.4	4.3	4.5	6.0	6.5	6.6
改建和技术改造	Reconstruction and Technical Transformation	4.0	4.0	4.7	4.4	3.5	-23.1
新增固定资产	Newly Increased Fixed Assets	63.5	75.0	61.7	34.1	47.2	35.2

5-7 按国民经济行业分组的建设项目投资
Total Investment in Construction Projects by Sector

指　　标	Item	2016 构成(%) Proportion (%)	2017 构成(%) Proportion (%)	2018 构成(%) Proportion (%)	2019 构成(%) Proportion (%)	2020 构成(%) Proportion (%)	2020年比2019年增长(%) Growth Rate in 2020 over 2019 (%)
总　　计	**Total**	**100.0**	**100.0**	**100.0**	**100.0**	**100.0**	**-2.3**
农、林、牧、渔业	**Agriculture,Forestry,Animal Husbandry and Fishery**	**6.1**	**9.7**	**3.3**	**3.3**	**6.7**	**95.3**
农　业	Agriculture	4.1	6.7	2.7	3.0	4.9	62.4
林　业	Forestry	0.5	0.3	0.1	0.0	0.2	654.8
畜牧业	Animal Husbandry	1.1	2.0	0.4	0.3	0.9	208.6
渔　业	Fishery	0.2	0.3	0.1	0.0	0.2	1028.3
农、林、牧、渔专业及辅助性活动	Service of Agriculture,Forestry, Animal Husbandry and Fishery	0.2	0.5	0.1	0.0	0.4	1622.1
采矿业	**Mining**	**2.5**	**1.4**	**1.0**	**1.4**	**1.2**	**-17.1**
煤炭开采和洗选业	Coal Mining and Dressing	0.5	0.2	0.3	0.4	0.0	-89.4
石油和天然气开采业	Petroleum and Natural Gas Mining						
黑色金属矿采选业	Ferrous Metals Ores Mining and Dressing	0.0	0.1		0.0	0.0	3.7
有色金属矿采选业	Non-ferrous Metals Ores Mining and Dressing	0.2	0.0	0.1	0.3	0.3	-1.1
非金属矿采选业	Non-metal Minerals Mining and Dressing	1.8	1.1	0.7	0.7	0.8	20.7
开采辅助活动	Mining Support Activities	0.0		0.0	0.1		
其他开采业	Others	0.0	0.0			0.0	
制造业	**Manufacturing**	**21.1**	**19.8**	**12.7**	**12.7**	**15.9**	**22.8**
农副食品加工业	Processing of Foods from Agricultural Products	0.8	1.8	0.6	0.3	0.4	32.3
食品制造业	Manufacture of Foods	0.6	0.9	0.2	0.2	0.1	-23.4
酒、饮料和精制茶制造业	Manufacture of Liquor,Beverages and Refined Tea	0.9	0.9	0.4	0.3	0.2	-19.4
烟草制品业	Manufacture of Tobacco	0.0	0.1	0.0	0.0	0.0	11.6
纺织业	Manufacture of Textile	0.1	0.1			0.0	
纺织服装和服饰业	Manufacture of Textile Wearing Apparel and Accessories	0.1	0.1	0.0	0.0		
皮革、毛皮、羽毛(绒)及其制品业	Manufacture of Leather,Furs,Feather and Related Products	0.0	0.0	0.0		0.0	
木材加工及木、竹、藤、棕、草制	Processing of Timer,Manufactur of Wood,Bamboo,Rattan,Palm,and Straw Products	0.4	0.2	0.1	0.0		
家具制造业	Manufacture of Furniture	0.2	0.2	0.0	0.0	0.2	564.0
造纸及纸制品业	Manufacture of Paper and Paper Products	0.1	0.2	0.1		0.1	
印刷业和记录媒介的复制	Printing and Reproduction of Recording Media	0.2	0.2	0.4	0.0	0.2	412.5
文教体育用品制造业	Manufacture of Articles for Culture, Education and Sports Activities	0.3	0.1			0.0	
石油加工、炼焦及核燃料加工业	Petroleum Processing,Coking and Nuclear Fuel Processing	0.1	0.1	0.1	0.1	0.1	72.9

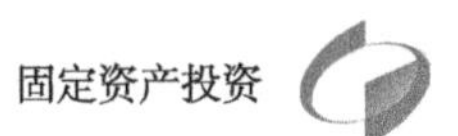

5-7 续表 1 (Continued)

指 标	Item	2016 构成(%) Proportion (%)	2017 构成(%) Proportion (%)	2018 构成(%) Proportion (%)	2019 构成(%) Proportion (%)	2020 构成(%) Proportion (%)	2020 年比 2019 年增长 (%) Growth Rate in 2020 over 2019 (%)
化学原料及化学制品制造业	Manufacture of Raw Chemical Materials and Chemical Products	2.2	1.5	0.9	0.5	0.6	34.7
医药制造业	Manufacture of Medicines	1.2	1.3	1.1	0.9	1.1	20.9
化学纤维制造业	Manufacture of Chemical Fibers						
橡胶和塑料制品业	Manufacture of Plastics and Rubber	0.5	0.4	0.2	0.2	1.1	371.7
非金属矿制品业	Manufacture of Non-metallic Mineral Products	3.5	2.8	0.7	1.2	1.5	25.3
黑色金属冶炼和压延加工业	Smelting and Pressing of Ferrous Metals	0.7	0.4	0.1	0.0	0.1	514.6
有色金属冶炼和压延加工业	Smelting and Pressing of Non-ferrous Metals	0.9	1.4	0.2	0.3	0.3	14.1
金属制品业	Manufacture of Metal Products	1.6	1.1	0.3	0.4	0.3	-23.6
通用设备制造业	Manufacture of General Purpose Machinery	1.2	0.6	0.4	0.1	0.1	90.5
专用设备制造业	Manufacture of Special Purpose Machinery	1.3	1.3	1.0	0.8	1.0	25.9
汽车制造业	Manufacture of Automobiles	0.6	2.8	2.6	3.7	3.0	-20.3
铁路、船舶、航空航天等制造业	Manufacture of Railway,Watercraft,Aviation, Aerospace and Other Transport Equipment	0.3	0.0	0.2	0.0	0.1	732.8
电气机械及器材制造业	Manufacture of Electrical Machinery and Equipment	1.2	0.8	2.9	2.8	3.4	20.3
计算机、通信和其他电子设备制造业	Manufacture of Computers,Communication and Other Electronic Equipment	1.4	0.3	0.1	0.3	0.8	129.7
仪器仪表制造业	Manufacture of MeasuringInstruments and Machinery	0.3	0.1	0.0	0.1	0.0	-37.2
其他制造业	Other Manufacturing	0.1	0.0	0.1	0.3	0.6	88.9
废弃资源综合利用业	Utilization of Waste Resources	0.1	0.0	0.0	0.1	0.1	18.5
金属制品、机械和设备修理业	Repair Service of Metal Products,Machinery and Equipment	0.1	0.0	0.0		0.1	
电力、热力、燃气及水的生产和供应业	**Production and Supply of Electricity,Heat,Gas and Water**	**3.4**	**2.0**	**2.9**	**4.4**	**2.5**	**-44.7**
电力、热力的生产和供应业	Production and Supply of Electricity and Heat	0.8	0.6	0.9	1.0	0.6	-43.0
燃气生产和供应业	Production and Supply of Gas	0.1	0.1	0.3	0.4	0.1	-67.4
水的生产和供应业	Production and Supply of Water	2.4	1.3	1.8	2.9	1.7	-42.1
建筑业	**Construction**	**0.2**	**0.3**			**0.0**	
房屋建筑业	Construction of Buildings	0.0	0.1	0.0		0.0	
土木工程建筑业	Civil Engineering	0.1	0.2				
建筑安装业	Building Installation	0.1	0.0	0.0			
建筑装饰和其他建筑业	Building Decoration and Others	0.0	0.0	0.0			
批发和零售业	**Wholesale and Retail Trade**	**4.4**	**5.9**	**1.3**	**0.5**	**0.9**	**100.3**
批发业	Wholesale Trade	2.3	3.3	0.7	0.2	0.4	111.8
零售业	Retail Trade	2.1	2.6	0.7	0.3	0.5	92.4

5-7 续表 2 (Continued)

指　　标	Item	2016 构成(%) Proportion (%)	2017 构成(%) Proportion (%)	2018 构成(%) Proportion (%)	2019 构成(%) Proportion (%)	2020 构成(%) Proportion (%)	2020 年比2019 年增长(%) Growth Rate in 2020 over 2019 (%)
交通运输、仓储和邮政业	**Transport,Storage and Post**	**9.3**	**10.3**	**11.0**	**18.1**	**14.9**	**-19.8**
铁路运输业	Railway Transport	1.0	0.7	1.1	1.1	1.0	-14.7
道路运输业	Road Transport	5.1	5.9	6.8	14.0	9.9	-30.7
水上运输业	Water Transport			0.0	0.0	0.0	-44.8
航空运输业	Air Transport	1.4	2.0	2.0	1.8	2.8	54.5
管道运输业	Pipeline Transport		0.0	0.2	0.1		
装卸搬运和运输代理业	Loading,Unloading and Forwarding Agency	0.4	0.3	0.1		0.0	
仓储业	Storage	1.4	1.4	0.8	1.1	1.2	3.2
邮政业	Posts				0.1		
住宿和餐饮业	**Hotels and Catering Services**	**1.3**	**2.5**	**1.6**	**1.6**	**0.5**	**-69.1**
住宿业	Hotels	1.1	2.3	1.4	1.5	0.4	-73.1
餐饮业	Catering Services	0.2	0.2	0.1	0.1	0.1	-3.0
信息传输、软件和信息技术服务业	**Information Transmission,Software and Information Technology**	**2.2**	**3.7**	**4.8**	**4.0**	**4.7**	**15.3**
电信、广播电视和卫星传输服务业	Telecommunication,Radio,Television and Satellite Transmission Service	0.1	1.2	1.4	1.5	1.3	-15.3
互联网和相关服务业	Internet and Related Service	0.5	0.9	1.2	0.7	1.0	47.0
软件和信息技术服务业	Software and Information Technology	1.6	1.7	2.2	1.9	2.5	27.7
金融业	**Financial Intermediation**	**0.1**	**0.4**	**0.1**	**0.1**	**0.0**	**-39.9**
货币金融业	Monetary and Financial Industry	0.0	0.3	0.0	0.0	0.0	-9.8
资本市场业	Capital Markets	0.1	0.1		0.0		
保险业	Insurance		0.0				
其他金融业	Others	0.0					
房地产业	**Real Estate Industry**	**5.8**	**6.4**	**8.2**	**5.5**	**6.6**	**16.1**
房地产业	Real Estate	5.8	6.4	8.2	5.5	6.6	16.1
租赁和商务服务业	**Leasing and Business Services**	**1.3**	**3.1**	**3.7**	**4.6**	**2.8**	**-40.3**
租赁业	Leasing	0.1	0.2		0.1	0.2	313.5
商务服务业	Business Services	1.2	2.9	3.7	4.5	2.6	-44.6
科学研究和技术服务业	**Scientific Research and Technical Services**	**1.1**	**0.5**	**0.4**	**0.2**	**0.2**	**33.0**
研究与试验发展	Research and Development	0.0	0.1	0.1	0.1	0.1	-6.8
专业技术服务业	Professional Technical Services	0.5	0.4	0.2	0.1	0.2	37.2
科技交流和推广服务业	Services of Science and Technique Exchange and Popularization	0.5	0.1	0.2	0.0	0.0	160.0

5-7 续表 3 (Continued)

指　标	Item	2016 构成(%) Proportion (%)	2017 构成(%) Proportion (%)	2018 构成(%) Proportion (%)	2019 构成(%) Proportion (%)	2020 构成(%) Proportion (%)	2020 年比 2019 年增长(%) Growth Rate in 2020 over 2019 (%)
水利、环境和公共设施管理业	**Management of Water Conservancy, Environment and Public Facilities**	**34.2**	**38.8**	**36.7**	**32.8**	**25.7**	**–23.4**
水利管理业	Management of Water Conservancy	1.2	2.6	2.4	1.3	0.9	–33.5
生态保护和环境治理业	Ecological Protection and Environmental Treatment	0.3	0.5	0.6	0.4	0.4	–11.0
公共设施管理业	Public Facilities Management	32.6	35.7	33.6	31.1	24.4	–23.2
土地管理业	Land Management				0.0	0.1	50.3
居民服务和其他服务业	**Services to Households and Other Services**	**0.4**	**0.5**	**0.3**	**0.2**	**0.6**	**189.2**
居民服务业	Services to Households	0.3	0.3	0.2	0.2	0.6	250.9
机动车、电子产品和日用产品修理业	Motor Vehicle,Electronic and Household Products Repair	0.1	0.2	0.0	0.0	0.0	–56.9
其他服务业	Others	0.0	0.0	0.1	0.0	0.0	–66.3
教　育	**Education**	**3.1**	**4.3**	**5.3**	**3.7**	**5.1**	**34.8**
教　育	Education	3.1	4.3	5.3	3.7	5.1	34.8
卫生和社会工作	**Health and Social Service**	**0.9**	**2.2**	**3.3**	**2.2**	**3.6**	**61.4**
卫　生	Health	0.7	1.7	3.2	2.2	3.6	**60.7**
社会工作	Social Service	0.2	0.5	0.1	0.0	0.0	376.0
文化、体育和娱乐业	**Culture,Sports and Entertainment**	**1.5**	**2.9**	**3.2**	**4.3**	**5.3**	**20.7**
新闻和出版业	Press and Publishing industry						
广播、电视、电影和影视录音制作业	Radio, Television,Motion Picture and Vodeotape Programme Production Services		0.1	0.1	0.0	0.0	–36.8
文化艺术业	Culture and Art	0.9	1.3	0.7	1.1	1.1	0.6
体　育	Sport	0.3	0.6	0.4	0.3	1.0	254.5
娱乐业	Entertainment	0.3	0.9	2.1	2.9	3.2	7.1
公共管理和社会组织	**Public Management and Social Organizations**	**1.0**	**0.4**	**0.4**	**0.5**	**2.6**	**402.9**
中国共产党机关	Organs of the Communist Party of China						
国家机构	Government Agencies	0.9	0.2	0.2	0.4	2.5	560.3
人民政协和民主党派	PPCC and Democratic Parties						
社会保障	Social Security	0.1	0.1	0.1	0.0	0.0	23.9
群众团体、社会团体和其他成员组织	Mass Organizations,Social Orgnizations and Other Membership Organizations		0.0	0.1	0.1	0.1	–20.9
基层群众自治组织	Grassroots Self–Govering Organizations	0.1	0.0			0.0	
国际组织	**International Organization**						
国际组织	International Organization						

5-8 建设项目施工、投产项目个数和房屋建筑面积
Number of Construction Projects under Construction, Put into Use and Floor Space of Buildings

指　　标	Item	2016	2017	2018	2019	2020	2020 年比 2019 年增长 (%) Growth Rate in 2020 over 2019 (%)
项目个数	**Number of Projects**						
施工项目个数　(个)	Number of Projects under Construction (unit)	3100	3846	1570	1268	1346	6.2
#本年新开工 (个)	Number of Projects Started in Current Year (unit)	2503	3113	792	579	723	24.9
投产项目个数　(个)	Number of Projects Put into Use (unit)	2603	3132	987	787	776	-1.4
房屋建筑面积	**Floor Space of Buildings**						
施工面积　(平方米)	Floor Space under Construction (sq.m)	29188711	21950215	18542248	6945386		-100.0
#住　宅 (平方米)	Residential Buildings (sq.m)	3662282	1651053	669468	36063		-100.0
竣工面积　(平方米)	Floor Space Completed (sq.m)	13441838	9617603	4998296	707965		-100.0
#住　宅 (平方米)	Residential Buildings (sq.m)	1830686	750042	608533	2432		-100.0

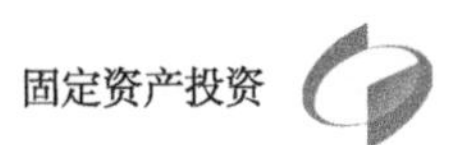

5-9 各区（市、县）固定资产投资
Investment in Fixed Assets by District (City, County)

区（市、县）名 称	District (City, County)	2016年比2015年增长(%) Growth Rate in 2016 over 2017 (%)	2017年比2016年增长(%) Growth Rate in 2017 over 2016 (%)	2018年比2017年增长(%) Growth Rate in 2018over 2017 (%)	2019年比2018年增长(%) Growth Rate in 2019 over 2018 (%)	2020年比2019年增长(%) Growth Rate in 2020 over 2019 (%)
南 明 区	Nanming	16.1	22.7	20.9	7.3	4.4
云 岩 区	Yunyan	17.1	1.1	8.3	0.3	–22.3
花 溪 区	Huaxi	21.2	22.5	20.7	–15.2	15.1
乌 当 区	Wudang	25.6	22.2	15.2	0.9	13.8
白 云 区	Baiyun	20.5	1.4	14.5	0.8	–4.4
观山湖区	Guanshanhu	21.2	22.6	19.3	10.0	–6.3
开 阳 县	Kaiyang	23.1	22.4	15.5	–14.1	2.8
息 烽 县	Xifeng	23.5	22.2	–12.2	9.5	14.0
修 文 县	Xiuwen	20.5	22.4	12.8	0.6	17.9
清 镇 市	Qingzhen	21.2	22.3	1.0	–7.2	0.5

5-10 房地产开发投资主要指标
Main Indicators of Enterprises for Real Estate Development

指　　标	Item	2016	2017	2018	2019	2020	2020 年比 2019 年增长 (%) Growth Rate in 2020 over 2019 (%)
企业个数（个）	**Number of Enterprises (unit)**	**759**	**758**	**706**	**697**	**671**	**-3.7**
土地开发及购置（平方米）	**Land Developing and Purchase (sq.m)**						
待开发土地面积	Land Space Pending Development	2827825	2134794	2545306	1994231	2588794	29.8
本年土地购置面积	Land Space Purchased This Year	332911	2217074	1206251	1661069	1691437	1.8
本年完成投资额 （万元）	**Investment Completed This Year(10 000 yuan)**	**9273162**	**10264336**	**9859559**	**11762476**	**12948612**	**10.1**
#配套工程投资	Supporting Projects						
按工程用途分	**Engineering Application**						
住　宅	Residental Buildings	4933266	5963919	6402693	7405790	9376373	26.6
#90 平方米以下	Below 90 Square Meters	1553963	1855984	1769249	1144600	1586503	38.6
140 平方米以上	Above 140 Square Meters	915408	1219104	1106336	1250090	1307392	4.6
办公楼	Office Buildings	1229097	798514	645821	749585	453202	-39.5
商业营业用房	Houses for Business Use	2118981	2006873	1473915	1653824	1571190	-5.0
其　他	Others	991818	1495030	1337130	1953277	1547847	-20.8
按构成分	**Grouped by Structure of Investment**						
建筑工程	Construction	7262274	7785425	7211171	8050537	8770233	8.9
安装工程	Installation	214538	286356	393670	102458	76386	-25.4
设备工器具购置	Purchase of Equipment and Instruments	42648	42840	27639	25157	25863	2.8
其　他	Others	1753702	2149715	2227079	3584324	4076130	13.7
资金来源小计 （万元）	**Sources of Funds (10 000 yuan)**	**8890299**	**9522068**	**10577890**	**10353002**	**10737456**	**3.7**
#国内贷款	Domestic Loans	1231910	693126	684964	480337	697880	45.3
利用外资	Foreign Investment						
自筹资金	Self-raised Funds	2043932	2331340	2322420	3216295	3240233	0.7
其他资金	Others	5614457	6497602	393730	389205	348258	-10.5
本年新增固定资产（万元）	**Newly Increased Fixed Assets This Year (10 000 yuan)**	**2907058**	**1034808**	**815828**	**880906**	**1784113**	**102.5**
房屋建筑面积 （平方米）	**Floor Space of Buildings (square meters)**						
施工面积	Floor Space under Construction	61769707	58826002	61180347	80421374	78983768	-1.8
住　宅	Residental Buildings	39054454	36466347	37963364	52176801	52366656	0.4
#90 平方米以下	Below 90 Square Meters	13080648	11400999	9820466	9541605	8551837	-10.4
140 平方米以上	Above 140 Square Meters	6052246	5061736	5483490	8157750	8072110	-1.0
办公楼	Office Buildings	5247092	4803057	4696712	5552915	3899200	-29.8
商业营业用房	Houses for Business Use	7517398	8030571	8381132	9902671	9517051	-3.9
其　他	Others	9950763	9526027	10139139	12788987	13200861	3.2
本年新开工面积	Floor Space Started This Year	8962445	9030532	13666409	19881855	18045411	-9.2
住　宅	Residental Buildings	5566478	5616074	9519468	13736463	13102025	-4.6

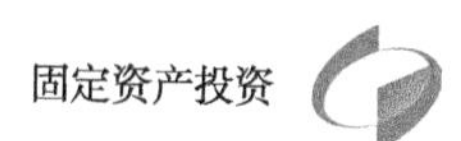

5-10 续表 (Continued)

指 标	Item	2016	2017	2018	2019	2020	2020 年比 2019 年增长 (%) Growth Rate in 2020 over 2019 (%)
#90 平方米以下	Below 90 Square Meters	1114383	1127747	1410286	1284519	2837098	120.9
140 平方米以上	Above 140 Square Meters	687591	838685	1655415	2297364	1471876	-35.9
办公楼	Office Buildings	396946	503150	367692	839921	181334	-78.4
商业营业用房	Houses for Business Use	1479906	1391726	1375681	2294630	1955168	-14.8
其 他	Others	1519115	1519582	2403568	3010841	2806884	-6.8
商品房屋竣工面积（平方米）	**Floor Space of Commercialized Buildings Completed (square meters)**	**9805183**	**3136308**	**2161987**	**3085873**	**3593286**	**16.4**
住 宅	Residental Buildings	6420237	2019173	1274171	1855982	2211460	19.2
#90 平方米以下	Below 90 Square Meters	1051207	271494	425310	290175	194161	-33.1
140 平方米以上	Above 140 Square Meters	1658330	356119	192490	308747	660669	114.0
办公楼	Office Buildings	964042	175747	255217	231052	411719	78.2
商业营业用房	Houses for Business Use	812031	440631	271091	345999	482923	39.6
其 他	Others	1608873	500759	361508	652840	487184	-25.4
商品房销售面积 （平方米）	**Floor Space of Commercialized Buildings Sold (square meters)**	**9885733**	**10778765**	**11189724**	**10999499**	**12386968**	**12.6**
住 宅	Residental Buildings	8327753	8776130	9475097	8687748	11086987	27.6
#90 平方米以下	Below 90 Square Meters	2240405	1715441	1023532	977962	1749306	78.9
140 平方米以上	Above 140 Square Meters	1041730	1163622	1363617	1433695	1287700	-10.2
办公楼	Office Buildings	589939	864061	628209	755482	194638	-74.2
商业营业用房	Houses for Business Use	777594	879209	878151	1328790	827785	-37.7
其 他	Others	190447	259365	208267	227479	277558	22.0
商品房销售额 （万元）	**Total Sale of Commercialized Buildings (10 thousand yuan)**	**5874680**	**7799995**	**10448910**	**11527458**	**11528184**	**0.0**
住 宅	Residental Buildings	4479776	5720809	8356343	8537640	10142461	18.8
#90 平方米以下	Below 90 Square Meters	1038533	1064591	837421	923122	1389979	50.6
140 平方米以上	Above 140 Square Meters	694669	897220	1394920	1751374	1444280	-17.5
办公楼	Office Buildings	483468	621611	606362	570440	188340	-67.0
商业营业用房	Houses for Business Use	848387	1349965	1363565	2315818	1059547	-54.2
其 他	Others	64049	107610	122640	103560	137836	33.1
商品房待售面积 （平方米）	**Floor Space of Commercialized Buildings Sold (square meters)**	**2705892**	**2345864**	**1475625**	**1066832**	**1077206**	**1.0**
住 宅	Residental Buildings	1446746	1411987	746738	346808	544073	56.9
#90 平方米以下	Below 90 Square Meters	404862	269256	227061	42971	32892	-23.5
140 平方米以上	Above 140 Square Meters	339161	262163	114411	99449	110880	11.5
办公楼	Office Buildings	475218	320360	240008	180211	107686	-40.2
商业营业用房	Houses for Business Use	550749	375259	303105	333148	216956	-34.9
其 他	Others	263179	238258	185774	206665	208491	0.9

5-11 按各种分组的房地产开发企业指标完成情况(2020年)

单位:万元、平方米

指　　标	Item	企业数(个) Number of Enterprises (unit)	计划总投资 Total Investment Planned	自开始建设累计完成投资 Accumulative Investment Actually Completed Since Starting of Construction up to the End of This Year
总　计	**Total**	**671**	**107075281**	**66956825**
按登记注册类型分组	**By Status of Registration**			
内资企业	Domestic Funded Enterprises	648	101661618	62907478
国有企业	State-owned Enterprises	8	482965	19365
集体企业	Collective-owned Enterprises	1		
股份合作企业	Joint-equity Cooperative Enterprises			
国有联营企业	State Joint Ownership Enterprises			
集体联营企业	Collective Joint Ownership Enterprises			
国有与集体联营企业	Joint State-collective Enterprises			
其他联营企业	Other Joint Ownership Enterprises			
国有独资公司	State Sole Funded Corporations	26	4404203	2704184
其他有限责任公司	Other Limited Liability Companies	275	62954911	36320133
股份有限公司	Companies Limited by Shares	4	203720	175303
私营独资企业	Private-Solely Funded Enterprises			
私营合伙企业	Private Partnership Enterprises			
私营有限责任公司	Private Limited Liability Companies	330	33547819	23622380
私营股份有限公司	Private Companies Limited by Shares	4	68000	66113
其他企业	Other Enterprises			
港澳台商投资企业	Enterprises with Funds from Hong Kong,Macao and Taiwan	17	5155263	3819583
与港澳台商合资经营企业	Joint-venture Enterprises	10	338169	321712
与港澳台商合资合作经营企业	Cooperative Enterprises			
港澳台商独资经营企业	Enterprises with Sole Fund	7	4817094	3497871
港澳台商投资股份有限公司	Companies Limited by Shares			
其他港澳台投资	Others			
外商投资企业	Enterprises with Foreign Investment	6	258400	229764
中外合资经营企业	Chinese-foreign Equity Joint Ventures	5	258400	229764
中外合作经营企业	Chinese-foreign Cooperative Enterprises			
外资企业	Foreign-Funded Enterprises	1		
外商投资股份有限公司	Companies Limited by Shares			
其他外商投资	Others			
按控股情况分	**By Share Holding**			
国有控股	State-holding Enterprises	102	24877994	15489645
集体控股	Collective-Holding Enterprises	3	2743900	2447278
私人控股	Private Enterprises	515	67775112	40759029
港澳台商控股	Hong Kong, Macao and Taiwan Holding Enterprises	14	5100263	3774319
外商控股	Foreign Holding Enterprises	3	141400	172559
其　他	Others	34	6436612	4313995
按资质等级分	**By Grade**			
一　级	First Grade	2	661719	842040
二　级	Second Grade	68	34191934	25341708
三　级	Third Grade	95	6904685	4801614
四　级	Fourth Grade	105	2798869	1661775
暂　定	Provisional	362	58019160	30882819
其　他	Others	39	4498914	3426869
按隶属关系分	**By Administrative Relationship**			
中　央	Central	20	8602287	6631266
地　方	Local	56	9620852	5057320
其　他	Others	595	88852142	55268239

Actually Completed Investment of Enterprises in Real Estate by Groups(2020)

(10 000 yuan;sq.m)

本年完成投资 Investment Completed This Year	按构成分 :By Composition of Funds					
	# 建筑工程 Construction	安装工程 Installation	设备工器具购置 Purchase of Equipment and Instruments	其他费用 Other Expenses	# 旧建筑物购置费 Old Buildings Purchase Expenses	土地购置费 Land Purchase Expenses
12948612	**8770233**	**76386**	**25863**	**4076130**	**2298**	**3555842**
12562098	8386443	76386	25863	4073406	2298	3555842
648646	506080	22501	55	120010		14919
9440033	5990144	31288	17446	3401155		3115164
17276	17276					
2435318	1852118	22597	8362	552241	2298	425759
20825	20825					
376685	376685					
43361	43361					
333324	333324					
9829	7105			2724		
9829	7105			2724		
3204403	1917206	33275	4210	1249712		1027348
137726	62797			74929		68232
8692025	5982129	43111	20133	2646652	2298	2449875
376685	376685					
537773	431416		1520	104837		10387
13125	13125					
2243808	1804814	9077	2612	427305		287571
526274	440429	1883	1463	82499	2298	60082
390548	368643	478	2572	18855		5566
9373136	5852018	62167	18225	3440726		3106738
401721	291204	2781	991	106745		95885
958793	558569	6762	1347	392115		344963
1364476	941613	13797	2535	406531		295168
10625343	7270051	55827	21981	3277484	2298	2915711

5-11 续表 1

单位：万元、平方米

指　标	Item	按工程用途分 住　宅 By Engineering Application: Residential Buildings	#90 平方米以下住房 Residential Buildings below 90 Square Meters	140 平方米以上住房 Residential Buildings above 140 Square Meters
总　计	**Total**	**9376373**	**1586503**	**1307392**
按登记注册类型分组	**By Status of Registration**			
内资企业	Domestic Funded Enterprises	9102079	1490993	1266052
国有企业	State-owned Enterprises			
集体企业	Collective-owned Enterprises			
股份合作企业	Joint-equity Cooperative Enterprises			
国有联营企业	State Joint Ownership Enterprises			
集体联营企业	Collective Joint Ownership Enterprises			
国有与集体联营企业	Joint State-collective Enterprises			
其他联营企业	Other Joint Ownership Enterprises			
国有独资公司	State Sole Funded Corporations	337445	128157	22181
其他有限责任公司	Other Limited Liability Companies	7239639	1199541	1080799
股份有限公司	Companies Limited by Shares	17076	10	16870
私营独资企业	Private-Solely Funded Enterprises			
私营合伙企业	Private Partnership Enterprises			
私营有限责任公司	Private Limited Liability Corporations	1487094	163285	146202
私营股份有限公司	Private Companies Limited by Shares	20825		
其他企业	Other Enterprises			
港澳台商投资企业	Enterprises with Funds from Hong Kong, Macao and Taiwan	274294	95510	41340
与港澳台商合资经营企业	Joint-venture Enterprises	43361		
与港澳台商合资合作经营企业	Cooperative Enterprises			
港澳台商独资经营企业	Enterprises with Sole Fund	230933	95510	41340
港澳台商投资股份有限公司	Companies Limited by Shares			
其他港澳台投资	Others			
外商投资企业	Enterprises with Foreign Investment			
中外合资经营企业	Chinese-foreign Equity Joint Ventures			
中外合作经营企业	Chinese-foreign Cooperative Enterprises			
外资企业	Foreign-Funded Enterprises			
外商投资股份有限公司	Companies Limited by Shares			
其他外商投资	Others			
按控股情况分	**By Share Holding**			
国有控股	State-holding Enterprises	2261358	302202	553586
集体控股	Collective-Holding Enterprises	98674	550	84062
私人控股	Private Enterprises	6329953	1119606	581871
港澳台商控股	Hong Kong, Macao and Taiwan Holding Enterprises	274294	95510	41340
外商控股	Foreign Holding Enterprises			
其　他	Others	412094	68635	46533
按资质等级分	**By Grade**			
一　级	First Grade	9060	6640	
二　级	Second Grade	1248470	308282	323723
三　级	Third Grade	394942	46537	43715
四　级	Fourth Grade	329212	38577	22090
暂　定	Provisional	7101990	1142780	891988
其　他	Others	292699	43687	25876
按隶属关系分	**By Administrative Relationship**			
中　央	Central	773881	34235	320908
地　方	Local	1103078	197460	174060
其　他	Others	7499414	1354808	812424

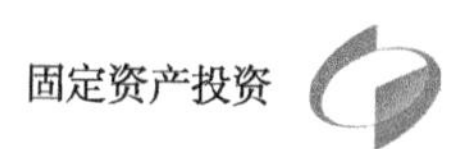

(Continued)

(10 000 yuan;sq.m)

办公楼 Office Buildings	商业营业用房 Houses for Business Use	其 他 Others	新增固定资产 Newly Increased Fixed Assets	待开发土地面积 Land Space Pending Development	本年购置土地面积 Total Area of Land Purchased This Year	本年土地成交价款 Land Transaction Price This Year
453202	**1571190**	**1547847**	**1784113**	**2588794**	**1691437**	**1358383**
440767	1498986	1520266	1744856	2588794	1691437	1358383
50563	56007	204631	174826	53600		
249898	1098341	852155	1295150	1766595	1319657	1247150
	43	157				
140306	344595	463323	274880	768599	371780	111233
7661	69034	25696	39257			
			39257			
7661	69034	25696				
4774	3170	1885				
4774	3170	1885				
82724	350874	509447	499603	520151	537351	352873
21289	11220	6543		8726		
338149	1056697	967226	1175348	2057040	1135755	1002800
7661	69034	25696	39257			
3379	83365	38935	69905	2877	18331	2710
		4065				
235527	474837	284974	367266	187471	58314	19265
8282	34198	88852	51041	532022	73469	14684
1211	31013	29112	18127			
180805	1012689	1077652	1347679	1765333	1559654	1324434
27377	18453	63192		103968		
23492	59602	101818	292713	31142	157682	46452
14332	68422	178644	105403	319483	290536	370956
415378	1443166	1267385	1385997	2238169	1243219	940975

5-11 续表 2

单位：万元、平方米

指　　标	Item	本年资金来源合计 Total Fund This Year	国内贷款 Domestic Loans	利用外资 Foreign Investment Utilization	自筹资金 Self raising Funds	其他资金 Other Funds
总　计	**Total**	**10737456**	**697880**		**3240233**	**348258**
按登记注册类型分组	**By Status of Registration**					
内资企业	Domestic Funded Enterprises	10525197	679880		3224528	347864
国有企业	State-owned Enterprises	2324				2324
集体企业	Collective-owned Enterprises					
股份合作企业	Joint-equity Cooperative Enterprises					
国有联营企业	State Joint Ownership Enterprises					
集体联营企业	Collective Joint Ownership Enterprises					
国有与集体联营企业	Joint State-collective Enterprises					
其他联营企业	Other Joint Ownership Enterprises					
国有独资公司	State Sole Funded Corporations	482679	90000		215489	2000
其他有限责任公司	Other Limited Liability Companies	8186578	417280		2618133	243658
股份有限公司	Companies Limited by Shares	20227			668	
私营独资企业	Private-Solely Funded Enterprises					
私营合伙企业	Private Partnership Enterprises					
私营有限责任公司	Private Limited Liability Corporations	1833150	172600		390238	99882
私营股份有限公司	Private Companies Limited by Shares	239				
其他企业	Other Enterprises					
港澳台商投资企业	Enterprises with Funds from Hong Kong, Macao and Taiwan	199170	18000		13140	394
与港澳台商合资经营企业	Joint-venture Enterprises	93205			13140	394
与港澳台商合资合作经营企业	Cooperative Enterprises					
港澳台商独资经营企业	Enterprises with Sole Fund	105965	18000			
港澳台商投资股份有限公司	Companies Limited by Shares					
其他港澳台投资	Others					
外商投资企业	Enterprises with Foreign Investment	13089			2565	
中外合资经营企业	Chinese-foreign Equity Joint Ventures	13089			2565	
中外合作经营企业	Chinese-foreign Cooperative Enterprises					
外资企业	Foreign-Funded Enterprises					
外商投资股份有限公司	Companies Limited by Shares					
其他外商投资	Others					
按控股情况分	**By Share Holding**					
国有控股	State-holding Enterprises	2726941	291300		702731	62986
集体控股	Collective-Holding Enterprises	169100			100572	
私人控股	Private Enterprises	7105656	353580		2316928	256849
港澳台商控股	Hong Kong, Macao and Taiwan Holding Enterprises	198274	18000		13140	
外商控股	Foreign Holding Enterprises	6887				
其　他	Others	530598	35000		106862	28423
按资质等级分	**By Grade**					
一　级	First Grade	79527				
二　级	Second Grade	1398647	177680		78609	61041
三　级	Third Grade	761325	44000		69031	11086
四　级	Fourth Grade	431444	2500		36283	1387
暂　定	Provisional	7579802	473700		2806320	273848
其　他	Others	486711			249990	896
按隶属关系分	**By Administrative Relationship**					
中　央	Central	1113958	167100		44273	
地　方	Local	1433126	100000		726184	12351
其　他	Others	8190372	430780		2469776	335907

(Continued)

(10 000 yuan;sq.m)

本年各项应付款 Total Account Payable This Year	#工程款 Project Funds	房屋施工面积 Total Floor Space of Buildings under Construction	住宅 Residential Buildings	#90平方米及以下住房 Residential Buildings below 90 Square Meters	144平方米以上住房 Residential Buildings above 144 Square Meters	办公楼 Office Buildings	商业营业用房 Houses for Business Use	其他 Others
3972679	**2153232**	**78983768**	**52366656**	**8551837**	**8072110**	**3899200**	**9517051**	**13200861**
3956375	2145793	76847008	51213943	8235534	7524805	3792588	9117790	12722687
		111270	61644	22944			12664	36962
169311	150666	3664540	1909263	314747	210151	326455	560032	868790
2775068	1501275	50758113	35772211	6398193	6203901	2006802	5491630	7487470
1513	745	125852	105618	2100	30352		4500	15734
989658	472282	21874332	13181891	1489045	1056386	1459331	3012746	4220364
20825	20825	312901	183316	8505	24015		36218	93367
16304	7439	2009083	1152713	316303	547305	48000	366269	442101
7439	7439	426665	426665	46137	380528			
8865		1582418	726048	270166	166777	48000	366269	442101
		127677				58612	32992	36073
		127677				58612	32992	36073
922475	504100	17973973	11581826	1799155	1967158	742009	2219698	3430440
94805	2434	886470	323420	68540	204880	436300	69800	56950
2718317	1505231	53725530	36422531	5799440	4419891	2672891	5918979	8711129
16304	7439	2009083	1152713	316303	547305	48000	366269	442101
220778	134028	4388712	2886166	568399	932876		942305	560241
15637	12954	263988	182233	62208				81755
593106	198685	17561447	9895510	1745569	1902422	1577845	2680465	3407627
241940	161708	4590454	3213556	793948	434957	54414	407378	915106
136379	112412	2847406	1890505	325836	453296	99858	404170	452873
2773993	1588769	51327662	35777814	5164219	4888944	1725268	5840447	7984133
211624	78704	2392811	1407038	460057	392491	441815	184591	359367
246038	153986	5426746	4000029	705634	994004	189928	310643	926146
626190	259325	7756117	5383863	723070	1272489	237328	1007520	1127406
3100451	1739921	65800905	42982764	7123133	5805617	3471944	8198888	11147309

5-11 续表 3

单位：万元、平方米

指 标	Item	# 新开工面积 Floor Space Started This Year	住 宅 Residential Buildings	#90 平方米及以下住房 Residential Buildings below 90 Square Meters	144 平方米以上住房 Residential Buildings above 144 Square Meters	办公楼 Office Buildings
总 计	**Total**	**18045411**	**13102025**	**2837098**	**1471876**	**181334**
按登记注册类型分组	**By Status of Registration**					
内资企业	Domestic Funded Enterprises	17986875	13053489	2837098	1471876	181334
国有企业	State-owned Enterprises					
集体企业	Collective-owned Enterprises					
股份合作企业	Joint-equity Cooperative Enterprises					
国有联营企业	State Joint Ownership Enterprises					
集体联营企业	Collective Joint Ownership Enterprises					
国有与集体联营企业	Joint State-collective Enterprises					
其他联营企业	Other Joint Ownership Enterprises					
国有独资公司	State Sole Funded Corporations	594653	146236	3139	9314	39939
其他有限责任公司	Other Limited Liability Companies	12913707	9884986	2696623	1311924	47133
股份有限公司	Companies Limited by Shares					
私营独资企业	Private-Solely Funded Enterprises					
私营合伙企业	Private Partnership Enterprises					
私营有限责任公司	Private Limited Liability Corporations	4478515	3022267	137336	150638	94262
私营股份有限公司	Private Companies Limited by Shares					
其他企业	Other Enterprises					
港澳台商投资企业	Enterprises with Funds from Hong Kong, Macao and Taiwan	48536	48536			
与港澳台商合资经营企业	Joint-venture Enterprises					
与港澳台商合资合作经营企业	Cooperative Enterprises					
港澳台商独资经营企业	Enterprises with Sole Fund	48536	48536			
港澳台商投资股份有限公司	Companies Limited by Shares					
其他港澳台投资	Others					
外商投资企业	Enterprises with Foreign Investment	10000				
中外合资经营企业	Chinese-foreign Equity Joint Ventures	10000				
中外合作经营企业	Chinese-foreign Cooperative Enterprises					
外资企业	Foreign-Funded Enterprises					
外商投资股份有限公司	Companies Limited by Shares					
其他外商投资	Others					
按控股情况分	**By Share Holding**					
国有控股	State-holding Enterprises	4088962	2513699	513723	572967	59939
集体控股	Collective-Holding Enterprises	160405	160405		160405	
私人控股	Private Enterprises	13469103	10233704	2288309	713504	121395
港澳台商控股	Hong Kong, Macao and Taiwan Holding Enterprises	48536	48536			
外商控股	Foreign Holding Enterprises					
其 他	Others	278405	145681	35066	25000	
按资质等级分	**By Grade**					
一 级	First Grade					
二 级	Second Grade	1388910	966144	146509	164211	57987
三 级	Third Grade	473223	326698	46003	8730	16280
四 级	Fourth Grade	148474	57339	872	15867	16303
暂 定	Provisional	15624063	11488759	2610245	1269038	85549
其 他	Others	410741	263085	33469	14030	5215
按隶属关系分	**By Administrative Relationship**					
中 央	Central	1166383	887597	332049	277429	
地 方	Local	1965071	1229462	158619	255667	32458
其 他	Others	14913957	10984966	2346430	938780	148876

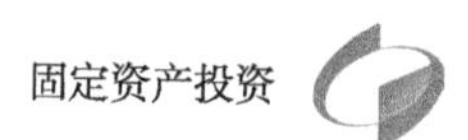

(Continued)

(10 000 yuan;sq.m)

商业营业用房 Houses for Business Use	其他 Others	竣工面积 Floor Space of Buildings Completed	住宅 Residential Buildings	#90平方米及以下住房 Residential Buildings below 90 Square Meters	144平方米以上住房 Residential Buildings above 144 Square Meters	办公楼 Office Buildings	商业营业用房 Houses for Business Use	其他 Others
1955168	**2806884**	**3593286**	**2211460**	**194161**	**660669**	**411719**	**482923**	**487184**
1950168	2801884	3523286	2141460	166161	618669	411719	482923	487184
196928	211550	356602	125219	1851	70040	73596	102008	55779
1171365	1810223	2435945	1481128	108118	534721	337188	357448	260181
581875	780111	730739	535113	56192	13908	935	23467	171224
		70000	70000	28000	42000			
		70000	70000	28000	42000			
5000	5000							
5000	5000							
532678	982646	992891	556498	17641	211076	94388	143297	198708
1332078	1781926	2188818	1312006	109441	323848	317331	272810	286671
		70000	70000	28000	42000			
90412	42312	341577	272956	39079	83745		66816	1805
195061	169718	481053	387856	48240	125710		54210	38987
9893	120352	335517	231845	19632	37368		2935	100737
36665	38167	113362	34032	10793		935	7482	70913
1695868	2353887	2663354	1557727	115496	497591	410784	418296	276547
17681	124760							
68293	210493	409915	266808	10641	165479	73596	2008	67503
284106	419045	208820	180606	13799	166807		12107	16107
1602769	2177346	2974551	1764046	169721	328383	338123	468808	403574

5-11 续表 4

单位：万元、平方米

指　　标	Item	商品房销售面积 Floor Space of Commercialized Buildings Sold	住　宅 Residential Buildings	#90 平方米及以下住房 Residential Buildings below 90 Square Meters	144 平方米以上住房 Residential Buildings above 144 Square Meters	办公楼 Office Buildings
总　　计	**Total**	**12386968**	**11086987**	**1749306**	**1287700**	**194638**
按登记注册类型分组	**By Status of Registration**					
内资企业	Domestic Funded Enterprises	11946226	10667634	1728108	1252772	194638
国有企业	State-owned Enterprises					
集体企业	Collective-owned Enterprises					
股份合作企业	Joint-equity Cooperative Enterprises					
国有联营企业	State Joint Ownership Enterprises					
集体联营企业	Collective Joint Ownership Enterprises					
国有与集体联营企业	Joint State-collective Enterprises					
其他联营企业	Other Joint Ownership Enterprises					
国有独资公司	State Sole Funded Corporations	322883	281013	65605	46889	8035
其他有限责任公司	Other Limited Liability Companies	8278703	7506610	1193749	827697	163728
股份有限公司	Companies Limited by Shares	26752	26752	1168	8038	
私营独资企业	Private-Solely Funded Enterprises					
私营合伙企业	Private Partnership Enterprises					
私营有限责任公司	Private Limited Liability Corporations	3317888	2853259	467586	370148	22875
私营股份有限公司	Private Companies Limited by Shares					
其他企业	Other Enterprises					
港澳台商投资企业	Enterprises with Funds from Hong Kong, Macao and Taiwan	435845	414456	21198	31408	
与港澳台商合资经营企业	Joint-venture Enterprises	97152	95775		3153	
与港澳台商合资合作经营企业	Cooperative Enterprises					
港澳台商独资经营企业	Enterprises with Sole Fund	338693	318681	21198	28255	
港澳台商投资股份有限公司	Companies Limited by Shares					
其他港澳台投资	Others					
外商投资企业	Enterprises with Foreign Investment	4897	4897		3520	
中外合资经营企业	Chinese-foreign Equity Joint Ventures	4897	4897		3520	
中外合作经营企业	Chinese-foreign Cooperative Enterprises					
外资企业	Foreign-Funded Enterprises					
外商投资股份有限公司	Companies Limited by Shares					
其他外商投资	Others					
按控股情况分	**By Share Holding**					
国有控股	State-holding Enterprises	2582188	2224399	295882	393181	64864
集体控股	Collective-Holding Enterprises	86200	25833		9501	28753
私人控股	Private Enterprises	8516607	7722759	1349799	810271	101021
港澳台商控股	Hong Kong, Macao and Taiwan Holding Enterprises	431462	411303	21198	28255	
外商控股	Foreign Holding Enterprises	4897	4897		3520	
其　他	Others	765614	697796	82427	42972	
按资质等级分	**By Grade**					
一　级	First Grade	52262	29548		1743	
二　级	Second Grade	1936019	1652980	203346	348828	9650
三　级	Third Grade	1150188	1112182	194556	88655	236
四　级	Fourth Grade	659051	580284	43815	31945	518
暂　定	Provisional	8206956	7452130	1262133	787682	155481
其　他	Others	382492	259863	45456	28847	28753
按隶属关系分	**By Administrative Relationship**					
中　央	Central	953418	879274	36709	259255	15814
地　方	Local	1187999	1033957	187341	80469	13626
其　他	Others	10245551	9173756	1525256	947976	165198

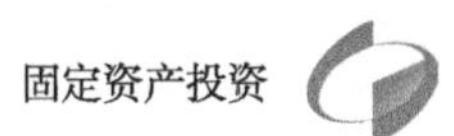

(Continued)

(10 000 yuan;sq.m)

商业营业用房 Houses for Business Use	其他 Others	商品房销售额（万元） Total Sale of Commercialized Buildings Sold (10 000 yuan)	住宅 Residential Buildings	#90平方米及以下住房 Residential Buildings below 90 Square Meters	144平方米以上住房 Residential Buildings above 144 Square Meters	办公楼 Office Buildings	商业营业用房 Houses for Business Use	其他 Others
827785	**277558**	**11528184**	**10142461**	**1389979**	**1444280**	**188340**	**1059547**	**137836**
809760	274194	11019055	9663619	1365598	1422154	188340	1030862	136234
30142	3693	269526	198650	33832	35307	7808	59308	3760
475378	132987	8224284	7472461	1071807	1021203	142682	558948	50193
		32904	32904	1051	14517			
304240	137514	2492341	1959604	258908	351127	37850	412606	82281
18025	3364	504368	474081	24381	18515		28685	1602
1230	147	95817	94208		2949		1515	94
16795	3217	408551	379873	24381	15566		27170	1508
		4761	4761		3611			
		4761	4761		3611			
235910	57015	2583427	2241851	227445	498761	52600	266656	22320
8491	23123	68528	24353		9098	28209	13056	2910
498771	194056	7502679	6625841	1036893	839362	107531	658303	111004
16795	3364	499904	471132	24381	15566		27170	1602
		4761	4761		3611			
67818		868885	774523	101260	77882		94362	
22714		55880	36147		2180		19733	
241541	31848	2015682	1644854	198577	396501	9319	349818	11691
37770		1076684	1029720	170064	76339	118	46846	
55684	22565	580386	514873	29771	29983	762	60315	4436
443535	155810	7503806	6715330	957169	919898	149932	539540	99004
26541	67335	295746	201537	34398	19379	28209	43295	22705
46144	12186	1147954	1082930	44464	393613	15651	46494	2879
113801	26615	989187	823030	127130	59514	10210	147619	8328
667840	238757	9391043	8236501	1218385	991153	162479	865434	126629

5-11 续表 5

单位：万元、平方米

指　　标	Item	待售面积（平方米）For sale Floor Space (sq.m)
总　计	**Total**	**1077206**
按登记注册类型分组	**By Status of Registration**	
内资企业	Domestic Funded Enterprises	1067688
国有企业	State-owned Enterprises	
集体企业	Collective-owned Enterprises	
股份合作企业	Joint-equity Cooperative Enterprises	
国有联营企业	State Joint Ownership Enterprises	
集体联营企业	Collective Joint Ownership Enterprises	
国有与集体联营企业	Joint State-collective Enterprises	
其他联营企业	Other Joint Ownership Enterprises	
国有独资公司	State Sole Funded Corporations	20387
其他有限责任公司	Other Limited Liability Companies	471715
股份有限公司	Companies Limited by Shares	8172
私营独资企业	Private-Solely Funded Enterprises	
私营合伙企业	Private Partnership Enterprises	
私营有限责任公司	Private Limited Liability Corporations	567414
私营股份有限公司	Private Companies Limited by Shares	
其他企业	Other Enterprises	
港澳台商投资企业	Enterprises with Funds from Hong Kong, Macao and Taiwan	9518
与港澳台商合资经营企业	Joint-venture Enterprises	2693
与港澳台商合资合作经营企业	Cooperative Enterprises	
港澳台商独资经营企业	Enterprises with Sole Fund	6825
港澳台商投资股份有限公司	Companies Limited by Shares	
其他港澳台投资	Others	
外商投资企业	Enterprises with Foreign Investment	
中外合资经营企业	Chinese-foreign Equity Joint Ventures	
中外合作经营企业	Chinese-foreign Cooperative Enterprises	
外资企业	Foreign-Funded Enterprises	
外商投资股份有限公司	Companies Limited by Shares	
其他外商投资	Others	
按控股情况分	By Share Holding	
国有控股	State-holding Enterprises	234558
集体控股	Collective-Holding Enterprises	
私人控股	Private Enterprises	721744
港澳台商控股	Hong Kong, Macao and Taiwan Holding Enterprises	9518
外商控股	Foreign Holding Enterprises	
其　他	Others	111386
按资质等级分	By Grade	
一　级	First Grade	
二　级	Second Grade	141924
三　级	Third Grade	153700
四　级	Fourth Grade	76707
暂　定	Provisional	538125
其　他	Others	166750
按隶属关系分	By Administrative Relationship	
中　央	Central	15348
地　方	Local	156103
其　他	Others	905755

(Continued)

(10 000 yuan;sq.m)

住 宅 Residential Buildings	#90 平方米及以下住房 Residential Buildings below 90 Square Meters	144 平方米以上住房 Residential Buildings above 144 Square Meters	办公楼 Office Buildings	商业营业用房 Houses for Business Use	其 他 Others
544073	**32892**	**110880**	**107686**	**216956**	**208491**
542989	32811	110392	107686	214356	202657
6443	1	6418		10851	3093
222946	13327	67709	77998	98973	71798
7113		7113		1059	
306487	19483	29152	29688	103473	127766
1084	81	488		2600	5834
					2693
1084	81	488		2600	3141
152646	4542	64678	35924	40721	5267
333127	24105	34672	71762	149695	167160
1084	81	488		2600	5834
57216	4164	11042		23940	30230
76808	4088	60674	4595	23620	36901
88782	21871	30413		49924	14994
9654	84	2819	16808	19454	30791
273439	6849	16974	79766	109148	75772
95390			6517	14810	50033
8406		7495		6942	
93652	4542	14350	35924	21260	5267
442015	28350	89035	71762	188754	203224

5-12 按各种分组的房地产开发企业财务状况情况 (2020 年)

单位: 万元

指　　标	Item	企业数(个) Number of Enterprises (unit)	年初存货 Stock (at Year-begin)	流动资产 Circulating Funds
总　计	**Total**	**671**	**377341650**	**788566066**
按登记注册类型分组	**By Status of Registration**			
内资企业	Domestic Funded Enterprises	648	366058454	757313594
国有企业	State-owned Enterprises	8	573395	1255232
集体企业	Collective-owned Enterprises	1	598	16702
股份合作企业	Joint-equity Cooperative Enterprises			
国有联营企业	State Joint Ownership Enterprises			
集体联营企业	Collective Joint Ownership Enterprises			
国有与集体联营企业	Joint State-collective Enterprises			
其他联营企业	Other Joint Ownership Enterprises			
国有独资公司	State Sole Funded Corporations	26	39737882	70263033
其他有限责任公司	Other Limited Liability Companies	275	251298956	509061507
股份有限公司	Companies Limited by Shares	4	133815	1476817
私营独资企业	Private-Solely Funded Enterprises			
私营合伙企业	Private Partnership Enterprises			
私营有限责任公司	Private Limited Liability Corporations	330	74030252	174697109
私营股份有限公司	Private Companies Limited by Shares	4	283556	543194
其他企业	Other Enterprises			
港澳台商投资企业	Enterprises with Funds from Hong Kong, Macao and Taiwan	17	10408438	29188345
与港澳台商合资经营企业	Joint-venture Enterprises	10	1760578	8442854
与港澳台商合资合作经营企业	Cooperative Enterprises			
港澳台商独资经营企业	Enterprises with Sole Fund	7	8647860	20745491
港澳台商投资股份有限公司	Companies Limited by Shares			
其他港澳台投资	Others			
外商投资企业	Enterprises with Foreign Investment	6	874758	2064127
中外合资经营企业	Chinese-foreign Equity Joint Ventures	5	874758	2053798
中外合作经营企业	Chinese-foreign Cooperative Enterprises			
外资企业	Foreign-Funded Enterprises	1		10329
外商投资股份有限公司	Companies Limited by Shares			
其他外商投资	Others			
按控股情况分	**By Share Holding**			
国有控股	State-holding Enterprises	102	134677909	246328580
集体控股	Collective-Holding Enterprises	3	4066643	19986173
私人控股	Private Enterprises	515	203738604	444769689
港澳台商控股	Hong Kong, Macao and Taiwan Holding Enterprises	14	10073464	28683934
外商控股	Foreign Holding Enterprises	3	383723	1063377
其　他	Others	34	24401307	47734313
按隶属关系分	**By Administrative Relationship**			
中　央	Central	20	24296186	50689715
地　方	Local	56	72210353	140280178
其　他	Others	595	280835111	597596173
按资质等级分	**By Grade**			
一　级	First Grade	2	4927055	7711778
二　级	Second Grade	68	114207165	217316365
三　级	Third Grade	95	31378347	60277118
四　级	Fourth Grade	105	13726304	31922601
暂　定	Provisional	362	182853652	392640857
其　他	Others	39	30249127	78697347

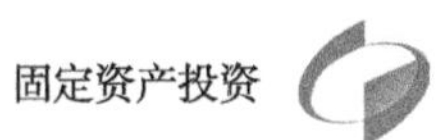

Financial Indicators of Enterprises in Real Estate by Groups(2020)

(10 000 yuan)

应收账款 Account Receivable	#存　货 Stock	固定资产 Fixed Assets	固定资产原价 Original Fixed Assets	累计折旧 Total Depreciation	#本年折旧 Depreciation This Year	在建工程 Under Construction	资　产 Assets	流动负债 liquid Liabilities
34745150	**432646692**		**10697699**	**3317061**	**509957**	**16610610**	**1000615955**	**580641719**
34340002	416844019		8361366	2730198	451721	16605405	958176102	556828060
139378	564963		139499	25140	1924		1401399	971861
1577	598		1182	1163	5		21163	14438
2622373	47516376		193465	51552	7650	24070	116333350	30965011
28301005	281812111		3968017	1013908	216696	16132764	597409799	361817116
41	828716		41531	8889	92		1598492	1325485
3204653	85804456		4004838	1621941	224820	448571	240845781	161507685
70975	316799		12834	7605	534		566118	226464
400690	15072402		2252076	544356	55314	5183	39804696	22013384
97971	6194990		946428	294668	14148	5183	9914941	8585583
302719	8877412		1305648	249688	41166		29889755	13427801
4458	730271		84257	42507	2922	22	2635157	1800275
4458	730271		84257	42507	2922	22	2624828	1799681
							10329	594
18845787	137545571		2202922	368252	54348	15849816	345111818	137490301
412883	4104194		5532	3096	202		20146309	8375713
14372735	252039607		5802578	2224297	370713	755589	544395196	376129372
384616	14729595		2221739	524468	54723	5183	39215791	21625307
3881	112994		77100	37245	2731	22	1599085	1128595
725248	24114731		387828	159703	27240		50147756	35892431
371427	30339761		256180	75417	10608	696	60351234	43471330
12786635	67335271		1030745	162194	19679	9418175	213822366	72986476
21587088	334971660		9410774	3079450	479670	7191739	726442355	464183913
1445975	4892486		5820	4815	363	696	7879628	7144453
12904502	121436059		5845801	1675129	302959	16043358	342581722	154925303
1169337	34065313		1487416	566083	79202	46033	67265355	54226585
2501771	14903311		855031	376971	43510	745	34000610	28823942
13750574	219017939		2142352	594702	69497	516239	422836361	298247074
2972991	38331584		361279	99361	14426	3539	126052279	37274362

5-12 续表 1

单位：万元

指　　标	Item	负　债 Liabilities	所有者权益 Owners Equity	# 实收资本 Total Capital Held
总　　计	**Total**	**807439881**	**193176074**	**72797188**
按登记注册类型分组	**By Status of Registration**			
内资企业	Domestic Funded Enterprises	773870253	184305849	68760725
国有企业	State-owned Enterprises	1273883	127516	112092
集体企业	Collective-owned Enterprises	14438	6725	8000
股份合作企业	Joint-equity Cooperative Enterprises			
国有联营企业	State Joint Ownership Enterprises			
集体联营企业	Collective Joint Ownership Enterprises			
国有与集体联营企业	Joint State-collective Enterprises			
其他联营企业	Other Joint Ownership Enterprises			
国有独资公司	State Sole Funded Corporations	83166851	33166499	3012816
其他有限责任公司	Other Limited Liability Companies	493415975	103993824	52203379
股份有限公司	Companies Limited by Shares	1577298	21194	108898
私营独资企业	Private-Solely Funded Enterprises			
私营合伙企业	Private Partnership Enterprises			
私营有限责任公司	Private Limited Liability Corporations	194166505	46679276	12983740
私营股份有限公司	Private Companies Limited by Shares	255303	310815	331800
其他企业	Other Enterprises			
港澳台商投资企业	Enterprises with Funds from Hong Kong, Macao and Taiwan	31521324	8283372	3771903
与港澳台商合资经营企业	Joint-venture Enterprises	10659996	-745055	809601
与港澳台商合资合作经营企业	Cooperative Enterprises			
港澳台商独资经营企业	Enterprises with Sole Fund	20861328	9028427	2962302
港澳台商投资股份有限公司	Companies Limited by Shares			
其他港澳台投资	Others			
外商投资企业	Enterprises with Foreign Investment	2048304	586853	264560
中外合资经营企业	Chinese-foreign Equity Joint Ventures	2047710	577118	254280
中外合作经营企业	Chinese-foreign Cooperative Enterprises			
外资企业	Foreign-Funded Enterprises	594	9735	10280
外商投资股份有限公司	Companies Limited by Shares			
其他外商投资	Others			
按控股情况分	**By Share Holding**			
国有控股	State-holding Enterprises	260217948	84893870	24169601
集体控股	Collective-Holding Enterprises	14517535	5628774	2759000
私人控股	Private Enterprises	458035360	86359836	35982818
港澳台商控股	Hong Kong, Macao and Taiwan Holding Enterprises	31133247	8082544	3694599
外商控股	Foreign Holding Enterprises	1376624	222461	74530
其　他	Others	42159167	7988589	6116640
按隶属关系分	**By Administrative Relationship**			
中　央	Central	51396123	8955111	5261404
地　方	Local	147212407	66609959	10546287
其　他	Others	608831351	117611004	56989497
按资质等级分	**By Grade**			
一　级	First Grade	7147911	731717	550000
二　级	Second Grade	252797500	89784222	14694763
三　级	Third Grade	63840203	3425152	4511040
四　级	Fourth Grade	31826234	2174376	2377527
暂　定	Provisional	362681066	60155295	46168618
其　他	Others	89146967	36905312	4495240

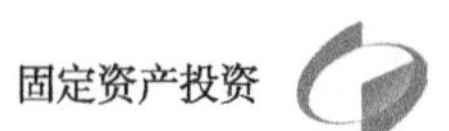

(Continued)

(10 000 yuan)

营业收入 Total Revenue	主营业务收入 Revenue from Principle Business	土地转让收入 Land Transferred	商品房屋销售收入 Commercialized Buildings Sold	房屋出租收入 Houses Leased	其他收入 Others	营业成本 Business Cost	主营业务成本 Cost of Principle Business
74617735	**67769095**	**2043040**	**59423443**	**794974**	**5446057**	**55933492**	**50896221**
68619188	61770785	2043040	53760387	657787	5247990	51807480	46836466
100687	96141		2061	19794	74286	4887	3751
3457586	3234847	17	1953418	4177	1275612	2321499	2159503
52624788	47201006	2041961	41301710	425746	3421011	40299139	35862470
61492	59520		11407	4978	43135	60079	59194
12371468	11176437	1062	10491791	200878	433326	9121715	8751388
3167	2834			2214	620	161	160
5480609	5480601		5162848	127482	190271	3678745	3614809
497995	497987		182241	125475	190271	805734	741798
4982614	4982614		4980607	2007		2873011	2873011
517938	517709		500208	9705	7796	447267	444946
517938	517709		500208	9705	7796	447267	444946
23955536	21849895	2041978	17788564	113460	1900196	17573135	15514461
1925102						1558779	
36452682	33642141	1062	29720778	523531	3346589	28472914	27160645
5475008	5475008		5162848	127482	184678	3674826	3610894
471885	471885		464090		7795	428724	426546
6337522	6330166		6287163	30501	6799	4225114	4183675
7641115	7276870		7180686	8598	87586	4550276	4476264
9352362	7861545	2061	6208668	50130	1595098	7232625	7189351
57624258	52630680	2040979	46034089	736246	3763373	44150591	39230606
483779	475798		440620		35178	367165	310569
23842144	23263414	2039917	20048378	361447	776022	17357958	15127654
7904359	7566534	17	7349932	120847	85891	5657329	5639063
4148916	4072654	1062	3899565	113825	44347	3224230	3106836
34171645	30260409	2044	26865765	185122	3207249	26121185	25104530
4066892	2130286		819183	13733	1297370	3205625	1607569

5-12 续表 2

单位：万元

指　　标	Item	营业税金及附加 Taxes and Other Charges on Business	主营业务税金及附加 Taxes and Other Charges on Principle Business
总　　计	**Total**	**5061313**	
按登记注册类型分组	**By Status of Registration**		
内资企业	Domestic Funded Enterprises	4313741	
国有企业	State-owned Enterprises	1787	
集体企业	Collective-owned Enterprises		
股份合作企业	Joint-equity Cooperative Enterprises		
国有联营企业	State Joint Ownership Enterprises		
集体联营企业	Collective Joint Ownership Enterprises		
国有与集体联营企业	Joint State-collective Enterprises		
其他联营企业	Other Joint Ownership Enterprises		
国有独资公司	State Sole Funded Corporations	225367	
其他有限责任公司	Other Limited Liability Companies	3592201	
股份有限公司	Companies Limited by Shares	60	
私营独资企业	Private-Solely Funded Enterprises		
私营合伙企业	Private Partnership Enterprises		
私营有限责任公司	Private Limited Liability Corporations	493582	
私营股份有限公司	Private Companies Limited by Shares	744	
其他企业	Other Enterprises		
港澳台商投资企业	Enterprises with Funds from Hong Kong, Macao and Taiwan	731339	
与港澳台商合资经营企业	Joint-venture Enterprises	14409	
与港澳台商合资合作经营企业	Cooperative Enterprises		
港澳台商独资经营企业	Enterprises with Sole Fund	716930	
港澳台商投资股份有限公司	Companies Limited by Shares		
其他港澳台投资	Others		
外商投资企业	Enterprises with Foreign Investment	16233	
中外合资经营企业	Chinese-foreign Equity Joint Ventures	16233	
中外合作经营企业	Chinese-foreign Cooperative Enterprises		
外资企业	Foreign-Funded Enterprises		
外商投资股份有限公司	Companies Limited by Shares		
其他外商投资	Others		
按控股情况分	**By Share Holding**		
国有控股	State-holding Enterprises	1472838	
集体控股	Collective-Holding Enterprises	189256	
私人控股	Private Enterprises	2456810	
港澳台商控股	Hong Kong, Macao and Taiwan Holding Enterprises	730839	
外商控股	Foreign Holding Enterprises	13387	
其　他	Others	198183	
按隶属关系分	**By Administrative Relationship**		
中　央	Central	935255	
地　方	Local	313510	
其　他	Others	3812548	
按资质等级分	**By Grade**		
一　级	First Grade	67588	
二　级	Second Grade	1707655	
三　级	Third Grade	649267	
四　级	Fourth Grade	53558	
暂　定	Provisional	2330514	
其　他	Others	252731	

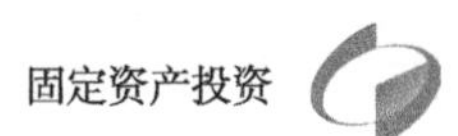

(Continued)

(10 000 yuan)

其他业务利润 Other Profits	销售费用 Sales Expenses	管理费用 Management Expenses	#税金 Taxes	财务费用 Financial Expenses	利息收入 Interest Income	利息支出 Interest Expenses	资产减值损失 Loss from Assets Devaluation	公允价值变动收益 The Profit and Losses on the Changes in Fair Value
172562	**7139102**	**3485474**		**1437962**	**277050**	**1044468**	**-59956**	**480353**
163853	6737239	3295655		1259247	295624	930120	-59969	10146
3286	206	30050		-154	164	1	-78	
		153						
	188989	156143		164575	38745	76101	9752	
137660	4699537	1661017		650477	245460	624743	-69842	10146
	16585	10883		57637	-980	35	-1683	
22907	1831007	1432044		386714	12224	229240	1882	
	915	5365		-2	11			
8709	394637	164548		171474	-18526	112332	13	470207
8709	61533	72902		76173	-27949	107038	61	
	333104	91646		95301	9423	5294	-48	470207
	7226	25271		7241	-48	2016		
	7226	25271		7241	-48	2016		
107594	1089620	563169		290299	258850	476894	30638	9823
	81289	48456		20623	74		10741	
52837	5280223	2591764		907003	37860	425998	-104431	323
7277	394637	162612		169637	-18526	112332	13	470207
	2610	17707		-72	-76			
4854	290723	101766		50472	-1132	29244	3083	
16091	442537	104031		-81672	180550	168221	31436	7477
7926	448760	256554		168613	63207	146178	-4663	1658
148545	6247805	3124889		1351021	33293	730069	-86729	471218
16091	18888	31572		-4213	4320		8076	
91739	1566109	1337201		487281	70881	254618	-10377	458962
9605	512026	372331		173924	38674	144237	5958	21093
12515	193429	164417		121227	7945	82312	1119	
42569	4678292	1437587		595870	18909	349597	-83018	298
43	170358	142366		63873	136321	213704	18286	

5-12 续表 3

单位：万元

指　　标	Item	投资收益 Investment Profits	营业利润 Operating Profits
总　　计	**Total**	**745234**	**4673404**
按登记注册类型分组	**By Status of Registration**		
内资企业	Domestic Funded Enterprises	731988	3822560
国有企业	State-owned Enterprises	621	64459
集体企业	Collective-owned Enterprises		-153
股份合作企业	Joint-equity Cooperative Enterprises		
国有联营企业	State Joint Ownership Enterprises		
集体联营企业	Collective Joint Ownership Enterprises		
国有与集体联营企业	Joint State-collective Enterprises		
其他联营企业	Other Joint Ownership Enterprises		
国有独资公司	State Sole Funded Corporations	951	434353
其他有限责任公司	Other Limited Liability Companies	677069	4121762
股份有限公司	Companies Limited by Shares		-83999
私营独资企业	Private-Solely Funded Enterprises		
私营合伙企业	Private Partnership Enterprises		
私营有限责任公司	Private Limited Liability Corporations	53347	-709886
私营股份有限公司	Private Companies Limited by Shares		-3976
其他企业	Other Enterprises		
港澳台商投资企业	Enterprises with Funds from Hong Kong, Macao and Taiwan	4124	826948
与港澳台商合资经营企业	Joint-venture Enterprises	6708	-515693
与港澳台商合资合作经营企业	Cooperative Enterprises		
港澳台商独资经营企业	Enterprises with Sole Fund	-2584	1342641
港澳台商投资股份有限公司	Companies Limited by Shares		
其他港澳台投资	Others		
外商投资企业	Enterprises with Foreign Investment	9122	23896
中外合资经营企业	Chinese-foreign Equity Joint Ventures	9122	23896
中外合作经营企业	Chinese-foreign Cooperative Enterprises		
外资企业	Foreign-Funded Enterprises		
外商投资股份有限公司	Companies Limited by Shares		
其他外商投资	Others		
按控股情况分	**By Share Holding**		
国有控股	State-holding Enterprises	42484	3126008
集体控股	Collective-Holding Enterprises	44	16002
私人控股	Private Enterprises	685412	-498247
港澳台商控股	Hong Kong, Macao and Taiwan Holding Enterprises	2756	826739
外商控股	Foreign Holding Enterprises	9061	18622
其　他	Others	5477	1184280
按隶属关系分	**By Administrative Relationship**		
中　央	Central	36490	1741739
地　方	Local	3595	955671
其　他	Others	705149	1975994
按资质等级分	**By Grade**		
一　级	First Grade	7751	44620
二　级	Second Grade	59327	2248224
三　级	Third Grade	27659	590131
四　级	Fourth Grade	7308	432458
暂　定	Provisional	621911	1099384
其　他	Others	21278	258587

(Continued)

(10 000 yuan)

营业外收入 Non-operating Income	补贴收入 Allowance Income	营业外支出 Non-operating Expenditure	利润总额 Total Profits	应交所得税 Income Tax Payable	本年应付工资（贷方累计发生额） Total Wages and Salaries Payable This Year(Accumulated Amount of Credit)	应交增值税 Value Added Tax Payable
358657		**1002581**	**3889428**	**1618883**	**3067526**	**2140557**
351839		528766	3507855	1500079	2877129	2098087
9553		14299	59710	15587	16165	1364
6			-147		466	
76983		5146	505227	200525	140603	147798
222442		347230	3885146	1061915	1847900	1773168
939		302	-84813	-20795	8008	299
41910		160897	-852366	242847	857185	174670
6		892	-4902		6802	788
6716		462024	369366	114928	179960	35515
2450		13400	-526643	-840	37079	14492
4266		448624	896009	115768	142881	21023
102		11791	12207	3876	10437	6955
102		11791	12207	3876	10437	6955
146034		83052	3128358	690129	688524	1070590
3100		179	18922	4242	47520	34929
197901		398775	-796681	564069	1991659	667772
6715		461876	369304	116202	178890	35035
100		11790	6932		4591	3233
4807		46909	1162593	244241	156342	328998
5900		27155	1720483	361539	220731	419838
120670		46625	997482	241864	591494	316419
232087		928801	1171463	1015480	2255301	1404300
593		7510	37703	9840	39241	30444
153646		587223	1779328	397498	1057785	548843
17449		87232	510323	161347	214401	303434
14704		37629	407883	48170	420629	-36979
166719		272789	900636	902973	1215777	1251238
5546		10198	253555	99055	119693	43577

5-13 基础设施建设投资额

指　　标	Item	2016 年比 2015 年的增长率 (%) Growth Rate of 2016 over 2015 (%)
合　计	**Total**	**9.6**
电力、燃气及水的生产和供应业	Production and Supply of Electricity,Gas and Water	125.6
# 电力、热力的生产和供应业	Production and Supply of Electricity and Heat	48.4
燃气生产和供应业	Production and Supply of Gas	-38.6
水的生产和供应业	Production and Supply of Water	227.9
交通运输、仓储和邮政业	Transport,Storage and Post	4.0
# 道路运输业	Road Transport	4.0
装卸搬运和仓储业	Storage	12.6
邮政业	Post	
信息传输、软件和信息技术服务业	Telecommunications and Other Information Transmission Services	180.1
水利、环境和公共设施管理业	Management of Water Conservancy,Environment and Public Facilities	71.5
# 水利管理业	Management of Water Conservancy	56.2
生态保护和环境治理业	Environmental Management	238.8
公共设施管理业	Management of Public Facilities	71.3

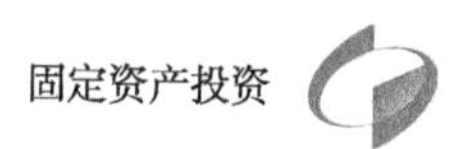

Investment in Infrastructure Construction

2017年比2016年的增长率 (%) Growth Rate of 2017 over 2016 (%)	2018年比2017年的增长率 (%) Growth Rate of 2018 over 2017 (%)	2019年比2018年的增长率 (%) Growth Rate of 2019 over 2018 (%)	2020年比2019年的增长率 (%) Growth Rate of 2020 over 2019 (%)
14.8	**33.7**	**-1.4**	**-27.4**
-33.2	76.8	37.8	-44.7
-26.7	75.0	10.4	-43.0
-21.5	140.8	44.5	-67.4
-36.6	71.0	49.7	-42.1
11.5	34.7	52.4	-19.8
15.5	58.2	89.5	-30.7
0.2	21.4	35.9	3.2
72.0	50.5	-23.0	15.3
16.3	30.2	-17.6	-23.4
107.2	88.6	-50.2	-33.5
55.3	304.0	-43.8	-11.0
12.4	25.6	-14.8	-23.2

主要统计指标解释

固定资产投资　指各种登记注册类型的企业、事业、行政单位及个体户进行的计划总投资500万元及以上的固定资产投资和房地产开发项目投资，不含跨区域固定资产项目投资。

房地产开发投资　指房地产开发公司、商品房建设公司及其他房地产开发法人单位和附属于其他法人单位实际从事房地产开发或经营的活动单位统一开发的包括统代建、拆迁还建的住宅、厂房、仓库、饭店、宾馆、度假村、写字楼、办公楼等房屋建筑物和配套的服务设施，土地开发工程（如道路、给水、排水、供电、供热、通讯、平整场地等基础设施工程）的投资；不包括单纯的土地交易活动。

施工项目　指报告期内曾进行建筑或安装工程施工活动的建设项目，包括报告期内新开工项目、报告期以前开工跨入报告期继续施工的项目以及报告期施过工并在报告期内全部建成投产或停缓建的项目。

新增生产能力　指通过固定资产投资活动而增加的设计能力或工程效益，它是用实物形态表示的固定资产投资的成果。新增生产能力的计算，是以能独立发挥生产能力或工程效益的单项工程（或项目）为对象。当单项工程（或项目）建成，经有关部门鉴定合格，正式移交投入生产，即可计算新增生产能力。

住　宅　指专供居住的房屋，包括别墅、公寓、职工家属宿舍和集体宿舍（包括职工单身宿舍和学生宿舍）等。但不包括住宅楼中作为人防用、不住人的地下室等。

房屋建筑面积　指从房屋外墙线算起的各层平面面积的总和，包括可供使用的有效面积和房屋结构（如柱、墙）占用的面积。多层建筑按各层（包括地下室）面积总和计算。

住宅建筑面积　指施工和竣工房屋建筑面积中供居住用的施工和竣工房屋建筑面积。

施工面积　指报告期内施工的全部房屋建筑面积。包括本期新开工的面积、上期跨入本期继续施工的房屋面积、上期停缓建在本期恢复施工的房屋面积、本期竣工的房屋面积及本期施工后又停缓建的房屋面积。

竣工面积　指在报告期内房屋建筑按照设计要求已全部完工，达到住人和使用条件，经验收鉴定合格，正式移交使用单位的建筑面积。

商品房销售面积　指报告期内出售商品房屋的合同总面积（即双方签署的正式买卖合同中所确定的建筑面积）。由现房销售建筑面积和期房销售建筑面积两部分组成。

商品房销售额　指报告期内出售商品房屋的合同总价款（即双方签署的正式买卖合同中所确定的合同总价）。该指标与商品房销售面积同口径，由现房销售额和期房销售额两部分组成。

房屋建筑面积竣工率　指一定时期内房屋竣工面积占同期房屋施工面积的比率。

新增固定资产　指通过投资活动所形成的新的固定资产价值，包括已经建成投入生产或交付使用的工程价值和达到固定资产标准的设备、工具、器具的价值及有关应摊入的费用。它是以价值形式表示的固定资产投资成果的综合性指标，可以综合反映不同时期、不同部门、不同地区的固定资产投资成果。

建设项目投产率　指一定时期内全部建成投入生产项目个数与同期正式施工项目个数的比率。它是从项目建设速度的角度反映投资效果的指标。

固定资产交付使用率　指一定时期新增固定资产与同期完成投资额的比率。它是反映各个时期固定资产动用速度，衡量建设过程中投资效果的一个综合性指标。

Explanatory Notes on Main Statistical Indicators

Investments in Fixed Assets refer to investments in construction projects and real estate development projects involving a total planned (or required) investment of 500,000 yuan and over by enterprises of various ownerships, public institutions and administrative units as well as self-employed individuals.

Investments in Real Estate Development refer to investments in housing construction such as residential buildings, factory buildings, warehouses, hotels, guesthouses, holiday villages, office buildings uniformly conducted by the real estate development companies, commercial buildings construction companies and other real estate development legal entities and units, affiliated to other legal entities, engaging in the development or management of real estate, investments in the complementary service facilities and investments in land development projects such as infrastructure projects in terms of roads, water supply, water drainage, power supply, heating, telecommunications, land leveling and other projects of infrastructure. But it excludes pure land trading activities.

Projects under Construction refer to those engineering construction activities having been conducted or preceded during the reference period, including newly started projects in the reference period, projects started before but were still under construction in the reference period, projects completed and put into operation as well as those suspend or postponed during the reference period.

The Newly Increased Production Capacity refers to the increase of designed capacity and project efficiency gained through investments in fixed assets, and the accomplishments of investments in fixed assets are manifested in substantial form. The calculation of newly increased production capacity is based on individual project which operates independently and efficiently. When an individual project is completed, through related departments check, and officially put into production, it can be counted as newly increased production capacity.

Residential Housing refers to houses especially for living, including villa, apartment, staff dormitory, group dormitory (including single dormitory for staff and student's dormitory); it excludes basement for civil air defence and not for living in the residential housing.

Floor Space of Buildings refers to total floor space in each story of buildings calculated from the outside line of building walls, including both usable space and the space occupied by constructions like pillars or walls. And the floor space of multi-story buildings covers the total floor space of each story (including the basement).

Floor Space of Residential Buildings refers to the floor space of the residential buildings under construction and completed among the total space of buildings under construction and completed.

Floor Space under Construction refers to the floor space of all the buildings in the reference period, including floor space of newly started buildings during the reference period, floor space of construction started in the pervious period but were still under construction in the reference period, floor space of construction suspended or postponed in the previous period and resumed in the reference period, floor space of construction completed in the reference period as well as floor space of construction conducted and then suspended or postponed in the reference period.

Floor Space Completed refers to the floor space of all buildings completed in the reference period. And it is the floor space of buildings being checked, proved qualified of accommodating people and coming up to the designed standards and have

been officially put into use.

Area of Commercial Housing Sales refers to gross area of commercial housing sales according to the contract in the reference period (that is floor space of building officially signed according to agreement of purchase and sale). It constitutes floor space of completed housing and floor space of future housing.

Commercial Housing Sales refers to total contract price of commercial housing sales in the reference period (that is total contract price officially signed by both sides according to agreement of purchase and sale). This indicator is calculated by the same standard to the area of commercial housing sales. It constitutes sales of completed housing and sales of future housing.

Completion Rate of Floor Space of Buildings refers to the ratio of the floor space of buildings completed in a certain period of time to the floor space of buildings under construction in the same period.

Newly Increased Fixed Assets refers to the newly increased value of fixed assets gained through investment activities, including the value of projects completed and put into production or service and the value as well as relevant expenses of equipments, tools, and vessels reaching the standards of fixed assets. It is a comprehensive indicator which uses form of value to reflect achievements of investments in fixed assets in different periods, different sectors, and different regions.

Rate of Construction Projects Put into Production refers to the ratio of the number of construction projects completed and put into production in a certain period of time to the number of projects under construction in the same period. It reflects the investment efficiency from the perspective of the speed of projects construction.

Rate of Projects of Fixed Assets Put into Service refers to the ratio of the newly increased fixed assets to the total investments in the same period. It is a comprehensive indicator reflecting the speed of the employment of fixed assets in each period and it is used to evaluate the investment efficiency during the process of construction.

能源消费

Energy Consumption

6-1 规模以上工业企业用水

Water Consumption in Industrial Enterprise above Designated Size

单位：万立方米 (10 000 cu.m)

指　标	Item	2016	2017	2018	2019	2020	2020 年比 2019 年增长 (%) Growth Rate in 2020 over 2019(%)
合　计	**Total**	**41943**	**46282**	**49127**	**56365**	**57223**	**1.5**
# 地表水	Surface Water Resources	37079	40112	42952	49846	50016	0.3
地下水	Groundwater	2113	3055	3504	3643	3271	-10.2
自来水	Tap Water	2738	2617	2642	2850	2878	1.0
其他水	Others	12	482	8	7	363	4762.3
工业重复用水量	Duplicated Measurement of Industrial Water	131393	114587	143617	127060	145450	14.5
工业用水量	Industrial Water	173336	10346	10164	10315	10111	-2.0

注：规模以上工业企业为年主营业收入 2000 万元及以上的工业企业。
Industrial enterprises above designated size refers to enterprises with its main business income above 20 million yuan(similarly hereinafter).

6-2 规模以上工业企业能源消费情况
Energy Consumption in Industrial Enterprises above Designated Size

指标	Item	工业生产消费 Industrial Production Consumption 2016	2017	2018	2019	2020	2020年比2019年增长(%) Growth Rate in 2020 over 2019(%)
原 煤 (吨)	Coal (ton)				6245242	5992869	-4.0
#无烟煤 (吨)	Anthracite (ton)				2203675	1582715	-28.2
炼焦烟煤 (吨)	Byerlyte (ton)				850	230	-72.9
一般烟煤 (吨)	Bituminous Coal (ton)				4040718	4409925	9.1
其它洗煤 (吨)	Other Washed Coal (ton)				274733	361746	31.7
煤制品 (吨)	Coal Product (ton)				8548	170	-98.0
焦 炭 (吨)	Coke (ton)				84490	35293	-58.2
其它焦化产品 (吨)	Other Coking Products (ton)						
天然气 (万立方米)	Producer Gas (10 000 cu.m)				14184	18917	33.4
液化天然气 (吨)	Liquefied Natural Gas (ton)				9147	11502	25.7
汽 油 (吨)	Gasoline (ton)				7635	8352	9.4
煤 油 (吨)	Kerosene (ton)				506	113	-77.6
柴 油 (吨)	Diesel Oil (ton)				36943	43251	17.1
燃料油 (吨)	Fuel Oil (ton)				363	310	-14.5
液化石油气 (吨)	Liquefied Petroleum Gas (ton)				94	86	-8.2
石油焦 (吨)	Cacined Petroleum Coke (ton)				43776	175908	301.8
石油沥青 (吨)	Petroleum Asphalt (ton)				10367	16550	59.6
热 力 (百万千焦)	Heat (million kilo-joule)				125314	1256858	903.0
电 力 (万千瓦时)	Electricity (10 000 kwh)				1663481	1646211	-1.0
城市生活垃圾 (用于燃料)(吨)	Household Waste (for fuel)(ton)				389785	358442	-8.0
生物燃料 (吨标准煤)	Bio-fuel (ton of SCE)				16335	7966	-51.2
余热余压 (百万千焦)	Afterpressure and Afterheat (million kilo-joule)				11216527	10845637	-3.3
其它燃料 (吨标准煤)	Other Fuels (ton of SCE)				348	389	11.9
能源合计 (等当量)(吨标准煤)	Energy Total (equal equivalent)(ton of SCE)				6544539	6650369	1.6
能源合计 (等价值)(吨标准煤)	Energy Total (equivalent value)(ton of SCE)				8630123	8582900	-0.5

注：能源合计中等当量是指电力折标系数为1.229，能源合计等价值是指电力折标系数为3.0737
In energy total, equal equivalent refers to 1.229 of the coefficient for the conversion of electric power into the standard coal equivalent;equivalent value means 3.0737 of the coefficient for the conversion of electric power into the standard coal equivalent.

6-3 规模以上工业企业能源购进、消费情况(2020年)

Purchases and Consumption of Energy in Industrial Enterprises above Designated Size(2020)

指标	Item	购进量 Purchases		消费量 Consumption	
		实物量 Amount	购自省外 outside guizhou province	工业生产消费 Industrial Production Consumption	#用于原材料 Raw Materials
原煤 (吨)	Coal (ton)	5960454	1712856	5992869	1002147
#无烟煤 (吨)	Anthracite (ton)	1577529	48805	1582715	817371
炼焦烟煤 (吨)	Byerlyte (吨)	530	30	230	200
一般烟煤 (吨)	Bituminous Coal (ton)	4382395	1664021	4409925	184576
其它洗煤 (吨)	Other Washed Coal (ton)	347202	291302	361746	5680
煤制品 (吨)	Coal Product (ton)	197		170	170
焦炭 (吨)	Coke (ton)	39114		35293	
其它焦化产品 (吨)	Other Coking Products (ton)				
天然气 (气态)(万立方米)	Natural Gas (gaseous)(10 000 cu.m)	18943		18917	
液化天然气 (液态)(吨)	Liquefied Natural Gas (liquid)(ton)	11489	7360	11502	
汽油 (万立方米)	Gasoline (10 000 cu.m)	6454	128	8352	
煤油 (万立方米)	Kerosene (10 000 cu.m)	180		113	100
柴油 (万立方米)	Diesel Oil (10 000 cu.m)	42541	2158	43251	1378
燃料油 (吨)	Fuel Oil (ton)	312	260	310	252
液化石油气 (吨)	Liquefied Petroleum Gas (ton)	87		86	
石油焦 (吨)	Petroleum Coke (ton)	169641	169641	175908	175908
石油沥青 (吨)	Petroleum Pitch (ton)	17026	14928	16550	16550
热力 (百万千焦)	Heat (million kilo-joule)	1256864		1256858	
电力 (万千瓦时)	Electricity (10 000 kwh)	2056379		1646211	
城市垃圾用于燃料 (吨)	Municipal Refuse Used as Fuel (ton)	358442		358442	
生物燃料 (吨标准煤)	Bio-fuel (ton of SCE)	8241	1042	7966	
余热余压 (百万千焦)	Afterpressure and Afterheat (million kilo-joule)	386715		10845637	
其它燃料 (吨标准煤)	Other Fuel (ton of SCE)	343	112	389	90
能源合计 (等当量)(吨标准煤)	Energy Total (equal equivalent)(ton of SCE)			6650369	
能源合计 (等价值)(吨标准煤)	Energy Total (equivalent value)(ton of SCE)			8582900	

注：能源合计等当量是指电力折标系数为1.229，等价值是指电力折标系数为3.0737。

In energy total, equal equivalent refers to 1.229 of the coefficient for the conversion of electric power into the standard coal equivalent; equivalent value means 3.0737 of the coefficient for the conversion of electric power into the standard coal equivalent.

6-4 规模以上工业企业分品种分行业工业生产能源消费(2020 年)

指　　标	Item	工业综合能源消费量（吨标准煤）Energe Consumption for Production Purpose (ton of SCE)	煤炭（吨）Coal (ton)	原煤 Coal
总　　计	**Total**	**6650369**	**6354785**	**5992869**
采矿业	**Mining**	**25811**	**1692**	**1692**
煤炭开采和洗选业	Mining and Washing of Coal	6934	935	935
有色金属矿采选业	Mining and Processing of Non-ferrous Metals	8326	757	757
非金属矿采选业	Ming and Processing of Non-mental of Ores	10550		
制造业	**Manufacturing**	**5242380**	**3843627**	**3481711**
农副食品加工业	Processing of Foods from Agricutural products	27001		
食品制造业	Manufacture of Foods	16514	680	680
酒、饮料及精制茶制造业	Manufacture of Beverages	27676	32	32
烟草制品业	Manufacture of Tobacco	14807		
纺织业	Manufacture of Textile	4		
纺织服装、鞋、帽制造业	Manufacture of Textile Wearing Apparel ,Footware and Caps	59		
皮革、毛皮、羽毛及其制品和制鞋业	Manufacture of Leather, Fur, Feather and Related Products, and Footwear	2292		
家具制造业	Manufacture of Furniture	843		
造纸及纸制品业	Manufacture of Paper and Paper Products	3657	407	407
印刷业和记录媒介的复制	Printing, Reproductionn of Recording Media	5068		
文教、工美、体育和娱乐用品制造业	Manufacture of Articles for Culture,Education and Sport Activities	184		
石油、煤炭及其他燃料加工业	Manufacture of Oil, Coal and Other Fuel Processing	1110	14637	14637
化学原料及化学制品制造业	Manufacture of Raw Chemical Materials and Chemical Products	1490020	1204826	1184373
医药制造业	Manufacture of Medicines	49830		
橡胶和塑料制品业	Manufacture of Rubber and Plastics	129244	101799	101799
非金属矿物制品业	Manufacture of Non-metallic MineralProducts	1331514	1375959	1345190
黑色金属冶炼及压延加工业	Smelting and Pressing of Ferrous Metals	192400		
有色金属冶炼及压延加工业	Smelting and Pressing of Non-ferrous Metals	1865037	1145250	834557
金属制品业	Manufacture of Metal Products	12360		
通用设备制造业	Manufacture of General Purpose Machinery	6103		
专用设备制造业	Manufacture of Special Purpose Machinery	5156		
汽车制造业	Manufacture of Automobile Industry	17917		
铁路、船舶、航空、航天和其他运输设备制造业	Manufacture of Railway,Watercraft,Aviation,Aerospace and Other Transport Equipment	10503		
电气机械和器材制造业	Manufacture of Electrical Machinery and Equipment	25452		
计算机、通信和其他电子设备制造业	Manufacture of Communication Equipment,Computers and Other Electronic Equipment	6443		
仪器仪表制造业	Manufacture of Measuring Instruments and Machinery for Cultural Activity and Office Work	833		
其他制造业	Other Manufacturing			
电力、燃气及水的生产和供应业	Electric Power, Gas and Water Production and Supply	1382178	2509466	2509466
电力、热力的生产和供应业	**Production and Supply of Electric Power and Heat Power**	**1331171**	**2509466**	**2509466**
燃气生产和供应业	Production and Supply of Gas	2424		
水的生产和供应业	Production and Supply of Water	48583		

Energe Consumption of Industrial Enterprises above Designated Size by Sector and Type(2020)

# 无烟煤 Anthracite	炼焦烟煤 Byerlyte	一般烟煤 Bituminous Coal	其他洗煤 Other Washed Coal	煤制品 Coal Products	焦炭 (吨) Coke (ton)	其他焦化产品 (吨) OtherCoking Products (ton)	天然气 (万立方米) (10 000 cu.m)	液化天然气 (吨) Liquefied Natural Gas (ton)	汽油 (吨) Gasoline (ton)	煤油 (吨) Kerosene (ton)
1582715	**230**	**4409925**	**361746**	**170**	**35293**		**18917**	**11502**	**8352**	**113**
757		**935**					**82**		**42**	
		935								
757							82		12	
									30	
1581958	**230**	**1899524**	**361746**	**170**	**35293**		**18695**	**11502**	**5702**	**113**
					1307		870	63	408	2
145	30	505			5016		273		191	
32							626	2174	158	
							764			
									37	
							127			
		407							7	
							44		184	
		14637							15	
1151466		32906	20453				991		219	99
							2339		524	
		101799					159		722	
184896	200	1160094	30599	170			2845		701	
					28552		2113	7360	5	
245418		589139	310693				6693		60	
							195		146	8
							4		890	2
					329		6		96	
							645		69	
					90		1	731	58	3
							1	1174	840	
									334	
									34	
		2509466					140		2607	
		2509466					**32**		**2038**	
							106		330	
							2		240	

6-4 续表 1

指　　标	Item	柴 油 （吨） Diesel Oil (ton)	燃料油 （吨） Fuel Oil (ton)
总　　计	**Total**	**43251**	**310**
采矿业	**Mining**	**5507**	
煤炭开采和洗选业	Mining and Washing of Coal	188	
有色金属矿采选业	Mining and Processing of Non-ferrous Metals	2385	
非金属矿采选业	Ming and Processing of Non-mental of Ores	2934	
制造业	**Manufacturing**	**35138**	**310**
农副食品加工业	Processing of Foods from Agricultural Products	444	56
食品制造业	Manufacture of Foods	362	
饮料制造业	Manufacture of Beverages	7	
烟草制品业	Manufacture of Tobacco	18	
纺织业	Manufacture of Textile		
纺织服装、鞋、帽制造业	Manufacture of Textile Wearing Apparel,Footware and Caps		
皮革、毛皮、羽毛及其制品和制鞋业	Manufacture of Leather, Fur, Feather and Related Products, and Footwear		
家具制造业	Manufacture of Furniture		
造纸及纸制品业	Manufacture of Paper and Paper Products	114	
印刷业和记录媒介的复制	Printing,Reproduction of Recording Media	180	
文教体育用品制造业	Manufacture of Articles for Culture,Education and Sport Activities	45	
石油、煤炭及其他燃料加工业	Manufacture of Oil, Coal and Other Fuel Processing	11	
化学原料及化学制品制造业	Manufacture of Raw Chemical Materials and Chemical Products	3546	
医药制造业	Manufacture of Medicines	249	
橡胶和塑料制品业	Manufacture of Rubber	378	
非金属矿物制品业	Manufacture of Non-metallic Mineral Products	24768	252
黑色金属冶炼及压延加工业	Smelting and Pressing of Ferrous Metals	5	
有色金属冶炼及压延加工业	Smelting and Pressing of Non-ferrous Metals	4158	
金属制品业	Manufacture of Metal Products	32	
通用设备制造业	Manufacture of General Purpose Machinery	47	
专用设备制造业	Manufacture of Special Purpose Machinery	315	
汽车制造业	Manufacture of Automobile Industry	21	
铁路、船舶、航空、航天和其他运输设备制造业	Manufacture of Railway,Watercraft,Aviation,Aerospace and Other Transport Equipment	235	2
电气机械和器材制造业	Manufacture of Electrical Machinery and Equipment	136	
计算机、通信和其他电子设备制造业	Manufacture of Communication Equipment,Computers and Other Electronic Equipment	1	
仪器仪表制造业	Manufacture of Measuring Instruments and Machinery for Cultural Activity and Office Work	45	
其他制造业	Other Manufacturing		
电力、燃气及水的生产和供应业	Electric Power,Gas and Water Production and Supply	2606	
电力、热力的生产和供应业	**Production and Supply of Electric Power and Heat Power**	**2443**	
燃气生产和供应业	Production and Supply of Gas	128	
水的生产和供应业	Production and Supply of Water	35	

(Continued)

液化石油气（吨）Liquefied Petroleum Gas(ton)	石油焦（吨）Petroleum Coke Products(ton)	石油沥青（吨）Petroleum Pitch Products(ton)	热力（百万千焦）Heat (million kilo-joule)	电力（万千瓦时）Electricity Comsumption (10 000cu.m)	城市生活垃圾（用于燃料）（吨）Municipal Refuse Used as Fue(ton)	生物燃料（吨标准煤）Bio-fuel (ton of SCE)	余热余压（百万千焦）Afterpressure and Afterheat (Million kilo-joule)
86	**175908**	**16550**	**1256858**	**1646211**	**358442**	**7966**	**10845637**
				12495			
				4876			
				2551			
				5067			
86	**175908**	**16550**	**1256858**	**1368859**		**7966**	**10845637**
				6458		5033	
62				5495			
23				12292		114	
				4809			
				4			
				3			
				729			
				686			
				925		2052	
				3276			
				74			
				473			
	175908	640	1163332	216738		102	3864406
			93200	12579			
				45503			134735
1		15910		161777		92	3118061
				101539			
				742709			3728436
				7406		572	
				3790			
				3391			
				7640			
				7063			
			326	17844			
				4841			
				578			
				264857	358442		
				225194	**358442**		
				480			
				39183			

6-4 续表 2

指　　标	Item	其它燃料（吨标准煤）Other Fuels (ton of SCE)	工业取水量（万立方米）Industrial Water (10 000 cu.m)
总　　计	**Total**	**389**	**57223**
采矿业	**Mining**		**165**
煤炭开采和洗选业	Mining and Washing of Coal		113
有色金属矿采选业	Mining and Processing of Non-ferrous Metals		23
非金属矿采选业	Ming and Processing of Non-mental of Ores		28
制造业	**Manufacturing**	**389**	**6772**
农副食品加工业	Processing of Foods from Agricultural Products	20	183
食品制造业	Manufacture of Foods		192
饮料制造业	Manufacture of Beverages		448
烟草制品业	Manufacture of Tobacco		128
纺织业	Manufacture of Textile		
纺织服装、鞋、帽制造业	Manufacture of Textile Wearing Apparel,Footware and Caps		
皮革、毛皮、羽毛及其制品和制鞋业	Manufacture of Leather, Fur, Feather and Related Products, and Footwear		12
家具制造业	Manufacture of Furniture		7
造纸及纸制品业	Manufacture of Paper and Paper Products		11
印刷业和记录媒介的复制	Printing,Reproduction of Recording Media		26
文教体育用品制造业	Manufacture of Articles for Culture,Education and Sport Activities		
石油、煤炭及其他燃料加工业	Manufacture of Oil, Coal and Other Fuel Processing		2
化学原料及化学制品制造业	Manufacture of Raw Chemical Materials and Chemical Products		3042
医药制造业	Manufacture of Medicines		292
橡胶和塑料制品业	Manufacture of Rubber		192
非金属矿物制品业	Manufacture of Non-metallic Mineral Products	369	850
黑色金属冶炼及压延加工业	Smelting and Pressing of Ferrous Metals		105
有色金属冶炼及压延加工业	Smelting and Pressing of Non-ferrous Metals		929
金属制品业	Manufacture of Metal Products		54
通用设备制造业	Manufacture of General Purpose Machinery		55
专用设备制造业	Manufacture of Special Purpose Machinery		33
汽车制造业	Manufacture of Automobile Industry		73
铁路、船舶、航空、航天和其他运输设备制造业	Manufacture of Railway,Watercraft,Aviation,Aerospace and Other Transport Equipment		32
电气机械和器材制造业	Manufacture of Electrical Machinery and Equipment		76
计算机、通信和其他电子设备制造业	Manufacture of Communication Equipment,Computers and Other Electronic Equipment		14
仪器仪表制造业	Manufacture of Measuring Instruments and Machinery for Cultural Activity and Office Work		16
其他制造业	Other Manufacturing		
电力、燃气及水的生产和供应业	Electric Power,Gas and Water Production and Supply		50286
电力、热力的生产和供应业	**Production and Supply of Electric Power and Heat Power**		**1117**
燃气生产和供应业	Production and Supply of Gas		6
水的生产和供应业	Production and Supply of Water		49163

(Continued)

# 地表水 Surface Water	地下水 Groundwater	自来水 Tap Water	雨水 Rainwater	再生水 Reclaimed Water	其他水 Others	重复用水(万立方米) Water Duplicated (10 000 cu.m)	用水总量(万立方米) Water Used (10 000 cu.m)	废水排放量(万立方米) Waste Water (10 000 cu.m)
50016	**3271**	**2878**	**19**	**2**	**363**	**49296**	**10111**	**145450**
42	121	1	1			41	165	82
12	102					36	113	81
22		1	1			1	23	1
8	19					5	28	
3300	**233**	**2183**	**18**	**2**	**363**	**1147**	**6269**	**87888**
3	12	167				93	183	3
		192				102	192	17
60	46	341				165	385	57
	5	123				32	128	1667
6		6				1	12	34
		7				1	7	
		11				6	11	
2		24				14	26	
		1					2	
2064	43	261		1		103	2717	70899
1	21	269				127	292	765
59		134				76	183	4012
477	56	304	3	1	9	99	769	3055
78	15	11				63	105	4509
494		67	14		354	11	904	2696
	1	53				44	54	44
5	33	17				38	55	
15		18				18	33	9
	1	71				70	73	
		32				23	32	89
31		45				31	76	20
		14				12	14	10
5		11				15	16	
46674	2917	694				48108	3677	57480
1001	50	66				**68**	**1117**	56990
1		5				4	6	
45672	2868	623				48036	2554	490

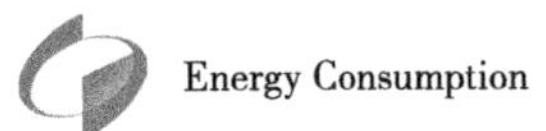

6-5 能源消费总量及能耗强度

单位：万吨标准煤、%

区、县（市）	District County(City)	2016年			2017年		
		能源消费总量		单位GDP能耗上升或下降	能源消费总量		单位GDP能耗上升或下降
		总量	比上年同期增长		总量	比上年同期增长	
贵阳市	Guiyang	2044.87	3.5	-7.4	2105.04	2.9	-7.5
南明区	Nanming	235.53	1.7	-9.5	241.20	2.4	-8.5
云岩区	Yunyan	176.42	2.1	-7.9	181.77	3.0	-8.5
花溪区	Huaxi	156.45	3.3	-7.5	160.89	2.8	-8.4
乌当区	Wudang	86.80	6.4	-6.3	88.70	2.2	-8.8
白云区	Baiyun	103.10	3.8	-8.9	106.29	3.1	-8.3
观山湖区	Guanshanhu	142.76	3.5	-8.5	146.73	2.8	-8.8
开阳县	Kaiyang	383.83	2.9	-9.0	395.15	2.9	-8.9
息烽县	Xifeng	159.62	4.4	-7.7	164.68	3.2	-8.0
修文县	Xiuwen	145.04	7.8	-10.6	149.49	3.1	-8.0
清镇市	Qingzhen	454.40	3.0	-9.0	470.09	3.5	-8.0

注：2016-2018年能源消费总量数据系根据第四次经济普查数据调整后的数据。

Total Energy Consumption and Energy Consumption Intensity

2018年			2019年			2020年		
能源消费总量		单位GDP能耗上升或下降	能源消费总量		单位GDP能耗上升或下降	能源消费总量		单位GDP能耗上升或下降
总量	比上年同期增长		总量	比上年同期增长		总量	比上年同期增长	
2151.87	2.2	-6.9	2226.88	3.5	-3.7	2256.33	1.3	-3.5
244.70	1.4	-8.7	252.45	3.2	-5.4	256.37	1.6	-5.3
182.18	0.2	-8.9	193.77	6.4	-0.8	198.10	2.2	-2.0
166.17	3.3	-6.7	172.43	3.8	-2.0	176.10	2.1	-0.1
90.71	2.3	-6.4	94.34	4.0	-1.2	93.55	-0.8	-5.9
108.36	1.9	-7.0	116.80	7.8	-1.1	111.21	-4.8	-6.5
151.57	3.3	-7.4	160.34	5.8	-4.4	165.54	3.2	-2.3
405.78	2.7	-7.0	408.31	0.6	0.0	404.98	-0.8	-6.5
164.91	0.1	-3.7	168.26	2.0	-0.5	173.98	3.4	-4.9
155.17	3.8	-6.5	164.07	5.7	-4.8	166.83	1.7	-3.5
482.25	2.6	-6.9	496.08	2.9	-3.0	509.69	2.7	-1.6

主要统计指标解释

能源生产总量　指一定时期内全市一次能源生产量的总和。一次能源生产量包括原煤，原油，天然气，水电、核能及其他动力能（如风能、地热能等）发电量，不包括低热值燃料生产量、生物质能、太阳能等的利用和由一次能源加工转换而成的二次能源产量。

能源消费总量　指一定时期内全市产业类（包括第一、二、三次产业和城乡）和物质生产部门、非物质生产部门和生活消费的各种能源的总和。能源消费总量包括原煤和原油及其制品、天然气、电力，不包括低热值燃料、生物质能和太阳能等的利用。能源消费总量分为终端能源消费量、能源加工转换损失量和损失量三部分。

(1) 终端能源消费量：指一定时期内全市生产和生活消费的各种能源在扣除了用于加工转换二次能源消费量和损失量以后的数量。

(2) 能源加工转换损失量：指一定时期内全市投入加工转换的各种能源数量之和与产出各种能源产品之和的差额，是观察能源在加工转换过程中损失量变化的指标。

(3) 能源损失量：指一定时期内能源在输送、分配、储存过程中发生的损失和由客观原因造成的各种损失量，不包括各种气体能源放空、放散量。

能源生产弹性系数　是研究能源生产增长速度与国民经济增长速度之间关系的指标。

计算公式为：能源生产弹性系数=能源生产总量年平均增长速度 / 国民经济年平均增长速度

电力生产弹性系数　是研究电力生产增长速度与国民经济增长速度之间关系的指标。一般来说，电力的发展应当快于国民经济的发展，也就是说电力应超前发展。

计算公式为：电力生产弹性系数=电力生产量年平均增长速度 / 国民经济年平均增长速度

能源消费弹性系数　是反映能源消费增长速度与国民经济增长速度之间比例关系的指标。

计算公式为：能源消费弹性系数=能源消费量年平均增长速度 / 国民经济年平均增长速度

电力消费弹性系数　反映电力消费增长速度与国民经济增长速度之间比例关系的指标。

计算公式为：电力消费弹性系数=电力消费量年平均增长速度 / 国民经济年平均增长速度

能源加工转换效率　指一定时期内能源经过加工、转换后，产出的各种能源产品的数量与同期内投入加工转换的各种能源数量的比率。它是观察能源加工转换装置和生产工艺先进与落后、管理水平高低等的重要指标。

计算公式为：能源加工转换效率=能源加工、转换产出量 / 能源加工、转换投入量 ×100%

工业生产能源消费　指工业企业为进行工业生产活动所消费的能源。主要包括：（1）用于本企业产品生产、工业性作业的能源。包括用原料、材料、燃料、动力；作为能源加工转换企业，还包括用作加工转换的能源（这部分能源不能理解为用作原材料）。（2）产品生产过程中作为辅助材料使用的能源。

（3）生产工艺过程使用的能源。（4）新技术研究、新产品试制、科学试验使用的能源。（5）为了工业生产活动而在进行的各种修理过程中使用的能源。（6）生产区内的劳动保护用能等。

能源加工、转换消费 指为了特定的用途，将一种能源（一般为一次能源），经过一定的工艺，加工或转换成另一种能源（二次能源）。能源的加工与转换，既有联系，又有区别。

能源加工 是能源物理形态的变化,比如用蒸馏的方式将原油炼制成汽油、煤油、柴油等石油制品;用筛选、水洗的方式将原煤洗选成洗煤；以焦化的方式将煤炭高温干馏成焦碳；以气化的方式将煤炭气化成煤气，等等。这些方法在加工前后能源均未发生质的变化。

能源转换 是能源形态以及物质化学形态的变化，比如经过一定的工艺过程，将煤炭、重油等转换成电力和热力，将热能转换为机械能，将机械能转换为电能，将电能转换为热能等；又比如，经过裂化，将重质石油转换成轻质石油（转换前、后的物质具有不同的化学结构和化学性质）。

综合能源消费量 指报告期内工业企业在工业生产活动中实际消费的各种能源的总和。计算综合能源消费量时，需要先将使用的各种能源折算成标准燃料后再进行计算。根据生产活动的性质，综合能源消费量在不同的企业有不同的计算方法。（1）非能源加工转换转换企业综合能源消费量，就是企业工业生产消费的各种一次能源和二次能源的总和，即：综合能源消费量 = 工业生产消费的能源合计。（2）能源加工转换企业综合能源消费量，是企业工业生产消费的各种一次能源和二次能源扣除加工转换产出的二次能源后的实际能源消费量。计算公式：综合能源消费量 = 工业生产消费量的能源合计 – 能源加工转换产出合计。

取水总量 指工业企业从各种水源提取的，并用于工业生产活动的水量总和，包括地表水、地下水、自来水、由管道供应的未经过达标处理的水、经城市污水处理厂处理后回用的中水、海水，以及企业从市场购得的其他水或水的产品（如纯净水、矿泉水、蒸汽、热水、地热水等）。取水总量包括主要工业生产用水、辅助生产（包括机修、运输、空压站等）用水和附属生产（包括厂内绿化、职工食堂，非营业的浴室及保健站、厕所等）用水；不包括非工业生产单位的用水，如厂内居民家庭用水和企业附属幼儿园、学校、对外营业的浴室、游泳池等的用水量。

重复用水量 指在工业企业内部对生产和生活排放的废水直接或经过处理后回收再利用的水量，不包括企业从城市污水处理厂购买的中水。企业废水在报告期每重复利用一次,计算一次重复用水量。

重复用水量的计算原则：（1）开放原则。即水的循环在开放系统进行。循环一次计算一次。封闭式循环系统的循环水不计算重复用水量。（2）“源头”计算原则。对循环水来说，使用后的水，又回流到系统的取水源头，流经源头一次，计算一次。循环系统中的中间环节用水不得计算重复用水量。（3）异地原则。对于非循环系统，根据不同工艺对不同水质的要求，在一个地方（工艺）使用过的水，在另一个地方（工艺）中进行使用，使用一次，计算一次。在同一个地方（容器）多次使用的水，不得计算重复用水量。（4）经过进化处理后的水重复再用，在任何情况下都按照重复用水计算。

Explanatory Notes on Main Statistical Indicators

Total Energy Production refers to the total production of primary energy by all energy producing enterprises in the city in a given period of time. The production of primary energy includes that of coal, crude oil, natural gas, hydro-power and electricity generated by nuclear energy and other means such as wind power and geothermal power. However, it does not include the production of fuels of low calorific value, bio-energy, solar energy and secondary energy converted from primary energy.

Total Energy Consumption refers to the total consumption of energy of industries(including the first, the second and tertiary industries) by the production sectors, non-production sectors and the households in the whole city in a given perilod of time. Total energy consumption includes that of coal, crude oil and their products, natural gas and electricity. However, it does not include the consumption of fuel of low calorific value, bio-energy and solar energy. Total energy consumption can be divided into three parts: end-use energy consumption, loss during the process of energy conversion, and energy loss.

(l)End-use Energy Consumption refers to the total energy consumption by the production sectors and the households in the whole city in a given period of time minus the consumption during the conversation of primary energy into secondary energy and the loss in the process of energy conversation.

(2)Loss During the Process of Energy Conversation refers to the total input of various kinds of energy for conversation, minus the total output of various kinds of energy in the whole city in a given period of time. It is an indicator to show the loss that occurs during the process of energy conversation.

(3)Energy Loss refers to the total of the loss of energy during the course of energy transport, distribution and storage and the loss caused by any objective reason in a given period of time. The loss of various kinds of gas due to gas discharges and stocking is not included.

Elasticity Ratio of Energy Production is an indicator to show the relationship between the growth rate of production and the growth rate of the national economy. The formula is:

$$\text{Elasticity Ratio of Energy Production} = \frac{\text{Average Annual Growth Rate of Energy Production}}{\text{Average Annual Growth Rate of National Economy}}$$

Elasticity Ratio of Electricity Production is an indicator to show the relationship between the growth rate of electricity production and the growth rate of the national economy. Generally speaking, the growth rate of electricity production should be higher than that of the national economy. Its formular is:

$$\text{Elasticity Ratio of Electricity Production} = \frac{\text{Average Annual Growth Rate of Electricity Production}}{\text{Average Annual Growth Rate of National Economy}}$$

Elasticity Ratio of Energy Consumption is an indicator to show the relationship between the growth rate of energy consumption and the growth rate of the national economy. The formula is:

$$\text{Elasticity Ratio of Energy Consumption} = \frac{\text{Average Annual Growth Rate of Energy Consumption}}{\text{Average Annual Growth Rate of National Economy}}$$

Elasticity Ratio of Electricity Consumption is an indicator to show the relationship between the growth rate of electricity consumption and the growth rate of the national economy. The formula is:

$$\text{Elasticity Ratio of Electricity Consumption} = \frac{\text{Average Annual Growth Rate of Electricity Consumption}}{\text{Average Annual Growth Rate of National Economy}}$$

Efficiency of Energy Processing and Conversion refers to the ratio of the total output of energy products of various kinds after processing and conversion to the total input of energy of various kinds for processing and conversion in the same reference period. It is an important indicator to show the current conditions of energy processing and conversion equipment, production technique and management. The formula is:

$$\text{Efficiency of Energy Processing \& Conversion} = \frac{\text{Output of Energy After Processing \& Conversion}}{\text{Input of Energy for Processing \& Conversion}} \times 100\%$$

Consumption of Industrial Production refers to the energy cost for industrial production, including:

1. Energy cost for products and industrial operation, including raw material, material, fuel and motive power; as an energy process and conversion enterprise, it also includes the energy uses for processing and conversion(the energy here cannot be treated as raw material;

2. Energy used as accessory materials in production;

3. Technical energy consumed in production technological process;

4. Energy consumed in new-tech research, new product trial, scientific research;

5. Energy consumed for various maintenance for industrial production;

6. Energy consumed for labor protection in production area.

Energy Processing and Conversion Consumption refers to the process of processing and converting of primary energy into secondary energy for designed purpose. There are both connections and differences between processing and converting.

Energy Precessing refers to the changes of physical form changes. For example, refining crude oil into oil products like gasoline, kerosene and diesel oil by distillation; screening and washing cole into washed coal; coking coal into coke by high-temperature retorting. Gasifying coal into coal gas; Energies don't have qualitative changes during those processes.

Energy Converting refers to the changes of energy forms and chemical forms, for example, during a craft art process, conversing coal and heavy oil into electricity and heat, converting heat into mechanical energy, converting mechanical energy into electricity, converting electricity into heat; another example, converting heavy crude oil into light crude oil by cracking(the energies before and after converting have different chemical construction and chemical property).

Comprehensive Energy Consumption refers to total consumption of energies during industries and enterprises production activities in report period. When calculating comprehensive energy consumption, energies should be converted into standard fuels. Comprehensive energy consumption in different enterprises gets different calculation method due to their different production ways. (1) The comprehensive energy consumption of non-energy processing and converting enterprises refers to the summation of primary energy and secondary energy consumed by industries and enterprises, that is, comprehensive energy consumption = the summation of energies

during industrial production. (2)The comprehensive energy consumption of energy processing and converting enterprises refers to the real comprehensive energy consumption (which means primary energy and secondary energy deducting secondary energy produced by processing and converting) consumed by industries and enterprises, The formula is: comprehensive energy consumption = the summation of energies during industrial production - total energy processing and converting production.

Total Water withdrawal refers to total water amount that the industries and enterprises withdraw from all kinds water resources, and take them into production activities, includes surface water, underground water, tap water, water supplied by pipelines without standard treatment, reclaimed water and seawater after being treated by the sewage treatment works, water and water products purchased by enterprises from market(like pure water, mineral water, steam water, hot water, geothermal water). Total water withdrawal includes water mainly used in industrial production, water used insubsidiary production(includes machine maintenance, transportation, air-compress station) and water used in auxiliary production(includes greening, staff dining hall, non-business bath room, health station and wash rooms), excludes water consumed by non-industrial production units, such as water consumed by households, kindergartens, schools bathrooms in operation, swimming pools of industries or enterprises.

Reused Water refers to the daily waste water reused directly or reused after treatment in industries and enterprises, excluding reclaimed water bought from sewage treatment works. Each time the industrial waste water during report period reused counts for one water reusing. Principles for calculating water reusing: (1) Open principle, according to which water recycled in an open system, and counted only once after one circulation; water recycled in closed system are not calculated as reused water; (2) calculating the "source", used water flow back to the head once, counted once. Water used in intermediate links are not calculated in reused water; (3) changing places, in non-recycle system, according to different water quality requirement, water used in one place(one water processing step) reuses in another places (another processing step) once, counted once; water used in only one place many time are not calculated in reused water; (4) water reused after purification treatment are calculated into reused water at any time.

工业

Industry

7-1 规模以上工业企业数
Number of Industrial Enterprises above Designated Size

单位：个　　(unit)

指　标	Item	2016	2017	2018	2019	2020	2020年比2019年增长(%) Growth Rate in 2020 over 2019 (%)
规模以上工业	**Number of Industrial Enterprises above Designated Size**	**691**	**747**	**772**	**758**	**766**	**1.1**
#亏损企业	Unprofitable Enterprises	123	127	154	139	155	11.5
#国有控股企业	State Holding Enterprises	130	127	128	141	146	3.5
#非公有制工业	Non-public Industries	548	611	636	606	613	1.2
#高技术	High-tech Industries	105	119	126	125	126	0.8
按支柱、特色行业分	**By Pillar and Characteristic Industries**						
能源、优势原材料为主的支柱产业	Pillar Industries of Energy and Raw Materials	98	86	78	79	75	-5.1
电	Electricity	7	9	11	12	12	
煤	Coal	11	7	6	6	4	-33.3
煤化工	Coal Chemical Industry	15	10	10	1	5	400.0
铝及铝化工	Aluminum and Its Chemical Industry	40	40	32	37	37	
磷及磷化工	Phosphorus and Its Chemical Industry	31	27	25	23	17	-26.1
烟酒为主的传统支柱产业	Traditional Pillar Industries of Tobacco and Liquor	12	17	17	14	13	-7.1
酒	Liquor	9	14	14	11	10	-9.1
烟	Tobacco	3	3	3	3	3	
贵阳市重点产业（行业）	Six Special Pillar Industries	434	481	483	479	470	-1.9
磷煤化工	Phosphorus and Coal Chemical Industry	34	29	29	29	21	-27.6
铝及铝化工	Aluminum and Its Chemical Industry	40	40	32	37	37	
特色食品	Characteristic Food	88	110	112	115	107	-7.0
烟草制品	Tobacco Products	3	3	3	3	3	
医药制造业	Modern Medicine	56	61	63	63	61	-3.2
装备制造业	Equipment Manufacturing Industry	168	192	195	187	194	3.7
#汽车制造业	Automobile Industry	20	23	24	32	35	9.4
#电子信息设备制造业	Manufacture of Electronic Information Equipment	34	42	39	55	61	10.9
电力生产及供应业	Production and Supply of Electric Power	13	11	13	15	15	
橡胶及塑料制品业	Manufacture of Chemical Fibers and Plastics	33	36	37	31	32	3.2
按登记注册类型分	**By Status of Registration**						
内资企业	Domestic-funded Enterprises	655	715	733	722	730	1.1
国有企业	State-owned Enterprises	31	23	27	17	21	23.5
集体企业	Collective-owned Enterprises	5	3	3	4	3	-25.0
股份合作企业	Joint-equity Cooperative Enterprises				1	1	
联营企业	Joint Ownership Enterprises	1	1	1			
有限责任公司	Limited Liability Companies	328	323	339	287	238	-17.1
股份有限公司	Companies Limited by Shares	40	37	38	36	32	-11.1
私营企业	Private Enterprises	250	327	323	377	435	15.4
其他企业	Others		1	2			
港、澳、台商投资企业	Enterprises with Funds from Hong Kong, Macao and Taiwan	19	18	19	16	14	-12.5
外商投资企业	Enterprises with Foreign Investment	17	14	20	20	22	10.0
按轻重工业分	**By Light & Heavy Industries**						
轻工业	Light Industry	235	263	286	269	254	-5.6
重工业	Heavy Industry	456	484	486	489	512	4.7

7-2 工业增加值

单位：万元

指　标	Item	2016
规模以上工业	**Number of Industrial Enterprises above Designated Size**	**7828196**
#国有控股企业	State Holding Enterprises	4067112
#非公有制工业	Non-public Industries	3682683
#高技术	High-tech Industries	1421679
按支柱、特色行业分	**By Pillar and Characteristic Industries**	
烟酒为主的传统支柱产业	Traditional Pillar Industries on Tobacco and Liquor	1963794
酒	Liquor	378975
烟	Tobacco	1584820
贵阳市重点产业（行业）	Six Special Pillar Industries	6568905
磷煤化工	Phosphorus and Coal Chemical Industry	962487
铝及铝化工	Aluminum and Its Chemical Industry	398655
特色食品	Characteristic Food	902285
烟草制品	Tobacco Products	1584820
医药制造业	Modern Medicine	871552
装备制造业	Equipment Manufacturing Industry	1227846
#汽车制造业	Automobile Industry	287831
#电子信息设备制造业	Manufacture of Electronic Information Equipment	254873
电力生产及供应业	Production and Supply of Electric Power	427897
橡胶及塑料制品业	Manufacture of Chemical Fibers and Plastics	243299
按登记注册类型分	**By Status of Registration**	
内资企业	Domestic-funded Enterprises	7114389
国有企业	State-owned Enterprises	2146984
集体企业	Collective-owned Enterprises	18093
股份合作企业	Joint-equity Cooperative Enterprises	
联营企业	Joint Ownership Enterprises	686
有限责任公司	Limited Liability Companies	2853922
股份有限公司	Companies Limited by Shares	926725
私营企业	Private Enterprises	1167979
其他企业	Others	
港、澳、台商投资企业	Enterprises with Funds from Hong Kong,Macao and Taiwan	372374
外商投资企业	Enterprises with Foreign Investment	341432
按经济组织类型分	**By Types of Economic Organization**	
独资企业	Solely Funded Enterprises	2383667
合作、合伙企业	Cooperative and Partnership Enterprises	56774
股份有限公司	Companies Limited by Shares	978340
有限责任公司	Limited Liability Companies	4409415
按轻重工业分	**By Light & Heavy Industries**	
轻工业	Light Industry	3849834
重工业	Heavy Industry	3978362

注：1) 规模以上工业企业 2011 年之前是年主营业务收入 500 万元及以上的工业企业，2012 年（含 2012 年）以后是年主营业务收入 2000 万元及以上的工业企业。

2) 根据国家统计局要求，2018 年以后工业增加值只提供分项占比情况及同比增速，暂不提供绝对值。

Added Value of All Industrial Enterprises

(10 000 yuan)

2017	2018 年分项比重 (%) Component Proportion (%)	2019 年分项比重 (%) Component Proportion (%)	2020 年分项比重 (%) Component Proportion (%)	2020 年比 2019 年增长 (%) Growth Rate in 2020 over 2019 (%)
8177474	**100.00**	**100.00**	**100.00**	**6.1**
4012229	62.01	61.56	67.14	9.8
4118352	37.60	37.56	32.51	–0.5
1622961	17.98	19.50	18.92	9.0
2042701	27.97	28.46	28.55	1.4
370766	1.52	1.02	0.92	–18.8
1671935	26.45	27.43	27.64	2.3
6814097	85.18	83.27	83.85	4.7
736750	9.47	6.65	4.60	15.9
528469	6.33	5.34	4.28	–9.4
914593	8.31	6.98	6.24	2.1
1671935	26.45	27.43	27.64	2.3
1046301	10.20	11.04	9.12	–2.7
1265466	14.41	16.18	16.45	12.9
176976	2.16	3.75	3.37	24.9
262985	1.96	1.28	6.00	17.0
450150	6.49	5.86	11.76	11.5
250427	3.52	3.79	3.77	0.3
7686178	94.65	93.67	94.48	5.9
2041729	33.22	32.41	13.12	13.3
8946	0.14	0.15	0.04	–68.1
			0.01	1.2
1026	0.01			
3395189	38.22	34.40	54.49	2.0
840013	10.53	10.11	11.55	26.0
1396715	12.41	16.60	15.27	2.5
2560	0.11			
286280	1.86	3.41	3.14	22.0
205017	3.49	2.92	2.38	–3.3
2348812	35.43	45.20	15.09	11.2
62469	0.81	0.14	0.05	4.4
918544	11.26	10.80	12.13	24.0
4847649	52.50	43.86	72.72	2.6
4114843	49.80	49.81	45.85	–0.7
4062632	50.20	50.19	54.15	12.5

a) Before 2011, industrial enterprises above designated size refer to enterprises with an annual main business income of 5 million yuan or above;20 million yuan or above since 2012, including 2012.
b) The data above concerns only about the Economics of December as a result of the economic census of 2018 has not published yet, and only the data of the proportion of December on gross out–put were provided.

7-3 工业总产值

单位：万元

指 标	Item	2016
规模以上工业	**Industrial Enterprises above Designated Size**	**28168691**
#国有控股企业	State Holding Enterprises	12957694
#非公有制工业	Non-public Industries	14816588
#高技术	High-tech Industries	5154733
按支柱、特色行业分	**By Pillar and Characteristic Industries**	
烟酒为主的传统支柱产业	Traditional Pillar Industries of Tobacco and Liquor	2515367
酒	Liquor	676834
烟	Tobacco	1838533
贵阳市重点产业（行业）	Six Special Pillar Industries	22282520
磷煤化工	Phosphorus and Coal Chemical Industry	4169566
铝及铝化工	Aluminum and Its Chemical Industry	1816062
特色食品	Characteristic Food	2975018
烟草制品	Tobacco Products	1838533
医药制造业	Modern Medicine	2573111
装备制造业	Equipment Manufacturing Industry	5759623
#汽车制造业	Automobile Industry	940265
#电子信息设备制造业	Manufacture of Electronic Information Equipment	2048616
电力生产及供应业	Production and Supply of Electric Power	1881247
橡胶及塑料制品业	Manufacture of Chemical Fibers and Plastics	1412562
按登记注册类型分	**By Status of Registration**	
内资企业	Domestic-funded Enterprises	25421856
国有企业	State-owned Enterprises	4569606
集体企业	Collective-owned Enterprises	54269
股份合作企业	Joint-equity Cooperative Enterprises	
联营企业	Joint Ownership Enterprises	5331
有限责任公司	Limited Liability Corporations	12354147
股份有限公司	Companies Limited by Shares	3531601
私营企业	Private Enterprises	4906902
其他企业	Others	
港、澳、台商投资企业	Enterprises with Funds from Hong Kong,Macao and Taiwan	1668544
外商投资企业	Foreign-funded Enterprises	1078291
按经济组织类型分	**By Types of Economic Organization**	
独资企业	Solely Funded Enterprises	5413905
合作、合伙企业	Cooperative and Partnership Enterprises	134290
股份有限公司	Companies Limited by Shares	3717805
有限责任公司	Limited Liability Companies	18902691
按轻重工业分	**By Light & Heavy Industries**	
轻工业	Light Industry	9338991
重工业	Heavy Industry	18829700

注：1) 规模以上工业企业 2011 年之前是年主营业务收入 500 万元及以上的工业企业，2012 年（含 2012 年）以后是年主营业务收入 2000 万元及以上的工业企业。

2) 根据国家统计局要求，2018 年以后工业增加值只提供分项占比情况及同比增速，暂不提供绝对值。

Gross Output Value of Industry

(10 000 yuan)

2017	2018 年分项比重 (%) Component Proportion (%)	2019 年分项比重 (%) Component Proportion (%)	2020 年分项比重 (%) Component Proportion (%)	2020 年比 2019 年增长 (%) Growth Rate in 2020 over 2019 (%)
28310872	**100.00**	**100.00**	**100.00**	**5.5**
12260171	56.32	55.01	60.25	10.3
15852808	43.19	43.69	39.45	-0.6
5752405	21.06	22.46	21.40	6.3
2554255	10.06	10.34	9.71	1.1
613305	0.71	0.53	0.40	-18.8
1940950	9.35	9.81	9.30	2.1
22865801	82.36	81.11	81.04	4.5
3388250	12.97	8.76	5.18	5.9
2189125	7.90	7.65	6.68	-8.9
3190118	9.14	9.09	9.16	4.5
1940950	9.35	9.81	9.30	2.1
2868559	8.42	8.10	7.31	-1.0
6464461	21.72	24.77	24.56	8.4
887724	2.33	4.79	5.53	27.9
2234538	6.72	6.40	9.90	1.4
1634721	6.86	7.02	13.52	11.5
1389689	6.01	5.91	5.33	0.8
26743920	94.63	93.09	93.15	5.3
4053285	19.58	18.17	17.09	14.5
51339	0.25	0.26	0.04	-81.5
			0.01	1.2
6198	0.03			
13532909	46.69	42.50	43.81	0.9
3619331	12.87	11.91	13.01	21.9
5469619	15.12	20.24	19.19	0.1
11240	0.10			
899706	2.10	4.11	4.48	17.8
667246	3.27	2.80	2.37	-7.6
5127929	21.90	32.74	19.22	12.3
196037	0.78	0.11	0.07	-3.4
3905734	13.60	12.60	13.60	20.5
19081172	63.72	54.54	67.12	1.2
10313811	32.73	32.42	29.10	-2.4
17997061	67.27	67.58	70.90	9.0

a) Before 2011, industrial enterprises above designated size refer to enterprises with an annual main business income of 5 million yuan or above;20 million yuan or above since 2012, including 2012.

b) The data above concerns only about the Economics of December as a result of the economic census of 2018 has not published yet, and only the data of the proportion of December on gross out-put were provided.

7-3 续表

单位：万元

指　标	Item	2015
按企业规模分	**By Size of Enterprises**	
大型企业	Large Enterprises	9099151
中型企业	Medium-sized Enterprises	5944375
小型企业	Small Enterprises	10240087
微型企业	Micro-sized Enterprises	502304
按企业主营收入分	**By Revenue from Principal Business**	
年收入在 40 亿元以上	Annual Income Above 4 billion yuan	7542866
年收入在 20—40 亿元	Annual Income Between 2 billion and 4 billion yuan	2711469
年收入在 10—20 亿元	Annual Income Between 1 billion and 2 billion yuan	3147086
年收入在 1—10 亿元	Annual Income Between 0.1 billion and 1 billion yuan	4222348
年收入在 5000 万—1 亿元	Annual Income Between 50 million and 0.1 billion yuan	6572925
年收入在 5000 万元以下	Annual Income Below 50 million yuan	1339631

注：1）规模以上工业企业 2011 年之前是年主营业务收入 500 万元及以上的工业企业，2012 年（含 2012 年）以后是年主营业务收入 2000 万元及以上的工业企业。
2）由于 2018 年经普数据未公布，按 12 月快报数提供，且总产值按规定只提供 12 月分项占比情况。

(Continued)

(10 000 yuan)

2016	2017	2018 年分项比重 (%) Component Proportion (%)	2019 年分项比重 (%) Component Proportion (%)	2020 年分项比重 (%) Component Proportion (%)	2020 年比 2019 年增长 (%) Growth Rate in 2020 over 2019 (%)
9821444	10094188	47.47	43.30	49.74	14.3
6612032	6613534	23.66	24.44	22.35	12.4
11475988	10908906	27.11	30.31	25.95	–10.8
259226	694244	1.76	1.95	1.97	–15.2
6926126	6040648	30.60	31.49	26.13	14.8
4168138	2917390	11.11	15.38	7.97	13.3
3732570	3210292	14.54	9.55	12.85	17.4
4311440	4191722	32.52	32.94	31.61	10.9
6966399	8120526	5.58	4.98	4.82	–15.9
1701709	2717689	5.66	5.66	16.62	–16.2

a) Before 2011, industrial enterprises above designated size refer to enterprises with an annual main business income of 5 million yuan or above;20 million yuan or above since 2012, including 2012.

b) The data above concerns only about the Economics of December as a result of the economic census of 2018 has not published yet, and only the data of the proportion of December on gross out–put were provided.

7-4 规模以上工业分行业总产值
Gross Output Value of Industrial Enterprises above Designated Size by Sector

指　标	Item	2020 年占比 (%) Proportion of 2020 (%)	2020 年比 2019 年增长 (%) Growth Rate in 2020 over 2019 (%)
总计	**Total**	**100.00**	**5.5**
按工业行业分	**By Sector**		
采矿业	**Mining**	**2.01**	**31.8**
煤炭开采和洗选业	Mining and Washing of Coal	0.20	144.1
有色金属矿采选业	Non-ferrous Metals Mining and Dressing	0.52	17.9
非金属矿采选业	Mining and Processing of Non-mental Ores	1.28	28.6
制造业	**Manufacturing**	**82.68**	**4.1**
农副食品加工业	Farm and Sideline Products Processing	2.67	-6.1
食品制造业	Food Manufacturing	4.89	17.0
酒、饮料和精制茶制造业	Manufacture of Liquor,Beverages and Refined Tea	1.60	-8.6
烟草制品业	Manufacture of Tobacco	9.30	2.1
纺织业	Manufacture of Textile	0.01	
纺织服装、服饰业	Manufacture of Textiles and Garments	0.03	-63.4
皮革、毛皮、羽毛及其制品和制鞋业	Manufacture of Leather,Fur,Feather and Related Productsand Footwear	0.33	0.5
木材加工及木、竹、藤、棕、草制品业	Wood Processing and Manufacture of Wood, Bamboo,Rattan,Palm,and Straw Products	0.02	5.8
家具制造业	Manufacture of Furniture	0.19	-46.8
造纸和纸制品业	Manufacture of Paper and Paper Products	0.38	-3.1
印刷和记录媒介复制业	Printing and Reproduction of Recording Media	0.70	0.4
文教、工美、体育和娱乐用品制造业	Manufacture of Articles for Culture,Education, Industrial Arts,Sports and Recreation	0.03	-50.5
石油加工、炼焦和核燃料加工业	Petroleum Processing, Coking and Nuclear Fuel Processing	2.97	29.5
化学原料和化学制品制造业	Manufacture of Raw Chemical Materials and Chemical Products	5.92	9.5
医药制造业	Manufacture of Medicines	7.31	-1.0
橡胶和塑料制品业	Manufacture of Rubber and Plastics	5.33	0.8
非金属矿物制品业	Manufacture of Non-metallic Mineral Products	6.38	-13.2
黑色金属冶炼和压延加工业	Smelting and Calendering of Ferrous Metals	2.09	5.2
有色金属冶炼和压延加工业	Smelting and Calendering of Non-ferrous Metals	6.40	9.9
金属制品业	Manufacture of Metal Products	1.19	-8.0
通用设备制造业	Manufacture of General Purpose Machinery	1.34	-18.3
专用设备制造业	Manufacture of Special Purpose Machinery	1.18	-21.0
汽车制造业	Manufacture of Automobiles	5.53	27.9
铁路、船舶、航空航天和其他运输设备制造业	Manufacture of Railway,Watercraft,Aviation,Aerospace andOther Transport Equipment	5.47	15.0
电气机械和器材制造业	Manufacture of Electrical Machinery and Equipment	1.96	-9.6
计算机、通信和其他电子设备制造业	Manufacture of Computers, Communication Equipment and Other Electronic Equipment	8.16	11.4
仪器仪表制造业	Manufacture of Measuring Instruments	0.47	10.9
其他制造业	Others	0.60	62.3
废弃资源综合利用业	Comprehensive Utilization of Waste Resources	0.05	56.6
金属制品、机械和设备修理业	Manufacture of Metal Products, Machinery and Equipment Repairment	0.20	-14.2
电力、热力、燃气及水生产和供应业	**Production and Supply of Electric Power,Gas and Water**	**15.31**	**10.3**
电力、热力生产和供应业	Production and Supply of Electric Power and Heating Power	13.54	11.5
燃气生产和供应业	Production and Supply of Gas	0.99	-6.3
水的生产和供应业	Production and Supply of Water	0.77	17.2

注：增长速度按价格指数紧缩后的可比价格计算。
The growth rate is calculated at the comparable price after the decrease of price index.

7-5 规模以上工业主要经济指标变动情况
The Variation of Main Economic Indicators in Industrial Enterprises above Designated Size

单位：万元 (10 000 yuan)

指 标	Item	总 计 Total		# 国有及国有控股 State-owned and State-holding Enterprises	
		2020	2020 年比 2019 年增长 (%) Growth Rate in 2020 over 2019(%)	2020	2020 年比 2019 年增长 (%) Growth Rate in 2020 over 2019(%)
企业单位数（个）	Number of Enterprises(unit)	766	1.1	146	3.5
# 亏损企业数（个）	Number of Unprofitable Enterprises(unit)	155	11.5	26	13.0
资产合计	Total Assets	36530264	2.2	23291505	-1.3
流动资产合计	Total Current Assets	18719883	-0.2	11146470	-6.4
# 应收账款净额	Net Receivables	4693536	18.5	2521015	31.6
存 货	Inventory	4295351	-16.4	2861622	-28.3
# 产成品	Finished Goods	1296360	15.3	489082	-22.4
负债合计	Total Liabilities	21774845	-2.7	13984161	-10.4
营业收入	Revenue from Principal Business	22378692	-5.5	13614976	-9.2
营业成本	Cost of Principal Business	14568123	-9.3	7735358	-17.6
税金及附加	Tax and Extra Charges of Principal Business	2477344	-3.0	2417237	-2.8
销售费用	Selling Expenses	1005754	-14.3	280781	-18.0
管理费用	Management Expenses	1167250	4.7	810318	14.3
财务费用	Financial Expenses	273064	-14.4	166975	-26.8
# 利息支出	Interest Expenses	333709	-2.5	216869	-14.7
营业利润	Operating Profits	2549502	30.1	1988290	34.5
利润总额	Total Profits	2594374	30.8	1981083	33.3
亏损企业亏损总额	Total Losses	276167	-35.3	203453	-24.4
利税总额	Total Taxes and Profits	5965522	6.4	5040059	6.5
本年应交增值税	Value Added Tax Payable	893804	-16.3	641739	-15.7
全部从业人员年平均人数（人）	Annual Average Employed Persons (person)	166109	-0.5	91348	-0.2

7-5 续表

单位：万元

指　标	Item	# 高技术工业 High-tech Industries	
		2020	2020 年比 2019 年增长 (%) Growth Rate in 2020 over 2019(%)
企业单位数（个）	Number of Enterprises(unit)	126	0.8
# 亏损企业数（个）	Number of Unprofitable Enterprises(unit)	29	52.6
资产合计	Total Assets	7725934	29.4
流动资产合计	Total Current Assets	4989128	19.8
# 应收账款净额	Net Receivables	1350227	6.6
存　货	Inventory	1090838	50.0
# 产成品	Finished Goods	502170	82.8
负债合计	Total Liabilities	3359300	26.8
营业收入	Revenue from Principal Business	4199561	8.3
营业成本	Cost of Principal Business	2675304	9.8
税金及附加	Tax and Extra Charges of Principal Business	27787	-0.8
销售费用	Selling Expenses	600403	-12.5
管理费用	Management Expenses	320461	31.8
财务费用	Financial Expenses	28511	11.9
# 利息支出	Interest Expenses	41141	25.9
营业利润	Operating Profits	404496	18.9
利润总额	Total Profits	412452	20.7
亏损企业亏损总额	Total Losses	47067	-40.3
利税总额	Total Taxes and Profits	586633	8.5
本年应交增值税	Value Added Tax Payable	146395	-14.2
全部从业人员年平均人数（人）	Annual Average Employed Persons (person)	51956	10.5

(Continued)

(10 000 yuan)

# 非公有制工业 Non-public Industries		# 大中型工业 Large and Medium-sized Industrial Enterprises		# 装备制造业 Equipment Manufacturing Industry	
2020	2020 年比 2019 年增长 (%) Growth Rate in 2020 over 2019(%)	2020	2020 年比 2019 年增长 (%) Growth Rate in 2020 over 2019(%)	2020	2020 年比 2019 年增长 (%) Growth Rate in 2020 over 2019(%)
613	1.2	110	4.8	194	-13.4
129	12.2	21	-8.7	40	-14.9
13179831	9.4	26517521	-2.3	8770439	18.5
7548478	11.2	13330665	-3.9	5622866	12.6
2167162	6.9	3010423	37.3	1557751	2.4
1428948	25.9	3485081	-19.4	1337805	29.5
805879	64.2	919076	27.6	581801	50.8
7765562	15.3	15364647	-10.4	4801581	17.8
8726327	1.8	16435661	-2.9	5045425	4.1
6804236	3.3	9870124	-7.1	4015549	0.9
59880	-10.9	2436646	1.2	22748	1.2
722969	-11.6	625287	-18.1	119006	-11.3
354474	-11.9	887013	7.3	346041	5.8
105722	17.0	180177	-25.7	31458	12.6
116442	32.9	246129	-10.2	35957	3.8
557996	18.5	2143615	34.6	374025	52.4
609675	25.3	2144828	33.8	381780	50.0
72714	-53.7	211148	-38.8	34441	-47.6
920966	7.8	5321812	10.1	500811	35.9
251411	-16.2	740338	-10.0	96283	5.2
74190	0.2	115221	-2.9	54284	-3.3

7-6 规模以上工业综合经济效益指标 (2020 年)

指　　标	Item	营业收入利润率 (%)
总　　计	**Total**	**11.59**
国有控股企业	State Holding Enterprises	14.55
非公有制企业	Non-public Industries	6.99
高技术	High -tech	9.82
其中: 采矿业	Mining	-1.60
制造业	Manufacturing	7.37
电力、热力、燃气及水生产和供应业	Production and Supply of Electric Poower, Heat, Gas and Water	53.02
按登记注册类型分	**By Status of Registration**	
内资企业	Domestic - funded Enterprises	11.32
国有企业	State - owned Enterprises	52.55
集体企业	Collective - owned Enterprises	2.86
股份合作企业	Joint -equity Cooperative Enterprises	10.71
联营企业	Joint Ownership Enterprises	
有限责任公司	Limited Liability Companies	6.49
股份有限公司	Companies Limited by Shares	13.03
私营企业	Private Enterprises	4.88
其他企业	Others	
港澳台商投资企业	Enterprises with Funds from Hong Kong.Macao and Taiwan	18.43
外商投资企业	Enterprises with Foreign Imvestment	16.60
其中: 轻工业	Light Industry	9.03
重工业	Heavy Industry	13.21
其中: 大型企业	Large Enterprises	15.37
中型企业	Medium - sized Enterprises	7.84
小型企业	Small Enterprises	6.79
微型企业	Miero - sized Enterprisc	13.33
其中: 大中型企业	Large and Medium-sized Enterprises	13.05
小微企业	Small and Medium-sized Enterprises	7.56

Overall Indicators on Economic Benefits of Industrial Enterprises above Designated Size(2020)

资产负债率（%）	总资产贡献率（%）	人均营业收入（万元/人）	流动资产周转率（次/年）	每百元资产实现的营业收入（元）	产成品存货周转天数（天）	应收账款平均回收期（天）	成本费用利润率（%）
59.61	**17.04**	**134.72**	**1.20**	**61.26**	**32.03**	**75.5**	**14.94**
60.04	22.30	149.05	1.22	58.45	22.76	66.66	21.57
58.92	7.78	117.62	1.16	66.21	42.64	89.41	7.49
43.48	8.02	80.83	0.84	54.36	67.57	115.75	10.88
88.62	1.79	42.33	0.43	21.65	21.31	123.64	-1.63
55.34	16.64	133.08	1.19	67.38	34.07	77.28	9.15
77.03	21.34	195.96	1.43	36.01	2.16	54.28	110.84
60.22	17.51	134.50	1.21	62.52	32.01	75.33	14.64
62.23	30.64	105.78	1.54	53.72	21.62	68.8	114.77
78.88	6.45	31.82	1.19	92.92	3.69	75.03	2.9
6.14	19.00	88.11	1.31	105.46		111.6	12.15
61.68	18.98	170.42	1.15	59.02	30.78	69.83	8.84
52.92	9.17	91.00	0.89	48.40	33.34	106.49	14.27
59.54	8.56	112.46	1.53	100.65	35.96	77.16	5.15
58.92	9.15	122.19	0.90	35.80	42.20	62.54	21.93
40.23	11.47	159.92	1.14	51.68	22.51	93.91	19.99
36.08	39.74	158.21	1.37	90.85	36.88	37.34	14.57
67.90	9.04	123.20	1.10	50.83	30.18	99.54	15.11
55.72	28.40	165.52	1.43	66.69	24.42	54.22	24.34
61.95	6.90	108.88	0.94	53.51	47.31	92.23	8.53
61.55	6.99	113.32	1.11	61.11	29.93	102.95	7.2
78.74	9.13	151.33	1.02	48.87	20.88	94.57	16.11
57.94	20.72	142.64	1.23	61.98	33.52	65.94	18.12
64.02	7.3	116.79	1.1	59.35	28.91	101.95	8.14

7-6 续表 1

指　标	Item	营业收入利润率 (%)
亏损企业	**Unprofitable Enterprises**	**-11.70**
按支柱、特色行业分组	**By Pillar and Characteristic Industries**	
(一)能源、优势原材料为主的新兴支柱产业	Pillar Industries of Energy and Raw Materials	9.49
1. 电	Electricity	19.32
2. 煤	Coal	-37.29
3. 煤及煤化工	Coal and Coal Chemical Industry	-35.62
4. 铝及铝加工	Aluminum and Its Chemical Industry	10.70
5. 磷及磷化工	Phosphorus and Its Chemical Industry	1.65
(二)烟酒为主的传统支柱产业	Traditional Pillar Industries of Tobacco and Liquor	9.92
1. 酒	Liquor	7.04
2. 烟	Tobacco	9.98
(三)特色优势产业	Featured Industry	7.17
1. 民族制药	National Pharmaceutical	8.92
2. 特色食品	Characteristic Food	6.26
(四)贵阳市重点产业(行业)	Pillar Industries	14.33
1、磷煤化工	Phosphorus and Coal Chemical Industry	-1.74
2、铝及铝加工	Aluminum and lts Chemical Industry	10.70
3、特色食品	Characteristic Food	6.26
4、烟草制造	Tobacco Products	9.98
5、医药制造业	Pharmaceutical Industry	12.33
6、装备制造业	Equipment Manufacturing Industry	7.57
其中: 汽车制造业	Automobile Industry	5.51
电子信息产业制造业	Manufacture of Electronic Information Equipment	6.64
7、电力生产及供应业	Electricity Production and Supply Industry	66.72
8、橡胶及塑料制品业	Rubber and Plastic Products Industry	17.75
其中: 高耗能行业	Energy-intensive Industries	17.4
其中: 战略性新兴产业	Strategic Emerging Industries	6.95

(Continued)

资产负债率（%）	总资产贡献率（%）	人均营业收入（万元/人）	流动资产周转率（次/年）	每百元资产实现的营业收入（元）	产成品存货周转天数（天）	应收账款平均回收期（天）	成本费用利润率（%）
91.29	**–2.46**	**88.70**	**1.02**	**43.35**	**34.41**	**78.61**	**–10.66**
76.90	8.68	155.47	1.75	53.16	16.98	25.21	10.65
100.42	13.01	208.77	3.90	35.34	0.03	30.48	25.35
104.10	–1.84	15.56	0.14	6.40	30.16	8.39	–28.17
103.12	–1.77	16.29	0.14	6.47	32.20	10.45	–27.21
55.16	14.20	276.72	2.51	91.93	16.64	10.54	12
68.42	2.59	86.87	1.28	42.51	27.54	70.22	1.73
25.50	83.93	453.62	1.67	114.70	15.68	6.12	30.7
27.41	8.86	47.92	0.96	46.22	50.44	51.72	8.23
25.40	88.02	553.41	1.70	118.44	13.54	5.15	32.02
43.89	10.71	97.81	1.33	84.54	37.86	60.96	7.79
38.36	10.01	68.11	0.87	53.80	81.28	119.43	10.03
50.28	11.53	126.35	1.84	120.05	28.59	30.68	6.69
53.98	24.50	136.84	1.30	72.48	37.42	56.92	20.06
82.25	0.87	62.10	0.75	28.51	27.81	64.84	–1.75
55.16	14.20	276.72	2.51	91.93	16.64	10.54	12
50.28	11.53	126.35	1.84	120.05	28.59	30.68	6.69
25.40	88.02	553.41	1.70	118.44	13.54	5.15	32.02
35.03	11.26	74.81	0.81	51.63	82.04	128.20	14.3
54.75	6.01	92.94	0.90	57.53	52.16	111.15	8.12
66.62	5.60	156.66	1.27	67.68	12.58	116.39	5.74
53.53	7.28	112.54	0.98	74.24	75.60	102.76	7.19
99.76	49.81	260.20	6.57	68.40	0.02	38.05	205.44
56.91	15.09	98.29	1.29	63.91	38.34	47.33	19.33
77.78	13	171.8	1.58	56.1	18.23	95.29	21.2
61.08	6.41	122.67	0.92	49.91	46.63	133.56	7.42

7-6 续表 2

指　标	Item	营业收入利润率 (%)
按主营业务收入分	**By Revenue from Principal Business**	
年主营收入在 40 亿元以上	Annual Income Above 4 billion yuan	19.38
年主营收入在 20—40 亿元	Annual Income Between 2 billion and 4 billion yuan	2.60
年主营收入在 10—20 亿元	Annual Income Between 1 billion and 2 billion yuan	4.58
年主营收入在 1—10 亿元	Annual Income Between 0. 1billion and 1 billion yuan	8.86
年主营收入在 5000 万—1 亿元	Annual Income Between 50 million and 0.1 billion yuan	5.53
年主营收入在 5000 万元以下	Annual Income Below 50 million yuan	2.36
贵阳市产业园区	**Industrial Parks of Guiyang City**	
南明临空经济产业园	Nanming Airport Economic Zone	5.99
云岩产业园	Yunyan Industrial Park	4.16
花溪产业园	Huaxi Industrial Park	7.65
小河—孟关装备制造业生态工业园	Xiaohe – Mengguan Equipment Manufacturing Industry Eco – Industrial Park	8.25
乌当医药食品工业园区	Wudang Food and Drug New Industrial Park	14.57
白云铝及铝加工基地	Baiyun Aluminum and Aluminum Processing Industrial Base	1.02
麦架 - 沙文生态科技产业园	Maijia – Shawen High – tech Industrial Park	4.48
贵阳综合保税区	Guiyang Comprehensive Bonded Area	17.10
观山湖电子商务和现代制造业产业园	Guanshanhu Electronic Commerce and Modem Manufacturing Industrial Park	4.87
开阳磷煤化工基地	Kaiyang Phosphorus Coal Chemical Industry Base	1.56
息烽磷煤化工生态工业基地	Xifeng Phosphorus and Coal Chemical Ecological Industries Base	-6.05
修文工业园区	Xiuwen Industrial Park	11.02
清镇铝煤生态工业基地	Qingzhen Economic Development Zone	10.36
按行业大类分	Classified by industry	
煤炭开采和洗选业	Mining and Washing of Coal	-37.29
石油和天然气开采业	Oil and gas extraction industry	
黑色金属矿采选业	Black – ferrous Metals Mining and Dressing	
有色金属矿采选业	Non – ferrous Metals Mining and Dressing	2.02
非金属矿采选业	Mining and Processing of Non – mental Ores	11.17
开采专业及辅助性活动	Mining Professional and Auxiliary Activities	
其他采矿业	Other Mining Industries	

(Continued)

资产负债率(%)	总资产贡献率(%)	人均营业收入(万元/人)	流动资产周转率(次/年)	每百元资产实现的营业收入(元)	产成品存货周转天数(天)	应收账款平均回收期(天)	成本费用利润率(%)
59.69	47.55	305.48	1.82	91.19	18.74	44.17	36.09
42.37	4.28	106.19	1.66	58.28	25.97	51.65	2.7
63.52	4.71	136.95	1.01	52.91	19.47	82.85	4.8
58.02	7.26	101.99	0.95	50.86	47.44	102.69	9.77
62.18	5.48	69.41	0.94	51.58	38.33	130.08	5.69
71.24	2.60	61.41	0.65	35.57	44.63	123.16	2.36
53.51	14.97	193.94	1.62	143.56	45.25	20.95	6.38
28.32	7.95	34.08	1.30	43.77	94.15	25.78	5.17
43.61	8.37	173.86	1.16	71.68	45.50	64.08	8.28
57.05	6.23	105.52	0.78	58.07	32.87	138.42	8.83
42.91	14.73	60.79	0.87	61.93	58.92	118.68	16.77
47.22	3.98	124.89	1.92	88.63	12.42	77.38	1.05
51.85	3.28	86.23	0.73	39.96	109.69	106.36	4.7
33.10	22.90	195.91	1.62	155.00	13.36	71.53	20.47
75.58	8.97	318.95	2.78	111.12	8.33	44.71	5.05
75.45	2.82	120.55	0.81	28.73	34.14	281.51	1.6
95.42	0.26	91.95	1.07	30.31	22.62	31.55	-5.76
54.68	8.34	111.56	1.05	52.57	24.87	49.10	11.81
75.23	9.52	163.87	1.50	56.93	16.33	46.37	11.54
104.10	-1.84	15.56	0.14	6.40	30.16	8.39	-28.17
68.89	6.32	87.38	1.14	60.51	5.12	69.25	2.11
45.30	12.02	70.00	0.84	53.35	29.85	207.41	13.24

7-6 续表 3

指　标	Item	营业收入利润率(%)
农副食品加工业	Farm and Sideline Products Processing	4.36
食品制造业	Food Manufacturing	5.66
酒、饮料和精制茶制造业	Manufacture of Liquor,Beverages and Refined Tea	12.83
烟草制品业	Manufacture of Tobacco	9.98
纺织业	Manufacture of Textile	34.55
纺织服装、服饰业	Manufacture of Textiles and Garments	
皮革、毛皮、羽毛及其制品和制鞋业	Manufacture of Leather,Fur,Feather and Related Products and Footwear	5.93
木材加工和木、竹、藤、棕、草制品业	Wood Processing and Manufacture of Wood,Bamboo.Rattan,Palm.and. Straw Products	4.49
家具制造业	Manufacture of Furniture	6.73
造纸和纸制品业	Manufacture of Paper and Paper Products	1.41
印刷和记录媒介复制业	Printing and Reproduction of Recording Media	17.76
文教、工美、体育和娱乐用品制造业	Manufacture of Articles for Culture,Education,Industrial Arts.Sports and Recreation	6.12
石油、煤炭及其他燃料加工业	Manufacture of Articles for Culture,Education,Industrial Arts.Sports and Recreation	0.98
化学原料和化学制品制造业	Manufacture of Raw Chemical Materials and Chemical Products	2.00
医药制造业	Manufacture of Medicines	12.33
化学纤维制造业	Manufacture of Medicines	
橡胶和塑料制品业	Manufacture of Rubber and Plastics	17.75
非金属矿物制品业	Manufacture of Non – metallic Mineral Pmducts	1.79
黑色金属冶炼和压延加工业	Smelting and Calendering of Ferrous Metals	0.78
有色金属冶炼和压延加工业	Smelting and Calendering of Non – ferrous Metals	7.02
金属制品业	Manufacture of Metal Products	5.44
通用设备制造业	Manufacture of General Purpose Machinery	-1.92
专用设备制造业	Manufacture of Special Purpose Machinery	1.94
汽车制造业	Manufacture of Automobile	5.51
铁路、船舶、航空航天和其他运输设备制造业	Manufacture of Railway,Watercraft ,Aviation , Aerospace and Other Transport Equipment	9.84
电气机械和器材制造业	Manufacture of Electrical Machinery and Equipment	0.18
计算机、通信和其他电子设备制造业	Manufacture of Computers,Communication Equipment and Other Electronic Equipent	9.99
仪器仪表制造业	Manufacture of Measuring Instruments	6.11
其他制造业	Others	1.48
废弃资源综合利用业	Comprehensive Utilization of Waste Resources	31.73
金属制品、机械和设备修理业	Metal Products, Machinery and Equipment Repair Industry	
电力、热力生产和供应业	Production and Supply of Electric Power and Heating Power	66.44
燃气生产和供应业	Production and Supply of Gas	4.89
水的生产和供应业	Production ad Supply of Water	30

(Continued)

资产负债率（%）	总资产贡献率（%）	人均营业收入（万元/人）	流动资产周转率（次/年）	每百元资产实现的营业收入（元）	产成品存货周转天数（天）	应收账款平均回收期（天）	成本费用利润率（%）
50.33	11.75	167.52	2.45	202.52	19.88	26.69	4.52
54.64	10.29	120.46	1.65	109.36	36.20	13.50	6
41.35	13.85	87.24	1.48	71.03	25.82	94.35	15.09
25.40	88.02	553.41	1.70	118.44	13.54	5.15	32.02
26.46	14.91	26.48	0.44	42.03	39.25	2.16	51.5
29.94	3.94	72.83	0.57	47.57	56.19	14.46	6.36
37.78	6.76	57.65	1.86	118.70	71.78	14.82	4.73
25.73	13.62	89.40	2.97	108.94	7.08	14.30	7.21
76.22	4.87	93.80	2.09	151.13	22.81	47.46	1.43
39.85	10.17	71.94	0.74	45.55	39.66	61.31	20.53
19.07	17.01	226.27	4.11	268.91	50.90		6.53
79.70	7.52	171.56	0.74	61.49	94.70	21.12	0.99
76.07	2.95	125.66	0.93	31.87	26.71	207.71	2.05
35.03	11.26	74.81	0.81	51.63	82.04	128.20	14.3
56.91	15.09	98.29	1.29	63.91	38.34	47.33	19.33
99.78	6.02	119.33	1.32	81.61	16.05	149.63	1.84
51.68	2.10	158.12	0.93	43.63	22.94	20.11	0.77
48.76	11.35	334.32	2.97	98.65	11.69	10.90	7.6
59.01	6.11	70.70	0.86	55.80	104.10	120.79	5.68
68.15	1.75	50.71	0.81	60.14	64.95	134.98	-1.96
63.78	2.25	74.57	0.49	38.38	70.86	119.27	2.04
66.62	5.60	156.66	1.27	67.68	12.58	116.39	5.74
44.32	4.64	62.69	0.74	40.41	34.71	105.55	10.6
56.93	1.51	107.93	0.92	61.57	48.61	93.44	0.18
51.87	10.46	116.37	0.99	79.53	89.78	106.96	11.08
48.57	9.80	79.10	1.18	92.43	33.03	137.58	6.49
73.58	1.14	200.97	0.97	75.04	0.02	160.8	1.48
40.77	23.97	104.75	2.19	68.51	0.63	97.39	44.4
99.1	48.66	257.27	6.09	67.12	0.02	40.84	202.98
60.51	3.54	187.86	1.18	36.53	2.47	79.02	4.89
63.18	3.27	73.65	0.23	8.22	9.65	113.5	38.98

7-7 规模以上工业企业主要经济指标(2020 年)

单位:万元

指标	Item	企业数(个) Number of Enterprises(unit)	# 亏损企业 Unprofitable Enterprises
总计	**Total**	**766**	**155**
国有控股企业	State Holding Enterprises	146	26
非公有制企业	Non-public Industries	613	129
高技术	Unprofitable Enterprises	126	29
其中:采矿业	Mining	30	10
制造业	Manufacturing	695	142
电力、热力、燃气及水生产和供应业	Production and Supply of Electric Poower, Heat, Gas and Water	41	3
按登记注册类型分	**By Status of Registration**		
内资企业	Domestic - funded Enterprises	730	151
国有企业	State - owned Enterprises	21	4
集体企业	Collective - owned Enterprises	3	
股份合作企业	Joint -equity Cooperative Enterprises	1	
联营企业	Joint Ownership Enterprises		
有限责任公司	Limited Liability Companies	238	58
股份有限公司	Companies Limited by Shares	32	4
私营企业	Private Enterprises	435	85
其他企业	Others		
港澳台商投资企业	Enterprises with Funds from Hong Kong.Macao and Taiwan	14	3
外商投资企业	Enterprises with Foreign Imvestment	22	1
其中:轻工业	Light Industry	254	49
重工业	Heavy Industry	512	106
其中:大型企业	Large Enterprises	31	3
中型企业	Medium - sized Enterprises	79	18
小型企业	Small Enterprises	557	109
微型企业	Miero - sized Enterprisc	99	25
其中:大中型企业	Large and Medium-sized Enterprises	110	21
小微企业	Small and Medium-sized Enterprises	656	134

Main Economic Indicators of Industrial Enterprises above Designated Size(2020)

(10 000 yuan)

亏损企业 亏损总额 Total Losses	平均用工人数	资产总计 Total Assets	流动资产合计 Total Current Assets	负债合计 Total Liabilities	所有者权益合计
276167	**166109**	**36530264**	**18719883**	**21774845**	**14649916**
203453	91348	23291505	11146470	13984161	9179106
72714	74190	13179831	7548478	7765562	5437004
47067	51956	7725934	4989128	3359300	4370532
15835	4450	869962	433307	770997	129339
229722	150903	29806222	16817274	16494413	13185395
30611	10756	5854081	1469301	4509436	1335182
271452	158948	34192101	17728921	20589491	13498727
15746	19579	3855294	1344807	2398993	1455760
	152	5205	4060	4106	1099
	39	3258	2615	200	3058
215730	72416	20911055	10729063	12898450	7909622
1945	25659	4824486	2635773	2553103	2271382
38031	41103	4592803	3012603	2734639	1857805
3257	3836	1309238	523345	771388	537850
1458	3325	1028925	467616	413965	613339
49919	54668	9519601	6292445	3434477	5961932
226248	111441	27010663	12427438	18340368	8687985
79236	68687	17047936	7952588	9498468	7549468
131912	46534	9469586	5378077	5866179	3602866
54486	46242	8574243	4702369	5277489	3296978
10533	4646	1438500	686849	1132710	200604
211148	115221	26517521	13330665	15364647	11152334
65020	50888	10012743	5389218	6410198	3497582

7-7 续表 1

单位：万元

指　标	Item	企业数（个）Number of Enterprises(unit)	#亏损企业 Unprofitable Enterprises
亏损企业	**Unprofitable Enterprises**	**155**	**155**
按支柱、特色行业分组	**By Pillar and Characteristic Industries**		
（一）能源、优势原材料为主的新兴支柱产业	Pillar Industries of Energy and Raw Materials	70	24
1. 电	Electricity	12	1
2. 煤	Coal	4	4
3. 煤及煤化工	Coal and Coal Chemical Industry	5	5
4. 铝及铝加工	Aluminum and Its Chemical Industry	37	14
5. 磷及磷化工	Phosphorus and Its Chemical Industry	17	5
6. 铁合金	Ferroalloy		
（二）烟酒为主的传统支柱产业	Traditional Pillar Industries of Tobacco and Liquor	13	1
1. 酒	Liquor	10	1
2. 烟	Tobacco	3	
（三）特色优势产业	Featured Industry	155	25
1. 民族制药	National Pharmaceutical	48	8
2. 特色食品	Characteristic Food	107	17
（四）贵阳市重点产业（行业）	Pillar Industries	470	99
1、磷煤化工	Phosphorus and Coal Chemical Industry	21	9
2、铝及铝加工	Aluminum and Its Chemical Industry	37	14
3、特色食品	Characteristic Food	107	17
4、烟草制造	Tobacco Products	3	
5、医药制造业	Pharmaceutical Industry	61	10
6、装备制造业	Equipment Manufacturing Industry	194	40
其中：汽车制造业	Automobile Industry	35	8
电子信息产业制造业	Manufacture of Electronic Information Equipment	61	21
7、电力生产及供应业	Electricity Production and Supply Industry	15	1
8、橡胶及塑料制品业	Rubber and Plastic Products Industry	32	8
其中：高耗能行业	Energy-intensive Industries	249	52
其中：战略性新兴产业	Strategic Emerging Industries	234	44

(Continued)

(10 000 yuan)

亏损企业 亏损总额 Total Losses	平均用工人数	资产总计 Total Assets	流动资产合计 Total Current Assets	负债合计 Total Liabilities	所有者权益合计
276167	**26619**	**5446866**	**2322756**	**4972288**	**508695**
77068	13540	3959830	1202906	3044991	945213
28450	1646	972385	88203	976457	-4071
14369	2476	602109	273694	626773	9966
14749	2542	639905	303334	659856	14680
5970	4766	1434627	525245	791330	643297
28278	4652	950709	315763	650432	296022
70	9604	3798187	2603087	968619	2829568
70	1896	196544	94964	53875	142669
	7708	3601643	2508122	914744	2686900
21511	32881	3804257	2416318	1669718	2013376
15336	16109	2039105	1266786	782188	1256899
6175	16772	1765152	1149532	887530	756477
134584	124786	23558533	13086920	12717234	10733084
42647	7128	1552818	589458	1277205	305987
5970	4766	1434627	525245	791330	643297
6175	16772	1765152	1149532	887530	756477
	7708	3601643	2508122	914744	2686900
15825	18540	2686553	1721486	941196	1743720
34441	54284	8770439	5622866	4801581	3963150
8284	8073	1868617	992197	1244839	623777
34093	17546	2659653	2008222	1423670	1227941
28450	5957	2266085	235997	2260692	-4071
1076	9631	1481217	734213	842956	637625
169956	40739	12476760	4437439	9704190	2766518
42949	48009	11800092	6426059	7207707	4589824

7-7 续表 2

单位：万元

指　　标	Item	企业数(个) Number of Enterprises(unit)	#亏损企业 Unprofitable Enterprises
按主营业务收入分	**By Revenue from Principal Business**		
年主营收入在 40 亿元以上	Annual Income Above 4 billion yuan	8	
年主营收入在 20—40 亿元	Annual Income Between 2 billion and 4 billion yuan	6	2
年主营收入在 10—20 亿元	Annual Income Between 1 billion and 2 billion yuan	19	2
年主营收入在 1—10 亿元	Annual Income Between 0. 1billion and 1 billion yuan	220	28
年主营收入在 5000 万—1 亿元	Annual Income Between 50 million and 0.1 billion yuan	159	32
年主营收入在 5000 万元以下	Annual Income Below 50 million yuan	354	91
贵阳市产业园区	**Industrial Parks of Guiyang City**		
南明临空经济产业园	Nanming Airport Economic Zone	10	
云岩产业园	Yunyan Industrial Park	1	
花溪产业园	Huaxi Industrial Park	32	6
小河—孟关装备制造业生态工业园	Xiaohe – Mengguan Equipment Manufacturing Industry Eco – Industrial Park	67	13
乌当医药食品工业园区	Wudang Food and Drug New Industrial Park	51	12
白云铝及铝加工基地	Baiyun Aluminum and Aluminum Processing Industrial Base	36	6
麦架 - 沙文生态科技产业园	Maijia – Shawen High – tech Industrial Park	59	18
贵阳综合保税区	Cuiyang Comprehensive Bonded Area	1	
观山湖电子商务和现代制造业产业园	Guanshanhu Electronic Commerce and Moderm Manufactur-ing Industrial Park	17	5
开阳磷煤化工基地	Kaiyang Phosphorus Coal Chemical Industry Base	28	7
息烽磷煤化工生态工业基地	Xifeng Phosphorus and Coal Chemical Ecological Industries Base	29	8
修文工业园区	Xiuwen Industrial Park	61	10
清镇铝煤生态工业基地	Qingzhen Economic Development Zone	76	15
按行业大类分	Classified by industry		
煤炭开采和洗选业	Mining and Washing of Coal	4	4
石油和天然气开采业	Oil and gas extraction industry		
黑色金属矿采选业	Black – ferrous Metals Mining and Dressing		
有色金属矿采选业	Non – ferrous Metals Mining and Dressing	10	3
非金属矿采选业	Mining and Processing of Non – mental Ores	16	3
开采专业及辅助性活动	Mining Professional and Auxiliary Activities		
其他采矿业	Other Mining Industries		

(Continued)

(10 000 yuan)

亏损企业 亏损总额 Total Losses	平均用工人数	资产总计 Total Assets	流动资产合计 Total Current Assets	负债合计 Total Liabilities	所有者权益合计
	29579	9909224	4960534	5914653	3994571
36480	15000	2733146	958599	1158128	1575019
28685	20581	5326793	2781145	3383617	1943176
139956	63956	12825863	6876019	7441365	5383957
32135	17125	2304592	1263978	1433025	871565
38912	19868	3430646	1879608	2444058	881630
	5203	702901	623376	376119	326782
	4763	370891	124613	105047	265844
1295	3416	828508	511888	361295	467213
9219	23607	4289563	3189773	2447178	1842384
13437	17008	1669529	1190016	716412	952580
30891	9744	1373101	634940	648385	726127
19370	15554	3356665	1844356	1740579	1619681
	296	37412	35744	12385	25027
2616	2764	793383	316735	599661	200880
26669	8054	3379482	1192011	2549973	825236
58260	5699	1728754	487948	1649519	104402
4006	14966	3175965	1585623	1736711	1424235
68805	13888	3997244	1521573	3007095	876577
14369	2476	602109	273694	626773	9966
1303	672	97032	51431	66842	30191
162	1302	170821	108182	77382	89183

7-7 续表 3

单位：万元

指 标	Item	企业数（个）Number of Enterprises(unit)	# 亏损企业 Unprofitable Enterprises
农副食品加工业	Farm and Sideline Products Processing	53	5
食品制造业	Food Manufacturing	26	5
酒、饮料和精制茶制造业	Manufacture of Liquor,Beverages and Refined Tea	28	7
烟草制品业	Manufacture of Tobacco	3	
纺织业	Manufacture of Textile	1	
纺织服装、服饰业	Manufacture of Textiles and Garments		
皮革、毛皮、羽毛及其制品和制鞋业	Manufacture of Leather,Fur,Feather and Related Products and Footwear	1	
木材加工和木、竹、藤、棕、草制品业	Wood Processing and Manufacture of Wood,Bamboo.Rattan,Palm.and. Straw Products	1	
家具制造业	Manufacture of Furniture	2	
造纸和纸制品业	Manufacture of Paper and Paper Products	7	2
印刷和记录媒介复制业	Printing and Reproduction of Recording Media	18	3
文教、工美、体育和娱乐用品制造业	Manufacture of Articles for Culture,Education,Industrial Arts.Sports and Recreation	2	
石油、煤炭及其他燃料加工业	Manufacture of Articles for Culture,Education,Industrial Arts.Sports and Recreation	4	2
化学原料和化学制品制造业	Manufacture of Raw Chemical Materials and Chemical Products	47	7
医药制造业	Manufacture of Medicines	61	10
化学纤维制造业	Manufacture of Medicines		
橡胶和塑料制品业	Manufacture of Rubber and Plastics	32	8
非金属矿物制品业	Manufacture of Non – metallic Mineral Pmducts	156	34
黑色金属冶炼和压延加工业	Smelting and Calendering of Ferrous Metals	10	4
有色金属冶炼和压延加工业	Smelting and Calendering of Non – ferrous Metals	16	4
金属制品业	Manufacture of Metal Products	33	6
通用设备制造业	Manufacture of General Purpose Machinery	30	3
专用设备制造业	Manufacture of Special Purpose Machinery	28	7
汽车制造业	Manufacture of Automobile	35	8
铁路、船舶、航空航天和其他运输设备制造业	Manufacture of Railway,Watercraft ,Aviation , Aerospace and Other Transport Equipment	19	1
电气机械和器材制造业	Manufacture of Electrical Machinery and Equipment	42	13
计算机、通信和其他电子设备制造业	Manufacture of Computers,Communication Equipment and Other Electronic Equipent	26	10
仪器仪表制造业	Manufacture of Measuring Instruments	11	3
其他制造业	Others	1	
废弃资源综合利用业	Comprehensive Utilization of Waste Resources	2	
金属制品、机械和设备修理业	Metal Products, Machinery and Equipment Repair Industry		
电力、热力生产和供应业	Production and Supply of Electric Power and Heating Power	16	1
燃气生产和供应业	Production and Supply of Gas	8	2
水的生产和供应业	Production ad Supply of Water	17	

(Continued)

(10 000 yuan)

亏损企业亏损总额 Total Losses	平均用工人数	资产总计 Total Assets	流动资产合计 Total Current Assets	负债合计 Total Liabilities	所有者权益合计
669	4703	389019	321204	195791	189943
3168	8380	923060	611073	504383	305105
2338	3689	453073	217255	187356	261429
	7708	3601643	2508122	914744	2686900
	103	6489	6240	1717	5000
	831	127215	105534	38090	89125
	57	2769	1770	1046	1723
	475	38980	14294	10029	28950
65	896	55609	40185	42386	13223
766	2435	384610	235974	153249	231361
	30	2524	1650	482	2043
500	463	129190	107359	102962	26228
67193	13435	5297424	1817279	4029571	1261779
15825	18540	2686553	1721486	941196	1743720
1076	9631	1481217	734213	842956	637625
47640	12435	1818302	1122523	1814370	13769
723	3414	1237158	578778	639314	597493
25450	4927	1669806	555191	814130	855676
3125	3906	494939	322776	292058	204291
10918	3881	327240	242849	223023	104216
4647	3773	732983	570645	467504	265479
8284	8073	1868617	992197	1244839	623777
1458	18673	2896775	1586944	1283787	1612988
28004	5442	953959	635519	543062	399256
7624	12441	1820385	1458262	944158	879822
248	1461	125030	98007	60728	64306
	986	264071	204446	194316	69756
	115	17583	5499	7169	10413
28450	6065	2324880	256309	2303844	11573
2161	1768	909127	282555	550130	358997
	2923	2620073	930437	1655461	964612

7-7 续表 4

单位：万元

指　标	Item	营业收入
总　计	**Total**	**22378691.8**
国有控股企业	State Holding Enterprises	13614975.6
非公有制企业	Non-public Industries	8726327.1
高技术	Unprofitable Enterprises	4199560.9
其中：采矿业	Mining	188385.5
制造业	Manufacturing	20082531.6
电力、热力、燃气及水生产和供应业	Production and Supply of Electric Poower, Heat, Gas and Water	2107774.7
按登记注册类型分	**By Status of Registration**	
内资企业	Domestic – funded Enterprises	21378263
国有企业	State – owned Enterprises	2071006
集体企业	Collective – owned Enterprises	4836.8
股份合作企业	Joint –equity Cooperative Enterprises	3436.2
联营企业	Joint Ownership Enterprises	
有限责任公司	Limited Liability Companies	12341393.6
股份有限公司	Companies Limited by Shares	2335044.3
私营企业	Private Enterprises	4622546.1
其他企业	Others	
港澳台商投资企业	Enterprises with Funds from Hong Kong.Macao and Taiwan	468708
外商投资企业	Enterprises with Foreign Imvestment	531720.8
其中：轻工业	Light Industry	8648934.2
重工业	Heavy Industry	13729757.6
其中：大型企业	Large Enterprises	11368906.7
中型企业	Medium – sized Enterprises	5066754.4
小型企业	Small Enterprises	5239966.6
微型企业	Miero – sized Enterprisc	703064.1
其中：大中型企业	Large and Medium–sized Enterprises	16435661.1
小微企业	Small and Medium–sized Enterprises	5943030.7

(Continued)

(10 000 yuan)

主营业务收入 Revenue from Principal Business	营业成本	税金及附加	营业利润	利润总额 Total Profits	利税总额 Total Profits and Taxes
21723000	**14568123**	**2477344**	**2549502**	**2594374**	**5965522**
13288010	7735358	2417237	1988290	1981083	5040059
8397949	6804236	59880	557996	609675	920966
4028325	2675304	27787	404496	412452	586633
182299	153418	6710	-3176	-3005	13160
19474100	13547078	2458943	1442441	1479806	4767207
2066601	867627	11691	1110237	1117573	1185156
20756687	13911786	2469719	2376708	2419751	5744511
2033866	728310	9899	1083388	1088416	1159792
4632	3155	23	40	139	332
3380	2628	21	387	368	599
11968381	7752811	2415029	804989	800881	3817236
2307218	1624498	17367	278232	304149	393395
4439210	3800384	27380	209673	225799	373157
460358.5	337540.3	2901.5	85119.6	86366.6	108462.3
505955	318797	4724	87674	88256	112549
8497458	4035522	2387224	745000	780839	3755398
13225542	10532601	90121	1804502	1813535	2210125
11228283	5945772	2397339	1757324	1747676	4749698
4950013	3924352	39307	386290	397152	572114
5119219	4168601	36630	312456	355824	521384
425486	529398	4068	93431	93721	122326
16178295.7	9870123.6	2436646.2	2143614.8	2144828.2	5321812
5544704	4697999	40698	405887	449546	643710

7-7 续表 5

单位：万元

指　标	Item	营业收入
亏损企业	**Unprofitable Enterprises**	**2360981**
按支柱、特色行业分组	**By Pillar and Characteristic Industries**	
（一）能源、优势原材料为主的新兴支柱产业	Pillar Industries of Energy and Raw Materials	2105118
1. 电	Electricity	343637
2. 煤	Coal	38533
3. 煤及煤化工	Coal and Coal Chemical Industry	41408
4. 铝及铝加工	Aluminum and Its Chemical Industry	1318825
5. 磷及磷化工	Phosphorus and Its Chemical Industry	404123
6. 铁合金	Ferroalloy	
（二）烟酒为主的传统支柱产业	Traditional Pillar Industries of Tobacco and Liquor	4356539
1. 酒	Liquor	90849
2. 烟	Tobacco	4265691
（三）特色优势产业	Featured Industry	3216233
1. 民族制药	National Pharmaceutical	1097106
2. 特色食品	Characteristic Food	2119127
（四）贵阳市重点产业（行业）	Pillar Industries	17075391
1、磷煤化工	Phosphorus and Coal Chemical Industry	442656
2、铝及铝加工	Aluminum and lts Chemical Industry	1318825
3、特色食品	Characteristic Food	2119127
4、烟草制造	Tobacco Products	4265691
5、医药制造业	Pharmaceutical Industry	1387068
6、装备制造业	Equipment Manufacturing Industry	5045425
其中：汽车制造业	Automobile Industry	1264685
电子信息产业制造业	Manufacture of Electronic Information Equipment	1974632
7、电力生产及供应业	Electricity Production and Supply Industry	1550003
8、橡胶及塑料制品业	Rubber and Plastic Products Industry	946596
其中：高耗能行业	Energy-intensive Industries	6998984
其中：战略性新兴产业	Strategic Emerging Industries	5889367

(Continued)

(10 000 yuan)

主营业务收入 Revenue from Principal Business	营业成本	税金及附加	营业利润	利润总额 Total Profits	利税总额 Total Profits and Taxes
2151686	**2209193**	**23029**	**-282881**	**-276167**	**-221503**
2056231	1729648	18308	194985	199785	288896
336036	225079	3969	65930	66405	92279
32944	39860	906	-14519	-14369	-12527
35819	42594	968	-14903	-14749	-12827
1302967	1117403	6571	138914	141065	186372
384284	347306	6863	4660	6685	22773
4342531	1035299	2358787	436850	431961	3208520
85877	60070	6948	6256	6394	17239
4256654	975229	2351839	430595	425567	3191282
3110635	2210468	25976	222715	230560	390396
1093638	389079	13370	94212	97828	193708
2016998	1821388	12606	128504	132732	196688
16655193	10019837	2433577	2397865	2446688	5659123
417228	387166	7769	-9859	-7684	10246
1302967	1117403	6571	138914	141065	186372
2016998	1821388	12606	128504	132732	196688
4256654	975229	2351839	430595	425567	3191282
1376995	523555	16168	164884	171007	287167
4820216	4015549	22748	374025	381780	500811
1212140	1108632	4305	68686	69712	103528
1795663	1564283	9749	129132	131032	180953
1537192	450932	8961	1028852	1034156	1094540
926945	728616	6915	141951	168066	192018
6815407	5180094	53328	1217086	1217735	1457184
5659611	4368775	43745	378609	409085	635210

7-7 续表 6

单位：万元

指　标	Item	营业收入
按主营业务收入分	**By Revenue from Principal Business**	
年主营收入在 40 亿元以上	Annual Income Above 4 billion yuan	9035754
年主营收入在 20—40 亿元	Annual Income Between 2 billion and 4 billion yuan	1592821
年主营收入在 10—20 亿元	Annual Income Between 1 billion and 2 billion yuan	2818576
年主营收入在 1—10 亿元	Annual Income Between 0. 1billion and 1 billion yuan	6522708
年主营收入在 5000 万—1 亿元	Annual Income Between 50 million and 0.1 billion yuan	1188675
年主营收入在 5000 万元以下	Annual Income Below 50 million yuan	1220158
贵阳市产业园区	**Industrial Parks of Guiyang City**	
南明临空经济产业园	Nanming Airport Economic Zone	1009064
云岩产业园	Yunyan Industrial Park	162327
花溪产业园	Huaxi Industrial Park	593896
小河—孟关装备制造业生态工业园	Xiaohe – Mengguan Equipment Manufacturing Industry Eco – Industrial Park	2490938
乌当医药食品工业园区	Wudang Food and Drug New Industrial Park	1033917
白云铝及铝加工基地	Baiyun Aluminum and Aluminum Processing Industrial Base	1216912
麦架 - 沙文生态科技产业园	Maijia – Shawen High – tech Industrial Park	1341197
贵阳综合保税区	Cuiyang Comprehensive Bonded Area	57988
观山湖电子商务和现代制造业产业园	Guanshanhu Electronic Commerce and Moderm Manufacturing Industrial Park	881572
开阳磷煤化工基地	Kaiyang Phosphorus Coal Chemical Industry Base	970899
息烽磷煤化工生态工业基地	Xifeng Phosphorus and Coal Chemical Ecological Industries Base	524050
修文工业园区	Xiuwen Industrial Park	1669673
清镇铝煤生态工业基地	Qingzhen Economic Development Zone	2275811
按行业大类分	Classified by industry	
煤炭开采和洗选业	Mining and Washing of Coal	38533
石油和天然气开采业	Oil and gas extraction industry	
黑色金属矿采选业	Black – ferrous Metals Mining and Dressing	
有色金属矿采选业	Non – ferrous Metals Mining and Dressing	58718
非金属矿采选业	Mining and Processing of Non – mental Ores	91135
开采专业及辅助性活动	Mining Professional and Auxiliary Activities	
其他采矿业	Other Mining Industries	

(Continued)

(10 000 yuan)

主营业务收入 Revenue from Principal Business	营业成本	税金及附加	营业利润	利润总额 Total Profits	利税总额 Total Profits and Taxes
8985217	4213696	2374884	1753231	1751180	4673567
1561708	1274476	13989	42836	41338	91191
2728206	2308144	15356	134699	129204	198735
6395335	4800100	52756	564933	578141	835615
1117276	959434	10710	61890	65760	105156
935258	1012274	9649	-8087	28750	61259
1007998	867693	3243	58456	60401	105437
161028	23375	2968	7088	6750	27544
589623	497841	2322	46110	45453	60676
2446308	1969556	12586	202902	205594	260545
1009803	516806	9199	121974	150637	215630
1147917	1039767	11612	9130	12419	41474
1162422	1037707	6327	55876	60103	89612
57611	46678	31	9914	9914	8412
833766	795334	2299	43246	42909	70238
950572	846328	16079	15651	15125	57927
511483	486984	4881	-33279	-31731	-16683
1590145	1317251	14009	193607	184013	235834
2182381	1826732	16535	229029	235829	323082
32944	39860	906	-14519	-14369	-12527
58695	53468	1662	1277	1186	5610
90660	60090	4142	10067	10178	20076

7-7 续表 7

单位：万元

指　标	Item	营业收入
农副食品加工业	Farm and Sideline Products Processing	787847
食品制造业	Food Manufacturing	1009463
酒、饮料和精制茶制造业	Manufacture of Liquor,Beverages and Refined Tea	321817
烟草制品业	Manufacture of Tobacco	4265691
纺织业	Manufacture of Textile	2727
纺织服装、服饰业	Manufacture of Textiles and Garments	
皮革、毛皮、羽毛及其制品和制鞋业	Manufacture of Leather,Fur,Feather and Related Products and Footwear	60519
木材加工和木、竹、藤、棕、草制品业	Wood Processing and Manufacture of Wood,Bamboo.Rattan,Palm.and. Straw Products	3286
家具制造业	Manufacture of Furniture	42466
造纸和纸制品业	Manufacture of Paper and Paper Products	84043
印刷和记录媒介复制业	Printing and Reproduction of Recording Media	175177
文教、工美、体育和娱乐用品制造业	Manufacture of Articles for Culture,Education,Industrial Arts.Sports and Recreation	6788
石油、煤炭及其他燃料加工业	Manufacture of Articles for Culture,Education,Industrial Arts.Sports and Recreation	79433
化学原料和化学制品制造业	Manufacture of Raw Chemical Materials and Chemical Products	1688278
医药制造业	Manufacture of Medicines	1387068
化学纤维制造业	Manufacture of Raw Chemical Materials and Chemical Products	
橡胶和塑料制品业	Manufacture of Rubber and Plastics	946596
非金属矿物制品业	Manufacture of Non－metallic Mineral Pmducts	1483895
黑色金属冶炼和压延加工业	Smelting and Calendering of Ferrous Metals	539810
有色金属冶炼和压延加工业	Smelting and Calendering of Non－ferrous Metals	1647206
金属制品业	Manufacture of Metal Products	276170
通用设备制造业	Manufacture of General Purpose Machinery	196791
专用设备制造业	Manufacture of Special Purpose Machinery	281348
汽车制造业	Manufacture of Automobile	1264685
铁路、船舶、航空航天和其他运输设备制造业	Manufacture of Railway,Watercraft ,Aviation , Aerospace and Other Transport Equipment	1170570
电气机械和器材制造业	Manufacture of Electrical Machinery and Equipment	587376
计算机、通信和其他电子设备制造业	Manufacture of Computers,Communication Equipment and Other Electronic Equipent	1447721
仪器仪表制造业	Manufacture of Measuring Instruments	115564
其他制造业	Others	198152
废弃资源综合利用业	Comprehensive Utilization of Waste Resources	12046
金属制品、机械和设备修理业	Metal Products，Machinery and Equipment Repair Industry	
电力、热力生产和供应业	Production and Supply of Electric Power and Heating Power	1560362
燃气生产和供应业	Production and Supply of Gas	332138
水的生产和供应业	Production ad Supply of Water	215275

(Continued)

(10 000 yuan)

主营业务收入 Revenue from Principal Business	营业成本	税金及附加	营业利润	利润总额 Total Profits	利税总额 Total Profits and Taxes
778714	707475	1202	32896	34355	41975
939866	891140	3088	55264	57089	93751
298418	222774	8316	40344	41287	60963
4256654	975229	2351839	430595	425567	3191282
2727	915	28	870	942	968
59037	49552	563	3485	3588	5545
3286	2822	34	137	147	186
42466	26495	457	2943	2860	5297
83899	77901	207	737	1187	2324
168936	131511	1441	30371	31117	38174
6788	6321	11	417	415	429
79181	76152	95	783	776	9713
1657186	1437968	19716	32868	33747	95191
1376995	523555	16168	164884	171007	287167
926945	728616	6915	141951	168066	192018
1469694	1278052	13170	25128	26621	83189
489170	507915	1586	13319	4193	11456
1572652	1422599	9787	113207	115637	160477
262271	225458	3220	14233	15035	27034
193357	156051	1194	-5701	-3773	2201
275832	220074	2059	7449	5459	14405
1212140	1108632	4305	68686	69712	103528
1141534	877290	2649	115238	115235	127371
542629	506362	2232	-446	1032	7039
1331090	1105662	7472	140458	144692	186099
95061	89641	853	6279	7055	11758
195528	184478	285	2664	2934	3546
12046	6441	52	3384	3823	4122
1547524	457409	8974	1031781	1036760	1097158
327184	291092	808	16177	16240	18700
191893	119126	1910	62278	64573	69298

7-8 规模以上工业企业主要产品生产情况(2020年)
Statistics on Output of Major Products of Industrial Enterprises above Designated Size(2020)

产品名称		Item		产量 Output	2020年比2019年增长(%) Growth Rate in 2020 over 2019 (%)
精制食用植物油	(吨)	Refined Edible Vegetable Oil	(ton)	11125	-68.6
乳制品	(吨)	Dairy Products	(ton)	161975	27.4
白酒(折65度.商品量)	(千升)	White Liquor (65 degree/commodity amount)	(kiloliter)	4545	-31.8
软饮料	(吨)	Soft Drink	(ton)	2120551	5.5
卷烟	(万支)	Cigarettes	(10 000 pieces)	11600700	4.1
医用口罩	(万个)	Surgical Mask	(10 000 pieces)	19682	5029.7
硫酸(折100%)	(吨)	Sulfuric Acid	(100%)(ton)		-100.0
合成氨(无水氨)	(吨)	Synthetic Ammonia (anhydrous ammonia)	(ton)	567224	-2.0
农用氮、磷、钾化学肥料总计(折纯)	(吨)	Chemical Fertilizers (covert to pure)	(ton)	2364684	4.5
氮肥(折含N100%)	(吨)	Nitrogen Fertilizers (include 100% N)	(ton)	685139	8.0
磷肥(折五氧化二磷100%)	(吨)	Phosphate Fertilizers(include 100% phosphorus pentoxide)	(ton)	1669164	3.5
涂料	(吨)	Coating Material	(ton)	8940	37.1
初级形态的塑料	(吨)	Primary Plastics	(ton)	19181	-61.4
橡胶轮胎外胎	(吨)	Rubber Cover Tyre	(ton)	7059846	16.3
塑料制品	(吨)	Plastic Products	(ton)	208666	-28.3
水泥	(吨)	Cement	(ton)	10486737	-5.9
生铁	(吨)	Pig Iron	(ton)	41767	-53.3
钢材	(吨)	Steel	(ton)	1328417	2.0
氧化铝	(吨)	Aluminium Oxide	(ton)	2295060	5.6
原铝	(吨)	Virgin Aluminum	(ton)	486143	1.4
金属切削机床	(台)	Metal-cutting Machine Tool	(set)	164	-41.4
电子计算机整机	(台)	Complete Electronic Computer	(set)		-100.0
彩色电视机	(台)	Color TV Sets	(set)	1836240	48.6
集成电路	(万块)	Integrated Circuits	(10 000 units)	758	14.3

7–9 产业园区情况
Basic Statistics on Industrial Parks

指 标	Item	2020 年占比 (%) Proportion of 2020 (%)	2020 年比 2019 年增长 (%) Growth Rate in 2020 over 2019 (%)
规模以上增加值	**Added Value of Enterprises above Designated Size**	**100.00**	**6.1**
贵阳市产业园区	Industrial Parks	78.92	5.3
南明临空经济区产业园	Nanming Airport Economic Zone	3.32	10.8
云岩产业园	Yunyan Industrial Park	0.79	1.5
花溪产业园	Huaxi Industrial Park	2.25	-11.1
小河—孟关装备制造业生态工业园	Xiaohe—Mengguan Equipment Manufacturing Industry Eco-Industrial Park	34.89	5.1
乌当医药食品新型产业园	Wudang Food and Drug New Industrial Park	5.26	14.8
白云铝及铝加工工业基地	Baiyun Aluminum and Aluminum Processing Industrial Base	4.53	-14.3
麦架—沙文高新技术产业园	Maijia-Shawen High-tech Industrial Park	5.47	17.2
贵阳综合保税区	Guiyang Comprehensive Bonded Area	0.09	225.9
观山湖电子商务和现代制造业产业园	Guanshanhu Electronic Commerce and Modern Manufacturing Industrial Park	2.37	44.9
开阳磷煤化工生态工业示范基地	Kaiyang Phosphorus and Coal Chemical Ecological Industries Demonstration Base	3.84	13.4
息烽磷煤化工生态工业基地	Xifeng Phosphorus and Coal Chemical Ecological Industries Base	1.45	-9.6
修文产业园	Xiuwen Industrial Park	6.72	3.1
清镇经开区	Qingzhen Economic Development Zone	7.93	2.2
规模以上总产值	**Total Output Value of Enterprises above Designated Size**	**100.00**	**5.5**
贵阳市产业园区	Industrial Parks	74.41	3.6
南明临空经济区产业园	Nanming Airport Economic Zone	4.49	13.1
云岩产业园	Yunyan Industrial Park	0.64	1.5
花溪产业园	Huaxi Industrial Park	2.81	-9.9
小河—孟关装备制造业生态工业园	Xiaohe-Mengguan Equipment Manufacturing Industry Eco-Industrial Park	20.98	5.9
乌当医药食品新型产业园	Wudang Food and Drug New Industrial Park	5.60	17.1
白云铝及铝加工工业基地	Baiyun Aluminum and Aluminum Processing Industrial Base	4.87	-25.1
麦架—沙文高新技术产业园	Maijia-Shawen High-tech Industrial Park	6.12	8.4
贵阳综合保税区	Guiyang Comprehensive Bonded Area	0.24	-22.3
观山湖电子商务和现代制造业产业园	Guanshanhu Electronic Commerce and Modern Manufacturing Industrial Park	4.24	43.8
开阳磷煤化工生态工业示范基地	Kaiyang Phosphorus and Coal Chemical Ecological Industries Demonstration Base	3.98	6.1
息烽磷煤化工生态工业基地	Xifeng Phosphorus and Coal Chemical Ecological Industries Base	2.22	-10.8
修文产业园	Xiuwen Industrial Park	8.63	3.4
清镇经开区	Qingzhen Economic Development Zone	9.60	1.1

主要统计指标解释

工　业　指从事自然资源的开采，对采掘品和农产品进行加工和再加工的物质生产部门。具体包括：(1) 对自然资源的开采，如采矿、晒盐等（但不包括禽兽捕猎和水产捕捞）；(2) 对农副产品的加工、再加工，如粮油加工、食品加工、缫丝、纺织、制革等；(3) 对采掘品的加工、再加工，如炼铁、炼钢、化工生产、石油加工、机器制造、木材加工等，以及电力、自来水、煤气的生产和供应等；(4) 对工业品的修理、翻新，如机器设备的修理、交通运输工具（包括小卧车）的修理等。

工业统计调查单位为独立核算法人工业企业。

独立核算法人工业企业　指从事工业生产经营活动的单位。独立核算法人工业企业应同时具备以下条件：①依法成立，有自己的名称、组织机构和场所，能够承担民事责任；②独立拥有和使用资产，承担负债，有权与其他单位签订合同；③独立核算盈亏，并能够编制资产负债表。

国有及国有控股企业　指国有企业加上国有控股企业。国有企业（即原全民所有制工业或国营工业）指企业全部资产归国家所有，并按《中华人民共和国企业法人登记管理条例》规定登记注册的非公司制的经济组织。包括国有企业、国有独资公司和国有联营企业。1957 年以前的公私合营和私营工业，后均改造为国营工业，1992 年改为国有工业，这部分工业的资料不单独分列时，均包括在国有企业内。国有控股企业是对混合所有制经济的企业进行的“国有控股”分类。它是指这些企业的全部资产中国有资产（股份）相对其他所有者中的任何一个所有者占资（股）最多的企业。该分组反映了国有经济控股情况。

轻工业　指主要提供生活消费品和制作手工工具的工业。按其所使用的原料不同，可分为两大类：(1) 以农产品为原料的轻工业，是指直接或间接以农产品为基本原料的轻工业。主要包括食品制造、饮料制造、烟草加工、纺织、缝纫、皮革和毛皮制作、造纸以及印刷等工业；(2) 以非农产品为原料的轻工业，是指以工业品为原料的轻工业。主要包括文教体育用品、化学药品制造、合成纤维制造、日用玻璃制品、日用金属制品、手工工具制造、医疗器械制造、文化和办公用机械制造等工业。

重工业　指为国民经济各部门提供物质技术基础的主要生产资料的工业。按其生产性质和产品用途，可以分为下列三类：(1) 采掘（伐）工业，是指对自然资源的开采，包括石油开采、煤炭开采、金属矿开采、非金属矿开采等工业；(2) 原材料工业，指向国民经济各部门提供基本材料、动力和燃料的工业。包括金属冶炼及加工、炼焦及焦炭、化学、化工原料、水泥、人造板以及电力、石油和煤炭加工等工业；(3) 加工工业，是指对工业原材料进行再加工制造的工业。包括装备国民经济各部门的机械设备制造工业、金属结构、水泥制品等工业，以及为农业提供的生产资料如化肥、农药等工业。

工业总产值

(1) 定义：工业总产值是以货币形式表现的，工业企业在一定时期内生产的工业最终产品或提供

工业性劳务活动的总价值量。它反映一定时间内工业生产的总规模和总水平。

(2) 计算原则:

工业生产的原则 即凡是企业在报告期生产的经检验合格的产品,不管是否在报告期销售,均包括在内。

最终产品的原则 即凡是计入工业总产值的产品,必须是本企业生产的经检验合格的,不需要再进行任何加工的最终产品。如果企业有中间产品(半成品)对外销售,则对外销售的中间产品应视为企业的最终产品。

工厂法原则 即工业总产值是以工业企业作为基本计算(核算)单位,即按企业的最终产品计算工业总产值。按这种方法计算的工业总产值,不允许同一产品价值在企业内部重复计算,不能把企业内部各个车间(分厂)生产的成果相加,但允许企业间的重复计算。

(3) 内容及计算方法:包括三项内容:即本期生产成品价值、对外加工费收入、在制品半成品期末期初差额价值三部分。

本期生产成品价值 指企业本期生产,并在报告期内不再进行加工,经检验、包装入库的全部工业成品(半产品)价值合计,包括企业生产的自制设备及提供给本企业在建工程、其他非工业部门和福利部门等单位使用的成品价值。本期生产成品价值为按自备原材料生产的产品的数量乘以本期不含增值税(销项税额)的产品实际销售平均单价计算;会计核算中按成本价格转帐的自制设备和自产自用的成品,按成本价格计算生产成品价值。生产成品价值中不包括用定货者来料加工的成品(半产品)价值。

对外加工费收入 指企业在报告期内完成的对外承接的工业品加工(包括用定货者来料加工产品)的加工费收入和对外工业修理作业所取得的加工费收入。对外加工费收入按不含增值税(销项税额)的价格计算,可根据会计"产品销售收入"科目的有关资料取得。

对于本企业对内非工业部门提供的加工修理设备安装的劳务收入如果企业会计核算基础较好,能取得这部分资料,而且这部分价值所占比重较大,应包括在对外加工费收入中。

自制半成品在制品期末期初差额价值 指企业报告期在制品期末减期初的差额价值,本指标一般可以从会计核算资料中取得。如果会计产品成本核算中不计算半成品、在制品的成本,则总产值中也不包括这部分价值,反之则包括。

(4) 工业总产值计算的几种具体规定:

①凡自备原材料(包括自备零部件)生产,不论其加工繁简程度如何,一律按全价,即包括自备原材料的价值,计算工业总产值。

②凡来料加工,加工企业只收取加工费,则加工企业一律按财务上结算的加工费计算工业总产值,即不包括定货者来料的价值。一般分两种情况:a、工业企业之间的来料加工,加工企业(即承包单位)按财务上结算的加工费计算工业总产值;委托加工的企业(即发包单位)按全价计算工业总产值。b、

工业企业与非工业企业之间的来料加工，当工业企业作为加工企业时一律按加工费计算工业总产值。

工业增加值　指工业企业在报告期内以货币表现的工业生产活动的最终成果。

工业增加值有两种计算方法：一是生产法，即工业总产出减去工业中间投入加上应交增值税；二是收入法，即从收入的角度出发，根据生产要素在生产过程中应得到的收入份额计算，具体构成项目有固定资产折旧、劳动者报酬、生产税净额、营业盈余，这种方法也称要素分配法。本年鉴中的工业增加值是以生产法计算的。

生产法工业增加值的计算方法为：

工业增加值 = 工业总产出 − 工业中间投入 + 应交增值税

(1) 工业总产出　指工业企业在一定时期内工业生产活动的总成果。工业总产出包括：成品生产价值，对外加工费收入，自制半成品、在产品期末期初差额价值。1995 年后用新规定计算的工业总产值代替。

(2) 工业中间投入　指工业企业在工业生产活动中消耗的外购物质产品和对外支付的服务费用。服务费用包括支付给物质生产部门(工业、农业、批发零售贸易业、建筑业、运输邮电业)的服务费用和支付给非物质生产部门(如保险、金融、文化教育、科学研究、医疗卫生、行政管理等)的服务费用。工业中间投入的确定须遵循以下原则：必须从外部购入的，并已计入工业总产出的产品和服务价值；必须是本期投入生产，并一次性消耗掉(包括本期摊销的低值易耗品等)的产品和服务价值。

工业中间投入包括直接材料费用、制造费用中的工业中间投入、管理费用中的工业中间投入、销售费用中的工业中间投入和利息支出五部分。

现行调查方案工业增加值及增加值率均采用收入法计算。

收入法工业增加值 = 本年折旧 + 劳动者报酬 + 生产税净额 + 营业盈余

（1）固定资产折旧　是一定时期内工业企业为弥补固定资产损耗，按照核定的固定资产折旧率提取的折旧额，反映固定资产在当期生产中转移价值。

（2）劳动者报酬　是指工业企业的劳动者因从事生产活动所获得的全部报酬，包括劳动者获得的各种形式的工资、奖金和津贴，既包括货币形式的，也包括实物形式的，还包括劳动者所享受的公费医疗和医药卫生费、上下班交通补贴、单位交付的社会保险费、住房公积金等。

（3）生产税净额是指工业企业的生产税减生产补贴后的余额。

（4）营业盈余是指工业企业创造的增加值扣除劳动者报酬、生产税净额和固定资产折旧后的余额。

资产总计　指企业拥有或控制的能以货币计量的经济资源，包括各种财产、债权和其他权利。资产按流动性分为流动资产、长期投资、固定资产、无形资产、递延资产和其他资产。该指标根据企业会计“资产负债表”中“资产总计”项目的期末数增列。

负债合计　指企业过去的交易或者事项形成的，预期会导致经济利益流出企业的现时义务。

所有者权益合计 指企业资产扣除负债后,由所有者享有的剩余权益。包括实收资本、资本公积、盈余公积、未分配利润等。

主营业务收入 指企业确认的销售商品、提供劳务等主营业务的收入。

主营业务成本 指企业经营主要业务所发生的成本总额。

主营业务税金及附加 指企业经营主要业务应负担的营业税、消费税、城市维护建设税、教育费附加等。

利润总额 指企业生产经营活动的最终成果,是企业在一定时期内实现的盈亏相抵后的利润总额(亏损以"–"号表示),它等于营业利润加上补贴收入加上投资收益加上营业外净收入再加上以前年度损益调整。

本年应交增值税 指企业在报告期内应交纳的增值税额。它等于本年销项税额加上出口退税加上进项税额转出数减去本年进项税额。小规模纳税企业直接按全年计税销售额乘以征收率计算取得。

年末从业人员平均人数 从业人员是指在企业工作并取得劳动报酬的全部人员数。包括在岗职工、再就业的离退休人员、民办教师及在企业工作的外方人员和港澳台方人员、兼职人员、借用的外单位人员和第二职业者。不包括离开本单位但仍保留劳动关系的职工。

总资产贡献率 反映企业全部资产的获利能力,是企业经营业绩和管理水平的集中体现,是评价和考核企业盈利能力的核心指标。

计算公式为:

总资产贡献率(%)=(利润总额+税金总额+利息支出)/平均资金总额×100%

公式中:税金总额为产品销售税金及附加与应交增值税之和;平均资产总额为期初期末资产之和的算术平均值。

资产负债率 该指标既反映企业经营风险的大小,也反映企业利用债权人提供的资金从事经营活动的能力。

计算公式为:

资产负债率(%)=负债总额/资产总额×100%

资产与负债均为报告期期末数。

流动资产周转次数 指一定时期内流动资产完成的周转次数,反映投入工业企业流动资金的周转速度。

计算公式为:

流动资产周转次数=产品销售收入/全部流动资产平均余额

公式中:全部流动资产平均余额为期初和期末的流动资产之和的算术平均值。

成本费用利润率 反映企业投入的生产成本及费用的经济效益,同时也反映企业降低成本所取得的经济效益。

计算公式为:

成本费用利润(%)= 利润总额 / 成本费用总额 ×100%

公式中: 成本费用总额为产品销售成本、销售费用、管理费用、财务费用之和。

全员劳动生产率　指根据产品的价值量指标计算的平均每一个从业人员在单位时间内的产品生产量。是考核企业经济活动的重要指标, 是企业生产技术水平、经营管理水平、职工技术熟练程度和劳动积极性的综合表现。目前我国的全员劳动生产率是将工业企业的工业增加值除以同一时期全部从业人员的平均人数来计算的。计算公式为:

全员劳动生产率 =工业增加值 / 全部从业人员平均人数

高技术工业　是指国民经济行业中 R&D 投入强度相对较高的制造业行业,包括医药制造、航空、航天器及设备制造, 电子及通讯设备制造, 计算机及办公设备制造, 医疗仪器设备及仪器仪表制造, 信息化产品制造等 6 大类。

Explanatory Notes on Main Statistical Indicators

Industry refers to the material production sector which engages in exploitation of natural resources as well as processing and reprocessing of extractive and agricultural products, including (1) exploitation of natural resources such as mining and evaporating brine in the sun to make salt (excluding hunting and fishing); (2) processing and reprocessing of farm and sideline products such as cereals and oils processing, food processing, silk reeling, spinning and weaving, textile processing as well as leather making; (3) processing and reprocessing of mining products such as iron smelting, steelmaking, chemicals manufacturing, petroleum processing, machine building and timber processing as well as production and supply of electricity, water and gas; (4) maintenance and renovation of industrial products such as maintenance of machinery and means of transportation (including small-sized sleeping cars).

In industrial statistics surveys, the units of investigation are industrial enterprises with independent accounting systems.

Industrial Enterprises with Independent Accounting Systems refer to enterprises engaging in industrial production and operating activities and they simultaneously meet the following requirements: (1) being enterprises established by law, owing exclusive names, organizations and sites and being capable of bearing civil liabilities; (2) possessing and utilizing assets independently, assuming liabilities, and having the right to sign contracts with other units; (3) being financially independent and capable of compiling balance sheets.

State-owned and State-holding Enterprises refer to state-owned enterprises plus State-holding enterprises. State-owned enterprises (originally known as State-run enterprises with ownership by the whole society or state-operated industry) refer to non-corporate economic entities registered in accordance with the Regulation of the People's Republic of China on the Management of Registration of Legal Enterprises and their total assets are owned by the State. Included in this category are State-owned enterprises, State-funded corporations and State-owned joint ownership enterprises. Joint State-private industries and private industries, which existed before 1957, were transformed into state-run industries since 1957 and into State-owned industries after 1992. Statistics on those enterprises are included in the state-owned industries when they are not filed separately. State-holding enterprises are classified as one branch of enterprises with mixed ownership under the title of state-owned holding and they referring to enterprises where the proportion of state assets (or shares of the state) is larger than any other single share holder of the same enterprises. This sub-classification illustrates the state's control over state-owned economy.

Light Industry refers to the industry that produces consumer goods and hand tools. It consists of two categories, depending on the raw materials used:

(1) Industries using farm products as raw materials. They are branches of light industry which directly or indirectly use farm products as basic raw materials, including the manufacture of food and beverages, tobacco processing, spinning and weaving, sewing, fur and leather manufacturing, paper making, printing, etc.

(2) Industries using non-farm products as raw materials. These are branches of light industry which use manufactured goods as raw materials, including manufacture of cultural, educational and sports articles, chemicals, synthetic fiber, glass products for daily use, metal products for daily use, hand tools, medical apparatus and instruments as well as manufacture of cultural and clerical machinery.

Heavy Industry refers to the industry, producing main capital goods, which provides a material and technological foundation for various sectors of the national economy. And it falls into three categories according to the feature of production and the usage of products:

(1) Extractive industry or logging industry refers to the industry that extracts natural resources such as extraction of petroleum, coal, metal and non-metal ores etc.

(2) Raw materials industry refers to the industry that provides various sectors of the national economy with basic materials, power, and fuels. Included in this category are smelting and calendaring of metals, coking and coke chemistry, chemical industry and chemical raw materials, cement and artificial boards as well as other industries like power industry, petroleum refining and coal processing.

(3) Manufacturing industry refers to the industry that reprocesses industrial raw materials, including mechanical equipments manufacturing industry which equips sectors of the national economy, industries of metal structure and cement products, industries providing means of production for agriculture such as chemical fertilizers and pesticides.

Gross Industrial Output Value

(1) Definition Gross Industrial Output Value refers to the total value of industrial products sold or industrial services provided in monetary terms in the given period. It reflects the overall scale and aggregate level of industrial production in the given period.

(2) Principles of calculation:

Principle of Calculating Industrial Products refers to all products, if produced by enterprises and verified to meet designated standards during the reference period, whether they are sold or not during the reference period their value shall be added to gross industrial output value.

Principle of Checking Final Products refers to all products that are included in the calculation of gross industrial output value are final products of enterprises which have been verified to meet designated standards and required no further processing. If an enterprise has intermediate (semi-finished) products to sell, these intermediate products shall be considered as the final products of the enterprise.

Principle of Factory Approach refers to industrial enterprise shall be used as the basic accounting unit in calculating the gross industrial output value. By this approach, value of the same product shall not be double counted and the output value of different workshops (branch factories) shall not be added together. However, this approach does not exclude the possibility of double counting among enterprises.

(3) Content and Calculating Method Three parts are included: value of current finished products, income from outward processing as well as the change of value in semi-finished and finished products between the end and the beginning of the reference period.

Value of Current Finished Products refers to the total value of all finished (semi-finished) industrial products, including the value of self-made equipments as well as the value of products provided for the same enterprise's projects under construction and for other non-industrial or welfare units. And those products are produced during the reference period that are verified to meet designated standards, without the need for further processing, packed and put into the warehouse of enterprises. Value of current finished products is calculated at the product of average actual selling unit prices of products sold during the reference period, excluding value-added tax (substituted money on value-added tax), and the quantity of products produced with own materials during the reference period. Own-produced equipments and products produced for own usage is valued at cost prices as in the case of enterprise accounting. Value of current finished products does not include the value of finished products (semi-finished products) that are produced using the materials from the clients who make the orders.

Income from Outward Processing refers to income from contracted processing of industrial products (including processing of industrial products using materials from clients) and income from industrial repairing work provided to other units. Income from outward processing can be calculated at statistics titled "sales revenue" from relative accounting information, if not calculated at prices excluding value-added tax (substituted money on value-added tax).

For income from services such as processing, repairing and installation of equipment provided to non-industrial units within the enterprise, if the accounting information of the enterprise is good enough and accessible and the value of such services account for a major proportion in the gross industrial output value, it shall also be included in the income from outward processing.

Change of Value in Finished and Semi-finished Products between the End and the Beginning of the Reference Period refers to the gap of value in finished and semi-finished products between the end and the beginning of the reference period, whose indicators generally can be obtained from accounting records of enterprises. If enterprise accounting excludes the cost of semi-finished products and products being processed, then the value of those products shall not be included in the gross industrial output value, or otherwise.

(4) Stipulations on the Calculating of Gross Industrial Output Value

First, all products produced with own raw materials, including components and parts, are to be calculated at full price, whether the procedure of production is complicated or not. Namely, in the process of calculating gross industrial output value, the value of raw materials used shall be included.

Second, for outward processing, processing enterprises only take processing charges and gross industrial output value of these enterprises shall be calculated at processing charges recorded in settled accounts. Namely, the value of materials provided by clients shall be added to gross industrial output value of these enterprises. Generally speaking, there are two cases: a) outward processing among industrial enterprises. In this case, processing industries (contractor units) shall calculate gross industrial output value at processing charges recorded in settled accounts but enterprises (consignors) entrust the task of manufacturing consignment shall calculate gross industrial output value at full price; b) outward processing between industrial enterprises and non-industrial enterprises. In this case, industrial enterprises serving as processing enterprises shall only calculate gross industrial output value at processing charges.

Industrial Added Value refers to the final results of industrial production of industrial enterprises in monetary terms during the reference period. Specifically, there are two approaches of calculating industrial added value. The first one is production approach. With this approach, the added value shall be the result after gross industrial output value minus intermediate input and then plus value-added tax. The second one is income approach. With this approach, from the perspective of incomes, the added value shall be calculated at the revenue shares of production factors used in the course of production, including depreciation of fixed assets, remunerations of laborers, net production tax, and operating surplus. Thus this approach is also called method of faltor distribution. Industry added value in this Yearbook is calculated with production approach, also called the approach of production factors, as follows:

Industrial added value = gross industrial output - industrial intermediate input + value-added tax

(1) Gross industrial output refers to the total achievements of industrial production during a given period. Gross industrial

output includes value of finished products, income from outward processing, and change of value in self-made semi-finished products and products being processed between the end and the beginning of the reference period. Since 1995, it was substituted by the gross industrial output value calculated with new rules.

(2) Industrial intermediate input refers to purchased material products consumed during the industrial production of enterprises and services fees. Fees paid for services include fees paid for the services provided by material production sectors (industry, agriculture, wholesale and retail trades, construction, transport, post and telecommunications) and by non-material production sectors (insurance, banking, culture, education, scientific research, health and medical care, public administration, etc.). The determination of industrial intermediate input shall adhere to the following principles: a) goods and services shall be purchased and their value shall be added to the gross industrial output; b) goods and services purchased shall be put into production during the reference period and wholly consumed once (include low value consumables amortized during the reference period).

Industrial intermediate input includes 5 components, namely direct material cost, industrial intermediate input in manufacturing expenses, industrial intermediate input in administrative expenses industrial intermediate input in marketing expenses and interest expenses.

At present, industrial added value and its growth rate are both calculated with income approach.

Industrial added value = depreciation in current year + laborers' remuneration + net taxes on production+ operating surplus

(1) Depreciation of Fixed Assets refers to amount of depreciation which is extracted according to approved fixed assets depreciation rate for the purpose of making up the wear and tear of fixed assets during a given period and it reflects the value added during the process of transferring fixed assets in the reference period.

(2) Laborers' Remuneration refers to all the payments laborers gained from production activities, including all kinds of wages, bonuses and allowances, in monetary or substantial form. Still, it includes such expenses as state expenses for medical services, medical care expenses, traffic subsidies, social insurance expenses paid by enterprises and housing accumulation fund.

(3) Net Taxes on Production refer to the results gained by using industrial enterprises' production taxes to subtract production subsidies.

(4) Operating Surplus refers to the results gained by using industrial enterprises' added value to subtract laborers' remuneration, net taxes on production and depreciation of fixed assets.

Total Assets refer to all economic resources, in monetary terms, owned or controlled by enterprises, including properties, creditors' equity and other economic rights of all forms. According to liquidity of assets, total assets can be classified into current assets, long-term investment, fixed assets, intangible assets and deferred assets and other assets. Data on this indicator can be obtained from the year-end figures of total assets in enterprises' balance sheets.

Total Liability refers to current obligations which are formed in past trades or other activities and expected to bring about losses of economical interests.

Total Owners' Equity refers to the residual equity gained by using enterprise assets to subtract liabilities. It includes paid-in capital, capital reserves, surplus reserves, undistributed profits, etc.

Revenue from Principal Business refers to the income confirmed from the principal businesses such as selling products and providing labor services.

Cost of Principal Business refers to the total cost occurred in the principal business of the enterprise.

Tax and Extra Charges on Principal Business refers to the sale tax, consumption tax, urban maintenance, construction tax and education expenses shouldered by the enterprise from its principal business.

Total Profits refer to the final achievements of production and operating activities of enterprises. It is the profits gained by using total profits to deduct losses (loss is represented by "-") or the total sum of operating profits, subsidize revenue, investment earnings, non-operating revenue and allocations of previous years' profits and losses.

Value-added Tax Payable in the Current Year refers to the amount of the value-added tax which should be paid by the enterprises during the reference period. It is the amount gained by using the sum of value-added tax on sales, export rebates and transferred tax on purchases of the current year to minus the tax on purchases of the current year. Value-added tax payable of small-size enterprises is gained by using the taxable sales of the year to multiply the tax rate.

Average Annual Number of Employed Persons at the Year-end refers to all those who are employed in enterprises and receive remunerations there, including on-post staff, retirees who are re-employed, teachers of local-run schools, staff (work in enterprises) from abroad, Hong Kong, Macao and Taiwan, part-time employees, employees of other units temporarily working in the enterprises as well as persons with second jobs but excluding former employees who left their original enterprises with their employment records still being kept by the enterprises.

Ration of Profits, Taxes and Interests to Average Assets reflects the profit-making capability of all assets of enterprises and is a key indicator manifesting enterprises' operating performance and management level and evaluating the profit-making potential of enterprises. The design formula is as follows:

$$\text{Ratio of Profits, Taxes and Interests to Average Assets(\%)} = \frac{\text{total profits+ total taxes+ interest payment}}{\text{average assets}} \times 100\%$$

In the above formula, total taxes is the sum of tax and extra charges on the sales of products and value-added tax payable; and average assets is the arithmetic mean value between total assets at the beginning of a given period and total assets at the end of the same period.

Ratio of Debts to Assets reflects both the operation risk and the capability of the enterprise in making use of the capital from the creditors. The design formula is as follows:

Ratio of Debts to Assets (%) = (total debts / total assets) × 100%

Both assets and debts are figures at the end of the reference period.

Times of Turnover of Current Assets refers to the number of turnover of current assets in a given period, which reflects the speed of the turnover of current assets of industrial enterprises. The design formula is as follows:

Times of turnover of current assets = sales revenue / average balance of total current assets

In the above formula, average balance of total current assets refers to the arithmetic mean value between the sum of current assets at the beginning and at the end of the reference period.

Ratio of Profits to Total Industrial Costs refers to the ratio of profits realized in a given period to the total costs in the same period, which reflects the economic efficiency achieved by reducing cost. The design formula is as follows:

Ratio of profits to total industrial cost (%) = (total profits / total costs)×100%

Total costs in the above formula are the sum of cost of products sold, marketing expenses, administrative expense and financial cost.

Overall Labor Productivity refers to the value of products produced by an employed person in unit time and the value is calculated according to indicators of output value. It is an important indicator of economic activities of enterprises and at the same time an integrate manifestation of enterprises' level of production, technology, operation and management as well as staff's technical proficiency and labor enthusiasm. At present, industrial added value and average number of employed persons of industrial enterprises in a given period are used to calculate the overall labor productivity. The design formula is as follows:

Overall labor productivity = industrial added value / average number of employed persons

Hi-tech Industry refers to the manufacturing industry with high R&D devotion intensity in the national economy, including 6 categories: pharmaceutical manufacturing; aviation, spacecraft and equipment manufacturing; electronic and communication equipment manufacturing; computer and office equipment manufacturing; medical instrument and apparatus manufacturing and information product manufacturing.

建筑业

Construction

8-1 建筑业主要指标
Main Economic Indicators on Construction Enterprises

指　标	Item	2016	2017	2018	2019	2020	2020年比2019年增长(%) Growth Rate in 2020 over 2019 (%)
建筑业企业个数 (个)	**Number of Construction Enterprises (unit)**	**292**	**320**	**319**	**344**	**389**	**13.1**
年末从业人员 (万人)	Number of Emplyed Persons at the Year-end (10000 persons)	44.25	43.64	47.21	45.86	55.31	20.62
自有固定资产原价 (亿元)	Fixed Assets Owned(original value) (100 million yuan)	99.68	97.69	118.84	121.73	131.68	8.17
自有固定资产净价 (亿元)	Fixed Assets Owned(net value) (100 million yuan)	48.53	89.57	63.45	63.37	64.94	2.48
建筑业总产值 (亿元)	**Gross Output Value of Construction (100 million yuan)**	**1562.10**	**1836.10**	**2047.08**	**2314.47**	**2546.86**	**10.04**
房屋建筑施工面积 (万平方米)	**Floor Space of Buildings under Construction (10000 sq.m)**	**9304.67**	**9579.57**	**8359.18**	**8598.24**	**9916.85**	**15.34**
房屋建筑竣工面积 (万平方米)	**Floor Space of Buildings Completed (10000 sq.m)**	**1579.00**	**2062.15**	**2459.72**	**2215.40**	**1898.69**	**-14.30**
利润总额 (亿元)	Total Profits (100 million yuan)	30.19	50.34	50.84	65.93	86.25	30.82
劳动生产率 (元/人)	Overall Labor Productivity (yuan/person)	353017	420738	433618	504689	508203	0.7
产值利润率 (%)	Ratio of Profit to Gross Output Value (%)	1.9	2.7	2.5	2.9	3.4	16.8
产值利税率 (%)	Ratio of Pre-tax Profit to Gross Output Value (%)	4.5	2.4	2.7	2.1	3.6	73.3

注：2016年起建筑业数为有工作量的企业数据（以下相关表同）。
The number of construction is the enterprises with work load from 2016. (the same as in the following table)

8-2 总承包及专业承包建筑业企业主要经济指标
Main Economic Indicator on Construction Enterprises of General and Professional Contractors

指 标	Item	2016	2017	2018	2019	2020	2020年比2019年增长（%） Growth Rate in 2020 over 2019 (%)
从业人员（万人）	Number of Employed Persons (10 000 persons)	44.25	43.64	47.21	45.86	55.31	20.6
自有固定资产原价（亿元）	Fixed Assets (original value) (100 million yuan)	99.68	97.69	118.84	121.73	131.68	8.2
自有固定资产净价（亿元）	Fixed Assets (net value) (100 million yuan)	48.53	89.57	63.45	63.37	64.94	2.5
建筑业总产值（亿元）	Gross Output Value of Construction (100 million yuan)	1562.1	1836.10	2047.08	2314.47	2546.86	10.0
施工面积（万平方米）	Floor Space of Buildings Under Construction (10 000 sq.m)	9304.67	9579.57	8359.18	8598.24	9916.85	15.3
竣工面积（万平方米）	Floor Space of Buildings Completed (10 000 sq.m)	1579	2062.15	2459.72	2215.40	1898.69	-14.3
利润总额（亿元）	Total Profits (100 million yuan)	30.19	50.34	50.84	65.93	86.25	30.8
劳动生产率（元/人）	Overall Labor Productivity (yuan/person)	353017	420738	433618	504689	460429	-8.8
产值利润率（%）	Ratio of Profit to Gross Output Value (%)	1.9	2.7	2.5	2.9	3.4	0.5个百分点
产值利税率（%）	Ratio of Pre-tax Profit to Gross Output Value (%)	4.5	2.4	2.7	2.1	3.6	1.5个百分点

8-3 总承包及专业承包建筑企业生产情况(2020年)

单位:个、万元

指　标	Item	建筑业企业个数 Number of Construction Enterprises	合同情况 #有工作量的建筑业企业 Enterprises Having Project	#亏损企业 Losing Enterprises
总　计	**Total**	**389**	**389**	**76**
#国有及国有控股企业	State-owned and State-controlled Construction Enterprises	68	68	9
按登记注册类型分	**By Status of Registration**			
内资企业	Domestic Funded	389	389	76
国有企业	State-owned Enterprises	6	6	1
集体企业	Collective-owned Enterprises	7	7	3
股份合作企业	Cooperative Enterprises			
联营企业	Joint Ownership Enterprises			
有限责任公司	Limited Liability Corporations	117	117	19
股份有限公司	Share-holding Corporations Ltd.	6	6	1
私营企业	Private Enterprises	253	253	52
按国民经济行业分	**By Sector**			
房屋建筑业	House Building	175	175	43
土木工程建筑业	Building and Civil Engineering	120	120	19
建筑安装业	Construction Installation	44	44	4
建筑装饰和其他建筑业	Construction Decoration and Others	50	50	10
建筑装饰业	Construction Decoration	28	28	6
工程准备活动	Project Preparation	11	11	2
提供施工设备服务	Construction Equipment Providing	1	1	1
其他未列明建筑业	Others not listed	10	10	1
按隶属关系分	**By Administrative Division**			
中　央	Central Government	18	18	4
地　方	Local Government	61	61	7
其　他	Others	310	310	65
按企业资质等级分	**By Qualification Grade**			
施工总承包	Construction of General Contractors	284	284	55
特　级	Special Grade	9	9	
一　级	First Grade	46	46	3
二　级	Second Grade	138	138	29
三级及以下	Third Grade and Below	91	91	23
专业承包	Speciality Contractors	105	105	21
一　级	First Grade	18	18	2
二　级	Second Grade	43	43	6
三级及以下	Third Grade and Below	44	44	13
按营业状态分	**By Operation Status**			
营　业	In Business or Operating	383	383	73
停　业(歇业)	Closed	5	5	2
其　他	Others	1	1	1
按控股情况分	**By Share-holding**			
国有控股	State-owned and State-controlled Enterprises	68	68	9
集体控股	Collective Share-holding Enterprises	14	14	5
私人控股	Private Share-holding Enterprises	292	292	60
港澳台商控股	Hong Kong, Macao and Taiwan Share-holding Enterprises			
其　他	Others	15	15	2

Main Indicators on Construction Enterprises of General and Professional Contractors(2020)

(unit;10 000 yuan)

Contracts Signed by Construction Enterprises		承包工程完成情况 Completion of Contracted Projects						
# 签订的合同额 Value from Signed Contracts	# 本年新签合同额 Value from New Contracts Signed in This Year	直接从建设单位承揽工程完成的产值 Completed Output Value of Projects Contracted Directly from Investors	自行完成施工产值 Own-completed Output Value	分包出去工程的产值 Output Value of Out-sourced Projects	从建设单位以外承揽工程完成的产值 Completed Output Value of Projects Contracted from Non-investors	建筑业总产值 Total Output Value	# 装饰装修产值 Output Value of Decoration	# 在外省完成的产值 Output Value of Construction Fulfilled Outside of Guizhou Province
86234067	**40864384**	**25757163**	**25694540**	**62623**	**293578**	**254685609**	**438932**	**10319648**
56676977	25323938	16823863	16797365	26499	54866	16852231	134197	8707422
86234067	40864384	25757163	25694540	62623	293578	25988118	438932	10319648
465787	126207	304380	304380		400	304780		
304623	116402	140752	140752		11	140763		
74249175	36767609	22337566	22310859	26707	178274	22489133	367711	9758712
3241868	1227758	765059	764396	663	9777	774174		486742
7972614	2626409	2209406	2174153	35254	105116	2279269	71221	74194
48755434	23223001	13301110	13267242	33868	214749	13481992	340921	4313368
31827199	14287769	10123924	10106943	16981	58398	10165341	12844	5246189
2861832	1848364	1690577	1680369	10208	9601	1689970		526105
2789602	1505250	641552	639986	1566	10829	650815	85168	233987
1051680	627664	292420	290854	1566	4192	295046	79478	33219
1631189	796389	294797	294797		6552	301349	403	197752
189	189	189	189			189		
106545	81008	54146	54146		85	54231	5287	3016
33187301	16581620	8753314	8753314			8753314	126298	6315204
40985559	19024550	13676566	13668690	7876	172716	13841406	194537	3671088
12061207	5258215	3327284	3272537	54748	120862	3393399	118097	333357
83021815	39282133	24732431	24680632	51799	280050	24960682	241044	10049213
34106188	16225124	11412555	11412555		97126	11509681	79910	6116619
42603087	19616477	10865547	10858470	7077	65071	10923541	128141	3823007
4471562	2497378	1670963	1641817	29146	68448	1710265	23179	78166
1840979	943154	783367	767791	15576	49404	817196	9814	31422
3212252	1582251	1024732	1013908	10824	13528	1027436	197888	270435
1665335	741766	273771	273771			273771	24035	127486
1267908	662023	602375	591608	10767	13478	605086	173726	132935
279010	178463	148586	148529	57	50	148579	127	10014
86166368	40850608	25713436	25655638	57798	293578	25949216	430165	10319648
48024	11176	41060	36235	4826		36235	8767	
19675	2600	2667	2667			2667		
56676977	25323938	16823863	16797365	26499	54866	16852231	134197	8707422
3035148	1590168	1074190	1074190		22649	1096839	42653	243416
8834993	3005272	2517930	2481805	36125	114049	2595854	102256	113051
17686950	10945006	5341180	5341180		102014	5443194	159827	1255759

8-3 续表 1

单位：万元、万平方米

指标	Item	建筑工程产值 Output Value of Construction	安装工程产值 Output Value of Installation	其他产值 Others	竣工产值 Output Value of Buildings Completed	房屋建筑施工面积 Floor Space under Construction
总计	**Total**	**21573237**	**2945312**	**1469569**	**8615030**	**9916.85**
#国有及国有控股企业	State-owned and State-controlled Construction Enterprises	14410390	2133130	308710	2949647	3775.17
按登记注册类型分	**By Status of Registration**					
内资企业	Domestic Funded	21573237	2945312	1469569	8615030	9916.85
国有企业	State-owned Enterprises	275684		29096	3280	97.52
集体企业	Collective-owned Enterprises	137409	3313	41	52928	119.66
股份合作企业	Cooperative Enterprises					
联营企业	Joint Ownership Enterprises					
有限责任公司	Limited Liability Corporations	18562758	2642812	1283563	7569976	8427.91
股份有限公司	Share-holding Corporations Ltd.	752288	4833	17053	156321	240.65
私营企业	Private Enterprises	1845099	294354	139816	832525	1031.10
按国民经济行业分	**By Sector**					
房屋建筑业	House Building	11726631	635162	1120199	7461861	9404.55
土木工程建筑业	Building and Civil Engineering	8537860	1520011	107471	859251	208.35
建筑安装业	Construction Installation	730795	755538	203637	134867	100.58
建筑装饰和其他建筑业	Construction Decoration and Others	577952	34601	38262	159051	203.36
建筑装饰业	Construction Installation	266782	26067	2197	141887	198.08
工程准备活动	Project Preparation	294274		7075	2756	5.29
提供施工设备服务	Construction Equipment Providing		189			
其他未列明建筑业	Others	16896	8345	28990	14408	
按隶属关系分	**By Administrative Division**					
中央	Central Government	6979143	1736172	37998	2138555	1370.20
地方	Local Government	11785984	784331	1271090	5326650	7299.14
其他	Others	2808110	424808	160481	1149825	1247.51
按企业资质等级分	**By Qualification Grade**					
施工总承包	Construction of General Contractors	20839157	2694733	1426793	8281325	9646.53
特级	Special Grade	10390932	171737	947011	2386180	4115.85
一级	First Grade	8255272	2303427	364843	5160595	4824.16
二级	Second Grade	1471285	171510	67470	417752	391.07
三级及以下	Third Grade and Below	721668	48059	47469	316798	315.44
专业承包	Speciality Contractors	734080	250579	42776	333705	270.32
一级	First Grade	226526	38312	8933	89152	52.84
二级	Second Grade	467439	112359	25287	197103	217.32
三级及以下	Third Grade and Below	40115	99908	8556	47450	
按营业状态分	**By Operation Status**					
营业	In Business or Operating	21550511	2929136	1469569	8610659	9906.15
停业（歇业）	Closed	20059	16176		4371	10.01
其他	Others	2667				0.69
按控股情况分	**By Share-holding**					
国有控股	State-owned and State-controlled Enterprises	14410390	2133130	308710	2949647	3775.17
集体控股	Collective Share-holding Enterprises	1035318	61481	41	672978	531.22
私人控股	Private Share-holding Enterprises	2106129	326770	162955	950670	1139.23
港澳台商控股	Hong Kong, Macao and Taiwan Share-holding Enterprises					
其他	Others	4021400	423931	997863	4041736	4471.23

(Continued)

(10 000 yuan;10 000 sq.m)

#本年新开工面积 Newly Started Buildings This Year	年末自有施工机械设备(净值)(万元) Machinery and Equipment Owned at Year-end (Net Value) (10 000yuan)	年末自有施工机械设备(总台数)(台) Total Number of Machinery and Equipment Owned at Year-end (set)	年末自有施工机械设备(总功率)(万千瓦) Total Power of Machinery and Equipment Owned at Year-end (10 000kw)	从事建筑业活动的平均人数(人) Average Number of Employed Persons in Construction (person)	建筑业企业期末人数(人) Number of Employed Persons in Construction Enterprises at Year-end (person)	房屋建筑竣工面积 Floor Space of Building Completed	#住宅房屋 Residential Building	商业及服务用房屋 Business Building	办公用房屋 Office Building	科研、教育、医疗用房屋 Scientific Research Educational and Medical Buildings
3864.63	**312481**	**37965**	**258.47**	**553148**	**500997**	**1898.69**	**1410.76**	**154.14**	**623.96**	**1300.50**
1497.94	259477	34255	163.21	320127	249799	563.92	415.06	71.79	327.84	178.86
3864.63	312481	37965	258.47	553148	500997	1898.69	1410.76	154.14	623.96	1300.50
	8553	292	3.42	3853	4891					
31.60	1455	204	0.17	2891	3143	17.16	9.17	7.76	2.25	
3270.82	253473	30534	225.67	474702	419083	1637.87	1218.83	130.88	526.43	1217.54
111.02	15208	4476	20.65	6278	6151	68.75	53.77	8.62	30.20	25.05
451.09	33792	2459	8.55	65424	67729	174.82	128.89	6.88	65.07	57.91
3601.79	58650	8819	38.54	272932	275240	1865.02	1395.09	154.14	618.34	1272.23
96.55	249477	27678	215.32	202670	160937	17.05	7.72		0.60	28.27
78.56	1928	888	3.02	54026	24337	7.48	7.48			
87.73	2426	580	1.58	23520	40483	9.14			5.01	
87.73	352	200		18927	36375	9.14			5.01	
	1858	49		2501	2201					
				10	12					
	216	331	1.21	2082	1895					
642.95	177704	19644	129.99	174680	137197	290.09	190.95	60.75	127.17	91.58
2624.62	91913	15474	118.93	267767	246979	1367.17	1051.22	70.05	431.35	1128.60
597.06	42863	2847	9.55	110701	116821	241.43	168.59	23.35	65.43	80.33
3816.78	308910	37108	254.55	534354	483847	1823.93	1387.44	103.55	618.94	1300.50
1657.20	224771	24269	139.93	207254	188229	700.80	575.70	22.89	341.39	382.88
1907.23	45296	9414	104.45	250808	227706	991.58	732.93	66.02	214.89	865.22
177.62	25638	2838	8.43	53801	47177	53.43	29.74	3.11	19.53	35.16
74.74	13205	587	1.74	22491	20735	78.12	49.07	11.53	43.14	17.25
47.85	3571	857	3.92	18794	17150	74.76	23.32	50.59	5.01	
20.28	1442	415	2.72	4240	2878	23.36	22.85			
27.41	1439	225	1.01	6905	6746	51.24		50.27	5.01	
	691	217		7649	7526					
3862.66	312256	37955	258.42	542493	496519	1898.69	1410.76	154.14	623.96	1300.50
1.29	224	10		10542	4375					
0.69				113	103					
1497.94	259477	34255	163.21	320127	249799	563.92	415.06	71.79	327.84	178.86
166.74	7419	372	83.86	24101	26900	84.99	33.74	7.76	78.85	122.01
462.97	36301	2774	9.59	75692	77371	201.45	148.92	9.23	66.29	80.33
1736.99	9283	564	1.81	133228	146927	1048.32	813.05	65.36	150.98	919.30

8-3 续表 2

单位：万平方米；万元

指　标	Item	文化、体育、娱乐用房屋 Buildings for Culture, Sports and Entertainment	厂房及建筑物 Workshop	仓　库 Storehouse
总　计	**Total**	**9.58**	**102.27**	**9916.85**
#国有及国有控股企业	State-owned and State-controlled Construction Enterprises	1.76	12.26	3775.17
按登记注册类型分	**By Status of Registration**			
内资企业	Domestic Funded	9.58	102.27	9916.85
国有企业	State-owned Enterprises			97.52
集体企业	Collective-owned Enterprises			119.66
股份合作企业	Cooperative Enterprises			
联营企业	Joint Ownership Enterprises			
有限责任公司	Limited Liability Corporations	7.33	82.57	8427.91
股份有限公司	Share-holding Corporations Ltd.	0.82		240.65
私营企业	Private Enterprises	1.43	19.71	1031.10
按国民经济行业分	**By Sector**			
房屋建筑业	House Building	9.57	91.76	9404.55
土木工程建筑业	Building and Civil Engineering		2.34	208.35
建筑安装业	Construction Installation			100.58
建筑装饰和其他建筑业	Construction Decoration and Others		8.17	203.36
建筑装饰业	Construction Installation		8.17	198.08
工程准备活动	Project Preparation			5.29
提供施工设备服务	Construction Equipment Providing			
其他未列明建筑业	Others			
按隶属关系分	**By Administrative Division**			
中　央	Central Government	1.76	5.63	1370.20
地　方	Local Government	6.40	68.77	7299.14
其　他	Others	1.43	27.87	1247.51
按企业资质等级分	**By Qualification Grade**			
施工总承包	Construction of General Contractors	9.40	102.11	9646.53
特　级	Special Grade	0.82	21.34	4115.85
一　级	First Grade	7.15	61.22	4824.16
二　级	Second Grade	1.40	8.35	391.07
三级及以下	Third Grade and Below		11.19	315.44
专业承包	Speciality Contractors			270.32
一　级	First Grade			52.84
二　级	Second Grade			217.32
三级及以下	Third Grade and Below			
按营业状态分	**By Operation Status**			
营　业	In Business or Operating	9.58	102.27	9906.15
停　业（歇业）	Closed			10.01
其　他	Others			0.69
按控股情况分	**By Share-holding**			
国有控股	State-owned and State-controlled Enterprises	1.76	12.26	3775.17
集体控股	Collective Share-holding Enterprises	3.74	15.83	531.22
私人控股	Private Share-holding Enterprises	1.43	21.28	1139.23
港澳台商控股	Hong Kong, Macao and Taiwan Share-holding Enterprises			
其　他	Others	2.66	52.90	4471.23

(Continued)

(10 000 sq.m;10 000 yuan)

竣工房屋价值 Value of Buildings Completed	# 住宅房屋 Residential Buildings	商业及服务用房屋 Business Buildings	办公用房屋 Office Buildings	科研、教育、医疗用房屋 Scientific Research, Educational and Medical Buildings	文化、体育、娱乐用房屋 Buildings for Culture,Sports and Entertainment	厂房及建筑物 Workshop	仓库 Storehouse
4398423	**2961050**	**278156**	**136083**	**391745**	**20011**	**409971**	**24448**
1214103	708291	150216	45977	50795	4128	168171	17506
4398423	2961050	278156	136083	391745	20011	409971	24448
200	200						
31439	15675	15356	408				
3960912	2628548	235414	124774	374429	17700	387248	23663
148287	119329	18594	3700	5015	1649		
257585	197298	8792	7201	12301	662	22722	785
4329571	2920332	278156	134841	390001	20008	392886	24112
37145	20552		33	1743	3	6755	336
18512	18512						
13195	1655		1210			10330	
13195	1655		1210			10330	
786255	394098	127380	26034	25785	4128	139811	
3270422	2318007	120578	102741	352986	15221	237108	23663
341746	248945	30198	7308	12974	662	33052	785
4258628	2925129	176621	134873	391745	19197	409656	24448
1537896	957114	52445	48706	112856	1649	288306	
2526263	1842812	100028	79662	271954	16886	98942	23663
82022	53854	4635	1857	2859	630	9911	660
112447	71349	19513	4649	4076	33	12497	125
139795	35921	101535	1210		814	315	
36072	34266	992			814		
103408	1655	100543	1210				
315						315	
4398423	2961050	278156	136083	391745	20011	409971	24448
1214103	708291	150216	45977	50795	4128	168171	17506
213427	70839	15356	27263	46822	626	35508	10
288493	223565	11322	7423	12974	662	23745	917
2682400	1958355	101262	55420	281154	14595	182546	6016

8-4 总承包及专业承包建筑业企业财务状况 (2020 年)

单位：万元

指 标	Item	年初存货 Stock at Year-beginning	年末资产负债 流动资产合计 Total Current Assets	应收工程款 Accounts Receivable	在建工程 Projects Under Construction
总 计	**Total**	**5949508**	**36086749**	**10615638**	**271773**
#国有及国有控股企业	State-owned and State-controlled Construction Enterprises	4707967	24264721	5654269	199030
按登记注册类型分	**By Status of Registration**				
内资企业	Domestic Funded	5949508	36086749	10615638	271773
国有企业	State-owned Enterprises	143877	528843	189370	
集体企业	Collective-owned Enterprises	10921	31581	2592	
股份合作企业	Cooperative Enterprises				
联营企业	Joint Ownership Enterprises				
有限责任公司	Limited Liability Corporations	5300088	30388618	8402344	231251
股份有限公司	Share-holding Corporations Ltd.	36337	1292303	391735	
私营企业	Private Enterprises	458286	3845404	1629597	40522
按国民经济行业分	**By Sector**				
房屋建筑业	House Building	1906359	18203751	6067935	95937
土木工程建筑业	Building and Civil Engineering	3326734	14395974	2960794	134748
建筑安装业	Construction Installation	601365	2134511	949641	40509
建筑装饰和其他建筑业	Construction Decoration and Others	115051	1352513	637268	578
建筑装饰业	Construction Installation	83024	560275	137168	133
工程准备活动	Project Preparation	24694	722037	460800	445
提供施工设备服务	Construction Equipment Providing		197	180	
其他未列明建筑业	Others	7333	70004	39120	
按隶属关系分	**By Administrative Division**				
中 央	Central Government	158862	9586115	2246466	5661
地 方	Local Government	5101538	20739134	6049329	213366
其 他	Others	689108	5761501	2319843	52746
按企业资质等级分	**By Qualification Grade**				
施工总承包	Construction of General Contractors	5779323	34845877	10134421	269614
特 级	Special Grade	1637036	15227213	3424801	49486
一 级	First Grade	3718946	15920988	5554513	164329
二 级	Second Grade	312964	2150893	745722	42818
三级及以下	Third Grade and Below	110377	1546782	409385	12981
专业承包	Speciality Contractors	170185	1240871	481218	2159
一 级	First Grade	47776	346035	165833	142
二 级	Second Grade	83688	678834	250408	397
三级及以下	Third Grade and Below	38721	216002	64977	1620
按营业状态分	**By Operation Status**				
营 业	In Business or Operating	5948470	36057826	10607983	261473
停 业(歇业)	Closed	1038	13267	4066	10
其 他	Others				10290
按控股情况分	**By Share-holding**				
国有控股	State-owned and State-controlled Enterprises	4707967	24264721	5654269	199030
集体控股	Collective Share-holding Enterprises	102609	1128943	349241	359
私人控股	Private Share-holding Enterprises	511050	4388122	1748395	70913
港澳台商控股	Hong Kong, Macao and Taiwan Share-holding Enterprises				
其 他	Others	627882	6304963	2863733	1471

Financial State for Construction Enterprises of General and Professional Contractors(2020)

(10 000 yuan)

Asset-liability at Year-end						
资产合计 Total Assets	流动负债合计 Total Working Liabilities	应付账款 Accounts Payable	负债合计 Total Liabilities	所有者权益合计 Total Owner's Equities	# 实收资本 Paid-in Capitals	# 个人资本 Personal Capital
41035984	**29477744**	**13631577**	**32721284**	**8314700**	**3407197**	**192311**
28714197	20256789	8443314	22020887	6693311	2537334	11186
41035984	29477744	13631577	32721284	8314700	3407197	192311
612314	316615	110404	533697	78616	42964	
34695	27518	4013	27610	7085	5476	
34779300	25161002	11940862	27560346	7218954	2652981	33246
1478230	945516	662843	1255176	223054	130180	20615
4131446	3027094	913456	3344454	786992	575596	138450
19154531	15235389	8664531	16936767	2217764	1250838	87870
17991766	11618716	3791725	12771109	5220656	1663113	74608
2393413	1738975	657276	1817820	575593	333851	8876
1496275	884664	518045	1195588	300687	159395	20957
606671	263223	218001	520567	86105	38224	8151
817278	573910	279295	624325	192952	103986	8432
252	102	78	102	150	150	
72074	47430	20671	50594	21480	17035	4375
11379931	8786083	3685271	9538784	1841147	1243111	2709
23433602	16075637	8403144	18159509	5274093	1323617	33927
6222452	4616024	1543162	5022991	1199460	840470	155675
39693474	28510990	13203942	31687645	8005828	3218543	164888
18653755	13404092	5753326	15694292	2959463	1381556	
16951906	12189227	6495447	12755658	4196249	1243089	54450
2445911	1655135	541036	1822172	623739	449978	95852
1641902	1262536	414133	1415523	226378	143919	14585
1342511	966754	427635	1033639	308872	188654	27424
364259	308012	137067	313071	51188	38040	8820
731992	522886	230749	569519	162473	98092	8702
246260	135857	59819	151049	95211	52523	9902
41004550	29455790	13616418	32697422	8307128	3399180	190294
15476	5266	1045	6691	8786	8017	2017
15958	16689	14114	17171	-1213		
28714197	20256789	8443314	22020887	6693311	2537334	11186
1151293	1031414	674935	1032158	119135	40161	
4733108	3440006	1016012	3797120	935987	677337	172270
6437387	4749535	3497316	5871120	566267	152365	8856

8-4 续表

单位：万元

指　标	Item	损益及分配			
		营业收入 Business Revenue	主营业务收入 Revenue from Principal Business	营业成本 Business Cost	主营业务成本 Cost of Principal Business
总　计	**Total**	**26579813**	**26363150**	**25072456**	**24869127**
#国有及国有控股企业	State-owned and State-controlled Construction Enterprises	17446663	17371852	16339478	16289377
按登记注册类型分	**By Status of Registration**				
内资企业	Domestic Funded	26579813	26363150	25072456	24869127
国有企业	State-owned Enterprises	250482	228383	233463	222265
集体企业	Collective-owned Enterprises	235587	235587	227126	227126
股份合作企业	Cooperative Enterprises				
联营企业	Joint Ownership Enterprises				
有限责任公司	Limited Liability Corporations	23032553	22972746	21829959	21768813
股份有限公司	Share-holding Corporations Ltd.	867048	861944	767948	767071
私营企业	Private Enterprises	2194143	2064491	2013961	1883851
按国民经济行业分	**By Sector**				
房屋建筑业	House Building	13129524	12994359	12550215	12415374
土木工程建筑业	Building and Civil Engineering	11043309	10968590	10342027	10291778
建筑安装业	Construction Installation	1654893	1654085	1511345	1498849
建筑装饰和其他建筑业	Construction Decoration and Others	752087	746116	668869	663126
建筑装饰业	Construction Installation	332293	326367	317421	311677
工程准备活动	Project Preparation	346783	346783	285063	285063
提供施工设备服务	Construction Equipment Providing	588	588	484	484
其他未列明建筑业	Others	72424	72379	65901	65901
按隶属关系分	**By Administrative Division**				
中　央	Central Government	9338789	9311532	8909807	8887125
地　方	Local Government	13795052	13736586	12992928	12949844
其　他	Others	3445972	3315031	3169721	3032157
按企业资质等级分	**By Qualification Grade**				
施工总承包	Construction of General Contractors	25613045	25423172	24207187	24032498
特　级	Special Grade	12664928	12631224	11945626	11934120
一　级	First Grade	10501559	10392598	10016532	9908793
二　级	Second Grade	1655040	1621079	1505289	1466537
三级及以下	Third Grade and Below	791519	778271	739741	723048
专业承包	Speciality Contractors	966768	939978	865269	836629
一　级	First Grade	229067	228643	210632	209127
二　级	Second Grade	537735	531309	480037	474261
三级及以下	Third Grade and Below	199966	180026	174600	153242
按营业状态分	**By Operation Status**				
营　业	In Business or Operating	26569248	26352585	25063014	24859712
停　业(歇业)	Closed	8942	8942	7900	7872
其　他	Others	1624	1624	1543	1543
按控股情况分	**By Share-holding**				
国有控股	State-owned and State-controlled Enterprises	17446663	17371852	16339478	16289377
集体控股	Collective Share-holding Enterprises	1096500	1096081	1056230	1053495
私人控股	Private Share-holding Enterprises	2577939	2445838	2359854	2228187
港澳台商控股	Hong Kong, Macao and Taiwan Share-holding Enterprises				
其　他	Others	5458712	5449379	5316894	5298068

(Continued)

(10 000 yuan)

Profits and Losses							
营业税金及附加 Taxes and Extra Charges Business	主营业务税金及附加 Taxes and Extra Charges on Principal Business	营业利润 Business Profits	利润总额 Total Profits	所得税费用 Income Tax Expenses	应付职工薪酬（本年贷方累计发生额） Payroll Payable (Accumulated Amount of Credit This Year)	应交增值税 Value Added Tax Payable	建筑业企业在境外完成的营业收入 Revenue Earned by Construction Enterprises from Abroad
64185	**51601**	**859884**	**862496**	**130462**	**2807982**	**348780**	**321789**
32618	27037	696088	697219	94291	1499154	187760	321789
64185	51601	859884	862496	130462	2807982	348780	321789
691	691	2995	2858	1009	47850	1781	
2414	2394	4585	4552	4344	11695	19636	
40260	34892	783278	787606	113214	2477665	258765	288603
3639	3417	11746	11762	618	73283	22215	33186
17181	10207	57280	55718	11276	197490	46384	
34630	26263	227996	229591	37791	1875287	218906	80977
21032	16868	551439	553827	77212	674808	102122	159763
6545	6524	58547	57517	11112	161366	9397	79355
1977	1946	21903	21562	4347	96521	18354	1694
958	927	7278	7087	1727	69206	6354	
735	735	13890	13745	2459	24692	9882	1694
2	2	-11	-11		90	18	
283	283	746	741	161	2534	2101	
11439	7389	258437	259538	27471	520318	52909	240336
32567	31048	507812	508179	83747	1951405	227948	79760
20179	13164	93636	94779	19244	336260	67923	1694
61126	48653	823587	826220	125267	2739348	337794	321789
21664	16326	480211	478663	58633	1160402	168612	296151
19654	19088	270186	272767	48880	1388248	106024	25638
11193	8944	66523	68167	9981	128814	28184	
8615	4295	6667	6623	7774	61885	34974	
3059	2948	36298	36277	5195	68634	10986	
529	506	3224	3356	675	18462	2627	
1829	1806	18799	18715	2100	34385	5048	
701	636	14275	14206	2420	15787	3311	
64002	51418	859788	862501	130437	2806891	348365	321789
180	180	326	224	24	869	529	
3	3	-229	-229	2	223	-115	
32618	27037	696088	697219	94291	1499154	187760	321789
5272	5252	17291	17533	6412	207380	20385	
19461	12479	67815	69002	14185	226799	54779	
6834	6834	78690	78742	15574	874650	85857	

主要统计指标解释

建筑业统计单位　指从事房屋、构筑物建造和设备安装活动的法人企业。建筑业法人企业应同时具备的条件是：①依法成立，有自己的名称、组织机构和场所，能够承担民事责任；②独立拥有和使用资产，承担负债，有权与其他单位签订合同；③独立核算盈亏，能够编制资产负债表。

建筑业总产值　是以货币表现的建筑企业在一定时期内生产的建筑业产品和服务的总和。建筑业总产值包括：

(1) 建筑工程产值：指列入建筑工程预算内的各种工程价值。

(2) 设备安装工程产值：指设备安装工程价值，不包括被安装设备本身价值。

(3) 房屋、构筑物修理产值：指房屋、构筑物修理所完成的价值，但不包括被修理房屋、构筑物本身的价值和生产设备的修理价值。

(4) 非标准设备制造产值：指加工制造没有定型的、非标准的生产设备的加工费和原材料价值，以及附属加工厂为本企业承建工程制作的非标准设备的价值。

房屋施工面积　指在报告期内施过工的全部房屋建筑面积，包括本期新开工的房屋面积、上期施工跨入本期继续施工的房屋面积、上期停缓建在本期恢复施工的房屋面积、本期竣工的房屋面积及本期施工后又停缓建的房屋面积。

房屋竣工面积　指在报告期内房屋建筑按照设计要求全部完工，达到了住人和使用条件，经验收鉴定合格，正式移交使用的各栋房屋建筑面积的总和。

工程总承包　指取得施工总承包资质的企业（以下简称施工总承包企业），可以承接施工总承包工程。施工总承包企业可以对所承接的施工总承包工程内各专业工程全部自行施工，也可以将专业工程或劳务作业依法分包给具有相应资质的专业承包企业或劳务分包企业。

工程专业承包　指取得专业承包资质的企业，可以承接施工总承包企业分包的专业工程和建设单位依法发包的专业工程。专业承包企业可以对所承接的专业工程全部自行施工，也可以将劳务作业依法分包给具有相应资质的劳务分包企业。

Explanatory Notes on Main Statistical Indicators

Statistical Unit in the Construction Industry refers to a corporate enterprise engaging in the construction of buildings and structures and in the Installation of equipment. A corporate construction enterprise should meet the following 3 requirements: a) being set up in line with relevant legal basis, having its full name, Organization and location, and capable of taking civil liabilities; b) independently processing and using its assets and assuming its liabilities, and entitled to sign contracts with other institutions; and c) making independent accounts of its profits and losses, and capable of compiling its own balance sheet.

Gross Output Value of Construction refers to total construction products and services, expressed in money terms, produced or rendered by construction and installation enterprises during a given period of time. It includes:

(1)Output value of construction projects: the value of projects covered by the project budgets;

(2)Output value of installation projects: the value of the installation of equipment, (excluding the value of the equipment to be installed);

(3) Output value of repair of buildings and structures: the value created through the repairs of buildings or structures. It does not include the value of buildings or structures being repaired and the value of the repair of production equipment;

(4) Output value of manufactured non-standard equipment; the value of non-standard production equipment, including raw materials and manufacturing cost, made for the construction project (i.e., chemical plant; kettles or tanks used by refineries; various fillers, triangle tanks, valves used by mines). It also includes the output value of equipment manufactured by subsidiary workshops.

Floor Space Under Construction refers to floor space of buildings under construction during the reference period, including the floor space of building for which construction has newly started; buildings for which construction has started earlier and is continuing during the reference period: and buildings for which construction has been suspended earlier but has restarted during the reference period; buildings completed during the reference period; and buildings under construction but construction has subsequently been during the reference period.

Floor Space Completed refers to total floor space of each building that has been completed in the reference period in accordance with the requirements of the design, up to the standard for being resided in and put into use, or has been checked and accepted by departments concerned as qualified ones which can be handed over for putting into use.

Engineering, procurement and construction (EPC) refers to construction enterprises with general contractors' qualification (general contracted enterprises), which undertake construction projects of general contractors. General contracted enterprises construct of all professions by their own and subcontract professional engineering or labor service to qualified professional contracted enterprises or labor service sublet enterprises by law.

Professional engineering contractor refers to construction enterprises with professional contractors' qualification, which undertake professional projects subcontracted by general contracted enterprises and professional projects let contracted by construction units by law. Professional engineering contractor constructs of all professions by their own or subcontract professional engineering or labor service to qualified professional contracted enterprises or labor service sublet enterprises by law.

九 Nine

农 业

Agriculture

9-1 农村基本情况及农业生产条件
Basic Conditions of Rural Areas and Agricultural Production

指 标	Item	2016	2017	2018	2019	2020	2020 年比 2019 年增长 (%) Growth Rate in 2020 over 2019 (%)
农村基层组织	**Rural Grassroots Units**						
乡镇个数 (个)	Number of Towns and Townships (unit)	77	77	75	75	71	-5.3
#镇 (个)	Towns (unit)	47	50	49	49	45	-8.2
村委会个数 (个)	Number of Villagers Committee (unit)	947	949	912	912	912	0.0
农村社会基础设施	**Infrastructure in Rural Areas**						
自来水受益村数 (个)	Villages with Tap Water (unit)	932	934	932	932	897	-3.8
通有线电视村数 (个)	Villages with Cable TV (unit)	77	791	876	906	873	-3.6
通宽带村数 (个)	Villages with Broadband Connections (unit)	947	869	932	932	897	-3.8
农村人口及劳动力资源	**Rural Population and Laborers**						
乡村户数 (万 户)	Rural Households (10 000 households)	56.30	58.32	58.55	57.23	57.09	-0.2
乡村人口数 (万 人)	Rural Population (10 000 persons)	192.98	198.39	197.53	187.20	197.07	5.3
乡村从业人员数 (万 人)	Rural Employees (10 000 persons)	111.10	113.58	107.50	105.67	106.47	0.8
按性别分	By Gender						
男 (万 人)	Male (10 000 persons)	58.08	58.95	57.24	57.09	58.02	1.6
女 (万 人)	Female (10 000 persons)	53.02	54.63	50.26	48.58	48.45	-0.3

注：本章农业 2016、2017 年数据为第三次全国农业普查最终修订数。
The 2016 and 2017 agricultural data in this chapter are the final revisions of the third national agricultural census.

9-1 续表 (Continued)

指　　标	Item	2016	2017	2018	2019	2020	2020 年比 2019 年增长 (%) Growth Rate in 2020 over 2019(%)
农田水利建设和农业机械化情况	**Construction of Water Conservancy and Agricultural Machinery**						
机耕面积 (公　顷)	Area Plowed by Machinery (hectare)	140002	205000	200874	201746	208512	3.4
机播面积 (公　顷)	Area Sowed by Machinery (hectare)	4370	8703	9666	9333	9472	1.5
机电灌溉面积 (公　顷)	Area Irrigated by Machinery (hectare)	40227	38861	39159	35070	35413	1.0
机械植保面积 (公　顷)	Plant Area Protected by Machinery (hectare)	30666	30666	32000	30126	36897	22.5
机械收获面积 (公　顷)	Area Harvested by Machinery (hectare)	13738	34625	33423	28111	29090	3.5
农用机械总动力 (万千瓦)	Total Agricultural Machinery Power(10 000 kw)	191.39	196.42	199.41	201.46	206.76	2.6
柴油机 (万千瓦)	Diesel Engine (10 000 kw)	142.72	147.18	141.98	142.09	144.62	1.8
汽油机 (万千瓦)	Gasoline Engine (10 000 kw)	14.92	14.80	32.07	33.01	35.20	6.6
电动机 (万千瓦)	Electricmotor (10 000 kw)	33.76	34.44	25.36	26.36	26.95	2.2
农用主要能源及物资消耗	**Rural Energy and Material Consumption**						
农用化肥施用量(折纯法) (万　吨)	Pure Consumption of Chemical Fertilizers (10 000 tons)	6.04	5.42	5.35	4.80	4.79	-0.2
氮　肥 (万　吨)	Nitro-genous Fertilizer (10 000 tons)	2.81	2.53	2.22	1.98	1.94	-2.0
磷　肥 (万　吨)	Phosphate Fertilizer (10 000 tons)	0.49	0.42	0.46	0.39	0.36	-7.7
钾　肥 (万　吨)	Potash Fertilizer (10 000 tons)	0.81	0.70	0.77	0.52	0.54	3.8
复合肥 (万　吨)	Compound Fertilizer (10 000 tons)	1.92	1.77	1.90	1.91	1.95	2.1
平均每亩耕地化肥 施用量 (公　斤)	Consumption of ChemicalFertilizersper Mou (kg)	38.40	36.16	37.39	31.67	30.98	-2.2
农村用电量 (万千瓦时)	Rural Electricity Consumption (10 000 kwh)	64965	61326	74405	74807	82455	10.2
农药使用量 (吨)	Use of Pesticides (ton)	378	377	353	346	367	6.1
地膜使用量 (吨)	Consumption of Farm Plastic Film (ton)	2305	2290	2197	1874	1521	-18.8

注：平均每亩耕地化肥施用量中耕地面积采用2009年发布的第二次全国土地调查结果计算(全市耕地及园地410万亩)；化肥施用量按实物量计算。
The average arable land area per acre of arable land is calculated using the results of the second national land survey released in 2009 (4.1 million acres of arable land and garden land in the city); the amount of chemical fertilizers applied is calculated according to the actual amount.

9-2 主要农业机械年末拥有量
Major Agricultural Machinery at Year-end

指 标		Item		2016	2017	2018	2019	2020	2020年比2019年增长(%) Growth Rate in 2020 over 2019 (%)
大中型拖拉机	(台)	Large and Medium-sized Tractors	(set)	3100	3167	2100	2116	2034	-3.9
小型拖拉机	(台)	Small Tractors	(set)	3644	3665	3000	3005	2670	-11.1
拖拉机配套农具	(部)	Implements and Accessories for Tractors	(unit)	5249	5487	2100	2116	2029	-4.1
耕整机	(台)	Cultivators	(set)	69608	81770	4200	4470	5189	16.1
农用水泵	(台)	Agriculture Pumps	(set)	34035	34486	34606	34889	35480	1.7
联合收获机	(台)	Combine Harvesters	(set)	43	48	52	54	76	40.7
机动脱粒机	(台)	Power Threshers	(set)	38741	39083	42148	42627	44664	4.8
谷物烘干机	(台)	Grain Drying Machines	(set)	74	83	90	90	90	
饲草料加工机械	(台/套)	Processing Machinery of Fodder and Hay	(set/unit)	20906	21649	24480	24884	26297	5.7
机动挤奶机	(台)	Mobile Milking Machines	(set)	551	551	551	549	547	-0.4
农用运输车	(辆)	Agricultural Vehicles	(unit)	18660	16802	14575	13759	14274	3.7

备注：本表资料由市农业农村局提供。
Data in this table are providied by Guiyang Municipal Bureau of Agricultural and Rural Affairs.

9-3 主要农作物播种面积
Total Sown Areas of Major Farm Crops

单位：公顷 (hectare)

指 标	Item	2016	2017	2018	2019	2020	2020年比2019年增长(%) Growth Rate in 2020 over 2019 (%)
农作物总播种面积	**Total Sown Area**	**260935**	**264847**	**257710**	**250182**	**249696**	**-0.2**
粮食作物播种面积	**Sown Areas of Grain Crops**	**111767**	**109250**	**88977**	**81221**	**82837**	**2.0**
#稻 谷	Rice	31091	28845	28340	27843	27161	-2.5
小 麦	Wheat	1691	1342	2107	1972	1970	-0.1
玉 米	Corn	59333	63049	38342	31098	30604	-1.6
大 豆	Soybeanw	4296	4174	4185	3801	5460	43.6
薯 类	Tubers	13449	11327	15181	15776	16887	7.0
经济作物播种面积	**Sown Areas of Cash Crops**	**149168**	**155597**	**168733**	**168961**	**166859**	**-1.2**
#油菜籽	Rapeseeds	29341	29341	29504	23115	21744	-5.9
花 生	Peanuts	898	644	644	644	456	-29.2
麻 类	Fiber Crops	1	1	1	1	1	0.0
烤 烟	Flue-cured Tobacco	5690	5924	3421	2884	2607	-9.6
蔬菜及食用菌	Vegetables and Edible Fungus	98195	101877	115788	118385	125656	6.1
西 瓜	Watermelon	790	719	562	420	622	48.1
青饲料	Succulence	6436	8213	6473	13351	6691	-49.9
绿 肥	Green Manure	1251	1041	168	341	580	70.1

9-4 主要农作物产品产量
Output of Main Crop Products

单位：万吨　　10000 tons

指　　标	Item	2016	2017	2018	2019	2020	2020 年比 2019 年增长 (%) Growth Rate in 2020 over 2019 (%)
粮食作物产量	**Grain Crops**	**43.71**	**43.66**	**38.17**	**37.55**	**37.64**	**0.2**
按夏秋粮分	By Seasons						
#夏　粮	Summer Grain	4.55	3.97	5.05	5.19	5.71	9.9
秋　粮	Autumn Grain	39.16	39.69	33.12	32.36	31.93	-1.3
按类别分	**By types**						
稻　谷	Rice	18.47	17.24	16.89	17.55	17.06	-2.8
小　麦	Wheat	0.50	0.47	0.58	0.54	0.56	3.0
玉　米	Corn	19.85	21.86	15.28	13.90	13.80	-0.7
大　豆	Soybean	0.42	0.26	0.34	0.31	0.48	55.8
薯　类	Tubers	4.40	3.79	4.97	5.15	5.61	8.9
油料作物	**Oil Crops**	**5.64**	**5.60**	**5.33**	**4.40**	**4.43**	**0.7**
#油菜籽	Rapeseeds	5.27	5.27	4.98	3.97	3.91	-1.5
花　生	Peanuts	0.19	0.15	0.15	0.12	0.12	0.0
烤　烟	**Flue-cured Tobacco**	**1.08**	**1.12**	**0.79**	**0.50**	**0.47**	**-6.0**
蔬菜及食用菌	**Vegetables and Mushrooms**	**203.18**	**206.32**	**237.28**	**250.32**	**281.97**	**12.6**

9-5 主要农作物单产
Output Per Monjor Farm Products Per Mu

单位：公斤 / 亩　　(kg/mu)

指　　标	Item	2016	2017	2018	2019	2020	2020 年比 2019 年增长 (%) Growth Rate in 2020 over 2019(%)
粮食作物产量	**Grain Crops**	**260**	**266**	**286**	**308**	**303**	**-1.7**
按夏秋粮分	By Seasons						
#夏　粮	Summer Grain	215	224	194	216	218	1.3
秋　粮	Autumn Grain	267	271	301	331	325	-1.7
按类别分	By types						
稻　谷	Rice	396	398	397	420	419	-0.4
小　麦	Wheat	197	233	183	184	189	3.1
玉　米	Corn	223	231	266	298	301	1.0
大　豆	Soybean	65	42	54	55	59	8.4
薯　类	Tubers	218	223	218	218	222	1.8
油料作物	**Oil Crops**	**122**	**120**	**114**	**116**	**123**	**6.0**
#油菜籽	Rapeseeds	120	119	112	115	120	4.3
花　生	Peanuts	141	155	155	150	170	13.3
烤　烟	**Flue-cured Tobacco**	**127**	**126**	**154**	**117**	**120**	**2.6**
蔬菜及食用菌	**Vegetables and Mushrooms**	**1379**	**1350**	**1296**	**1410**	**1496**	**6.1**

9-6 茶叶、水果、水产品面积及产量
Basic Statistics on Tea, Fruits and Aquatic Products

指 标	Item	2016	2017	2018	2019	2020	2020 年比 2019 年增长 (%) Growth Rate in 2020 over 2019 (%)
面 积（公顷）	**Area (Hectare)**						
茶园面积	Area of Tea Fields	16579	16877	18176	17864	17830	-0.2
果园面积	Area of Orchards Fields	31333	45202	57114	72706	81320	11.8
产 量（吨）	**Output(ton)**						
茶 叶	Tea	4122	5104	4848	5478	6643	21.3
园林水果	Garden Fruits	156526	242142	317766	328330	462959	41.0
苹 果	Apples	210	582	326	707	992	40.3
柑 桔	Citrus	6420	8434	19159	15694	17349	10.5
# 桔	Tangerine	4136	4458	8909	7991	9739	21.9
梨	Pears	28388	29547	31994	32045	56033	74.9
桃	Peach	21862	21862	38525	36365	54400	49.6
杨 梅	Red Bayberry	7325	8371	8373	10680	14982	40.3
猕猴桃	Kiwi	46658	48665	91615	97046	133934	38.0
葡 萄	Grape	21539	25210	29306	31110	34157	9.8
柿 子	Persimmons	422	245	239	282	1175	316.7
水产品产量（吨）	**Output of Aquatic Products(ton)**	**9560**	**9821**	**2316**	**3378**	**3385**	**0.2**

9–7 畜牧业生产
Number of Livestock and Livestock Products

指 标	Item	2016	2017	2018	2019	2020	2020 年比 2019 年增长 (%) Growth Rate in 2020 over 2019 (%)
猪牛羊家禽出栏头数	**Number of Slaughtered Hogs,Cattle and Poultry ttle and poultry**						
当年肉猪出栏头数(万 头)	Annual Slaughtered Fattened Hogs (10 000 heads)	112.17	109.37	112.18	99.99	96.49	-3.5
当年肉用牛出栏头数(万 头)	Annual Slaughtered Beef Cattle (10 000 heads)	3.67	3.96	4.13	4.23	4.25	0.6
当年羊出栏头数 (万 只)	Annual Slaughtered Sheep and Goats(10 000 heads)	4.38	3.49	3.74	3.67	2.89	-21.3
当年家禽出栏头数(万 只)	Annual Slaughtered Poultry (10 000 heads)	1613.66	1338.90	1482.67	1944.30	2402.38	23.6
当年肉类总产量 (万 吨)	**Annual Output of Meat (10 000 tons)**	**13.26**	**12.48**	**13.00**	**12.64**	**13.25**	**4.7**
#猪 肉 (万 吨)	Pork (10 000 tons)	9.89	9.60	9.86	8.75	8.40	-3.9
牛 肉 (万 吨)	Beef (10 000 tons)	0.44	0.50	0.52	0.54	0.57	5.5
羊 肉 (万 吨)	Mutton (10 000 tons)	0.07	0.06	0.07	0.07	0.05	-24.8
禽 肉 (万 吨)	Poultry (10 000 tons)	2.73	2.27	2.50	3.26	4.21	29.2
其他畜产品产量	**Other Livestock Products**						
#牛 奶 (吨)	Milk (ton)	38900	39800	38021	46869	47335	1.0
蜂 蜜 (吨)	Honey (ton)	35	37	94	128	154	20.0
禽 蛋 (吨)	Poultry Eggs (ton)	51200.00	41012	34908	37209	39613	6.5
大牲畜年末存栏头数(万 头)	**Large Animal at Year-end (10 000 heads)**	**14.32**	**14.20**	**13.14**	**13.83**	**13.49**	**-2.5**
#牛 (万 头)	Cattle and Buffaloes (10 000 heads)	12.69	12.96	12.20	12.94	12.97	0.2
肉 牛 (万 头)	Beef Cattle (10 000 heads)	11.19	11.31	10.79	11.79	11.96	1.4
奶 牛 (万 头)	Cows (10 000 heads)	1.50	1.65	1.41	1.14	1.01	-11.6
马 (万 匹)	Horses (10 000 heads)	1.62	1.27	0.93	0.88	0.52	-41.0
猪年末存栏数 (万 头)	**Hogs at Year-end (10 000 heads)**	**80.18**	**77.87**	**75.90**	**66.94**	78.32	**17.0**
羊年末存栏数 (万 只)	**Sheep and Goats at Year-end (10 000 heads)**	**5.85**	**4.58**	**3.92**	**3.70**	3.79	**2.4**
家禽年末存栏数 (万 只)	**Poultry at Year-end (10 000 heads)**	**1346.38**	**1112.63**	**1181.67**	**1302.42**	**1363.89**	**4.7**

9-8 农林牧渔总产值、增加值
Gross Output Value and Added Value of Agriculture, Forestry, Animal Husbandry and Fishery

单位：万元 (10 000 yuan)

指 标	Item	2016	2017	2018	2019	2020	2020 年比 2019 年增长 (%) Growth Rate in 2020 over 2019(%)
农林牧渔业总产值	**Total**	**2256078**	**2479970**	**2562556**	**2701975**	**3052786**	**6.5**
农业产值	**Output Value of Farming**	**1440107**	**1625245**	**1760261**	**1906319**	**2138184**	**7.4**
谷物及其他作物	Grain and Others	247298	199073	175944	111339	162026	2.7
蔬菜园艺作物	Vegetables and Horticultural Crops	910407	1050691	1182805	1248929	1309125	5.2
水果、饮料和香料作物	Fruit,Beverage and Aromatic Crops	230321	307758	354281	473119	580054	12.4
中药材	Medicinal Materials	52081	67723	47230	72932	86979	15.1
林业产值	**Output Value of Forestry**	**12922**	**15642**	**25963**	**28782**	**36497**	**8.5**
林木的培育和种植	Cultivating and Planting of Forest	3597	5396	23184	24894	28470	5.7
竹木采运	Transporting of Timber & Bamboo	9031	10030	2706	3568	6762	16.5
林产品	Collecting of Forest Products	294	216	73	320	1265	29.1
牧业产值	**Output Value of AnimalHusbandry**	**646853**	**671298**	**614982**	**591197**	**680805**	**4.2**
牲畜饲养	Animal Raising	109303	112722	101616	86920	107985	3.2
猪的饲养	Hogs Raising	345780	341783	305897	294649	325459	1.6
家禽饲养	Poultry Raising	187046	212701	199769	199642	239936	8.9
其他畜牧业	Others	4724	4092	7700	9986	7425	-16.3
渔业产值	**Output Value of Fishery**	**25803**	**28990**	**5930**	**9061**	**10540**	**15.5**
农林牧渔专业及辅助性活动产值	**Output Value of Agriculture,Forestry, Animal Husbandry andFishery**	**130393**	**138794**	**155420**	**166616**	**186760**	**5.9**
农林牧渔业增加值（当年生产价）	**Added Value of Agriculture,Forestry,Animal Husbandry and Fishery(at current price)**	**1462030**	**1569017**	**1636356**	**1726118**	**1903532**	**6.3**
农 业	Agriculture	977259	1058623	1151144	1243873		
林 业	Forestry	8516	10562	16240	17907		
牧 业	Animal Husbandry	370078	387547	359999	346087		
渔 业	Fishery	15507	16575	3649	5535		
农林牧渔专业及辅助性活动	Service Industry of Agriculture, Forestry,Animal Husbandry and Fishery	90670	95710	105324	112716		

注：表中绝对数按当年价格计算，增长速度按可比价格计算。
Data in value terms in this table are calculated at current prices, while growth rate is calculated at comparable prices.

9-9 全市农林牧渔业总产值(历年)

Gross Output Value of Agriculture, Forestry, Animal Husbandry and Fishery (Over Years)

单位: 万元 (10 000 yuan)

年份 Year	农林牧渔业总产值 Gross Output Value of Agriculture,Forestry, Animal Husbandry andFishery	农业 Agriculture	#种植业 Crop Farming	林业 Forestry	牧业 Animal Husbandry	渔业 Fishery	农林牧渔服务业 Services of Agriculture, Forestry,Animal Husbandry and Fishery
1978	20394	16714	14538	528	3127	25	
1979	22314	18176	15789	647	3439	51	
1980	22427	17882	15721	650	3851	43	
1981	27815	21299	18738	722	5750	43	
1982	34372	27362	24269	1122	5839	50	
1983	35441	27113	23954	1631	6601	97	
1984	43753	34835	27225	1418	7353	146	
1985	45351	30964	28087	1966	11913	508	
1986	51032	35060	31728	1636	13648	688	
1987	62352	40370	23457	1865	19657	460	
1988	82895	50676	45443	1849	29230	1140	
1989	91274	55190	51080	1813	33366	906	
1990	89660	57196	52893	3366	28128	1270	
1991	107985	73751	69828	2983	29871	1380	
1992	116180	77572	72342	3461	32744	2403	
1993	133030	87928	78291	4101	41239	2762	
1994	207946	136776	129369	4339	63429	3402	
1995	263352	171414	163235	5867	79997	6074	
1996	311117	205301	195636	7217	91948	6651	
1997	340619	271209	206892	7168	108391	7851	
1998	347982	213746	201028	8717	117443	8076	
1999	362061	218136	206334	8500	126938	8487	
2000	369939	230774	215146	8170	123709	7286	
2001	389659	237175	221221	6769	137845	7870	
2002	410318	231154	224798	8944	151940	8059	10221
2003	439373	257259	257259	6149	157215	7627	11123
2004	503219	288665	288665	5625	197452	9117	2360
2005	547663	313678	313678	4514	215686	10646	3139
2006	540166	325357	325357	4543	199088	6486	4692
2007	627533	388066	388066	4332	220979	8460	5696
2008	729872	454631	454631	8917	250719	9718	5887
2009	784592	518431	518431	5604	242702	11520	6335
2010	832429	554555	554555	5137	253598	12273	6866
2011	965503	622118	622118	8608	313870	13617	7290
2012	1114911	732370	732370	7556	352089	14832	8064
2013	1258807	825910	825910	9608	397573	16365	9351
2014	1706832	1200009	1200009	10424	463499	22233	10667
2015	2004103	1291882	1291882	12773	558798	24579	116071
2016	2256078	1440107	1440107	12922	646853	25803	130393
2017	2479970	1625176	1625176	15659	671290	28989	138854
2018	2562556	1760261	1760261	25963	614982	5930	155420
2019	2701975	1906319	1906319	28782	591197	9061	166616
2020	3052786	2138184	2138184	36497	680805	10540	186760

注: 2003 年起农林牧渔业总产值按国民经济新行业分类划分, 2002 年数据作相应调整 ;2006、2007 年为第二次农业普查调整数。

Since 2003, the gross output value of agriculture, forestry, animal husbandry and fishery has been grouped by new sectors on national economic industry and the data of 2002 were adjusted accordingly; data of 2006 and 2007 refer to the adjusted figures of the Second Agriculture Census.

主要统计指标解释

农林牧渔业总产值 是以货币表现的农林牧渔业的全部产品总量和对农林牧渔业生产活动进行的各种支持性服务活动的价值。它反映一定时期内农林牧渔业生产总规模和总成果。根据农业生产特点，农林牧渔业总产值的核算采用“产品法”进行计算，即用产品产量乘以价格求出各种产品的产值，然后把它们加总求得各业的产值，最后各业相加求出农林牧渔业总产值。

农林牧渔业增加值 指农、林、牧、渔及农林牧渔服务业生产货物或提供服务活动而增加的价值，为农林牧渔业现价总产值扣除农林牧渔业现价中间投入后的余额。农林牧渔业增加值核算采用“生产法”和“分配法”两种方法计算。

（1）生产法：这是目前各地计算增加值普遍使用的一种方法。即由现价农林牧渔业总产值减去农林牧渔业中间消耗（不包括固定资产折旧及大修理基金）的方法取得。

（2）分配法：分配法也称收入法，是根据各种生产要素在生产过程中应取得收入份额来进行计算的一种方法。农林牧渔业增加值 = 固定资产折旧 + 劳动者报酬 + 生产税净额（生产税 – 生产补贴）+ 营业盈余

耕地面积 指种植农作物的土地。包括熟地，新开发、复垦、整理地，休闲地（含轮歇地、轮作地）；以种植农作物（含蔬菜）为主，间有零星果树、桑树或其他树木的土地；平均每年能保证收获一季的已垦滩地和海涂。耕地中包括南方宽度< 1.0 米、北方宽度< 2.0 米固定的沟、渠、路和地坎（埂）；临时种植药材、草皮、花卉、苗木等的耕地，以及其他临时改变用途的耕地。

农业机械总动力 指全部农业机械动力的额定功率之和。农业机械是指用于种植业、畜牧业、渔业、农产品初加工、农用运输和农田基本建设等活动的机械及设备。

化肥使用量（折纯量） 指本年度内实际用于农业生产的化学肥料数量，包括氮肥、磷肥、钾肥和复合肥。使用量要求按折纯量计算数量，即各类化学肥料的实际施用数量按其含氮、含五氧化二磷、含氧化钾的比例折成百分之百计算。折纯量=实物量 × 某种化肥有效成份含量的百分比。

有效灌溉面积 指具有一定的水源，地块比较平整，灌溉工程或设备已经配套，在一般年景下当年能够进行正常灌溉的耕地面积。在一般的情况下，有效灌溉面积应等于灌溉工程或设备已经配套，能够进行正常灌溉的水田和水浇地面积之和。

农作物播种面积 指农业生产经营者应在日历年度内收获农作物在全部土地（耕地或非耕地）上的播种或移植面积。凡是本年内收获的农作物，无论是本年还是上年播种，都算为播种面积，但不包括本年播种，下年收获的农作物面积。移植的农作物面积按移植后的面积计算，不计算移植前的秧田、畦田等面积。多年生作物，即播种后可连续生长多年的缩根性草本植物，如有些麻类、中药等作物的播种面积，按本年新增面积加往年的连续累计面积计算。如果因灾害等原因，应该收获却未能收获，也

要按原播种面积计算，新补或改种，并在本年收获的，要按复种作物计算面积。间种、混种的作物面积按比例折算各个作物的面积，如果完全混合、同步生长、收获的作物，按混合面积平均分配。复种、套种的作物，按次数计算面积，每种一次计算一次。再生稻、再生高粱、再生烟等，因其没有经过播种或移植，不算入播种面积。

粮食产量 指农业生产经营者日历年度内生产的全部粮食数量。按收获季节包括夏收粮食、早稻和秋收粮食，按作物品种包括谷物、薯类和豆类。其中谷物包括小麦、玉米、早稻、中稻和一季晚稻、双季晚稻、大麦、高粱、谷子、荞麦等禾本科和蓼科粮食作物；薯类只包括马铃薯、甘薯，木薯统计在其它农作物，芋头等其它薯统计在其它蔬菜；豆类包括大豆、绿豆、红小豆、杂豆等。谷物产量按脱粒后的原粮计算，薯类按鲜薯重量的 5∶1 折算，豆类按去豆荚后的干豆计算。

经济作物 指除粮食作物之外，种植在耕地或非耕地上的农作物。包括油料、棉花、麻类、糖料、烟叶、中草药材、蔬菜、瓜果等。

油料产量 指全部油料作物的生产量。包括花生、油菜籽、芝麻、向日葵籽、胡麻籽（亚麻籽）和其他油料。不包括大豆、木本油料和野生油料。花生以带壳干花生计算。

茶叶产量 是指本年度内生产的全部茶叶产量。包括从成片茶园和零星种植的茶树以及荒芜未垦复的茶树上所采摘的全部产量。不论自食的或出售的，都应统计在内。茶叶的产量按经过初步加工的干毛茶的重量计算。根据制造方法的不同和品质上的差异，将茶叶分为绿茶、青茶、红茶其他茶等。

园林水果 指农业生产经营者日历年度内在专业性果园、林地及零星种植果树(藤)上生产的水果。包括苹果、梨、柑橘类、热带及亚热带水果和其它园林水果如桃、葡萄、红枣等，不包括采集的野生水果。按实收的鲜果计算产量。经脱水、晾干等处理的干果，如干枣、葡萄干、柿饼、桔饼等一律折合成鲜果计算。

水果产量 指农业生产经营者日历年度内生产的乔木类和藤本类水果、多年草本水果及果用瓜。包括园林水果和非园林水果（瓜果类），不包括采集的野生水果。按鲜果产量计算。经脱水、晾干等处理的干果，如干枣、葡萄干、柿饼、桔饼等一律折合成鲜果计算。

茶园、果园面积 是指成片种植的茶园、果园面积，包括原有的、垦复的和本年新植定株的面积，以及调查时虽已荒芜，但只要稍加开垦、修整和培育后就能恢复生产的面积，不论树龄大小，也不论当年有无得到收益，都要包括在内。茶园、果园面积中，不包括培育幼苗的苗圃面积。零星种植的桑树、果树株数和茶树的丛数，不必折算面积。

造 林 指在宜林地、无立木林地、疏林地、灌木林地和有林地上通过人工措施形成、恢复或改善森林、林木、灌木林的过程。按造林地类分为荒山荒（沙）地造林和有林地造林。

荒山荒（沙）地造林 指报告期内宜林荒山荒地、宜林沙荒地、无立木林地、疏林地和退耕地等其他宜林地上通过人工措施形成或恢复森林、林木、灌木林的过程。包括三种造林方式：人工造林、飞播造林、无林地和疏林地新封山（沙）育林。

有林地造林 指在灌木林地和有林地上通过人工措施改善森林、林木、灌木林的过程。包括三种造林方式：林冠下造林、飞播营林、有林地和灌木林地新封山(沙)育林。

猪、牛、羊出栏头数 指育肥出售和自食的头数。包括淘汰的和因伤死的耕牛、肉牛、奶牛和羊。猪出栏不包括个别地区习惯吃的“烤小猪”或出口的“乳猪”。

禽、兔出栏数 指统计期内出栏供屠宰的家禽和家兔。不包括出卖的雏禽和幼兔。

猪期末存栏 指本调查期末饲养生猪的总量，包括15公斤以下仔猪、待育肥猪(架子猪)和种猪等数量之和。

能繁殖母猪 是指猪龄约在9个月(包括9个月)以上的、具备繁殖能力的母猪。

肉类总产量 指各种牲畜及家禽、兔等动物肉产量总计。猪、牛、羊、马、驴、骡、骆驼肉产量按去掉头蹄下水后带骨肉的胴体重量计算，兔禽肉产量按屠宰后去毛和内脏后的重量计算。

水产品产量 指渔业(捕捞和养殖)生产活动的最终有效成果，包括全部海水和淡水鱼类、甲壳类(虾、蟹)、贝类、头足类、藻类和其它类渔业产品的最终产量。不包括渔业生产过程中的中间成果，如鱼苗、鱼种、亲鱼、转塘鱼、存塘鱼和自用作饵料的产品等。水产品在上岸前已经腐烂变质，不能供人食用或加工成其他制品的，不统计在水产品产量中。

Explanatory Notes on Main Statistical Indicators

Gross Output Value of Agriculture, Forestry, Animal Husbandry and Fishery refers to the total value of products of agriculture, forestry, animal husbandry and fishery, and total value of services in support of agriculture, forestry, animal husbandry and fishery activities. It reflects the total scale and outputs of agricultural production during a given period. Gross output value of agriculture is obtained by multiplying the output of each product or by-product by its price, resulting in the output value of each single item,thus addition leads to gross output value of agriculture.

Added Value of Agriculture, Forestry, Animal Husbandry and Fishery refers to the total value of products of agriculture, forestry, animal husbandry and fishery and also the added value from tertiary production of goods and tertiary activities. It is obtained from the current gross output value of agriculture, forestry, animal husbandry and fishery divided by its balance after the current rate for intermediate inputs. Two ways of calculating the added value are method of production and method of distribution.

(1) Method of production: now one of the common and widespread ways to calculate the added value. It is obtained from the current gross output value of agriculture, forestry, animal husbandry and fishery minus intermediate consumption of those industries (excluding depreciation of fixed assets and fund for major overhaul).

(2) Method of distribution: also called method of income. It is a way to calculate due income share based on various production factors in the process of production. Added Value of Agriculture, Forestry, Animal Husbandry and Fishery=depreciation of fixed assets + laborers' remuneration + net taxes on production (taxes on production-production subsidy) + operating surplus.

Cultivated Area (Area under Cultivation) refers to farmland for growing crops, including cultivated land, newly cultivated land, reclamation land, fallow land (including rotation plot and transferring cultivation of paddy and upland land); it includes mainly land for crop planting (including vegetables) with some land for fruit trees, mulberry trees and other trees, and cultivated seashore land and shoal for a season's harvest. The plantation of mulberry fields, tea plantations, and orchards, nurseries of young plants, forest land, reeds and natural or artificial pasture are not included in this category. The cultivated land includes fixed ditch, trench, path and sill less than 1.0 meter in South and North in terms of its width; and temporary land for planting medicinal materials, turf, flowers, and nursery stock, as well as land used for other temporary usage.

Total Power of Agriculture Machinery refers to total rated mechanical power used in agriculture, forestry, animal husbandry and fishery. Here agricultural machinery refers to those machinery and equipment used in crop framing, animal husbandry, fishery, primary process of agricultural products, farm transport vehicle and farmland capital construction equipment.

Consumption of Chemical Fertilized in Agriculture refers to the quantity of chemical fertilizers actually applied in the agriculture in the current year, including nitrogenous fertilizer, phosphate fertilizer, potash fertilizer, and compound fertilizer. The consumption of chemical fertilizers is calculated at volume of effective components, which means various chemical fertilizer, such as nitrogen, phosphorus pentoxide, potassium oxide, are accounted by being converted into percentage. Volume of effective components = physical quantity of goods* percentage of effective ingredient of some fertilizers.

Effective Irrigated Area refers to arable land that are effectively irrigated, i.e. relatively level land, where there are water sources or complete sets of irrigation facilities to lift and transport adequate water for irrigation purpose under normal conditions. Generally, effective irrigated area means paddy field and irrigated land with normal irrigation where irrigation project and equipment has been complete.

Sown Area of Crops refers to area of land sown or transplanted with crops regardless of cultivated area or non-cultivated area for agricultural production operator within the calendar year. The crops harvested this year, regardless of this-year or last-year sow, are all considered as area of crops, but it excludes the area of crops sown this year for next-year harvest. Area of transplanted crops is counted through the area of transplantation, which excludes rice field and ridge-bordered plots before transplantation. The area of perennial crops, which can grow continuously many years after planting the root herbs, such as some hemp and Chinese traditional medicine is counted based on new area accumulated that of the previous year. In case of disasters, due crops failed to harvest; thus the area of crops should be counted by the previous area of crops; Addition and revert to plant other crops being harvested within this year is counted by multiple crops' area. The area of crossbred and interplant convert to respective area based on proportion while crops of complete crossbred and synchronous growth to harvest are counted through the equal division of mixed area. The area of multiple cropping and interplant are counted based on times—one calculation per time. Ratoon rice, regeneration sorghum and aftergrowth tobacco cannot be counted into the area of crops because of without sow or transplant.

Grain Output refers to the total output of grains produced by all agricultural producers within the calendar year. According to harvest season, grains include summer-harvest grain, early season rice, and autumn-harvest grain; according to crop variety, grains include cereals, beans and tubers—cereals include gramineous crops, such as wheat, corn, early rice, middle-season rice, single-cropping late rice, double-cropping late rice, barley, sorghum, millet and polygonaceae crops; beans only include potatoes and sweet potatoes while cassava are counted into other crops, and other tubers such as taro is counted into other vegetables; beans include soybeans, green beans, red beans and mixed beans etc.. Grain yield is calculated after raw grain thresh, potato's weight have reduced one fifth compared to the fresh potato; beans is calculated based on dried beans without pod.

Economic crops refer to those crops planted in arable lands or bare places except grains, which include oil, cotton, hemp, sugar, tobacco, Chinese medicine, vegetable, and fruits etc..

Yield of Oil Bearing Crops refers to the total yield of oil bearing crops of various kinds, including peanuts, rapeseeds, sesame, sunflower seeds, flax seeds, and other oil bearing crops. Soybeans, oil bearing woody plants, and wild oil bearing crops are not included. Dried peanuts are counted with shells.

Yield of Tea refers to gross yield of tea in this calendar year, including those picked from tea gardens, scattered tea trees and desolate uncultivated trees. Tea for self-sufficient need or sales are all included. The yield of tea is calculated based on dry semi-finished tea through initial processing. According to different manufacturing methods and quality of products, teas are divided into green tea, blue tea, black tea and so on.

Garden fruits refer to the fruit produced by agricultural production operator in the calendar year planted in the specialized orchard, forest and scattered fruit trees, including apples, pears, citrus, tropical and subtropical fruits and other garden fruits such as peach, grape and red dates etc.. Wild fruits collected are excluded. The yield of fruits is counted by actual collected fresh fruits. Nuts through the process of dehydration and airing, such as dry dates, raisin, dried persimmon and flattened orange, are counted as fresh fruits.

Yield of Fruits refer to timber and vine fruits, several-year herb fruits and melons produced by agricultural production operator in the calendar year, including garden fruits and non-garden fruits(melons); Wild fruits collected are excluded. The yield of fruits is counted by fresh fruits. Nuts through the process of dehydration and airing, such as dry dates, raisin, dried persimmon and flattened orange, are counted as fresh fruits.

Tea Plantations, Orchards Areas refer to tableted tea plantations and richards, including those original, reclaimed and newly planted areas. Although they were desolated when under research, those areas can put back on production with proper reclamation, adjustment and nurture. Despite of tree ages and current-year profits, those areas are included. The area of tea plantation and orchard excludes area of nursery bed cultivating seedling.

Afforestation refers to a process of forming, returning or improving forests, trees and shrubs through artificial measures in suitable land for forest, bare land, open forest land, shrubland and forest land. According to category of afforestation, land of afforestation is divided into afforestation on barren and sand land as well as forest land.

Afforestation on Barren and Sand land refers to a process of forming and returning forests, trees and shrubs through artificial measures in waste hills and unreclaimed lands suitable for afforestation, sand lands suitable for afforestation, bare lands, open forest land and rehabilitated land during the reporting period.

Afforestation on Forest Land refers to a process of improving forests, trees and shrubs through artificial measures in shrubs lands and forest lands, which includes three ways of afforestation—afforesting the canopy base,afforestation by aerial seeding,the project of closing hillsides to facilitate afforestation in forest lands and shrub lands.

Output of Pork, Beef, Mutton refers to amount of fattening animals for sales and self-sufficient, including obsolete farm cattle, meat castle, milk sheep and sheep dead from injury. The amount of pork excludes grilled young pig eaten habitually in some special districts or suckling pig for export.

Output of Poultry and Rabbits refer to the poultry and rabbits raised for slaughter in the statistical period, which excludes young birds and immature rabbit.

Amount of Pig in Stock at Year-end refers to total amount of swine raised at end of the reference period, including the total amount of piglet under 15 kg, fattening pig (feeder pig) and boar.

Fertile Boar refers to boar above 9 months (including 9 months) with fertility.

Total Output of Aquatic Products refers to total meat yield of animals including various livestock, poultry and rabbits. The yield of meat includes carcass with bones and meat without animal offals and head and feet of animals such as pig, cattle, sheep, horse, donkey, mule, camel. The yield of rabbit excludes fur and offals after slaughtering.

Output of Aquatic Products refers to the final output actually yielded from fishing production (fishery and breeding), including all output of marine and freshwater fish, crustacea(shrimps, crabs),mollusc,cephalopod, seaweed and other fishery products; but it excludes the intermediate output in the process of fishery, such as fry, fingerling, parent fish, pond-turning fish, pond-despositing fish and products for personal use as bait. Aquatic products putrid before landing cannot be eaten or processed to make other aquatic products,which are not counted in the yield of aquatic products.

国内外贸易及旅游

Domestic Trade,Foreign Trade and Tourism

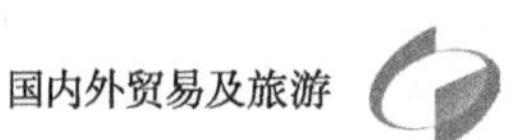

10-1 社会消费品零售总额
Total Retail Sales of Consumer Goods

单位：万元 (10 000 yuan)

年 份 Year	社会消费品零售总额 Total Retail Sales of Consumer Goods	社会消费品零售总额指数 (%) Total Retail Sales of Consumer Goods Indices(%)
1978	48458	110.7
1979	55731	115.0
1980	67017	120.3
1981	75482	112.6
1982	81863	108.5
1983	90399	110.4
1984	107105	118.5
1985	132380	123.6
1986	153254	115.8
1987	180877	118.0
1988	231322	127.9
1989	240265	103.9
1990	249475	103.8
1991	274794	110.1
1992	328166	119.4
1993	418684	127.6
1994	487174	116.4
1995	611494	125.5
1996	761471	124.5
1997	872720	114.6
1998	954472	109.4
1999	1045710	109.6
2000	1215235	116.2
2001	1376838	113.3
2002	1562297	113.5
2003	1776526	113.7
2004	2050835	115.4
2005	2346033	114.4
2006	2726693	116.2
2007	3276903	120.2
2008	4218840	128.7
2009	4855796	115.1
2010	5870153	120.9
2011	7151228	121.8
2012	8450441	118.2
2013	9821851	116.2
2014	11227238	114.3
2015	13538364	120.6
2016	15427633	114.0
2017	17417921	112.9
2018	19014470	109.2
2019	20528549	106.2
2020	22561694	106.6

注：根据 2018 年第四次经济普查社会消费品零售总额数据，1992~2019 年数据修订调整。

10-2 限额以上批发业和零售业
Wholesale and retail businesses above designated size

指　标	Item	2016	2017	2018	2019	2020	2020年比2019年增长（%）
销售总额	**Total Sales**	**18138177**	**21111394**	**21982042**	**25268227**	**31615287**	**25.1**
批发业	**Wholesale Trade**						
法人企业（个）	Number of Corporations (unit)	176	230	258	280	339	21.1
年末从业人数（人）	Employees al Year – end (person)	12578	13816	20869	16743	19409	15.9
批发业销售额（万元）	Total Sales of Wholesale Trade (10000 vuan)	10942703	12812986	13647832	16588784	22016110	32.7
年末零售营业面积（平方米）	Area of Retail at Year –end (sq. m.)	156303	80125	175806	254292	183029	–28.0
零售业	**Retail Trade**						
法人企业（个）	Number of Corporations (unit)	360	337	347	349	360	3.2
年末从业人数（人）	Employees al Year –end (person)	34485	36132	40036	43344	41346	–4.6
零售业销售额（万元）	Total Sales of Retail Trade (10 000 yuan)	7255474	8298408	8334209	8679443	9599177	10.6
年末零售营业面积（平方米）	Area of Retail at Year –end (sq. m.)	1467665	1574148	1678007	2024614	2402597	18.7

注：表中绝对数按当年价格计算，增长速度按可比价格计算。
Data in value terms in this table are calculated at current prices, while growth rate is calculated at comparable prices.

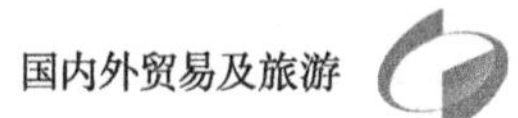

10-3 限额以上住宿业和餐饮业
Statistics on Hotels and Catering Services

指　标	Item	2016	2017	2018	2019	2020	2020年比2019年增长(%)
住宿业	**Lodging Industry**						
法人企业　(个)	Number of Corporations (unit)	76	85	121	158	175	10.8
年末从业人员　(人)	Employees at Year -end (person)	9032	9770	9921	10657	10066	-5.5
营业额　(万元)	Business Revenue (10 000 yuan)	173530	204795	218214	241336	205271	-14.9
#客房收入	Revenue from Hotel Rooms	95659	114913	134856	149959	126655	-15.5
餐费收入	Revenue from Meals	62774	70177	65522	63323	50476	-20.3
客房数(间)	Number of Hotel Rooms (room)	15962	13579	25961	30553	37640	23.2
床位数(个)	Number of Beds (unit)	25507	21317	40585	46148	54172	17.4
年末餐饮营业面积(平方米)	Opening Area of Retail Trade atYear - end (sq. m.)	149151	189011	273854	659093	682809	3.6
餐饮业	**Catering Services**						
法人企业　(个)	Cumber of Corporations (unit)	72	81	85	90	117	30.0
年末从业人员　(人)	Employees at Year -end (person)	5615	5927	6153	7133	8277	16.0
营业额　(万元)	Business Revenue (10 000 yuan)	101231	109722	119409	135269	165652	22.5
#客房收入	Revenue from Hotel Rooms	4080	3651	2587	2116	882	-58.3
餐费收入	Revenue from Meals	88947	98826	108632	124128	145666	17.4
客房数(间)	Number of Hotel Rooms (room)	846	756	811	807	372	-53.9
床位数　(个)	Number of Beds (unit)	1400	1315	1324	1354	638	-52.9
年末餐饮营业面积(平方米)	Opening Area of Retail Trade atYear - end (sq. m.)	145707	149775	194121	306398	345778	12.9

注：2018年住宿业中的餐费收入、客房数、床位数，进行经普数据调整。

10-4 限额以上批发和零售业企业基本情况(2020 年)

指标	Item
总计	**Total**
批发业	**Wholesale Trade**
按批发行业小类分(2017)	**By Sectors**
农、林、牧、渔产品批发	Wholesale of Agricultural, Forestry, Livestock and Fishery Products
畜牧渔业饲料批发	Wholesale of Livestock and Fishery Feed
食品、饮料及烟草制品批发	Wholesale of Food,Beverages and Tobacco Products
米、面制品及食用油批发	Wholesale of Rice,Flour and Edible Oil
肉、禽、蛋、奶及水产品批发	Wholesale of Meats,Poultry,Eggs,Milk and Aquatic Products
盐及调味品批发	Wholesale of Salt and Flavouring
酒、饮料及茶叶批发	Wholesale of Liquor,Beverages and Tea
烟草制品批发	Wholesale of Tobacco Products
纺织、服装及家庭用品批发	Wholesale of Texiles,Garments and Household Articles
服装批发	Wholesale of Garments
鞋帽批发	Wholesale of Shoes and Hats
化妆品及卫生用品批发	Wholesale of Cosmetics and Hygienic Products
厨房卫具及日用杂品批发	Wholesale of Kitchen Ware and Daily Necessities
家用视听设备批发	Wholesale of Household Audio-visual Equipment
日用家电批发	Wholesale of Household Appliances
其他家庭用品批发	Wholesale of Other Household Articles
文化、体育用品及器材批发	Wholesale of Culture Articles and Sports Appliances and Equipments
文具用品批发	Wholesale of Stationery
图书批发	Wholesale of Books
其他文化用品批发	Wholesale of Other Culture Articles
医药及医疗器材批发	Wholesale of Medicines and Medical Equipments
西药批发	Wholesale of Western Medicines
中药批发	Wholesale of Traditional Chinese Medicines
矿产品、建材及化工产品批发	Wholesale of Mineral Products,Building Materials and Chemical Products
煤炭及制品批发	Wholesale of Coal and Coal Products
石油及制品批发	Wholesale of Petroleum and Related Products
非金属矿及制品批发	Wholesale of Non-metallic Minerals and Related Products
金属及金属矿批发	Wholesale of Metals and Metalliferous Minerals
建材批发	Wholesale of Building Materials
化肥批发	Wholesale of Chemical Fertilizers
其他化工产品批发	Wholesale of Other Chemical Products
机械设备、五金产品及电子产品批发	Wholesale of Machinery,Hardware and Electronic Products
汽车零配件批发	Wholesale of Automotive Spare and Accessory Parts
摩托车及零配件批发	Wholesale of Motorcycles and Related Spare and Accessory Parts
五金产品批发	Wholesale of Hardware Products
计算机、软件及辅助设备批发	Wholesale of Computers,Softwares and Assistant Appliances
通讯设备批发	Wholesale of Communication Equipment
其他机械设备及电子产品批发	Wholesale of Other Machinery and Electronic Products

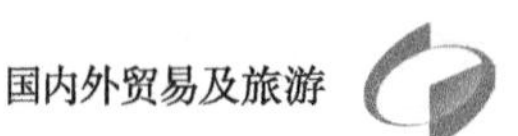

Basic Conditions of Enterprises above Designated Size in Wholesale and Retail Trades(2020)

法人企业数(个) Number of Corporations (unit)	年末从业人员(人) Employees at Year-end (person)	年末零售营业面积(平方米) Area of Retail Business at Year-end (sq.m.)
699	**60755**	**2585626.0**
339	**19409**	**183029.0**
5	76	80.0
3	51	
48	4697	7669.0
8	705	600.0
8	533	122.0
5	238	570.0
16	1496	3966.0
3	1300	2011.0
15	1154	15274.0
2	743	15274.0
1	9	
3	43	
1	130	
1		
5	110	
2	119	
9	456	11142.0
3	59	2813.0
2	343	8164.0
4	54	165.0
75	5845	8316.0
37	4156	7760.0
11	674	
117	3308	51193.0
9	161	350.0
12	769	29497.0
4	55	80.0
42	1127	13189.0
24	609	777.0
8	184	7300.0
18	403	
67	2302	28481.0
27	814	15321.0
4	111	10900.0
2	83	1150.0
7	141	910.0
12	104	
12	1028	200.0

10-4 续表 1

指　　标	Item
其他批发业	Other Wholesales
互联网批发	Wholesale Through Internet
其他未列明批发业	Other Wholesales not Listed Here
按登记注册类型分	**By Status of Registration**
内资企业	Domestic Funded Enterprises
国有企业	State-owned Enterprises
集体企业	Collective-owned Enterprises
有限责任公司	Limited Liability Corporations
国有独资公司	State Sole Funded Corporations
其他有限责任公司	Other Limited Liability Corporations
股份有限公司	Share-holding Corporations Ltd.
私营企业	Private Enterprises
私营有限责任公司	Private Limited Liability Corporations
私营股份有限公司	Private Share-holding Corporations Ltd.
外商投资企业	Enterprises with Foreign Investment
中外合资经营企业	Sino-foreign Equity Joint Ventures
按控股情况分	**By Holdings**
国有控股	State-owned Holding
集体控股	Collective Holding
私人控股	Private Holding
其　他	Others
按经营形式分	**By Management Forms**
独立门店	Independent Stores
连锁总店	Chain Store Headquarters
其　他	Others
按单位规模分	**By Scale**
大　型	Large
中　型	Medium
小　型	Small
微　型	Minitype
零售业	**Retail Trade**
按零售行业小类分（2017）	**By Sector**
综合零售	Integrated Retail
百货零售	Retail of General Merchandise
超级市场零售	Retail of Supermarkets
食品、饮料及烟草制品专门零售	Specialist Retail of Food,Beverages and Tobacco Products
粮油零售	Retail of Grain and Oils
肉、禽、蛋、奶及水产品零售	Retail of Meats,Poultry,Eggs,Milk and Aquatic Products

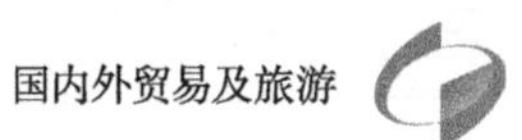

(Continued)

法人企业数(个) Number of Corporations (unit)	年末从业人员(人) Employees at Year-end (person)	年末零售营业面积(平方米) Area of Retail Business at Year-end (sq.m.)
3	1571	60874.0
1	29	745.0
2	1542	60129.0
333	17439	166355.0
12	2244	6836.0
3	22	1020.0
111	6700	53853.0
16	775	11506.0
95	5925	42347.0
4	98	
203	8375	104646.0
199	8099	104346.0
4	276	300.0
1	259	
78	6178	50534.0
7	238	1020.0
238	10339	107586.0
10	684	7215.0
125	5751	68153.0
2	36	
212	13622	114876.0
12	5528	57979.0
135	11002	106488.0
153	2798	11454.0
39	81	7108.0
360	**41346**	**2402597.0**
64	17194	1090118.0
25	3297	452178.0
32	13569	615515.0
48	1651	36984.0
1	51	282.0
3	37	275.0

10-4 续表 2

指　　标	Item
酒、饮料及茶叶零售	Retail of of Liquor,Beverages and Tea
其他食品零售	Retail of Other Food
纺织、服装及日用品专门零售	Specialist Retail of Texiles,Garments and Daily Necessities
服装零售	Retail of Garments
化妆品及卫生用品零售	Retail of Cosmetics and Hygienic Products
钟表、眼镜零售	Retail of Clocks, Watches and Glasses
其他日用品零售	Retail of Other Daily Necessities
文化、体育用品及器材专门零售	Specialist Retail of Culture and Sports Appliances and Equipments
文具用品零售	Retail of Stationery
图书、报刊零售	Retail of Books,Newspapers and Periodicals
医药及医疗器材专门零售	Specialist Retail of Medicines and Medical Devices
西药零售	Retail of Western Medicine
中药零售	Retail of Chinese Medicine
汽车、摩托车、燃料及零配件及其他动力销售	Retail of Automobiles,Mortotcycles,Fuels, Spares and Accessories,and Other Driving Forces
汽车新车零售	Retail of New Automobiles
汽车零配件零售	Retail of Automotive Spare and Accessory Parts
摩托车及零配件零售	Retail of Motorcycles and Related Spare and Accessory Parts
机动车燃油零售	Retail of Motor Fuel
家用电器及电子产品专门零售	Specialist Retail of Household Electrical Appliances and Electronic Products
家用视听设备零售	Retail of Household Audio-Visual Equipments
日用家电设备零售	Retail of Household Electric Appliances
计算机、软件及辅助设备零售	Retail of Computers,Softwares and Assistant Appliances
通信设备零售	Retail of Communication Facilities
其他电子产品零售	Retail of Other Electronic Products
五金、家具及室内装饰材料专门零售	Specialist Retail of Hardware Products,Furniture and Interior Decoration Materials
灯具零售	Retail of Lamps
家具零售	Retail of Furniture
陶瓷、石材装饰材料零售	Retail of Ceramic and Stone Decorative Materials
货摊、无店铺及其他零售业	Stalls, Non-shop and Other Retails
互联网零售	Internet Retail

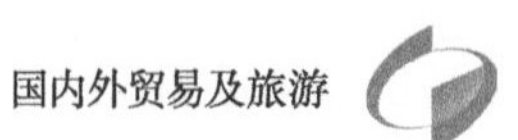

(Continued)

法人企业数（个） Number of Corporations (unit)	年末从业人员（人） Employees at Year-end (person)	年末零售营业面积（平方米） Area of Retail Business at Year-end (sq.m.)
27	860	13230.0
4	54	3050.0
12	1474	39018.0
7	1023	32349.0
1	28	200.0
2	63	289.0
1	8	200.0
6	394	6604.0
2	26	264.0
4	368	6340.0
15	7755	151443.0
14	7648	149643.0
1	107	1800.0
167	10967	904232.0
133	8261	385711.0
3	30	750.0
3	271	72957.0
28	2405	444814.0
28	1075	121663.0
1	19	363.0
11	718	116113.0
11	126	4506.0
2	106	677.0
3	106	4.0
8	349	40042.0
1	4	77.0
3	247	37851.0
3	73	1614.0
12	487	12493.0
9	217	593.0

10-4 续表 3

指　　标	Item
邮购及电视、电话零售	Retail Goods Sold via Mail Order,Television and Telephone
生活用燃料零售	Retail of Residential Fuels
按登记注册类型分	**By Status of Registration**
内资企业	Domestic Funded Enterprises
集体企业	Collective-owned Enterprises
股份合作企业	Cooperative Enterprises
有限责任公司	Limited Liability Corporations
国有独资公司	State Sole Funded Corporations
其他有限责任公司	Other Limited Liability Corporations
股份有限公司	Share-holding Corporations Ltd.
私营企业	Private Enterprises
私营独资企业	Sole Proprietorships
私营有限责任公司	Private Limited Liability Corporations
港、澳、台商投资企业	Enterprises with Funds from Hong Kong,Macao and Taiwan
与港澳台商合资经营企业	Joint-venture Enterprises with Funds from Hong Kong,Macao and Taiwan
外商投资企业	Enterprises with Foreign Investment
中外合资经营企业	Chinese-foreign Equity Joint Ventures
外资企业	Enterprises with Foreign Funds
按控股情况分	**By Holding**
国有控股	State-owned Holding
集体控股	Collective-owned Holding
私人控股	Private Holding
港澳台商控股	Hong Kong,Macao and Taiwan Holdings
外商控股	Foreign Holding
其　他	Others
按经营形式分	**By Management Forms**
独立门店	Independent Stores
连锁总店（总部）	General Chain Store (Headquarters)
连锁直营店	Chain Stores
其　他	Others
按单位规模分	**By Scale**
大　型	Large
中　型	Medium
小　型	Small
微　型	Minitype

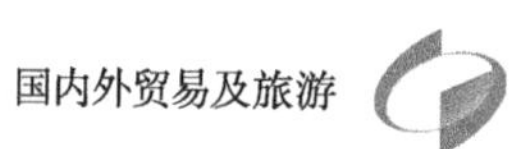

(Continued)

法人企业数（个） Number of Corporations (unit)	年末从业人员（人） Employees at Year-end (person)	年末零售营业面积（平方米） Area of Retail Business at Year-end (sq.m.)
1	247	
2	23	11900.0
348	38558	1987951.0
3	29	2578.0
1	151	880.0
104	19859	991946.0
5	796	76525.0
99	19063	915421.0
4	1224	214532.0
235	17217	776015.0
9	181	14150.0
223	16989	757165.0
2	323	39049.0
2	323	39049.0
10	2465	375597.0
2	287	19660.0
8	2178	355937.0
32	4644	515322.0
6	85	4318.0
299	33179	1456129.0
3	410	57909.0
9	2378	356737.0
11	650	12182.0
289	23840	1324528.0
20	11471	626262.0
9	1441	82998.0
42	4594	368809.0
19	23005	1235541.0
139	14649	931149.0
134	3381	195398.0
68	311	40509.0

10-5 限额以上批发和零售业企业商品销售情况 (2020 年)

单位: 万元

指　标	Item
总　计	**Total**
批发业	**Wholesale Trade**
按批发行业小类分(2017)	**By Sector**
农、林、牧、渔产品批发	Wholesale of Agricultural, Forestry, Livestock and Fishery Products
畜牧渔业饲料批发	Wholesale of Livestock and Fishery Feed
食品、饮料及烟草制品批发	Wholesale of Food,Beverages and Tobacco Products
米、面制品及食用油批发	Wholesale of Rice,Flour Products and Edible Oil
肉、禽、蛋、奶及水产品批发	Wholesale of Meat,Poultry,Eggs,Milk and Aquatic Products
盐及调味品批发	Wholesale of Salt and Flavouring
酒、饮料及茶叶批发	Wholesale of Liquor,Beverages and Tea
烟草制品批发	Wholesale of Tobacco Products
纺织、服装及家庭用品批发	Wholesale of Texiles,Garments and Household Articles
服装批发	Wholesale of Garments
鞋帽批发	Wholesale of Shoes and Hats
化妆品及卫生用品批发	Wholesale of Cosmetics and Hygienic Products
厨房卫具及日日用杂品批发	Wholesale of Kitchen Ware and Daily Necessities
家用视听设备批发	Wholesale of Household Audio-visual Equipment
日用家电批发	Wholesale of Household Appliances
其他家庭用品批发	Wholesale of Other Household Articles
文化、体育用品及器材批发	Wholesale of Culture Articles and Sports Appliances and Equipments
文具用品批发	Wholesale of Stationeries
图书批发	Wholesale of Books
其他文化用品批发	Wholesale of Other Culture Articles
医药及医疗器材批发	Wholesale of Medicines and Medical Equipments
西药批发	Wholesale of Western Medicines
中药批发	Wholesale of Traditional Chinese Medicines
矿产品、建材及化工产品批发	Wholesale of Mineral Products,Building Materials and Chemical Products
煤炭及制品批发	Wholesale of Coal and Coal Products
石油及制品批发	Wholesale of Petroleum and Related Products
非金属矿及制品批发	Wholesale of Non-metallic Minerals and Related Products
金属及金属矿批发	Wholesale of Metals and Metalliferous Minerals
建材批发	Wholesale of Building Materials
化肥批发	Wholesale of Chemical Fertilizers
其他化工产品批发	Wholesale of Other Chemical Products
汽车零配件批发	Wholesale of Automotive Spare and Accessory Parts
摩托车及零配件批发	Wholesale of Motorcycles and Related Spare and Accessory Parts
五金产品批发	Wholesale of Hardware Products
计算机、软件及辅助设备批发	Wholesale of Computers,Softwares and Assistant Appliances
通讯设备批发	Wholesale of Communication Equipment
其他机械设备及电子产品批发	Wholesale of Other Machinery and Electronic Products
其他批发业	Other Wholesales
互联网批发	Wholesale Through Internet
其他未列明批发业	Other Wholesales Not Listed Here

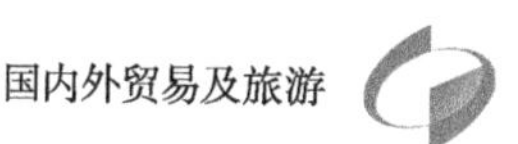

The Sales of Enterprises above Designated Size in Wholesale and Retail Trades(2020)

(10 000 yuan)

销售额合计 Total Sales	批发额 Wholesale Trade	零售额 Retail Trade
31615287.4	**22575614.5**	**8994036.6**
22016110.0	**21605166.7**	**365307.0**
48616.0	48543.5	72.5
33536.8	33536.8	
3859578.8	3669509.4	190069.4
233122.3	226232.8	6889.5
80403.7	74028.3	6375.4
682198.5	611843.1	70355.4
1531740.3	1425783.5	105956.8
1223578.4	1223578.4	
170362.1	165474.7	4818.4
48839.4	44216.3	4623.1
5080.6	5080.6	
11386.6	11386.6	
6400.0	6400.0	
69.0		
79588.4	79393.1	195.3
18998.1	18998.1	
214389.9	210140.7	4249.2
21322.5	19878.7	1443.8
176421.6	174871.1	1550.5
16645.8	15390.9	1254.9
2708809.5	2708739.6	69.9
1895492.9	1895423.0	69.9
349470.4	349470.4	
11737705.5	11694819.2	34964.9
240713.5	240713.5	
279511.9	252099.8	27412.1
45442.6	45442.6	
7957262.2	7957259.6	2.6
946734.6	938208.7	604.5
1867453.8	1860508.1	6945.7
400586.9	400586.9	
1505627.9	1476655.6	28972.3
75538.7	70998.7	4540.0
139413.3	137351.0	2062.3
40555.9	33974.9	6581.0
875628.2	869813.2	58.1
181206.3	167638.6	13240.7
422000.6	346392.3	75608.3
71920.2	59670.3	12249.9
350080.4	286722.0	63358.4

10-5 续表 1

单位：万元

指　标	Item
按登记注册类型分	**By Status of Registration**
内资企业	Domestic-funded Enterprises
国有企业	State-owned Enterprises
集体企业	Collective-owned Enterprises
有限责任公司	Limited Liability Corporations
国有独资公司	State Sole Funded Corporations
其他有限责任公司	Other Limited Liability Corporations
股份有限公司	Share-holding Corporation Ltd.
私营企业	Private Enterprises
私营有限责任公司	Private Limited Liability Corporations
私营股份有限公司	Private Share-holding Corporation Ltd.
外商投资企业	Enterprises with Foreign Investment
中外合资经营企业	Sino-foreign Equity Joint Ventures
按控股情况分	**By Holding**
国有控股	State-owned Holding
集体控股	Collective-owned Holding
私人控股	Private Holding
其　他	Others
按经营形式分	**By Management Forms**
独立门店	Independent Stores
连锁总店	Chain Store Headquarters
其　他	Others
按单位规模分	**By Scale**
大　型	Large
中　型	Medium
小　型	Small
微　型	Minitype
零售业	**Retail Trade**
按零售行业小类分（2017）	**By Sector**
综合零售	Integrated Retail
百货零售	Retail of General Merchandise
超级市场零售	Retail of Supermarkets
其他综合零售	Other Integrated Retails
食品、饮料及烟草制品专门零售	Specialist Retail of Food,Beverages and Tobacco Products
粮油零售	Retail of Grain and Oils
肉、禽、蛋、奶及水产品零售	Retail of Meat,Poultry,Eggs,Milk and Aquatic Products

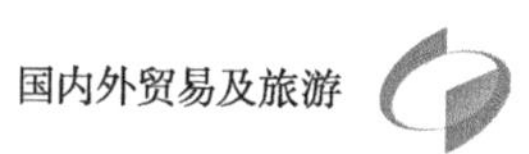

(Continued)

(10 000 yuan)

销售额合计 Total Sales	批发额 Wholesale Trade	零售额 Retail Trade
21658312.0	21272859.9	339815.8
3386932.1	3380853.2	6078.9
27690.5	20728.1	6962.4
13462565.3	13277289.4	185169.1
3247613.0	3121728.1	125884.9
10214952.3	10155561.3	59284.2
494326.6	494326.6	
4286797.5	4099662.6	141605.4
4217023.5	4032147.2	139346.8
69774.0	67515.4	2258.6
23498.1	23498.1	
13324345.2	13148515.0	175830.2
284945.7	277983.3	6962.4
6730499.0	6529829.0	155033.7
1318522.1	1316532.6	1989.5
4594144.4	4492405.3	90506.3
18285.5	18285.5	
17403680.1	17094475.9	274800.7
2968219.4	2891051.2	77168.2
12573677.3	12323940.6	249736.7
3851944.5	3814006.9	37937.6
2622268.8	2576168.0	464.5
9599177.4	**970447.8**	**8628729.6**
1660760.8	75305.5	1585455.3
578204.6		578204.6
1058775.7	74634.3	984141.4
23780.5	671.2	23109.3
1163413.6	169109.8	994303.8
1406.1		1406.1
5629.8	1968.0	3661.8

10-5 续表 2

单位：万元

指　　标	Item
酒、饮料及茶叶零售	Retail of of Liquor,Beverages and Tea
其他食品零售	Retail of Other Food
纺织、服装及日用品专门零售	Specialist Retail of Texiles,Garments and Daily Necessities
服装零售	Retail of Garments
化妆品及卫生用品零售	Retail of Cosmetics and Hygienic Products
钟表、眼镜零售	Retail of Clocks,Watches and Glasses
其他日用品零售	Retail of Other Daily Necessities
文化、体育用品及器材专门零售	Specialist Retail of Culture and Sports Appliances and Equipment
文具用品零售	Retail of Stationeries
体育用品及器材零售	Retail of Sports Appliances and Equipments
图书、报刊零售	Retail of Books,Newspapers and Periodicals
医药及医疗器材专门零售	Specialist Retail of Medicines and Medical Devices
西药零售	Retail of Western Medicine
中药零售	Retail of Chinese Medicine
汽车、摩托车、燃料及零配件及其他动力销售	Retail of Automobiles,Mortotcycles,Fuels, Spares and Accessories,and Other Driving Forces
汽车新车零售	Retail of New Automobiles
汽车零配件零售	Retail of Automotive Spare and Accessory Parts
摩托车及零配件零售	Retail of Motorcycles and Related Spare and Accessory Parts
机动车燃油零售	Retail of Motor Fuel
机动车燃气零售	Retail of Motor Gas
家用电器及电子产品专门零售	Specialist Retail of Household Electrical Appliances and Electronic Products
家用视听设备零售	Retail of Household Audio-Visual Equipments
日用家电设备零售	Retail of Household Electric Appliances
计算机、软件及辅助设备零售	Retail of Computers,Softwares and Assistant Appliances
通信设备零售	Retail of Communication Facilities
其他电子产品零售	Retail of Other Electronic Products
五金、家具及室内装饰材料专门零售	Specialist Retail of Hardware Products,Furniture and Interior Decoration Materials
灯具零售	Retail of Lamps
家具零售	Retail of Furniture
陶瓷、石材装饰材料零售	Retail of Ceramic and Stone Decorative Materials
货摊、无店铺及其他零售业	Stalls, Non-shop and Other Retails
互联网零售	Internet Retail

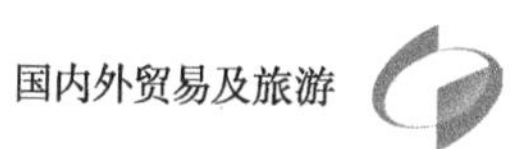

(Continued)

(10 000 yuan)

销售额合计 Total Sales	批发额 Wholesale Trade	零售额 Retail Trade
1049384.0	90486.4	958897.6
3120.3	284.7	2835.6
120760.9	20161.9	100599.0
96296.1	19213.3	77082.8
2450.8		2450.8
3133.8	251.8	2882.0
696.8	696.8	
58750.6		58750.6
2140.4		2140.4
56610.2		56610.2
339881.5	1464.0	338417.5
337302.9	1464.0	335838.9
2578.6		2578.6
4867278.3	552980.1	4314298.2
2989239.8	215575.7	2773664.1
8383.3	854.6	7528.7
112127.3	87714.3	24413.0
1757527.9	248835.5	1508692.4
281598.5	60457.2	221141.3
1117.2		1117.2
194382.0	32588.4	161793.6
39661.9	20358.4	19303.5
32815.4	7510.4	25305.0
13622.0		13622.0
27663.1	3119.8	24543.3
1782.5		1782.5
20739.4		20739.4
4038.6	2899.2	1139.4
1079070.1	87849.5	991220.6
907757.9	87849.5	819908.4

10-5 续表 3

单位：万元

指　　标	Item
邮购及电视、电话零售	Retail Goods Sold via Mail Order,Television and Telephone
生活用燃料零售	Retail of Residential Fuels
其他未列明零售业	Other Retails Not Listed Here
按登记注册类型分	**By Status of Registration**
内资企业	Domestic-funded Enterprises
集体企业	Collective-owned Enterprises
股份合作企业	Cooperative Enterprises
联营企业	Joint Ownership Enterprises
集体联营企业	Collective Joint Ownership Enterprises
有限责任公司	Limited Liability Corporations
国有独资公司	State Sole Funded Corporations
其他有限责任公司	Other Limited Liability Corporations
股份有限公司	Share-holding Corporation Ltd.
私营企业	Private Enterprises
私营独资企业	Private Sole Proprietorships
私营有限责任公司	Private Limited Liability Corporations
私营股份有限公司	Private Companies Limited by Shares
港、澳、台商投资企业	Enterprises with Funds from Hong Kong,Macao and Taiwan
与港澳台商合资经营企业	Joint-venture Enterprises with Funds from Hong Kong,Macao and Taiwan
外商投资企业	Enterprises with Foreign Investment
中外合资经营企业	Sino-foreign Equity Joint Ventures
外资企业	Foreign-funded Enterprises
按控股情况分	**By Holding**
国有控股	State-owned Holding
集体控股	Collective Holding
私人控股	Private Holding
港澳台商控股	Hong Kong,Macao and Taiwan Business Holding
外商控股	Foreign Holding
其　他	Others
按经营形式分	**By Management Forms**
独立门店	Independent Stores
连锁总店（总部）	General Chain Store（Headquarters）
连锁直营店	Chain Stores
其　他	Others
按单位规模分	**By Scale**
大　型	Large
中　型	Medium
小　型	Small
微　型	Minitype

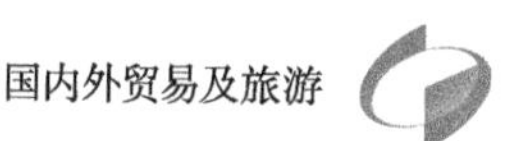

(Continued)

(10 000 yuan)

销售额合计 Total Sales	批发额 Wholesale Trade	零售额 Retail Trade
167042.2		167042.2
4270.0		4270.0
8048089.6	837655.0	7210434.6
3114.6		3114.6
7866.3		7866.3
4125844.2	419583.1	3706261.1
402291.5	2174.3	400117.2
3723552.7	417408.8	3306143.9
747294.4	109655.4	637639.0
2927800.7	308416.5	2619384.2
16049.4	921.7	15127.7
2899607.9	307494.8	2592113.1
131005.7		131005.7
131005.7		131005.7
1420082.1	132792.8	1287289.3
168936.9		168936.9
1251145.2	132792.8	1118352.4
2361838.8	315676.3	2046162.5
10284.6	397.8	9886.8
5458393.8	488747.8	4969646.0
149629.8		149629.8
1401458.0	132792.8	1268665.2
217572.4	32833.1	184739.3
5316999.3	495189.7	4821809.6
1380722.9	145625.3	1235097.6
134563.7	1376.8	133186.9
2766891.5	328256.0	2438635.5
3250280.5	313560.7	2936719.8
4663589.5	445628.8	4217960.7
646224.3	106113.9	540110.4
1039083.1	105144.4	933938.7

10-6 限额以上批发和零售业企业主要财务状况 (2020 年)

单位: 万元

指 标	Item	流动资产合计 Current Assets
总 计	**Total**	**13271661.2**
一、批发业	**Wholesale Trade**	**9540893.0**
按批发行业小类分(2017)	**By Sector**	
农、林、牧、渔产品批发	Wholesale of Agricultural, Forestry, Livestock and Fishery Products	6759.5
畜牧渔业饲料批发	Wholesale of Livestock and Fishery Feed	5228.9
食品、饮料及烟草制品批发	Wholesale of Food,Beverages and Tobacco Products	1233706.8
米、面制品及食用油批发	Wholesale of Rice,Flour Products and Edible Oil	70673.8
肉、禽、蛋、奶及水产品批发	Wholesale of Meat,Poultry,Eggs,Milk and Aquatic Products	16287.5
盐及调味品批发	Wholesale of Salt and Flavouring	153239.5
酒、饮料及茶叶批发	Wholesale of Liquor,Beverages and Tea	523047.7
烟草制品批发	Wholesale of Tobacco Products	430039.5
纺织、服装及家庭用品批发	Wholesale of Texiles,Garments and Household Articles	94004.2
服装批发	Wholesale of Garments	27891.0
鞋帽批发	Wholesale of Shoes and Hats	394.2
化妆品及卫生用品批发	Wholesale of Cosmetics and Hygienic Products	3686.2
厨房卫具及日用杂品	Wholesale of Kitchen Ware and Daily Necessities	1591.9
家用视听设备批发	Wholesale of Household Audio-visual Equipment	1465.9
日用家电批发	Wholesale of Household Appliances	50956.0
其他家庭用品批发	Wholesale of Other Household Articles	8019.0
文化、体育用品及器材批发	Wholesale of Culture Articles and Sports Appliances and Equipment	367189.9
文具用品批发	Wholesale of Stationeries	8282.4
图书批发	Wholesale of Books	352072.3
医药及医疗器材批发	Wholesale of Medicines and Medical Equipments	2108680.8
西药批发	Wholesale of Western Medicines	1483351.9
中药批发	Wholesale of Traditional Chinese Medicines	282963.1
矿产品、建材及化工产品批发	Wholesale of Mineral Products,Building Materials and Chemical Products	4889353.2
煤炭及制品批发	Wholesale of Coal and Coal Products	412357.8
石油及制品批发	Wholesale of Petroleum and Related Products	97862.5
非金属矿及制品批发	Wholesale of Non-metallic Minerals and Related Products	10882.6
金属及金属矿批发	Wholesale of Metals and Metalliferous Minerals	2534179.6
建材批发	Wholesale of Building Materials	1185148.0
化肥批发	Wholesale of Chemical Fertilizers	478465.2
其他化工产品批发	Wholesale of Other Chemical Products	170457.5
机械设备、五金产品及电子产品批发	Wholesale of Machinery,Hardware and Electronic Products	638265.1
汽车零配件批发	Wholesale of Automotive Spare and Accessory Parts	313004.1
摩托车及零配件批发	Wholesale of Motorcycles and Related Spare and Accessory Parts	19986.7
五金产品批发	Wholesale of Hardware Products	79267.8
计算机、软件及辅助设备批发	Wholesale of Computers,Softwares and Assistant Appliances	31345.9
通讯设备批发	Wholesale of Communication Equipment	57700.4
其他机械设备及电子产品批发	Wholesale of Other Machinery and Electronic Products	118848.7

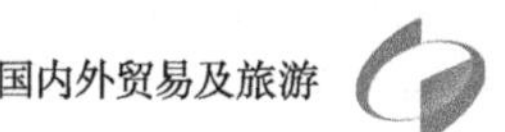

Main Financial Indicators of Enterprises above Designated Size in Wholesale and Retail Trades(2020)

(10 000 yuan)

#存　货 Inventory	固定资产原价 Original Value of Fixed Assets	本年折旧 Depreciation in This Year	资产总计 Total Assets	负债合计 Total Liabilities	所有者权益合计 Owners Equities
1740500.4	**1258367.5**	**91127.0**	**17575960.9**	**11983519.0**	**4834929.4**
881647.9	**432539.0**	**28119.3**	**12228261.6**	**8062750.4**	**3757235.9**
741.8	73.2	1.9	6936.1	3330.1	3605.9
348.1	66.4	1.8	5390.1	2567.2	2822.8
256167.0	162081.4	9371.6	1523808.6	517728.8	972469.5
28431.8	7011.5	1010.5	77266.0	66624.2	9899.3
4819.7	707.3	89.9	17561.8	12226.8	5329.6
38013.0	38521.3	1887.5	270492.0	122206.2	116414.4
99655.6	43481.6	2446.3	584979.8	209225.6	375726.1
77524.7	71112.7	3784.7	518705.0	86625.3	432074.3
22328.9	1038.6	78.6	103311.0	80838.0	18157.0
14062.9	488.9	44.6	36045.3	23216.3	11979.0
	6.8	0.1	397.1	291.8	105.3
839.9	21.3	13.0	3692.6	2543.1	1149.5
77.4	436.4	14.7	2709.2	2146.6	562.6
1.3		0.7	1465.9		
5931.6	27.9	1.9	50960.5	47832.5	3127.9
1415.8	57.3	3.6	8040.4	4807.7	1232.7
56892.2	11832.2	381.8	402752.8	346014.2	56438.5
2568.7	2773.3	26.9	10854.1	8656.4	1897.7
53378.5	8421.9	342.7	382771.9	330206.8	52565.0
221758.9	104846.5	8440.4	2433952.0	1834336.4	584245.1
154814.0	48769.3	3595.2	1610394.7	1292683.6	307892.9
30868.3	23106.6	1537.6	390319.5	267304.2	119096.9
197622.5	104171.7	4999.9	6722065.5	4515089.1	1919541.6
5692.8	4028.8	473.0	715342.8	269636.0	339101.0
13865.9	42254.7	2068.9	140172.0	46137.6	94034.5
1348.3	893.0	105.9	11525.4	6896.2	4529.2
98152.6	28723.4	1367.5	2987451.5	2150088.9	791285.2
42789.5	6948.1	468.0	1990003.3	1594154.5	299597.5
22850.8	14504.7	218.0	688995.0	299560.8	358779.3
12922.6	6819.0	298.6	188575.5	148615.1	32214.9
105476.2	39843.0	3743.5	815582.4	591041.8	157991.4
32680.1	11223.1	1835.1	466305.3	345187.7	86168.2
11547.0	1146.3	98.9	20676.6	12247.5	8429.1
9865.3	2649.1	20.9	81674.9	74957.6	6342.6
2831.0	421.8	63.6	31663.4	20065.1	11598.3
1314.4	65.5	10.5	57724.1	47862.6	8813.4
44179.4	23075.7	1654.1	138380.3	90351.1	36031.7

10-6 续表1

单位：万元

指　　标	Item	流动资产合计 Current Assets
其他批发业	Other Wholesales	202933.5
互联网批发	Wholesale Through Internet	40614.0
其他未列明批发业	Other Wholesales not Listed Here	162319.5
按登记注册类型分	**By Status of Registration**	
内资企业	Domestic Funded Enterprises	9066091.8
国有企业	State-owned Enterprises	1296591.8
集体企业	Collective-owned Enterprises	7946.7
有限责任公司	Limited Liability Corporations	5754471.6
国有独资公司	State Sole Funded Corporations	2032652.2
其他有限责任公司	Other Limited Liability Corporations	3721819.4
股份有限公司	Share-holding Corporations Ltd.	274921.3
私营企业	Private Enterprises	1732160.4
私营有限责任公司	Private Limited Liability Corporations	1664981.9
私营股份有限公司	Private Share-holding Corporations Ltd.	67178.5
外商投资企业	Enterprises with Foreign Investment	17474.6
中外合资经营企业	Sino-foreign Equity Joint Venture	
按控股情况分	**By Holding**	
国有控股	State-owned Holding	6142265.0
集体控股	Collective-owned Holding	83176.8
私人控股	Private Holding	2452579.7
其　他	Others	388070.3
按经营形式分	**By Management Forms**	
独立门店	Independent Stores	1636406.5
连锁总店	Chain Store Headquarters	6276.5
其　他	Others	7898210.0
按单位规模分	**By Scale**	
大　型	Large	1488495.3
中　型	Medium	6643151.9
小　型	Small	1015127.3
微　型	Minitape	394118.5
零售业	**Retail Trade**	**3730768.2**
按零售行业小类分（2011）	**By Sector**	
综合零售	Integrated Retail	755487.1
百货零售	Retail of General Merchandise	332542.0
超级市场零售	Retail of Supermarkets	415800.1
食品、饮料及烟草制品专门零售	Specialist Retail of Food,Beverages and Tobacco Products	539911.6
粮油零售	Retail of Grain and Oils	810.6
肉、禽、蛋、奶及水产品零售	Retail of Meat,Poultry,Eggs,Milk and Aquatic Products	1539.9

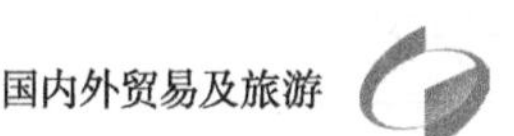

(Continued)

(10 000 yuan)

#存 货 Inventory	固定资产原价 Original Value of Fixed Assets	本年折旧 Depreciation in This Year	资产总计 Total Assets	负债合计 Total Liabilities	所有者权益合计 Owners Equities
20660.4	8652.4	1101.6	219853.2	174372.0	44786.9
3354.3	209.6	30.7	40722.3	28729.7	11992.6
17306.1	8442.8	1070.9	179130.9	145642.3	32794.3
863562.0	415947.6	27054.6	11341342.3	7698853.3	3356592.4
109880.4	88951.3	4333.7	1661284.2	876007.3	744481.6
1331.4	1258.1	18.1	11220.8	9306.8	1294.5
492328.4	188457.0	11357.9	7392862.2	5200589.6	2039039.6
150330.5	61178.0	2385.6	3035242.2	2144342.6	800056.1
341997.9	127279.0	8972.3	4357620.0	3056247.0	1238983.5
8378.5	3700.5	178.0	282817.7	185278.4	68221.3
251643.3	133580.7	11166.9	1993157.4	1427671.2	503555.4
250837.3	133458.5	11164.4	1912612.3	1361333.4	489376.1
806.0	122.2	2.5	80545.1	66337.8	14179.3
1211.8	3989.5	324.0	20808.5	4411.0	15621.1
491171.5	228721.8	12500.7	7991752.7	5204584.0	2581716.0
18512.9	10944.3	412.4	108746.4	88965.8	14526.0
306636.4	153799.7	12371.6	2738273.4	2077229.2	586886.2
47241.2	22481.8	1769.9	502569.8	328074.3	173464.2
221659.0	88266.5	8309.0	2064997.6	1325308.8	676428.4
573.5	101.9	14.6	6384.3	4056.2	2328.1
659415.4	344170.6	19795.7	10156879.7	6733385.4	3078479.4
207320.6	118521.7	7498.0	1739880.7	1054206.3	677022.1
552779.0	276448.2	16615.7	8815583.4	5984323.1	2500936.1
107455.7	33145.7	3375.7	1073730.9	778256.5	276509.9
14092.6	4423.4	629.9	599066.6	245964.5	302767.8
858852.5	**825828.5**	**63007.7**	**5347699.3**	**3920768.6**	**1077693.5**
136389.9	256971.7	23687.5	1102207.8	759514.6	246306.7
22231.4	179285.0	16257.0	577403.7	345003.2	187701.7
112133.8	76120.8	7347.5	516620.7	410009.5	58843.0
247955.9	20447.8	1010.6	892556.1	570888.4	314890.1
125.3	287.5	63.0	902.2	443.6	417.4
152.6	25.1	3.3	2370.2	1033.7	1336.5

10-6 续表 2

单位：万元

指　　标	Item	流动资产合计 Current Assets
酒、饮料及茶叶零售	Retail of of Liquor,Beverages and Tea	499534.2
其他食品零售	Retail of Other Food	1928.0
纺织、服装及日用品专门零售	Specialist Retail of Texiles,Garments and Daily Necessities	38973.7
服装零售	Retail of Garments	30024.2
化妆品及卫生用品零售	Retail of Cosmetics and Hygienic Products	1227.6
钟表、眼镜零售	Retail of Clocks,Watches and Glasses	2230.6
其他日用品零售	Retail of Other Daily Necessities	818.0
文化、体育用品及器材专门零售	Specialist Retail of Culture and Sports Appliances and Equipment	52041.0
文具用品零售	Retail of Stationeries	607.8
体育用品及器材零售	Retail of Sports Appliances and Equipments	
图书、报刊零售	Retail of Books,Newspapers and Periodicals	51433.2
医药及医疗器材专门零售	Specialist Retail of Medicines and Medical Devices	317209.5
西药零售	Retail of Western Medicine	315290.5
中药零售	Retail of Chinese Medicine	1919.0
汽车、摩托车、燃料及零配件及其他动力销售	Retail of Automobiles,Mortotcycles,Fuels, Spares and Accessories,and Other Driving Forces	1390599.7
汽车新车零售	Retail of New Automobiles	1198249.4
汽车零配件零售	Retail of Automotive Spare and Accessory Parts	1324.6
摩托车及零配件零售	Retail of Motorcycles and Related Spare and Accessory Parts	29991.1
机动车燃油零售	Retail of Motor Fuel	161034.6
机动车燃气零售	Retail of Motor Gas	
家用电器及电子产品专门零售	Specialist Retail of Household Electrical Appliances and Electronic Products	196916.2
家用视听设备零售	Retail of Household Audio-Visual Equipments	2411.4
日用家电设备零售	Retail of Household Electrical Appliances	147828.0
计算机、软件及辅助设备零售	Retail of Computers,Softwares and Assistant Appliances	15380.8
通信设备零售	Retail of Communication Facilities	18602.4
其他电子产品零售	Retail of Other Electronic Products	12693.6
五金、家具及室内装饰材料专门零售	Specialist Retail of Hardware Products,Furniture and Interior Decoration Materials	15376.6
灯具零售	Retail of Lamps	2128.9
家具零售	Retail of Furniture	8267.1
陶瓷、石材装饰材料零售	Retail of Ceramic and Stone Decorative Materials	3907.9
货摊、无店铺及其他零售业	Stalls,Non-shop and Other Retails	424252.8
互联网零售	Internet Retail	365277.6

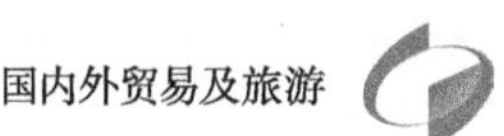

(Continued)

(10 000 yuan)

#存 货 Inventory	固定资产原价 Original Value of Fixed Assets	本年折旧 Depreciation in This Year	资产总计 Total Assets	负债合计 Total Liabilities	所有者权益合计 Owners Equities
245197.3	17107.9	553.5	848486.2	535723.1	306241.6
254.7	883.2	214.1	2732.4	1339.5	1392.9
33402.1	20282.7	1806.0	55176.4	39395.8	9721.3
27182.3	19422.5	1491.8	45212.9	33044.6	6430.8
1127.7	70.9	70.9	1242.0	1026.1	215.9
746.0	68.4	18.0	2337.7	1200.7	1137.0
128.4	11.7	2.3	818.2	345.2	151.2
9353.0	2949.6	732.2	56772.7	42456.9	14315.8
81.3	27.9	0.3	3578.3	162.8	3415.5
9271.7	2921.7	731.9	53194.4	42294.1	10900.3
50216.0	24567.8	1550.4	393849.2	325222.7	68248.2
49612.5	24254.3	1537.9	390324.8	324723.9	65253.1
603.5	313.5	12.5	3524.4	498.8	2995.1
351847.0	441163.5	29828.3	2122637.4	1581471.0	330431.2
285310.2	250590.8	21529.6	1465418.0	987227.1	322051.9
366.0	90.0	5.4	1652.4	415.4	1047.5
4416.7	9691.1	652.6	76840.7	42290.9	16295.3
61754.1	180791.6	7640.7	578726.3	551537.6	-8963.5
21769.7	3429.1	1167.5	205762.7	126628.7	51343.6
256.8	136.5		2428.4	1643.4	785.0
7143.4	2104.3	1064.7	149684.2	88404.0	33980.1
946.0	240.3	22.8	16009.0	11740.6	4230.8
552.6	104.8	11.4	18655.1	17540.1	1115.0
12870.9	843.2	68.6	18986.0	7300.6	11232.7
5295.3	44521.3	2579.4	79025.9	63752.0	14411.1
182.4	70.6		2133.9	1028.5	1105.3
2496.9	44063.4	2557.4	71455.3	61266.3	10189.0
1785.3	322.9	20.0	4310.1	1392.0	2055.4
2623.6	11495.0	645.8	439711.1	411438.5	28025.5
-684.3	852.7	187.2	367397.2	364144.1	3128.8

10-6 续表 3

单位：万元

指　标	Item	流动资产合计 Current Assets
邮购及电视、电话零售	Retail Goods Sold via Mail Order,Television and Telephone	58037.0
生活用燃料零售	Retail of Residential Fuels	938.2
其他未列明零售业	Other Retails Not Listed Here	
按登记注册类型分	**By Status of Registration**	
内资企业	Domestic-funded Enterprises	3426043.1
国有企业	State-owned Enterprises	127159.1
集体企业	Collective-owned Enterprises	1412.3
联营企业	Joint Ownership Enterprises	
集体联营企业	Collective Joint Ownership Enterprises	
有限责任公司	Limited Liability Corporations	1821166.2
国有独资公司	State Sole Funded Corporations	228330.5
其他有限责任公司	Other Limited Liability Corporations	1592835.7
股份有限公司	Share-holding Corporation Ltd.	92768.3
私营企业	Private Enterprises	1376520.3
私营独资企业	Private Sole Proprietorships	4128.5
私营有限责任公司	Private Limited Liability Corporations	1369415.1
私营股份有限公司	Private Companies Limited by Shares	
港、澳、台商投资企业	Enterprises with Funds from Hong Kong, Macao and Taiwan	124223.0
外商投资企业	Enterprises with Foreign Investment	180502.1
中外合资经营企业	Joint-venture Enterprises	51112.5
外资企业	Foreign-funded Enterprises	129389.6
按控股情况分	**By Holding**	
国有控股	State-owned Holding	777702.5
集体控股	Collective-owned Holding	4743.4
私人控股	Private Holding	2480459.6
港澳台商控股	Hong Kong,Macao and Taiwan Holdings	132069.6
外商控股	Foreign Holding	172655.5
其　他	Others	163137.6
按经营形式分	**By Management Forms**	
独立门店	Independent Stores	2379252.6
连锁总店（总部）	General Chain Store（Headquarters）	541849.6
连锁直营店	Chain Stores	59948.5
其　他	Others	749717.5
按单位规模分	**By Scale**	
大　型	Large	850719.8
中　型	Medium	2134934.0
小　型	Small	306235.8
微　型	Minitype	438878.6

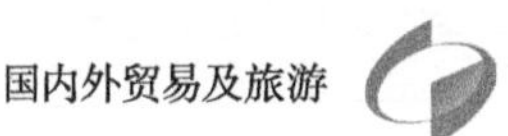

(Continued)

(10 000 yuan)

#存 货 Inventory	固定资产原价 Original Value of Fixed Assets	本年折旧 Depreciation in This Year	资产总计 Total Assets	负债合计 Total Liabilities	所有者权益合计 Owners Equities
3142.6	9327.9	370.7	67260.6	47163.8	19974.2
165.3	1314.4	87.9	5053.3	130.6	4922.5
810230.2	535384.7	43421.3	4561662.9	3032572.4	1233877.2
51198.8	165.7	4.2	127245.0	119005.4	8239.6
38.7	481.9	62.6	2749.8	511.1	1529.5
421202.0	256413.7	18427.5	2620879.9	1701755.0	797925.3
130667.9	9791.1	1122.8	571648.4	365996.0	201421.1
290534.1	246622.6	17304.7	2049231.5	1335759.0	596504.2
23091.4	77771.8	3911.6	198795.7	50802.5	130808.7
312645.2	198296.2	20989.2	1596049.7	1156484.0	291022.2
560.3	1488.4	134.7	4691.9	3030.4	1422.1
311862.8	194724.2	20814.2	1583900.2	1147785.2	287843.9
6488.1	25731.6	569.4	225707.0	151481.4	74225.6
42134.2	264712.2	19017.0	560329.4	736714.8	-230409.3
8582.6	7355.1	655.2	79422.6	43490.5	34807.0
33551.6	257357.1	18361.8	480906.8	693224.3	-265216.3
310969.8	138758.3	8167.0	1321209.6	736649.2	518018.0
1141.6	4800.8	431.7	13371.0	3472.1	9189.7
465434.0	353331.5	32301.1	2925582.8	2217670.6	491019.7
6583.1	26498.8	632.8	233685.7	154362.9	79322.8
42039.2	263945.0	18953.6	552350.7	733833.3	-235506.5
32684.8	38494.1	2521.5	301499.5	74780.5	215649.8
640264.8	612316.7	48677.1	3585561.0	2156652.1	1126436.8
104700.8	87015.3	6172.8	725802.6	508736.2	212865.7
10608.5	12301.8	1282.9	71625.9	35568.4	31022.5
103278.4	114194.7	6874.9	964709.8	1219811.9	-292631.5
224390.2	219862.9	16698.0	1277348.2	1280328.7	-61954.8
552893.9	462000.8	36710.2	3165315.5	1996125.9	956619.9
70479.8	95647.2	5746.9	438590.3	255983.4	161221.0
11088.6	48317.6	3852.6	466445.3	388330.6	21807.4

10-6 续表 4

单位：万元

指　　标	Item	主营业务收入 Revenue from Principal Business
总　　计	**Total**	**28203280.4**
一、批发业	**Wholesale Trade**	**19714032.6**
按批发行业小类分	**By Sector**	
农、林、牧、渔产品批发	Wholesale of Agricultural, Forestry, Livestock and Fishery Products	46046.4
畜牧渔业饲料批发	Wholesale of Livestock and Fishery Feed	31083.2
食品、饮料及烟草制品批发	Wholesale of Food,Beverages and Tobacco Products	3450166.1
米、面制品及食用油批发	Wholesale of Rice,Flour Products and Edible Oil	230432.2
肉、禽、蛋、奶及水产品批发	Wholesale of Meat,Poultry,Eggs,Milk and Aquatic Products	75016.3
盐及调味品批发	Wholesale of Salt and Flavouring	603257.3
酒、饮料及茶叶批发	Wholesale of Liquor,Beverages and Tea	1349261.8
烟草制品批发	Wholesale of Tobacco Products	1092223.9
纺织、服装及家庭用品批发	Wholesale of Texiles,Garments and Household Articles	151539.0
服装批发	Wholesale of Garments	43361.1
鞋帽批发	Wholesale of Shoes and Hats	5080.6
化妆品及卫生用品批发	Wholesale of Cosmetics and Hygienic Products	10711.4
厨房卫具及日用杂品批发	Wholesale of Kitchen Utensils,Bathroom Appliances and Daily Groceries	4107.7
家用视听设备批发	Wholesale of Household Audio-visual Equipment	
其他家庭用品批发	Wholesale of Other Household Articles	16823.4
文化、体育用品及器材批发	Wholesale of Culture Articles and Sports Appliances and Equipment	208416.0
文具用品批发	Wholesale of Stationeries	18945.8
图书批发	Wholesale of Books	174752.4
医药及医疗器材批发	Wholesale of Medicines and Medical Equipment	2433457.8
西药批发	Wholesale of Western Medicines	1706071.6
中药批发	Wholesale of Traditional Chinese Medicines	314082.4
矿产品、建材及化工产品批发	Wholesale of Mineral Products,Building Materials and Chemical Products	10443348.0
煤炭及制品批发	Wholesale of Coal and Coal Products	231567.8
石油及制品批发	Wholesale of Petroleum and Related Products	230711.5
非金属矿及制品批发	Wholesale of Non-metallic Minerals and Related Products	35660.9
金属及金属矿批发	Wholesale of Metals and Metalliferous Minerals	7104853.3
建材批发	Wholesale of Building Materials	851774.2
化肥批发	Wholesale of Chemical Fertilizers	1659706.6
其他化工产品批发	Wholesale of Other Chemical Products	329073.7
机械设备、五金产品及电子产品批发	Wholesale of Machinery,Hardware and Electronic Products	2594776.6
汽车零配件批发	Wholesale of Automotive Spare and Accessory Parts	1336190.3
摩托车及零配件批发	Wholesale of Motorcycles and Related Spare and Accessory Parts	66846.5
五金产品批发	Wholesale of Hardware Products	134004.9
计算机、软件及辅助设备批发	Wholesale of Computers,Softwares and Assistant Appliances	35957.7
通讯设备批发	Wholesale of Communication Equipment	844897.2
其他机械设备及电子产品批发	Wholesale of Other Machinery and Electronic Products	172353.1

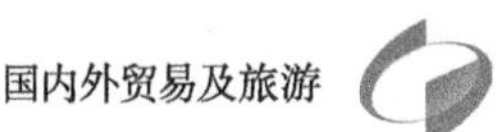

(Continued)

(10 000 yuan)

营业成本 Cost of Principal Business	税金及附加 Tax and Extra Charges	营业利润 Operating Profits	利润总额 Total Profits	所得税费用 Income Tax Payable	应交增值税 VAT Payable
26146134.4	**174801.8**	**985170.2**	**991700.8**	**199605.0**	**495729.4**
18368489.0	**156072.4**	**670308.7**	**663022.3**	**159268.0**	**331390.3**
43780.8	15.8	221.8	229.4	2.5	54.0
29652.6	9.4	69.8	74.8	-5.6	24.7
2653168.1	138500.0	492789.2	493008.0	122292.3	87241.9
218041.2	112.0	440.9	1026.1	45.8	777.0
67311.1	108.1	317.6	377.4	30.2	785.7
563038.8	774.0	2789.4	2694.6	226.1	463.2
940732.3	6749.5	345888.5	345473.3	85973.0	40474.8
770608.8	130661.1	143566.6	143975.9	35976.7	40663.5
135595.1	243.4	3599.0	3392.1	583.5	616.3
32945.4	132.8	2357.1	2114.5	551.5	77.4
5031.6		-63.1	-44.2	1.1	
9920.4	7.3	239.8	252.0	7.2	75.8
2257.1	21.9	461.8	440.8	0.3	5.8
53.4	0.8	255.1	255.1		6.7
15207.2	17.7	175.8	175.2	-1.4	85.8
189728.6	73.3	9089.0	2503.8	131.2	248.8
17648.5	16.5	6498.5	166.3	7.1	115.1
158282.4	41.7	2372.6	2118.8	121.8	35.9
2212855.4	5342.7	59546.3	57149.2	12765.2	30283.0
1569254.6	3071.5	34870.6	33978.4	7417.6	17806.1
277551.6	817.3	6037.5	5776.4	1072.5	4462.2
10242364.3	8640.8	55996.5	56350.5	15753.2	196602.5
217826.3	340.7	-995.5	-1059.6	18.0	1673.9
210680.4	350.6	9381.6	9707.0	781.3	1974.0
30820.9	112.1	992.8	980.2	245.7	3935.5
7019604.0	4810.2	50177.6	50094.1	12354.6	173023.7
803844.1	1453.9	-6260.9	-5578.6	1440.0	8943.5
1625797.0	1306.0	2693.9	1859.0	451.1	4220.7
333791.6	267.3	7.0	348.4	462.5	2831.2
2540051.3	2408.5	28001.6	29277.5	3610.0	8867.9
1288740.2	1648.1	20390.1	21461.7	2355.4	4306.8
63583.3	85.5	1268.7	1267.3	247.9	421.0
129690.0	115.2	573.6	702.0	198.2	426.1
33382.3	46.7	565.1	547.2	71.9	319.1
847996.9	74.8	2320.8	2325.8	522.1	335.7
149984.6	265.7	1756.7	1802.1	-100.6	1644.9

10-6 续表 5

单位：万元

指　标	Item	主营业务收入 Revenue from Principal Business
其他批发业	Other Wholesales	386282.7
互联网批发	Wholesale Through Internet	63350.7
其他未列明批发业	Other Wholesales Not Listed Here	322932.0
按登记注册类型分	**By Status of Registration**	
内资企业	Domestic-funded Enterprises	19390422.1
国有企业	State-owned Enterprises	3020802.3
集体企业	Collective-owned Enterprises	9155.2
有限责任公司	Limited Liability Corporations	12036023.3
国有独资公司	State Sole Funded Corporations	2922444.7
其他有限责任公司	Other Limited Liability Corporations	9113578.6
股份有限公司	Share-holding Corporation Ltd.	451338.4
私营企业	Private Enterprises	3873102.9
私营有限责任公司	Private Limited Liability Corporations	3811585.0
私营股份有限公司	Private Share-holding Corporation Ltd.	61517.9
外商投资企业	Enterprises with Foreign Investment	21471.8
中外合资经营企业	Sino-foreign Equity Joint Ventures	
按控股情况分	**By Holdings**	
国有控股	State-owned Hollding	11918226.9
集体控股	Collective-owned Holding	239769.9
私人控股	Private Holding	6056981.5
其　他	Others	1175443.8
按经营形式分	**By Management Forms**	
独立门店	Independent Stores	4107257.1
连锁总店	Chain Store Headquarters	16451.7
其　他	Others	15590323.8
按单位规模分	**By Scale**	
大　型	Large	2671959.1
中　型	Medium	11231664.5
小　型	Small	3451162.2
微　型	Minitype	2359246.8
零售业	**Retail Trade**	**8489247.8**
按零售行业小类分(2017)	**By Sector**	
综合零售	Integrated Retail	1489232.6
百货零售	Retail of General Merchandise	470007.9
超级市场零售	Retail of Supermarkets	996207.2
食品、饮料及烟草制品专门零售	Specialist Retail of Food,Beverages and Tobacco Products	988192.2
粮油零售	Retail of Grain and Oils	1288.2
肉、禽、蛋、奶及水产品零售	Retail of Meats, Poultry,Eggs,Milk and Aquatic Products	5324.3

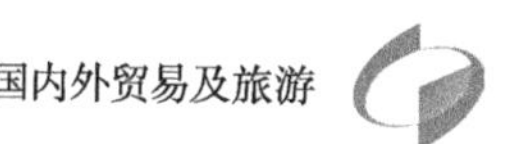

(Continued)

(10 000 yuan)

营业成本 Cost of Principal Business	税金及附加 Tax and Extra Charges	营业利润 Operating Profits	利润总额 Total Profits	所得税费用 Income Tax Payable	应交增值税 VAT Payable
350945.4	847.9	21065.3	21111.8	4130.1	7475.9
56624.4	292.7	7626.3	7627.0	2148.7	2206.9
294321.0	555.2	13439.0	13484.8	1981.4	5269.0
18083620.5	155324.8	643378.4	636571.5	157170.9	327470.9
2657300.3	132610.0	162374.8	162718.3	39540.1	44505.7
8529.6	10.2	-62.9	80.4	1.5	5.2
11319890.2	17039.5	419637.4	419980.5	107182.4	241001.2
2549363.1	7508.5	316713.3	317198.4	83211.6	133448.2
8770527.1	9531.0	102924.1	102782.1	23970.8	107553.0
419260.9	577.2	5620.2	5136.4	1151.2	3199.2
3678639.5	5087.9	55808.9	48655.9	9295.7	38759.6
3619532.0	5042.5	55317.5	48167.3	9242.2	38606.2
59107.5	45.4	491.4	488.6	53.5	153.4
17454.8	78.1	464.4	305.9	-348.7	651.0
10920779.8	146882.2	566084.4	566169.3	142795.3	275474.0
235090.1	342.5	480.4	630.6	144.1	1781.4
5802202.7	6779.3	63301.1	56180.5	11770.3	44576.7
1125547.9	1320.8	13512.5	13591.1	2461.2	5638.8
3969302.7	4554.3	33324.0	28118.5	4259.9	25111.2
15772.9	9.9	120.6	123.5		7.4
14383413.4	151508.2	636864.1	634780.3	155008.1	306271.7
2243113.8	129097.0	182487.0	183507.3	41274.6	57490.4
10406477.9	22502.7	476543.7	467584.8	114586.6	188515.2
3354408.7	3007.0	12041.8	13133.1	3406.9	83066.3
2364488.6	1465.7	-763.8	-1202.9	-0.1	2318.4
7777645.4	**18729.4**	**314861.5**	**328678.5**	**40337.0**	**164339.1**
1287593.6	5789.5	25208.6	27893.1	9117.6	32809.4
374468.2	4470.7	20557.0	21722.8	6329.8	7449.5
892697.9	1266.6	5122.1	6472.3	2766.0	25145.6
939900.5	1630.3	246388.9	246481.9	16645.9	13363.6
1271.2	26.8	-30.1	8.8	0.5	27.8
4859.7	2.1	133.5	133.6	1.4	251.8

10-6 续表 6

单位：万元

指 标	Item	主营业务收入 Revenue from Principal Business
酒、饮料及茶叶零售	Retail of of Liquor,Beverages and Tea	878603.9
其他食品零售	Retail of Other Food	3009.4
纺织、服装及日用品专门零售	Specialist Retail of Texiles,Garments and Daily Necessities	106384.6
服装零售	Retail of Garments	84748.6
化妆品及卫生用品零售	Retail of Cosmetics and Hygienic Products	2161.6
钟表、眼镜零售	Retail of Clocks, Watches and Glasses	2766.5
其他日用品零售	Retail of Other Daily Necessities	616.6
文化、体育用品及器材专门零售	Specialist Retail of Culture and Sports Appliances and Equipments	56847.2
文具用品零售	Retail of Stationeries	1987.3
体育用品及器材零售	Retail of Sports Appliances and Equipments	
图书、报刊零售	Retail of Books,Newspapers and Periodicals	54859.9
医药及医疗器材专门零售	Specialist Retail of Medicines and Medical Devices	317640.7
西药零售	Retail of Western Medicine	315291.2
中药零售	Retail of Chinese Medicine	2349.5
汽车、摩托车、燃料及零配件及其他动力销售	Specialist Retail of Automobiles,Motorcycles,Fuels and Spare and Accessory Parts	4292434.1
汽车新车零售	Retail of New Automobiles	2664986.5
汽车零配件零售	Retail of Automotive Spare and Accessory Parts	6070.8
摩托车及零配件零售	Retail of Motorcycles and Related Spare and Accessory Parts	94864.8
机动车燃油零售	Retail of Motor Fuel	1526512.0
机动车燃气零售	Retail of Motor Gas	
家用电器及电子产品专门零售	Specialist Retail of Household Electrical Appliances and Electronic Products	254782.4
家用视听设备零售	Retail of Household Audio-Visual Equipments	1055.5
日用家电设备零售	Retail of Household Electric Appliances	175106.6
计算机、软件及辅助设备零售	Retail of Computers,Softwares and Assistant Appliances	36165.2
通信设备零售	Retail of Communication Facilities	29060.6
其他电子产品零售	Retail of Other Electronic Products	13394.5
五金、家具及室内装饰材料专门零售	Specialist Retail of Hardware Products,Furniture and Interior Decoration Materials	24120.5
灯具零售	Retail of Lamps	1577.4
家具零售	Retail of Furniture	17884.5
陶瓷、石材装饰材料零售	Retail of Ceramic and Stone Decorative Materials	3627.0
货摊、无店铺及其他零售业	Stalls, Non-shop and Other Retails	959613.5
互联网零售	Internet Retail	807949.0

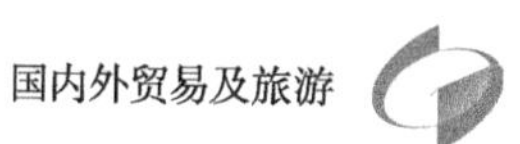

(Continued)

(10 000 yuan)

营业成本 Cost of Principal Business	税金及附加 Tax and Extra Charges	营业利润 Operating Profits	利润总额 Total Profits	所得税费用 Income Tax Payable	应交增值税 VAT Payable
839173.2	1521.8	245658.5	245286.3	16360.8	12505.2
2378.2	8.3	53.7	57.8	3.9	28.7
86094.7	386.6	1015.7	1092.8	595.9	1992.0
71056.7	288.8	-576.0	-508.1	193.8	1309.0
1882.1	0.2	17.4	17.4		41.5
2328.1	20.7	-117.9	-116.5		41.2
554.4	0.5	16.2	16.2	1.0	4.1
50120.0	16.7	2414.8	2447.3	130.1	1.9
1765.4	2.2	3.5	3.5	0.2	12.8
48354.6	14.5	2411.3	2443.8	129.9	-10.9
226196.0	1281.1	468.3	1377.1	711.8	46706.2
224959.9	1266.0	177.0	1087.5	687.6	46571.8
1236.1	15.1	291.3	289.6	24.2	134.4
4074304.9	7592.0	59784.5	58108.2	11811.4	58226.2
2543094.1	6320.3	19491.2	19741.5	9232.7	52889.0
5741.6	3.8	56.0	66.5	2.8	54.5
86525.2	98.4	310.7	436.6	150.0	219.7
1438944.0	1169.5	39926.6	37863.6	2425.9	5063.0
235745.7	246.4	-5557.4	-5737.4	19.5	1235.9
803.4	6.8	13.3	13.2	0.6	163.9
161133.9	169.3	-6004.4	-6348.3	8.4	866.8
33822.6	33.3	236.5	301.3	6.8	184.9
27973.7	25.1	-41.9	58.5	0.1	12.6
12012.1	11.9	239.1	237.9	3.6	7.7
16656.9	499.0	-8190.2	-8156.3	5.7	82.6
1454.7	3.6	33.6	39.4	1.9	37.4
11434.2	484.6	-8173.9	-8137.7	2.6	10.2
2893.2	10.7	19.9	10.9	1.2	33.9
861033.1	1287.8	-6671.7	5171.8	1299.1	9921.3
732596.0	1134.1	-8353.7	3377.7	694.6	8968.6

10-6 续表 7

单位：万元

指　标	Item	主营业务收入 Revenue from Principal Business
邮购及电视、电话零售	Retail Good Sold via Mail Order,Television and Telephone	148000.0
生活用燃料零售	Retail of Residential Fuels	3664.5
其他未列明零售业	Other Retails Not Listed Here	
按登记注册类型分	**By Status of Registration**	
内资企业	Domestic-funded Enterprises	7124430.0
集体企业	Collective-owned Enterprises	2582.1
股份合作企业	Cooperative Enterprises	7866.2
联营企业	Joint Ownership Enterprises	
集体联营企业	Collective Joint Ownership Enterprises	
有限责任公司	Limited Liability Corporations	3653112.6
国有独资公司	State Sole Funded Corporations	368517.5
其他有限责任公司	Other Limited Liability Corporations	3284595.1
股份有限公司	Companies Limited by Shares	645624.8
私营企业	Private Enterprises	2606244.9
私营独资企业	Private Sole Proprietorships	14194.7
私营有限责任公司	Private Limited Liability Corporations	2581153.4
私营股份有限公司	Private Companies Limited by Shares	
港、澳、台商投资企业	Enterprises with Funds from Hong Kong, Macao and Taiwan	120629.8
外商投资企业	Enterprises with Foreign Investment	1244188.0
中外合资经营企业	Joint-venture Enterprises	152653.7
外资企业	Foreign-funded Enterprises	1091534.3
按控股情况分	**By Holding**	
国有控股	State-owned Holding	1998336.8
集体控股	Collective-owned Holding	8927.4
私人控股	Private Holding	4923469.4
港澳台商控股	Hong Kong,Macao and Taiwan Holdings	137111.4
外商控股	Foreign Holding	1227706.4
其　他	Others	193696.4
按经营形式分	**By Management Forms**	
独立门店	Independent Stores	4669702.5
连锁总店（总部）	General Chain Store（Headquarters）	1234801.6
连锁直营店	Chain Stores	123139.5
其　他	Others	2461604.2
按单位规模分	**By Scale**	
大　型	Large	2922672.0
中　型	Medium	4101537.9
小　型	Small	582584.9
微　型	Minitype	882453.0

(Continued)

(10 000 yuan)

营业成本 Cost of Principal Business	税金及附加 Tax and Extra Charges	营业利润 Operating Profits	利润总额 Total Profits	所得税费用 Income Tax Payable	应交增值税 VAT Payable
125146.0	142.0	1497.9	1611.8	561.4	975.8
3291.1	11.7	184.1	182.3	43.1	-23.1
6561338.9	14376.1	269848.4	284469.6	33652.0	156158.1
2083.6	6.8	335.2	341.4	3.8	64.7
7508.5	12.7	-760.5	-761.0		116.2
3306285.1	7961.3	246162.0	259372.5	24192.4	120532.3
337805.2	749.7	187952.1	187698.5	1781.9	11636.3
2968479.9	7211.6	58209.9	71674.0	22410.5	108896.0
623844.3	1076.2	398.2	571.6	757.3	2042.1
2427908.8	5275.4	17875.2	19105.9	7238.7	33402.8
11542.3	62.6	1077.8	1083.0	184.4	255.3
2406407.7	5201.8	16833.1	18044.9	7053.8	33079.0
97594.6	800.2	10782.9	10978.8	2839.4	752.8
1118711.9	3553.1	34230.2	33230.1	3845.6	7428.2
131336.5	936.2	10814.8	9792.4	2452.7	2521.9
987375.4	2616.9	23415.4	23437.7	1392.9	4906.3
1885165.2	4282.1	258222.8	259625.0	21044.5	41122.3
7216.7	30.1	761.9	806.4	70.8	110.8
4501792.6	9503.7	2334.0	17083.8	11108.4	113994.0
111467.7	950.0	12160.0	12413.6	3202.7	1044.9
1104838.8	3403.3	32853.1	31795.3	3482.3	7136.1
167164.4	560.2	8529.7	6954.4	1428.3	931.0
4318443.7	13749.7	281711.6	282271.0	34506.2	94461.8
1115400.3	2160.8	2982.8	3913.7	1987.1	51574.2
98685.3	274.0	2893.3	3058.1	778.2	3077.4
2245116.1	2544.9	27273.8	39435.7	3065.5	15225.7
2641400.3	3559.5	39045.7	41058.7	4215.0	82839.6
3784572.5	11844.8	257152.2	258053.9	27522.0	64113.0
501597.0	1688.5	28502.5	27202.0	8515.1	9550.0
850075.6	1636.6	-9838.9	2363.9	84.9	7836.5

10–7 限额以上住宿和餐饮业企业基本情况 (2020 年)

指　　标	Item	法人企业数(个) Number of Corporations(unit)
总　　计	**Total**	**292**
住宿业	**Lodging Industry**	**175**
按住宿业行业小类分	**By Classification of Lodging Industry**	
旅游饭店	Tourist Hotels	115
一般旅馆	General Hotels	56
民宿服务	Homestay Service	1
其他住宿业	Other Hotels	3
按登记注册类型分	**By Status of Registration**	
内资企业	Domestic Funded Enterprises	174
国有企业	State-owned Enterprises	6
集体企业	Collective-owned Enterprises	2
有限责任公司	Limited Liability Corporations	31
国有独资公司	State Sole Funded Corperations	6
其他有限责任公司	Other Limited Liability Corporations	25
私营企业	Private Enterprises	135
私营独资企业	Sole Proprietorships	4
私营合伙企业	Private Partnership Enterprises	1
私营有限责任公司	Private Limited Liability Corporations	130
外商投资企业	Enterprises with Foreign Investment	1
中外合资经营企业	Sino-foreign Equity Joint Venture Enterprises	1
按控股情况分	**By Holding**	
国有控股	State-owned Holding	24
集体控股	Collective-owned Holding	2
私人控股	Private Holding	147
其　他	Others	2
按经营形式分	**By Management Forms**	
独立门店	Independent Stores	133
连锁直营店	Chain Stores	2
连锁加盟店	Franchised Outlets	26
其　他	Others	14
按星级分	**By Hotel Ratings**	
五　星	Five-star	5
四　星	Four-star	18
三　星	Three-star	7
二　星	Two-star	4
其　他	Others	141
按单位规模分	**By Scale**	
大　型	Large	1
中　型	Medium	14
小　型	Small	148
微　型	Minitype	12

Basic Conditions of Enterprises above Designated Size of Hotels and Catering Services(2020)

年末从业人员(人) Employed Persons(person)	客房数(间) Number of Hotel Rooms(room)	床位数(个) Number of Beds(unit)	餐位数(位) Number of Tables(table)
18343	**38012**	**54810**	**144189**
10066	**37640**	**54172**	**54282**
7889	29986	43004	47361
1955	7180	10445	4721
15	100	110	
207	374	613	2200
10032	37428	53851	53422
749	955	1657	13620
146	285	475	869
3540	18042	24096	23363
522	6623	9860	1636
3018	11419	14236	21727
5597	18146	27623	15570
71	353	522	106
44	170	255	
5482	17623	26846	15464
34	212	321	860
34	212	321	860
3395	10623	16286	23539
146	285	475	869
6221	20039	30483	19675
304	6693	6928	10199
8149	31336	44857	47520
97	441	645	
756	3451	5085	753
1064	2412	3585	6009
1127	1522	2156	5089
2118	3773	6127	18895
408	1026	1715	1712
124	325	528	315
6289	30994	43646	28271
451	347	527	1174
2668	4113	6230	10643
6920	32761	46798	42195
27	419	617	270

10-7 续表

指　标	Item	法人企业数(个) Number of Corporations(unit)
餐饮业	**Catering Services**	**117**
按餐饮业行业小类分	**By Classification of Catering Industry**	
正餐服务	Dinner Services	102
快餐服务	Fast Food Services	1
饮料及冷饮服务	Beverage and Cold Drink Services	3
餐饮配送及外卖送餐服务	Catering Delivery Service	10
其他餐饮业	Other Catering Services	1
按登记注册类型分	**By Status of Registration**	
内资企业	Domestic Funded Enterprises	115
有限责任公司	Limited Liability Corporations	21
国有独资公司	State Sole Funded Corporations	2
其他有限责任公司	Other Limited Liability Corporations	19
私营企业	Private Enterprises	94
私营独资企业	Private Sole Proprietorships	11
私营合伙企业	Private Partnership Enterprises	1
私营有限责任公司	Private Limited Liability Corporations	82
港、澳、台商投资企业	Enterprises with Funds from Hong Kong, Macao and Taiwan	1
与港澳台商合资经营企业	Joint-venture Enterprises with Funds from Hong Kong,Macao and Taiwan	1
外商投资企业	Enterprises with Foreign Investment	1
外资企业	Foreign-funded Enterprises	1
按控股情况分	**By Holding**	
国有控股	State-owned Holding	5
私人控股	Private Holding	108
外商控股	Foreign Holding	1
其　他	Others	3
按经营形式分	**By Management Forms**	
独立门店	Independent Stores	97
连锁总店	Chain Store Headquarters	2
连锁直营店	Chain Stores	4
连锁加盟店	Franchised Outlets	1
其　他	Others	13
按单位规模分	**By Scale**	
大　型	Large	1
中　型	Medium	19
小　型	Small	78
微　型	Minitype	19

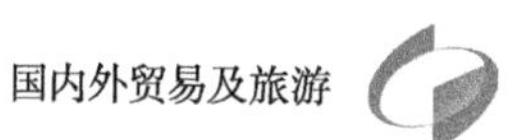

(Continued)

年末从业人员(人) Employed Persons(person)	客房数(间) Number of Hotel Rooms(room)	床位数(个) Number of Beds(unit)	餐位数(位) Number of Tables(table)
8277	**372**	**638**	**89907**
6186	372	638	89160
5			72
337			475
1471			200
278			
	331	**541**	**89535**
8215			
2523	209	352	38185
578			10910
1945	209	352	27275
5692	122	189	51350
216			5300
131			1000
5345	122	189	45050
5			72
5			72
57	41	97	300
57	41	97	300
1009			10910
6785	331	541	73625
57	41	97	300
426			5072
5137	372	638	74766
1005			4055
401			1092
31			200
1703			9794
780			1500
3985	209	352	34835
3436	151	274	50830
76	12	12	2742

10-8 限额以上住宿和餐饮业企业经营情况 (2020 年)

单位：万元

指　　标	Item	营业额 Business Revenue
总　　计	**Total**	**370922**
住宿业	**Lodging Industry**	**205271**
按住宿业行业小类分	**By Classification of Lodging Industry**	
旅游饭店	Tourist Hotels	166683
一般旅馆	General Hotels	36162
民宿服务	Homestay Service	521
其他住宿业	Other Hotels	1904
按登记注册类型分	**By Status of Registration**	
内资企业	Domestic Funded Enterprises	203851
国有企业	State-owned Enterprises	11052
集体企业	Collective-owned Enterprises	2254
有限责任公司	Limited Liability Corporations	83886
国有独资公司	State Sole Funded Corperations	11402
其他有限责任公司	Other Limited Liability Corporations	72484
私营企业	Private Enterprises	106659
私营独资企业	Sole Proprietorships	1052
私营合伙企业	Private Partnership Enterprises	1002
私营有限责任公司	Private Limited Liability Corporations	104605
外商投资企业	Enterprises with Foreign Investment	1420
中外合资经营企业	Sino-foreign Equity Joint Venture Enterprises	1420
按控股情况分	**By Holding**	
国有控股	State-owned Holding	70639
集体控股	Collective-owned Holding	2254
私人控股	Private Holding	122201
其　他	Others	10177
按经营形式分	**By Management Forms**	
独立门店	Independent Stores	159343
连锁直营店	Chain Stores	1599
连锁加盟店	Franchised Outlets	16353
其　他	Others	27976

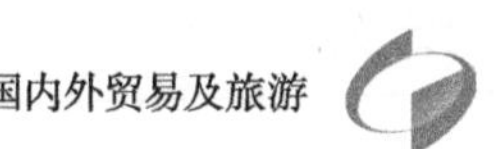

Business of Enterprises above Designated Size of Hotels and Catering Services(2020)

(10 000 yuan)

客房收入 Reveneue from Hotel Rooms	餐费收入 Reveneue from Meals	商品销售额 Merchandise Sales	其他收入 Other Revenue	年末餐饮营业面积（平方米） Operating Area of Retail Trade at Year-end(sq.m.)
127538	**196141**	**21548**	**25696**	**1028587**
126655	**50476**	**7201**	**20939**	**682809**
95280	45774	7100	18529	515356
30147	4069	101	1846	139701
521				10000
707	633		564	17752
126029	50114	7201	20506	681209
4170	5051	13	1818	53394
1251	1003			5450
39116	25401	6819	12551	208190
5072	3329	2454	548	14510
34044	22071	4365	12004	193680
81493	18659	369	6137	414175
1052				1270
1002				120
79439	18659	369	6137	412785
626	362		433	1600
626	362		433	1600
28721	23063	6708	12147	161562
1251	1003			5450
91992	22123	378	7709	498107
4692	4286	115	1083	17690
93012	40887	7005	18439	559567
1589			10	10519
15166	535	60	592	64848
16888	9054	136	1898	47875

10-8 续表

单位：万元

指　　标	Item	营业额 Business Revenue
按星级分	**By Hotel Ratings**	
五　星	Five-star	27448
四　星	Four-star	57722
三　星	Three-star	9091
二　星	Two-star	2096
其　他	Others	108914
按单位规模分	**By Scale**	
大　型	Large	14930
中　型	Medium	63486
小　型	Small	123720
微　型	Minitype	3134
餐饮业	**Catering Services**	165652
按餐饮业行业小类分	**By Classification of Catering Industry**	
正餐服务	Dinner Services	114068
快餐服务	Fast Food Services	400
饮料及冷饮服务	Beverage and Cold Drink Services	10336
餐饮配送及外卖送餐服务	Catering Delivery Service	24420
其他餐饮业	Other Catering Services	16429
按登记注册类型分	**By Status of Registration**	
内资企业	Domestic-funded Enterprises	164669
有限责任公司	Limited Liability Corporations	62305
国有独资公司	State Sole Funded Corporations	8136
其他有限责任公司	Other Limited Liability Corporations	54169
私营企业	Private Enterprises	102364
私营独资企业	Private-funded Enterprises	3805
私营合伙企业	Private Partnership Enterprises	1789
私营有限责任公司	Private Limited Liability Corporations	96770
港、澳、台商投资企业	Enterprises with Funds from Hong Kong, Macao and Taiwan	400
与港澳台商合资经营企业	Joint-venture Enterprises with Funds from Hong Kong,Macao and Taiwan	400
外商投资企业	Enterprises with Foreign Investment	583
外资企业	Foreign-funded Enterprises	583
按控股情况分	**By Holding**	
国有控股	State-owned Holding	28156
私人控股	Private Holding	130192
外商控股	Foreign Holding	583
其　他	Others	6721
按经营形式分	**By Management Forms**	
独立门店	Independent Stores	94386
连锁总店	Chain Store Headquarters	16849
连锁直营店	Chain Stores	11471
连锁加盟店	Franchised Outlets	638
其　他	Others	42307
按单位规模分	**By Scale**	
大　型	Large	11937
中　型	Medium	83959
小　型	Small	64472
微　型	Minitype	5283

(Continued)

(10 000 yuan)

客房收入 Reveneue from Hotel Rooms	餐费收入 Reveneue from Meals	商品销售额 Merchandise Sales	其他收入 Other Revenue	年末餐饮营业面积（平方米） Operating Area of Retail Trade at Year-end(sq.m.)
12977	12301	145	2025	46001
27227	17343	4246	8906	112776
4512	1923	2462	193	56869
1588	462	14	33	16778
80352	18445	334	9783	450385
5854	5806	1991	1279	3685
28612	22116	2337	10421	138208
89833	22142	2867	8878	536936
2356	411	6	361	3980
882	145666	14347	4757	345778
882	105008	3744	4434	330634
	400			265
	9752	355	229	4642
	22051	2369		10237
	8456	7880	94	
880	144690	14347	4753	344513
537	44563	12637	4568	126466
	4843	493	2799	21694
537	39720	12144	1769	104772
343	100127	1710	185	218047
	3287	518		13841
	1789			11000
343	95051	1192	185	193206
	400			265
	400			265
3	576		4	1000
3	576		4	1000
	14521	10742	2893	21694
880	125148	3605	559	281619
3	576		4	1000
	5421		1301	41465
882	84994	5377	3133	260339
	16849			18850
	10993	249	229	6082
	638			200
	32192	8720	1395	60307
	11937			3750
537	68487	10524	4411	167548
253	60051	3823	345	169735
92	5191			4745

10-9 限额以上住宿和餐饮业企业主要财务状况(2020 年)

单位：万元

指　标	Item	流动资产合计 Current Assets
总　计	**Total**	**867458**
住宿业	**Lodging Industry**	**773985**
按住宿业行业小类分	**By Classification of Lodging Industry**	
旅游饭店	Tourist Hotels	682044
一般旅馆	General Hotels	90271
民宿服务	Homestay Service	1139
其他住宿业	Other Hotels	530
按登记注册类型分	**By Status of Registration**	
内资企业	Domestic Funded Enterprises	773312
国有企业	State-owned Enterprises	10731
集体企业	Collective-owned Enterprises	1523
有限责任公司	Limited Liability Corporations	585211
国有独资公司	State Sole Funded Corperations	17190
其他有限责任公司	Other Limited Liability Corporations	568021
私营企业	Private Enterprises	175847
私营独资企业	Sole Proprietorships	660
私营合伙企业	Private Partnership Enterprises	217
私营有限责任公司	Private Limited Liability Corporations	174971
外商投资企业	Enterprises with Foreign Investment	673
中外合资经营企业	Sino-foreign Equity Joint Venture Enterprises	673
按控股情况分	**By Holding**	
国有控股	State-owned Holding	502403
集体控股	Collective-owned Holding	1523
私人控股	Private Holding	265251
其　他	Others	4808
按经营形式分	**By Management Forms**	
独立门店	Independent Stores	719505
连锁直营店	Chain Stores	883
连锁加盟店	Franchised Outlets	12710
其　他	Others	40887
按星级分	**By Hotel Ratings**	
五　星	Five-star	11560
四　星	Four-star	95639
三　星	Three-star	84787
二　星	Two-star	4722
其　他	Others	577277
按单位规模分	**By Scale**	
大　型	Large	33591
中　型	Medium	70634
小　型	Small	655747
微　型	Minitype	14013

Main Financial Indicators of Enterprises above Designated Size of Hotels and Catering Services(2020)

(10 000 yuan)

# 存　货 Inventory	固定资产原价 Original Value of Fixed Assets	本年折旧 Depreciation in This Year	资产总计 Total Assets	负债合计 Total Liabilities	所有者权益合计 Owners Equities
13195	**740798**	**19843**	**1689688**	**1047619**	**633425**
7323	**692731**	**16807**	**1540070**	**931379**	**600430**
6386	666300	14796	1401613	808224	591872
861	25530	1954	136147	120302	9100
21	42	1	1345	1095	250
55	859	55	966	1758	-792
7307	679049	16385	1531584	931426	591897
426	11838	832	17146	14596	2550
24	539	18	1599	1706	-108
4107	550600	7596	1155636	614124	536157
1356	14408	413	25064	18309	6755
2751	536193	7183	1130572	595815	529402
2750	116071	7938	357204	301000	53297
	1235	101	5232	1009	4223
0	52	0	235	5	230
2750	114785	7837	351737	299986	48844
16	13682	422	8486	-47	8533
16	13682	422	8486	-47	8533
3740	485424	5687	1011329	531170	480158
24	539	18	1599	1706	-108
3355	159581	9346	502554	395435	98858
205	47186	1756	24589	3068	21521
6628	608413	12508	1417847	860061	549498
	47	27	883	338	545
70	11199	866	23878	12956	10916
625	73073	3407	97463	58025	39471
1628	91307	4094	69297	41158	28138
2109	71577	2774	169417	88619	80798
312	13729	381	108527	76897	30386
46	7365	403	10993	7120	3873
3230	508752	9155	1181837	717585	457234
1104	12754	382	40688	4466	36222
2450	119313	5668	176471	118629	57841
3685	551379	10694	1304398	798642	505756
85	9285	63	18514	9642	610

10-9 续表 1

单位：万元

指　标	Item	流动资产合计 Current Assets
餐饮业	**Catering Services**	**93473**
按餐饮业行业小类分	**By Classification of Catering Industry**	
正餐服务	Dinner Services	71843
快餐服务	Fast Food Services	169
饮料及冷饮服务	Beverage and Cold Drink Services	1154
餐饮配送及外卖送餐服务	Catering Delivery Service	9714
其他餐饮业	Other Catering Services	10594
按登记注册类型分	**By Status of Registration**	
内资企业	Domestic Funded Enterprises	90739
有限责任公司	Limited Liability Companies	45990
国有独资公司	State Sole Funded Corporations	3396
其他有限责任公司	Other Limited Liability Companies	42595
私营企业	Private Enterprises	44749
私营独资企业	Private-funded Enterprises	1072
私营合伙企业	Private Partnership Enterprises	469
私营有限责任公司	Private Limited Liability Corporations	43208
港、澳、台商投资企业	Enterprises with Funds from Hong Kong, Macao and Taiwan	169
与港澳台商合资经营企业	Joint-venture Enterprises with Funds from Hong Kong,Macao and Taiwan	169
外商投资企业	Enterprises with Foreign Investment	2565
外资企业	Foreign-funded Enterprises	2565
按控股情况分	**By Holding**	
国有控股	State-owned Holding	16511
私人控股	Private Holding	64646
外商控股	Foreign Holding	2565
其　他	Others	9751
按经营形式分	**By Management Forms**	
独立门店	Independent Stores	47901
连锁总店	Chain Store Headquarters	10668
连锁直营店	Chain Stores	1301
连锁加盟店	Franchised Outlets	169
其　他	Others	33434
按单位规模分	**By Scale**	
大　型	Large	1633
中　型	Medium	52585
小　型	Small	36764
微　型	Minitype	2492

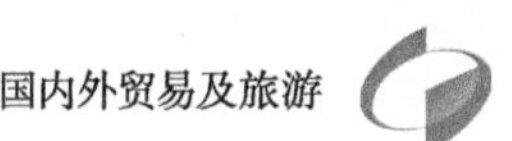

(Continued)

(10 000 yuan)

#存　货 Inventory	固定资产原价 Original Value of Fixed Assets	本年折旧 Depreciation in This Year	资产总计 Total Assets	负债合计 Total Liabilities	所有者权益合计 Owners Equities
5872	**48067**	**3036**	**149618**	**116240**	**32996**
3489	44015	2598	123199	100333	22484
	116	17	260	234	26
153	545	50	2460	2249	211
1967	1588	266	11949	9043	2905
262	1803	106	11750	4381	7369
5872	46587	2951	146675	115870	30423
1169	20397	829	63461	51255	12116
37	511	63	3872	7568	-3696
1132	19886	766	59589	43686	15812
4703	26190	2122	83214	64615	18308
141	1151	223	2577	1394	1183
79	783	14	1227	329	899
4484	24255	1886	79410	62892	16227
	116	17	260	234	26
	116	17	260	234	26
	1364	68	2683	137	2546
	1364	68	2683	137	2546
491	2701	188	18544	14334	4210
5189	43103	2675	117612	92735	24495
	1364	68	2683	137	2546
192	899	105	10779	9034	1745
2836	27842	1409	79458	66385	12691
240	14004	531	25111	19086	6025
144	801	98	3301	3468	-167
28	210	8	514	308	206
2624	5210	990	41233	26993	14240
174	4170	429	7572	5480	2092
3127	25103	1530	85028	68056	16971
2430	18421	1046	53928	40292	13636
141	374	31	3090	2412	296

10-9 续表 2

单位: 万元

指　　标	Item	主营业务收入 Revenue from Principal Business
总　　计	**Total**	**339634**
住宿业	**Lodging Industry**	**189000**
按住宿业行业小类分	**By Classification of Lodging Industry**	
旅游饭店	Tourist Hotels	152595
一般旅馆	General Hotels	34488
民宿服务	Homestay Service	516
其他住宿业	Other Hotels	1401
按登记注册类型分	**By Status of Registration**	
内资企业	Domestic Funded Enterprises	187665
国有企业	State-owned Enterprises	10300
集体企业	Collective-owned Enterprises	1993
有限责任公司	Limited Liability Corporations	74099
国有独资公司	State Sole Funded Corperations	10781
其他有限责任公司	Other Limited Liability Corporations	63318
私营企业	Private Enterprises	101273
私营独资企业	Sole Proprietorships	1042
私营合伙企业	Private Partnership Enterprises	1002
私营有限责任公司	Private Limited Liability Corporations	99229
外商投资企业	Enterprises with Foreign Investment	1335
中外合资经营企业	Sino-foreign Equity Joint Venture Enterprises	1335
按控股情况分	**By Holding**	
国有控股	State-owned Holding	63129
集体控股	Collective-owned Holding	1993
私人控股	Private Holding	113703
其　他	Others	10175
按经营形式分	**By Management Forms**	
独立门店	Independent Stores	145856
连锁直营店	Chain Stores	1259
连锁加盟店	Franchised Outlets	15359
其　他	Others	26526
按星级分	**By Hotel Ratings**	
五　星	Five-star	26333
四　星	Four-star	52969
三　星	Three-star	8548
二　星	Two-star	2093
其　他	Others	99058
按单位规模分	**By Scale**	
大　型	Large	13350
中　型	Medium	58337
小　型	Small	116045
微　型	Minitype	1269

(Continued)

(10 000 yuan)

营业成本 Cost of Principal Business	税金及附加 Tax and Extra Charges on Principal Business	营业利润 Operating Profits	利润总额 Total Profits	所得税费用 Income Tax Payable
194367	**2342**	**–22436**	**–17820**	**2998**
98145	**2064**	**–22748**	**–17889**	**1944**
78801	1783	–15050	–11908	1641
17981	278	–6509	–5287	273
236	1	120	120	30
1128	2	–1310	–814	
98047	1940	–22609	–17793	1944
6467	116	–2447	–1847	–127
615	0	–267	–219	0
45870	1204	–3070	–1084	1705
5806	58	–273	7	366
40064	1147	–2797	–1090	1339
45094	619	–16826	–14643	365
681	6	–189	–184	1
724	0	27	33	2
43689	613	–16664	–14492	363
99	124	–139	–96	
99	124	–139	–96	
41322	811	–5844	–3992	960
615	0	–267	–219	0
50729	828	–19306	–16449	289
5479	425	2669	2771	694
73489	1541	–21345	–17270	1207
1141	2	31	57	1
8504	77	–1194	–948	11
15010	444	–239	272	725
10738	619	–4850	–4391	544
27079	598	–2010	–1290	732
3637	126	1964	1977	391
1112	19	–353	–258	
55580	702	–17499	–13928	276
9300	49	1601	1610	363
30167	1097	–8151	–7384	885
56787	845	–16251	–12190	679
1891	73	53	75	17

10-9 续表 3

单位：万元

指　　标	Item	主营业务收入 Revenue from Principal Business
餐饮业	**Catering Services**	**150634**
按餐饮业行业小类分	**By Classification of Catering Industry**	
正餐服务	Dinner Services	107124
快餐服务	Fast Food Services	400
饮料及冷饮服务	Beverage and Cold Drink Services	6842
餐饮配送及外卖送餐服务	Catering Delivery Service	21497
其他餐饮业	Other Catering Services	14771
按登记注册类型分	**By Status of Registration**	
内资企业	Domestic Funded Enterprises	149658
有限责任公司	Limited Liability Corporations	52704
国有独资公司	State Sole Funded Corporations	7767
其他有限责任公司	Other Limited Liability Corporations	44937
私营企业	Private Enterprises	96955
私营独资企业	Private-funded Enterprises	3644
私营合伙企业	Private Partnership Enterprises	1777
私营有限责任公司	Private Limited Liability Corporations	91534
港、澳、台商投资企业	Enterprises with Funds from Hong Kong, Macao and Taiwan	400
与港澳台商合资经营企业	Joint-venture Enterprises with Funds from Hong Kong,Macao and Taiwan	400
外商投资企业	Enterprises with Foreign Investment	576
外资企业	Foreign-funded Enterprises	576
按控股情况分	**By Holding**	
国有控股	State-owned Holding	23419
私人控股	Private Holding	119921
外商控股	Foreign Holding	576
其　他	Others	6717
按经营形式分	**By Management Forms**	
独立门店	Independent Stores	86241
连锁总店	Chain Store Headquarters	16177
连锁直营店	Chain Stores	7594
连锁加盟店	Franchised Outlets	638
其　他	Others	39984
按单位规模分	**By Scale**	
大　型	Large	11266
中　型	Medium	80576
小　型	Small	56727
微　型	Minitype	2065

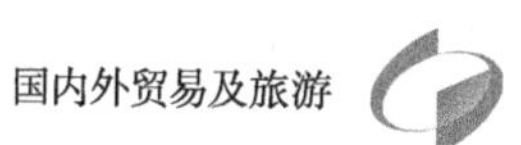

(Continued)

(10 000 yuan)

营业成本 Cost of Principal Business	税金及附加 Tax and Extra Charges on Principal Business	营业利润 Operating Profits	利润总额 Total Profits	所得税费用 Income Tax Payable
96222	**278**	**312**	**68**	**1054**
66316	177	-3302	-4083	85
150	0	28	39	0
2643	3	1154	1193	267
15596	3	-77	292	22
11517	95	2508	2628	680
95969	267	55	-239	1032
39510	135	-531	-2661	452
8196	19	-1249	-3997	
31314	116	718	1336	452
56459	132	586	2422	580
2259	15	232	298	20
1035		66	72	51
53166	117	288	2052	509
150	0	28	39	0
150	0	28	39	0
103	11	229	268	22
103	11	229	268	22
20505	114	1059	-1568	681
71587	148	100	2310	600
103	11	229	268	22
4028	5	-1077	-942	-248
61840	154	-2246	-3403	292
5641	10	87	254	1
3090	1	833	842	266
246		-17	34	0
25406	113	1655	2341	495
3667		83	224	
53419	150	1395	-333	785
35612	119	-1315	-30	255
3524	10	149	208	14

10-10 各区(市、县)社会消费品零售总额增速
Total Retail Sales of Consumer Goods by District (City, County)

单位：%　　(%)

区(市、县)名称	District (City, County)	2016	2017	2018	2019	2020
南明区	Nanming	12.5	11.8	8.2	6.8	6.7
云岩区	Yunyan	11.5	11.3	8.0	7.4	10.1
花溪区	Huaxi	13.0	11.5	7.5	4.7	1.2
乌当区	Wudang	13.6	12.2	8.1	6.7	5.8
白云区	Baiyun	13.1	12.3	8.6	7.3	4.2
观山湖区	Guanshanhu	13.4	12.4	8.8	5.6	10.8
开阳县	Kaiyang	13.3	12.7	9.0	7.2	3.9
息烽县	Xifeng	13.2	12.3	7.8	4.6	5.6
修文县	Xiuwen	13.5	12.6	8.4	7.1	8.3
清镇市	Qingzhen	12.9	12.2	8.3	6.7	4.1

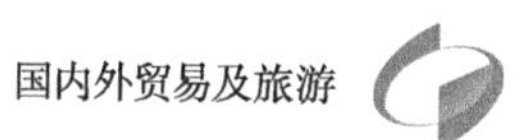

10-11 旅 游
Tourism

指 标	Item	2016	2017	2018	2019	2020	2020 年比 2019 年增长 (%) Growth Rate in 2020 over 2019 (%)
接待海外旅游人数 （人 次）	**Number of Foreign Tourists (person-time)**	**183685**	**409538**	**540590**	**709921**	**21783**	**-96.9**
外国人 （人 次）	Foreigners (person-time)	82622	210015	292392	402263	10126	-97.5
港澳同胞 （人 次）	Chinese Compatriots from Hong Kong and Macao (person-time)	55344	115186	148644	186938	7652	-95.9
台湾同胞 （人 次）	Chinese Compatriots from Taiwan Province (person-time)	45719	84337	99554	120720	4005	-96.7
接待海外旅游人天数（人 天）	**International Tourists (person-time)**	**389412**	**900984**	**1154522**	**1599328**	**145089**	**-90.9**
外国人 （人 天）	Foreigner (person-day)	175159	462033	643262	925205	74932	-91.9
港澳同胞 （人 天）	Chinese Compatriots from Hong Kong and Macao (person-day)	117329	253409	312152	420611	41321	-90.2
台湾同胞 （人 天）	Chinese Compatriots from Taiwan Province (person-day)	96924	185542	199108	253512	28836	-88.6
旅游外汇收入 （万美元）	**Foreign Exchange Earnings for Tourisms (10 000 USD)**	**7902.86**	**18562.96**	**23359.56**	**35569.55**	**1846.16**	**-94.8**
国内旅游	**Domestic Tourism**						
接待国内游客 （万人次）	Domestic Tourists (10 000 person-times)	11073.42	14836.59	18792.19	22830.21	15317.70	-32.9
旅游收入 （亿 元）	Tourism Earnings (100 million yuan)	1384.08	1860.24	2440.44	3074.31	1618.61	-47.4
旅游总收入 （亿 元）	**Total Tourism Earnings (100 million yuan)**	**1389.51**	**1871.95**	**2456.56**	**3098.79**	**1619.80**	**-47.7**

10-12 星级饭店
Star-rated Hotels

单位：个 (unit)

指　标	Item	2016	2017	2018	2019	2020	2020年比2019年增长(%) Growth Rate in 2020 over 2019 (%)
总　计	**Total**	**56**	**48**	**45**	**46**	**42**	**-8.7**
按星级分	**By Hotel Level**						
一 星	One-star Hotel	3					
二 星	Two-star Hotel	13	9	7	7	6	-14.3
三 星	Three-star Hotel	15	14	14	14	10	-28.6
四 星	Four-star Hotel	21	21	20	21	22	4.8
五 星	Five-star Hotel	4	4	4	4	4	
按经济类型分	**By Ownership**						
国有经济	State-owned	18	18	17	17	15	-11.8
集体经济	Collective-owned						
外商投资经济	Foreign Funded	1	1	1	1	1	
个人投资经济	Private Funded	37	29	27	28	26	-7.1
按规模分	**By Capacity**						
客房总数 500 间以上	With more than 500 Rooms	1	1	1	1	1	
客房总数 300-499 间	With 300-499 Rooms	4	4	4	4	4	
客房总数 200-299 间	With 200-299 Rooms	9	8	7	8	7	-12.5
客房总数 100-199 间	With 100-199 Rooms	23	23	22	21	20	-4.8
客房总数 99 间以下	With Less than 99 Rooms	19	12	11	12	10	-16.7

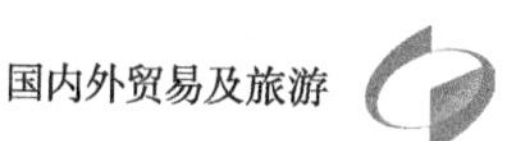

10-13 全市旅游接待(历年)
Tourists Reception (Over Years)

年 份 Year	旅游总收入(亿元) Total Tourism Earnings (100 million yuan)	比上年增长(%) Growth Rate over Last Year (%)	国内旅游收入(亿元) Earnings from Domestic Tourism (100 million yuan)	比上年增长(%) Growth Rate over Last Year (%)	旅游外汇收入(万美元) Foreign Exchange Earnings from Tourism (10 000 USD)	比上年增长(%) Growth Rate over Last Year (%)	旅游人数(万人次) Number of Tourists (10000 persons)	比上年增长(%) Growth Rate over Last Year (%)	接待海外游客(万人次) Number of Foreign Visitors (10 000 persons)	比上年增长(%) Growth Rate over Last Year (%)	接待国内游客(万人次) Number of Dometic Tourists (10 000 persons)	比上年增长(%) Growth Rate over Last Year (%)
1997	5.84		4.02		1160.67		869.56		4.37		865.19	
1998	20.51	251.2	19.52	385.6	1201.00	3.5	899.41	3.4	4.21	-3.6	895.20	3.5
1999	23.03	12.3	21.90	12.2	1369.00	14.0	960.92	6.8	4.52	7.4	956.40	6.8
2000	30.47	32.3	29.24	33.5	1484.00	8.4	998.63	3.9	4.96	9.7	993.67	3.9
2001	36.03	18.2	34.67	18.6	1633.00	10.0	1005.44	0.7	5.95	19.9	999.49	0.6
2002	41.62	15.5	40.04	15.5	1908.91	16.9	1016.37	1.1	6.75	13.4	1009.62	1.0
2003	38.74	-6.9	38.07	-4.9	806.52	-57.7	923.85	-9.1	2.26	-66.6	921.59	-8.7
2004	48.70	25.7	47.60	25.0	1332.07	65.2	1166.42	26.3	3.72	64.9	1162.70	26.2
2005	60.38	24.0	58.40	22.7	2480.24	86.2	1458.82	25.1	6.15	65.3	1452.67	24.9
2006	84.54	40.7	81.43	41.2	3904.16	42.2	1853.67	35.0	8.92	35.0	1844.75	35.0
2007	125.28	48.2	120.81	48.4	5872.28	50.4	2326.23	25.5	12.09	35.6	2314.14	25.4
2008	187.29	51.0	182.29	50.9	6268.90	6.8	2625.85	12.9	13.58	12.9	2612.27	12.9
2009	294.85	57.4	292.09	60.2	4042.28	-35.5	3288.47	25.2	9.11	-32.9	3279.36	25.5
2010	425.96	44.5	424.24	45.2	2486.66	-38.5	3946.91	20.0	6.13	-32.7	3940.78	20.2
2011	612.37	43.8	609.93	43.8	3726.76	49.9	5250.42	33.0	9.78	60.3	5240.64	33.0
2012	602.70	28.6	600.01	28.6	4474.08	20.1	4924.21	23.6	11.62	18.8	4912.59	23.6
2013	728.66	20.9	725.50	20.9	5229.79	16.9	6022.50	22.3	13.42	15.5	6009.08	22.3
2014	874.39	20.0	870.86	20.0	5661.94	8.3	7240.09	20.2	14.59	8.7	7225.50	20.2
2015	1040.53	19.0	1036.56	19.0	6034.70	6.6	8477.80	17.1	15.85	8.6	8461.95	17.1
2016	1389.51	33.5	1384.08	33.5	7902.86	31.0	11091.79	30.9	18.37	15.9	11073.42	30.9
2017	1871.95	34.7	1860.24	34.4	18562.96	134.9	14877.54	34.1	40.95	123.0	14836.59	34.0
2018	2456.56	31.2	2440.44	31.2	23359.56	25.8	18846.25	26.7	54.06	32.0	18792.19	26.7
2019	3098.79	26.1	3074.31	26.0	35569.55	52.3	22901.20	21.5	70.99	31.3	22830.21	21.5
2020	1619.80	-47.7	1618.61	-47.4	1846.16	-94.8	15319.88	-33.1	2.18	-96.9	15317.70	-32.9

10-14 各区(市、县)实际利用外资
Foreign Investment Actually Utilized by District (City, County)

单位：万美元 (10 000 USD)

区(市、县)名称	District (City, County)	2016	2017	2018	2019	2020	2020年比2019年增长(%) Growth Rate in 2020 over 2019(%)
总计	**Total**	**111988**	**134540**	**157506**	**178000**	**182329**	**12.5**
南明区	Nanming	13478	16214	17136	17500	19779	13.0
云岩区	Yunyan	13051	15700	16535	17500	19822	13.3
花溪区	Huaxi	10571	12718	13337	14600	16589	13.6
乌当区	Wudang	10152	12181	12800	14000	15877	13.4
白云区	Baiyun	10213	12256	12800	14000	15820	13.0
观山湖区	Guanshanhu	14580	17496	18500	20000	22607	13.0
开阳县	Kaiyang	4077	4901	5000	5500	5500	
息烽县	Xifeng	3774	4529	4800	5300	5500	3.8
修文县	Xiuwen	3776	4531	4800	5300	5989	13.0
清镇市	Qingzhen	3871	4653	5013	5500	6515	18.4
高新区	High-tech Zone	15353	18477	19556	21500	24862	15.6
经开区	Economic Development Zone	10437	12550	13329	14700	17826	21.3
综保区	Guiyang Comprehensive Bonded Area	—	14370	15300	16900	19097	13.0
双龙区	Shuanglong	—	—	—	5500	6325	15.0

备注：花溪区不含经开区数据。
The data of Huaxi district does not include the data of Economic Development Zone.

10-15 进出口总额
Total Value of Imports and Exports

单位：万美元 (10 000 USD)

指　标	Item	2016	2017	2018	2019	2020	2020 年比 2019 年增长 (%) Growth Rate in 2020 over 2019 (%)
进出口总额	**Total Value of Imports and Exports**	**400095**	**303357**	**349549**	**414554**	**599959**	**44.7**
按企业性质分	**By Ownship of Enterprises**						
国有企业	State-owned Enterprises	209197	212561	226847	217297	207274	-4.6
外商投资企业	Enterprises with Foreign Investment	25266	14345	13023	17403	15066	-13.4
民营企业	Private Enterprise	165362	76451	109657	178351	376675	111.2
其　他	Others	269	0	21	1503	943	-37.2
按贸易方式分	**By Types of Trade**						
一般贸易	General Trade	307177	240537	257788	310832	509782	64.0
加工贸易	Processing Trade	73963	42129	62968	56560	49786	-12.0
其他贸易	Others	18954	20691	28793	47161	40391	-14.4
出口总额	**Total Value of Exports**	**331580**	**230790**	**251698**	**304481**	**495983**	**62.9**
按企业性质分	**By Ownship of Enterprise**						
国有企业	State-owned Enterprises	175150	172786	190704	188314	175850	-6.6
外商投资企业	Enterprises with Foreign Investment	15101	7529	8185	11114	9750	-12.3
民营企业	Private Enterprise	141329	50475	52810	104907	310061	195.6
其　他	Others	0	0	0	145	321	121.0
按贸易方式分	**By Type of Trade**						
一般贸易	General Trade	272673	192868	197317	254617	444573	74.6
加工贸易	Processing Trade	50586	29561	42376	35842	33660	-6.1
其他贸易	Others	8321	8361	12005	14022	17750	26.6
进口总额	**Total Value of Imports**	**68515**	**72567**	**97851**	**110073**	**103976**	**-5.5**
按企业性质分	**By Ownship of Enterprises**						
国有企业	State-owned Enterprises	34048	39775	36143	28983	31424	8.4
外商投资企业	Enterprises with Foreign Investment	10165	6816	4839	6288	5316	-15.5
民营企业	Private Enterprise	24033	25976	56848	73444	66614	-9.3
其　他	Others	269	0	21	1357	622	-54.2
按贸易方式分	**By Types of Trade**						
一般贸易	General Trade	34504	47669	60471	56215	65210	16.0
加工贸易	Processing Trade	23378	12568	20591	20718	16126	-22.2
其他贸易	Others	10633	12330	16788	33140	22641	-31.7

注：本表数据来源于贵阳海关。

10–16 招商引资
Capital Attraction and Investment Promotion

指　标	Item	项目个数(个) Number of Projects (unit)					
		2016	2017	2018	2019	2020	2020年比2019年增长(%) Growth Rate in 2020 over 2019 (%)
利用外资(万美元)	**Foreign Investment (10 000 USD)**	**24**	**33**	**52**	**43**	**68**	**58.1**
#合资经营企业	Joint Venture Enterprises	10	13	20	21	33	57.1
合作经营企业	Cooperative Enterprises	2	1	1	1	4	300
外资企业	Foreign-funded Enterprises	12	19	31	21	30	42.9
引进内资(亿元)	**Domestic Capital (100 million yuan)**	**753**	**1074**	**1203**	**1213**	—	

10–16 续表 1 (Continued)

指　标	Item	合同引资额 Contracted Capital					
		2016	2017	2018	2019	2020	2020年比2019年增长(%) Growth Rate in 2020 over 2019 (%)
利用外资(万美元)	**Foreign Investment (10 000 USD)**	**11423**	**192227**	**334002**	**115742**	**48506**	**-58.1**
#合资经营企业	Joint Venture Enterprises	3339	12453	47656	50826	20156	-60.3
合作经营企业	Cooperative Enterprises	15	1451	82712	7176	257	-96.4
外资企业	Foreign-funded Enterprises	8069	178324	203598	57740	28085	-51.4
引进内资(亿元)	**Domestic Capital (100 million yuan)**	**2764.40**	**2436.62**	**2602.36**	**2048.95**	**2678.45**	**30.7**

10–16 续表 2 (Continued)

指　标	Item	实际到位资金 Actually Absorbed Capital					
		2016	2017	2018	2019	2020	2020年比2019年增长(%) Growth Rate in 2020 over 2019 (%)
利用外资(万美元)	**Foreign Investment (10 000 USD)**	**111988**	**134540**	**158906**	**178000**	**202108**	**12.5**
#合资经营企业	Joint Venture Enterprises	16020	991	23019			
合作经营企业	Cooperative Enterprises		3385	0			
外资企业	Foreign-funded Enterprises	74208	53133	55149			
引进内资(亿元)	**Domestic Capital (100 million yuan)**	**3180.84**	**1638.50**	**2218.67**	**1270.03**	**1432.23**	**12.8**

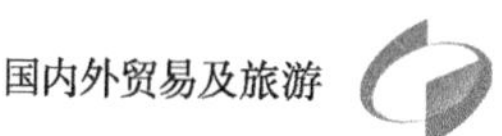

10-17 分国别(地区)进出口总额
Total Value of Imports and Exports by Country(Region)

单位:万美元 (10 000 USD)

指标	Item	2020 合计 Total Value	2020 出口 Exports	2020 进口 Imports	2019 合计 Total Value	2019 出口 Exports	2019 进口 Imports
总计	**Total**	**599959**	**495983**	**103976**	**414554**	**304481**	**110073**
亚洲	Asia	440087	369073	71014	262461	182899	79562
#中国香港	Hong Kong, China	233799	233777	22	78919	78856	63
印度	India	6667	5515	1152	4184	4139	46
日本	Japan	19057	15339	3717	22120	12197	9922
韩国	South Korea	11432	6611	4821	13330	8908	4422
中国台湾	Taiwan, China	24521	1549	22972	33271	1472	31799
东盟	ASEAN	99861	79639	20222	65091	51083	14008
非洲	Africa	22751	13492	9259	18244	11785	6459
欧洲	Europe	63127	51537	11590	55969	48254	7716
#欧盟	European Union	35212	26716	8496	36043	30035	6008
拉丁美洲	Latin America	19490	18665	826	20344	19286	1058
北美洲	North America	24141	17561	6580	25389	17828	7561
#美国	America	19507	13774	5733	21355	15147	6208
大洋洲	Oceania	30174	25655	4519	32145	24428	7717
#澳大利亚	Australia	18908	14448	4460	21848	14186	7662

主要统计指标解释

社会消费品零售总额　指企业(单位、个体户)通过交易直接售给个人、社会集团非生产、非经营用的实物商品金额,以及提供餐饮服务所取得的收入金额。个人包括城乡居民和入境人员,社会集团包括机关、社会团体、部队、学校、企事业单位、居委会或村委会等。

批发零售贸易业商品购、销、存总额　指各种登记注册类型的批发、零售贸易业(不包括个体)企业(单位)以本企业(单位)为总体的商品购进、销售、库存总额。

商品购进总额　指从本企业(单位)以外的单位和个人购进(包括从境外直接进口)作为转卖或加工后转卖的商品总额。它反映批发零售贸易业从国内、国外市场上购进商品的总量。商品购进总额包括: (1)从工农业生产者购进的商品; (2)从出版社、报社的出版发行部门购进的图书、杂志和报纸; (3)从各种登记注册类型的批发零售贸易企业(单位)购进的商品; (4)从其他单位购进的商品,如从机关、团体、企业等单位购进的剩余物资,从餐饮业、服务业购进的商品,从海关、市场管理部门购进的缉私和没收的商品,从居民手中收购的废旧商品等; (5)从国(境)外直接进口的商品。不包括企业(单位)为自身经营用和未通过买卖行为而收入的商品以及销售退回、商品升溢等。

商品销售总额　指对本企业(单位)以外的单位和个人出售(包括对境外直接出口)的商品总额。它反映批发零售贸易业在国内市场上销售商品以及出口商品的总量。商品销售总额包括: ⑴售给城乡居民和社会集团消费用的商品; ⑵售给工业、农业、建筑业、运输邮电业、批发零售贸易业、餐饮业、服务业等作为生产、经营使用的商品; ⑶售给批发零售贸易业作为转卖或加工后转卖的商品; ⑷对国(境)外直接出口的商品。不包括出售本企业(单位)自用的废旧包装用品; 未通过买卖行为付出的商品; 经本单位介绍,由买卖双方直接结算,本单位只收取手续费的业务; 购货退出的商品以及商品损耗和损失等。

批发零售贸易业库存　指报告期末各种登记注册类型的批发零售贸易企业(单位)已取得所有权的商品。它反映批发零售贸易企业(单位)的商品库存情况和对市场商品供应的保证程度。

零售额　指售给城乡居民用于生活消费和社会集团用于公共消费的商品金额。具体包括:

(1)售给城乡居民的各种生活消费品;

(2)售给入境旅游的外国人、华侨、港澳台同胞的各类商品;

(3)售给行政事业单位、社会团体、军队和武警等机构的商品,以及以零售方式售予各类企业的商品。具体包括: 用于非生产和社会交往的办公用品,如通讯设备、计算器具和设备、电讯网络设备、文印设备、音像视听器材和设备、纸张、本册、文具及装订文印材料、家具、日用电器、针纺织品、清洁卫生用品、文体用品、奖品、纪念品、礼品等; 供内部人员乘坐的交通工具和燃料; 用于办公设施修缮的各类配件、材料、工具等; 用于取暖和防暑降温的设备、燃料、材料及食品等; 专用于教学的用品和设备; 非营利医疗机权的中、西药品、中药材和医疗设备器材; 非专用的劳动保护用品;

不对外营业的内部食堂用的餐具、炊具、设备、清洁卫生工具和食品、燃料等；军队、武警用于其人员生活的衣着品和个人用品；其他各类非生产性设备和用品。不包括：

(1) 售给城乡居民已确知是用于生产、经营的商品；

(2) 售给各类农业生产者的生产资料类商品；

(3) 售给企业单位生产上专用的劳动保护用品；

批发额 指售给国民经济各行业用于生产经营的商品金额。具体包括：

(1) 售予国民经济各行业用于生产经营、勘察设计、科研试验等的商品；加油站售予生产及营运用的运输工具的石油及制品类商品；售予民政部门救灾用的商品。

(2) 售予批发零售业、餐饮业和其他服务行业用于转卖的商品。

(3) 直接向境外出品的商品和委托外贸部门代理出口的商品。不包括售给外贸部门出口或加工后出口的商品以及在境内市场以外币销售的商品。外贸企业只统计自主出口的商品，不包括代理出口的商品。

住宿和餐饮业经营情况

营业额 指住宿和餐饮业法人企业、产业活动单位在经营活动中因提供服务或销售商品等取得的收入。包括：客房收入、餐费收入、商品销售额（含增值税）和其他收入。

客房收入 指住宿和餐饮业法人企业、产业活动单位在经营活动中因提供住宿服务取得的客房收入。

餐费收入 指住宿和餐饮业法人企业、产业活动单位因为顾客提供就餐服务取得的收入。包括：经烹饪、调制加工后出售的各种食品，如主食、炒菜、凉拌菜等的收入。

商品销售额 指住宿和餐饮业法人企业、产业活动单位出售商品的总金额（含增值税）。

其他收入 指营业额中除客房收入、餐费收入、商品销售额（含增值税）以外的其他收入。包括：娱乐、健身和商务服务等。

从业人员 指在该连锁企业工作并取得劳动报酬的年末实有人员数。包括在岗职工、再就业的离退休人员、在该企业工作的外方人员、港、澳、台方人员、兼职人员、借用的外单位人员和第二职业者。不包括离开本单位但仍保留劳动关系的职工。从业人数包括总店和全部门店以及自有配送中心的从业人数。

进出口总额 指实际进出我国国境的货物总金额。包括对外贸易实际进出口货物，来料加工装配进出口货物，国家间、联合国及国际组织无偿援助物资和赠送品，华侨、港澳台同胞和外籍华人捐赠品，租赁期满归承租人所有的租赁货物,来料加工进出口货物,边境地方贸易及边境地区小额贸易进出口货物（边民互市贸易除外），中外合资企业、中外合作经营企业、外商独资经营企业进出口货物和公用物品，到、离岸价格在规定限额以上的进出口货样和广告品（无商业价值、无使用价值和免费提供出口的除外），从保税仓库提取在中国境内销售的进口货物，以及其他进出口货物。进出口总额用以观察一个国家在对外贸易方面的总规模。我国规定出口货物按离岸价格统计，进口货物按到岸价格统计。

利用外资 指我国各级政府、部门和其他经济组织通过对外借款、吸收外商直接投资以及用其他方式筹措的境外现汇、设备、技术等。

旅游者人数

（1）入境国际旅游者人数 指来中国参观、访问、旅行、探亲、访友、休养、考察、参加会议和从事经济、科技、文化、教育、宗教等活动的外国人、华侨、港澳同胞和台湾同胞的人数。不包括外国在我国的常驻机构，如使领馆、通讯社、企业办事处的工作人员；来我国常住的外国专家、留学生以及在岸逗留不过夜人员。

（2）出境居民人数 指大陆居民因公务活动或私人事务短期出境的人数。公务活动出境居民人数包括在国际交通工具上的中国服务员工，因私出境居民人数不包括在国际交通工具上的中国服务员工。

（3）国内旅游者人数 指我国大陆居民和在我国常住1年以上的外国人、华侨、港澳台同胞离开常住地在境内其他地方的旅游设施内至少停留一夜，最长不超过6个月的人数。

旅游总收入 游客（海外游客和国内游客）在旅游过程中（由游客或游客的代表为游客）支付的一切旅游支出就是国家（省、区、市）的旅游总收入。旅游支出应包括（过夜）旅游者和一日游游客在整个游程中行、游、住、食、购、娱，以及为亲友、家人购买纪念品、礼品等方面的旅游支出，不包括为商业目的购物、购买房、地、车、船等资本性或交易性的投资、馈赠亲友的现金及给公共机构的捐赠。

旅游收入包括国际旅游（外汇）收入和国内旅游收入。

国际旅游 （外汇）收入 海外旅游者在中国（大陆）境内旅行、游览过程中用于交通、参观游览、住宿、餐饮、购物、娱乐等全部花费。

国内旅游收入 指国内旅游者在国内旅行、游览过程中用于交通、参观游览、住宿、餐饮、购物、娱乐等全部花费。

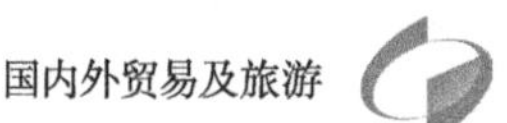

Explanatory Notes on Main Statistical Indicators

Total Retail Sales of Consumer Goods refers to the amount obtained by enterprises (unites, self-employed individuals) through direct sales of non-production and non-business physical commodity to individuals and social institutions, and revenue from providing catering services. Individuals include rural and urban households as well as people from abroad; social institutions include government agencies, social organizations, military units, schools, public institutions, neighborhood (village) committees, etc.

Purchase, Sales and Stock of Commodities by Wholesale and Retail Trades refer to the total volume of commodities purchased, total volume of sales and the stock of commodities by wholesale and retail enterprises (establishments) of different types of registration (excluding individuals).

Total Purchases of Commodities refer to the total value of purchases of commodities purchased by enterprises (establishments) from other establishments or individuals (including direct import from abroad) for the purpose of re-selling, either with or without further processing of the commodities purchased. This indicator reflects the total value of commodities purchased by wholesale and retail establishments from domestic and overseas markets. The types of commodities include: (1) products purchased from agricultural and industrial producers; (2) books, magazines and newspapers purchased from distribution departments of the publishers and newspaper offices; (3) commodities purchased from wholesale and retail establishments of different types of registration; (4) commodities purchased from other units, such as surplus materials purchased from government agencies, enterprises or institutions, commodities purchased from catering and service establishments, confiscated goods purchased from customs authorities or market management agencies second-hand goods and wastes purchased from residents; and (5) commodities directly imported from abroad. Commodities excluded those purchased by establishments(units) for their own use in business operation, commodities obtained without buying or selling procedures, returned commodities, etc.

Total Sales of Commodities refer to value of commodities sold by the establishments to other establishments and individuals (including direct export). This indicator is used to show the total value of sales of commodities at domestic markets and in exports. The types of commodities sold include: (1) commodities sold to urban and rural residents and social groups for their consumption; (2) commodities sold to establishments in industry, agriculture, construction, transportation, post and telecommunications, wholesale and retail trades, hotels and catering services, and public utility for their production and operation; (3) commodities sold to wholesale and retail establishments for re-selling, with or without further processing; (4) commodities directly exported to other countries. Commodities excluded selling of waste packaging materials used by the establishments (units) themselves, commodities transferred without buying or selling procedures, commission income from brokerage in transactions for which settlement is directly handled by buyers and sellers, returned commodities, loss in commodities, etc.

Commodity Stock of Wholesale and Retail Enterprises refers to total commodities possessed by wholesale and retail enterprises (units) of various types of registration at the end of the reference period, reflecting the commodity stock level of various wholesale and retail enterprises and the potential for market supply.

Turnover of Retail Sales refers to retail goods sold to urban and rural households for household consumption and to social institutions for public consumption. Specific types of retail goods are as follows:

a) Commodities sold to urban and rural households;

b) Commodities sold to foreigners, overseas Chinese and Chinese compatriots from Hong Kong, Macao and Taiwan visiting China;

c) Commodities sold to government agencies, institutions, social organizations, military and armed police units,

and commodities to enterprises in the form of retail sales. More specifically, they include: office facilities and articles for non-production purposes such as communications equipment, computing equipment and instruments, TV and network equipment, printing and copying equipment, audio-visual equipment and instruments, paper, notebooks, stationeries, furniture, electric appliances, knitwear, sanitation and cleaning articles, cultural and sport articles, articles for prizes, souvenirs, etc.; transport vehicles and fuels for employees; materials, spare parts and tools for the maintenance of office facilities; equipment, fuels, materials and food for winter heating or summer cooling purposes; articles and equipment for teaching purpose; Chinese and western medicines and medical equipment and facilities purchased by non profit-making medical institutes; non-specialized work safety articles; cooking utensils, tableware, equipment, cleaning articles, food and fuels purchased by in-house cafeterias; clothes and personal articles purchased by military or armed police units for their officials and soldiers; and other equipment and articles for non-production purposes.

Commodities of retail sales exclude:

(1)Commodities sold to residents for production and management;

(2)Commodities like means of production sold to agricultural producers;

(3)Labor protection products sold to enterprises during production.

Turnover of Wholesale Sales refers to the amount of commodities sold to industries of national economy for production and management. Specific types of retail goods are as follows:

(1) Commodities sold to industries for production and management, survey and design and scientific researches, Oil and oil products permitted by gas station to produce and be used to traffic tools and relief goods sold to Ministry of Civil Affairs.

(2) Commodities sold to retailers, catering and other service industries to resale.

(3) Commodities directly exported overseas or exported by Foreign Trade Department, excluding commodities sold to Foreign Trade Department to export, processed commodities for export and commodities sold in foreign currencies at domestic market. Commodities of foreign trade enterprises only count those exported themselves, not including commodities by export broker.

Accommodation and catering

Business Revenue refers to revenue of hotels and catering services received from providing services or selling commodities through business activities, including income from hotels, from catering services, from selling of commodities(including value added tax) and from other services.

Income from Hotel Rooms refers to income of corporate enterprises and establishments by providing lodging services.

Income from Catering Services refers to income of corporate enterprises and establishments by providing catering services, including selling of cooked or prepared foods such as staple food, cooked dishes or cold dishes.

Income from Serving Meals refers to income of corporate enterprises and establishments by serving customers meals. Types of meals include all kinds of food cooked and flavoured such as staple food, stir-fried and cold vegetable dishes in sauce.

Income from Selling of Commodities refers to income of corporate enterprises and establishments by selling

commodities that accompany the services they provide (including value added tax). Income from other activities refers to those other than income from hotel rooms, catering services or selling of commodities, such as income from providing recreational, fitness or business services.

Employed Persons refer to all those who are employed in enterprises and receive remunerations there, including currently working employees, retirees who are re-employed, teachers of local-run schools, as well as foreigners, staff from Hong Kong, Macao and Taiwan, part-time employees and persons with second job who are employed by the enterprises, and employees of other units temporarily working in the enterprises, but excluding former employees who left the enterprises with their employment records still being kept by the enterprises.

Total Volume of Imports and Exports refers to the real value of commodities imported and exported across the border of China. They include the actual imports and exports through foreign trade, imported and exported goods under the processing and assembling trades and materials, supplies and gifts as aid given gratis between governments and by the United Nations and other international organizations, and donations by overseas Chinese, Chinese Compatriots from Hong Kong ,Macao , Taiwan and Chinese with foreign citizenship, leasing commodities owned by tenant at the expiration of leasing period, the imported and exported commodities processed with imported materials, commodities trading in border areas (excluding mutual exchange goods), the imported and exported commodities and articles for public use of the Sino-foreign joint ventures, cooperative enterprises and ventures with sole foreign investment. Included in this category are also imports or exports of samples and advertising goods for whose CIF or FOB value are beyond the permitted ceiling (excluding goods of no trading or use value and free commodities for export), imported goods sold in China from bonded warehouses and other imported or exported goods. This indicator can be used to observe the total size of external trade in a country. In accordance with the stipulation of the Chinese government, imports are calculated at CIF, while exports are calculated at FOB.

Utilization of Foreign Capital refers to remittance, equipment and technology financed from abroad, by loans, foreign direct investment and other forms undertaken by the governments at all levels, by various departments, enterprises and other economic units.

Foreign Direct Investment refers to the investments inside China by foreign enterprises and economic organizations or individuals (including overseas Chinese, compatriots from Hong Kong, Macao and Taiwan, and Chinese enterprises registered abroad), following the relevant policies and laws of China, for the establishment of ventures exclusively with foreign own investment, Sino-foreign joint ventures and cooperative enterprises or for co-operative exploration of resources with enterprises or economic organizations in China. It includes the reinvestment of the foreign entrepreneurs with the profits gained from the investment and the funds that enterprises borrow from abroad in the total investment of projects which are approved by the relevant department of the government.

Number of Tourists

(1) International tourists refer to foreigners, overseas Chinese, Chinese compatriots from Hong Kong, Macao and Taiwan coming to China for sight-seeing, visits, tours, family reunions, vacations, study tours, conferences and other activities of a business, scientific and technological, cultural, educational and religious nature. It does not include representatives and employees of resident institutions of foreign countries in China such as embassies, consulates, news agencies and offices of foreign companies and organizations, nor does it include long-term foreign experts or students residing in China, or persons in transition without spending a night in China.

(2) Number of local residents going abroad refers to the number of mainland China residents who go abroad either for official business or for private affairs. The quantity of Chinese workers who serve in the international transportation vehicles are included in those who go for official business, but those for private affairs are not included.

(3) Number of domestic tourists refers to the quantity of people who leave their living places to stay in tourism destinations for at least one night but no more than 6 months, including mainland China residents, foreigners,Chinese Compatriots from Hong Kong, Macao and Taiwan who lived in China for more than one year.

Total Tourism Revenue refers to the total expenditure of foreigners, overseas Chinese, Chinese Compatriots from Hong Kong, Macao and Taiwan and domestic tourists spending during their stay in mainland China on transportation, sighting, accommodation, food, shopping, entertainment, souvenirs and gifts for their friends and families, excluding the expenses on commercial shopping, houses, lands, cars, ships, cash given to friends and families and donations.

Tourism Revenue includes foreign exchange earnings from international tourism and income from domestic tourism.

Foreign Exchange Earnings from International Tourism refers to the total expenditure of foreigners, overseas Chinese, Chinese compatriots from Hong Kong, Macao and Taiwan during their stay in mainland China on transportation, sightseeing, accommodation, food, shopping and entertainment.

Income from Domestic Tourism refers to expenditure of domestic tourists on transportation, sighting, accommodation, food, shopping and entertainment while they travel.

交通、运输、邮电、城市公用事业

Traffic, Transportation,Postal And Telecommunication Services,Urban Public Utilities

11-1 民用车辆拥有量
Possession of Civil Vehicles

单位：辆 (unit)

指 标	Item	2016	2017	2018	2019	2020	2020年比2019年增长(%) Growth Rate in 2020 over 2019 (%)
民用车辆合计	**Total Civil Vehicles**	**1190626**	**1314018**	**1492425**	**1687111**	**1830957**	**8.5**
# 个人	Private Vehicle	1072832	1192524	1360002	1539785	1673981	8.7
按用途分	**By Proposes**						
营运	Commercial Vehicle	87790	90917	97432	97574	101343	3.9
非营运	Non-Commercial Vehicle	1102793	1223053	1394906	1577508	1711228	8.5
按车辆类型分	**By Types of Vehicles**						
汽车	Cars	916740	995522	1157420	1341511	1474046	9.9
载客汽车	Passenger Vehicles	771636	845688	997842	1177015	1302805	10.7
载货汽车	Trucks	134670	139507	148942	155973	162479	4.2
其它汽车	Others	10434	10327	10636	8523	8762	2.8
摩托车	Motorcycle	273022	317053	333048	342996	353057	2.9
挂车	Trailer	864	1443	1957	2604	3854	48.0

注：机动车驾驶员2467960人，其中汽车驾驶员2365050人。
The number of vehicle drivers was 2467960 and the number of car drivers was 2365050 in 2020.

11-2 旅客运量及货物运输量
Passenger and Freight Traffic

指　标	Item	2016	2017	2018	2019	2020	2020 年比 2019 年增长 (%) Growth Rate in 2020 over 2019 (%)
旅客运输量（万人）	**Total Passenger Traffic (10 000 persons)**	**65987**	**72721**	**81674**	**89665**	**93621**	**4.4**
铁　路	Railways	2019	2204	3101	3352	2521	-24.8
公　路	Highways	62385	68522	76415	83823	89374	6.6
航　空	Aviation	1511	1811	2010	2191	1658	-24.3
水　运	Waterways	72.00	184.06	148.02	299.08	67.55	-77.4
货物运输量（万吨）	**Total Freight Traffic(10 000 tons)**	**38687**	**46108**	**53946**	**61372**	**72556**	**18.2**
铁　路	Railways	1315	1247	1470	1264	1485	17.5
公　路	Highways	37355	44839	52451	60082	71044	18.2
航　空	Aviation	9.59	10.24	11.24	12.01	11.35	-5.5
水　运	Waterways	7.53	12.16	14.01	13.83	15.59	12.7

注：铁路数据由成都铁路局提供，统计口径为发送量。
The data of railway are provided by China railway Chengdu Group Co.,Ltd, with the number of passengers daily dispatched as the statistical caliber.

11–3 邮电线路及通信工具拥有量
Number of Postal Routes and Telecommunication Facilities

指　标	Item	2016	2017	2018	2019	2020	2020 年比 2019 年增长 (%) Growth Rate in 2020 over 2019 (%)
邮路总条数（条）	**Total Postal Routes (line)**	**161**	**175**	**113**	**219**	**357**	**63.0**
邮路总长度（单程）（公里）	**Length of Postal Routes (one way) (km)**	**19694**	**113199**	**97839**	**120664**	**141698**	**17.4**
汽车邮路（公里）	Highway Routes (km)	19694	21643	20895	27839	47214	69.6
铁路邮路（公里）	Railway Routes (km)				1269	1922	51.5
航空邮路（公里）	Air Mail Routes (km)	51422	91556	91556	91556	92562	1.1
农村投递线路总长度（公里）	**Rural Delivery Routes (km)**	**3413**	**4252**	**6539**	**6591**	**5649**	**–14.3**

注：2016 年起贵阳市邮政公司停止铁路运输业务，铁路邮路为 0；2019 年铁路邮路开始统计统计高铁运输业务。
The number of railways routes is zero, because Guiyang Post Company has closed railways routes business since 2016. High–speed rail transport business has been contained in the data of railways routes since 2019.

11-4 邮电业务量

Statistics on Postal and Telecommunication Services

指标	Item	2016	2017	2018	2019	2020	2020年比2019年增长(%) Growth Rate in 2020 over 2019 (%)
邮电业务收入 (亿元)	Business Revenue of Postal and Telecommunication Services (100 million yuan)	75.29	83.66	92.07	95.65	102.30	6.9
电信业务收入 (亿元)	Business Revenue of Telecommunication Services (100 million yuan)	59.59	63.63	68.34	67.70	71.55	5.7
邮政业务收入 (亿元)	Business Revenue of Postal Services (100 million yuan)	15.70	20.03	23.73	27.95	30.75	10.0
函件 (万件)	Numbers of Letters (10 000 pcs)	978	1467	2857	1844	469	-74.6
包件 (万件)	Packages (10 000 pcs)	2	2	1	1	1	0.0
特快专递 (万件)	Pieces of Express Mail Services (10 000 pcs)	702	753	1098	611	887	45.0
汇票 (万张)	Postal Order (10 000 pcs)	33	20	15	10	6	-37.6
订销报纸 (万份)	Issue of Newspapers (10 000 copies)	8011	8147	8278	7867	7538	-4.2
订销杂志 (万份)	Issue of Magazines (10 000 copies)	386	445	403	375	371	-1.0
邮电业务总量 (亿元)	Business Volume of Postal and Telecommunication Services (100 million yuan)	95.42	210.16	478.94	721.28	903.83	25.3
电信业务总量 (亿元)	Business Volume of Telecommunication Services (100 million yuan)	81.30	192.29	457.21	692.32	873.14	26.1
邮政业务总量 (亿元)	Business Volume of Postal Services (100 million yuan)	14.12	17.87	21.73	28.96	30.69	6.0
年末固定电话用户 (万户)	Number of Fixed Telephone Subscribers at Year-end (10 000 subscribers)	87.52	83.85	78.21	75.77	73.46	-3.0
移动电话用户 (万户)	Mobile Telephone Subscribers(10 000 subscribers)	655.89	748.95	804.94	819.25	812.79	-0.8
#3G用户数 (万户)	3G Subscribers (10 000 subscribers)	60.89	44.48	64.63	36.12	10.14	-71.9
#4G用户数 (万户)	4G Subscribers (10 000 subscribers)	385.68	497.66	569.03	646.00	659.19	2.0
固定宽带接入用户数 (万户)	Fixed Broadband Access Subscribers (10 000 subscribers)	123.65	145.60	190.52	193.78	199.40	2.9
移动互联网用户数 (万户)	Mobile Internet Subscribers(10 000 subscribers)	621.04	563.56	625.99	676.42	644.96	-4.7

注：1) 邮政数据来源于市邮政管理局；
2) 部分数据上年同期数据本年有修正。

a) Postal data came from Municipal Postal Service;
b) Compared with the data of the same peroid in the previous years, the data of this year has been revised.

11-5 自来水、公共汽车基本情况
Basic Statistics on Tap Water Supply and Buses

指　标	Item	2016	2017	2018	2019	2020
水　厂　(个)	Water Plant (unit)	12	12	12	12	12
综合生产能力　(万吨/日)	Production Capacity of Water Supply(10 000 tons/day)	151.50	151.50	154.50	174.50	174.50
供水管道长度　(公　里)	Length of Water Supply Pipelines (km)	4190.18	4635.38	4894.14	4993.45	5057.20
全年供水总量　(万立方米)	Total Annual Volume of Water Supply(10 000 cu.m)	33563.00	34992.74	38352.66	40612.12	40693.96
#生产用量　(万立方米)	For Productive Use (10 000 cu.m)	3232.92	2770.01	6865.21	7262.09	7387.93
生活用量　(万立方米)	For Residential Use (10 000 cu.m)	22285.40	24123.88	22301.77	23091.13	23375.93
用水户数　(万　户)	Registered Subscribers (10 000 subscribers)	99.66	112.75	123.69	128.83	137.21
#家庭用户　(万　户)	Household Subscribers (10 000 subscribers)	94.49	106.62	115.87	120.59	128.18
用水人口　(万　人)	Number of Residents with Access to Tap Water (10 000 persons)	360.00	375.72	430.57	485.81	528.22
年末实有公共汽车(电)车营运车辆数　(辆)	Number of Buses (Trolley) under Operation at Year-end (10 000 persons)	2759	3346	3210	3186	2937
公共汽(电)车营运标准车台数　(标　台)	Number of Buses (Trolley) under Operation (unit)	3498	4089	3914	4256	3616
公共汽(电)车营运线路网长度　(公　里)	Length of Buses (Trolley) under Operation (km)	—	4706	4814	5474	5678
全年公共汽(电)车客运总量　(万人次)	Passengers Transported by Public Vehicles of the Whole Year (10 000 person-times)	53569	56033	55358	55357	41546
年末实有出租汽车数　(辆)	Number of Taxis at Year-end (unit)	8034	8623	9539	10445	13689

注：1）本表数据为市辖区数。
2）公共汽车、出租车数据2017年起取自市交委。

a) All statistics in the table came from Guiyang Municipal Districts.
b) The data of buses and taxies since 2017 are provided by Guiyang Municipal Commission of Transport.

11-6 市政设施和城市燃气情况
Basic Statistics on Municipal Infrastructure and Supply of Gas in Cities

指　标	Item	2016	2017	2018	2019	2020	2020 年比 2019 年增长 (%) Growth Rate in 2020 over 2019 (%)
道路长度 (公 里)	Length of Paved Roads (km)	1430	1465	1459	1514	1514	0.0
道路面积 (万平方米)	Area of Paved Roads (10 000 sq.m)	2815	2937	2924	3040	3040	0.0
#人行道 (万平方米)	Area of Pavements (10 000 sq.m)	896	928	925	943	943	0.0
桥梁数 (座)	Number of City Bridges (unit)	334	360	349	349	349	0.0
排水管道长度 (公 里)	Length of City Sewage Pipes (km)	3412	3474	3458	3847	3792	-1.4
路灯盏数 (万 盏)	Number of Street Lights (10 000 units)	17.84	18.32	23.43	23.35	22.91	-1.9
天然气供气总量 (万立方米)	Volume of Natural Gas Supply (10 000 cu.m)	24903	30692	34285	56932	60507	6.3
#家庭用量 (万立方米)	Consumption of Natural Gas for Residential Use (10 000 cu.m)	9854	11731	14493	20500	24228	18.2
用天然气户数 (万 户)	Number of Households Using Natural Gas (10 000 households)	89.27	102.02	110.66	126.11	126.97	0.7
#家庭用户 (万 户)	Residential Users (10 000 households)	88.78	101.43	109.98	125.30	126.11	0.6
用天然气人口 (万 人)	Population with Access to Natural Gas (10 000 persons)	252	288	312	346	360	3.9
液化石油气供气总量 (万 吨)	Volume of Liquefied Petroleum Gas Supply (10 000 tons)	4.40	4.60	4.80	5.30	5.50	
#家庭用量 (万 吨)	Consumption of LPG for Residential Use (10 000 tons)	4.40	4.60	4.80	1.40	1.45	
用液化气户数 (万 户)	Number of Households Using Liquefied Gas (10 000 households)	20.50	20.50	20.50	13.30	13.50	
#家庭用户 (万 户)	Residential Users (10 000 households)	20.50	20.50	20.50	10.00	10.00	
用液化石油气人口 (万 人)	Population with Access to Liquefied Petroleum (10 000 persons)	72	72	72	28	28	

注：1) 2019 年液化石油气供气总量、液化气户数、液化石油气人口数据统计口径有调整，与往年不可比；
2) 部分数据往年同期数据本年有修正。

a) The data of volume of liquefied petroleum gas supply ,numbers of households using liquefied gas,and population with access to liquefied petroleum in 2019 has been adjusted due to change in coverage ,which cannot be compared with data of previous years;
b) Compared with the data of the same peroid in the previous years, the data of this year has been revised.

11-7 园林绿化和环境保护

Basic Statistics on Parks, Gardens and Green Areas and Environment Protection

指　　标	Item	2016	2017	2018	2019	2020	2020 年比 2019 年增长 (%) Growth Rate in 2020 over 2019 (%)
建成区绿化覆盖面积　(公 顷)	Green Coverage of Built-up Districts　(hectare)	12296	14684	14800	14905	15015	0.7
建成区绿地面积　(公 顷)	Area of Greenland in Build-up Districts (hectare)	13993	13884	13993	14096	14207	0.8
建成区公园绿地面积　(公 顷)	Area of Public Greenland in Built-up Districts (hectare)	3601	4328	4354	4425	4497	1.6
建成区绿地率　(%)	The Rate of Green Land in Built-up Districts (%)	39.3	39.7	39.0	39.3	39.6	0.9
建成区绿化覆盖率　(%)	Green Coverage Rate in Built-up Districts　(%)	40.7	41.1	41.2	41.5	41.8	0.7
建成区人均公园绿地面积 (平方米/人)	Per Capita Public Green Areas in Built-up Districts (sq . m/per person)	12.86	12.88	13.00	13.40	13.62	1.6
建成区公园面积　(公 顷)	Area of Parks in Built-up Districts(hectare)	3252	3257	3257	3257	3257	0.0
道路清扫面积　(万平方米)	The Area of Road Swept and Cleaned(10 000 sq . m)	4556	4556	4880	4880	5709	0.0
生活垃圾清运量　(万 吨)	Volume of Consumption Wastes Treated (10 000 tons)	118.74	121.43	128.62	152.46	141.59	-7.1
城市生活垃圾无害化处理率 (%)	Rate of Harmlessly Treating ConsumptionWastes (%)	97.5	97.5	97.8	98.0	100.0	2.0
公厕数量(水冲式)　(座)	The Number of Public Latrine(Flushing)　(unit)	586	620	622	595	605	1.7
市容环卫专用车辆设备数　(台)	Total Number of Environmental Sanitary Vehicles (unit)	1775	1951	1946	2096	1672	-20.2
废水排放总量　(万 吨)	Total Volume of Waste Water Discharged(10 000 tons)	33975	36730	49568			
工业废水排放总量　(万 吨)	Total Volume of Industrial Waste Water Discharged (10 000 tons)	3768	4452	5854		5846	
工业废气排放总量(亿标立方米)	Total Volume of Indusrial Waste Gas Discharged (100 million standard cu.m)	6096	3779	1881			
二氧化硫排放总量　(万 吨)	Total Volume of SO2 Emission　(10 000 tons)	6.99	7.93	4.82		1.33	
#工业二氧化硫排放量(万 吨)	Volume of Industrial Sulphur DioxideDischarged (10 000 tons)	4.04	5.06	1.68			
烟尘排放总量　(万 吨)	Total Volume of Smoke and Dust Discharged (10 000 tons)	1.70	2.14	2.06			
工业固体废物产生量　(万 吨)	Volume of Industrial Solid Wastes Produced (10 000 tons)	1417.80	1629.25	1767.63			

注：1）此表数据分别由市生态环境局、市自然资源和规划局、市综合执法局提供。

2）根据生态环境部要求，2019 年度以后污染物排放数据需根据第二次污染源普查成果进行校正。目前数据未定稿，故无法提供。

a) The data are offered by Guiayng Municipal Ecological Environment Bureau, Guiyang Municipal Natural Resources and Planing Bureau and Guiyang Municipal Bureau of City Administration and Law Enforcement.

b) Based on the requirements of the Ministry of Ecology and Environment ,the data of annual pollutant discharge should be adjusted according to the results of the second pollution source census.At present,the data is not finalized ,so it cannot be provided.

主要统计指标解释

民用汽车拥有量 指报告期末，在公安交通管理部门按照《机动车注册登记工作规范》，已注册登记领有民用车辆牌照的全部汽车数量。汽车拥有量统计的主要分类：根据汽车结构分为载客汽车、载货汽车、其他汽车；根据汽车所有者不同分为个人（私人）汽车、单位汽车；根据汽车的使用性质分为营运汽车、非营运汽车；根据汽车大小规格不同，载客汽车分为大型、中型、小型和微型，载货汽车分为重型、中型、轻型和微型。

货（客）运量 指在一定时期内，各种运输工具实际运送的货物（旅客）数量。货运按吨计算，客运按人次计算。货物不论运输距离长短、货物类别，均按实际重量统计。旅客不论行程远近或票价多少，均按一人一次客运量统计；半价票、小孩票也按一人统计。

铁路旅客运量 指在一定时期内使用铁路客车运送的旅客人数。铁路旅客运量的计算方法：不论票价多少或行程长短，均按单程计算为一人次；不足购票年龄免购客票的儿童，不记运量；月、季票按往返25人计算.因地方铁路管理体制改变,各地可以辖区内的铁路火车站为基本统计单位进行客货发送量统计。

公路客（货）运量 统计范围为在公路运输管理部门注册登记从事公路运输的营业性载客汽车和营业性货运车辆一定时期内实际运送的旅客（货物）数量。

水运客运量 指水运企业及其他单位在一定时期内实际运送的旅客人数。

民用航空客运量 指公共航空运输飞行所载运的旅客人数.成人和儿童各按一人计算,婴儿不计人数。每一特定航班的每一旅客只计算一次。唯一例外的是，乘坐定期航班既经过国内航段又经过国际航段的旅客，同时计算一个国内旅客和一个国际旅客。

民用航空货邮运量 指航空站在一年内从航站发运的行李、邮件、货物的重量总和。包括始发运量和联运量。发运量是根据进出港舱单、载重表等原始记录计算的。

邮电业务总量 指以价值量形式表现的邮电通信企业为社会提供各类邮电通信服务的总数量。邮电业务量按专业分类包括函件、包件、汇票、报刊发行、邮政快件、特快专递、邮政储蓄、集邮、公众电报、用户电报、传真、长途电话、出租电路、市话无线寻呼、移动电话、分组交换数据通信、出租代维等。计算方法为各类产品乘以相应的平均单价（不变价）之和，再加上出租电路和设备、代用户维护电话交换机和线路等的服务收入。其计算公式为：

邮电业务总量=Σ（各类邮电业务量 × 不变单价）+ 出租代维及其他业务收入

邮政、电信业务收入 指邮电、通信企业通过生产经营活动所取得的全部业务收入，包括邮政、长途电信、本地电话等各项主营业务收入和地方国有通信收入。统计范围改为全社会所有从事电信运营的企业（即中国电信、中国移动、中国联通三家基础电信企业），邮政企业和年业务收入 200 万元以上的快递企业。

移动电话用户 指在移动电话营业部门登记，通过移动电话交换机进入移动电话网、占有移动电话号码的电话用户。用户数量以实际办理登记手续进入邮电部门移动电话网的户数进行计算，一部或一台移动电话统计为一户。

固定电话用户 指接入国家公众固定电话网，并按固定电话业务进行经营管理的电话用户。

城市电话用户 指市辖区、省辖区、地级市、县级市的市区、市郊区及县城（包括县人民政府所在地的县城关区或行政建制相当于县人民政府所在地的镇）范围内接入局用交换机的电话用户数，包括分布在农村地区的独立工矿区、林区、驻军等电话用户数。

农村电话用户 指按行政区划属于城市范围内以外的乡镇、村的电话用户数。

供水综合生产能力 指城建部门系统自来水公司所属自来水厂及各单位自备水源取水、净化、送水、出厂输水干管等环节的综合生产能力，以四个环节中最薄弱的环节为主确定能力，超负荷运行增加的能力不应计算。

城市供水总量 指报告期供水企业（单位）供出的全部水量，包括有效供水量和漏损水量，不包括开水直接利用量。

居民生活用水量 指城市范围内所有居民家庭的日常生活用水。包括城市居民、农民家庭、公共供水站用水。

用水人口 指供应生活用水的年末实际人口。包括非农业人口和农业人口。

供气总量（人工天然气） 指城市煤气企业向城市生产用户家庭用户和其他用户供应的全部煤气量，包括外购及损失量。

用气人口 指报告期末家庭用户的用气人口。

年末实有公共汽（电）车营运车辆数 指城市公共交通企业可参加营运的全部车辆数。包括技术完好的、在修的、待修的、长期停驶的，以及拟报废尚未经上级主管部门批准报废的运营车辆数。不包括公交企业的油罐车、货车和其他专用车等非运营车，也不包括借入、租入的客运车辆。

全年公共汽（电）车客运总量 指运送乘客的总人数。包括普通票乘客人次，月票乘客人次和包车乘客人次。

年末实有出租汽车数 指经有关部门批准的专门从事出租业务的一切营业车辆。包括轿车、面包车、大客车。

年末实有城市道路面积 指路面经过铺筑的路面宽度在3.5米以上（含3.5米）的道路。包括高级、次高级道路和普通道路，不包括街道内部路面宽度不足3.5米的胡同、里弄。

道路面积只包括路面面积和与道路相通的广场、桥梁、停车场面积。不包括街心花坛、侧石、人行道和路肩的面积。

排水管道长度 排水管道是指汇集和排放污水、废水和雨水的管渠及其附属设施所组成的系统。包括干管、支管以及通往处理厂的管道，无论修建在街道上或其他任何地方，只要是起排水作用的管道，都应作排水管道统计。

绿地面积 指报告期末用作园林和绿化的各种绿地面积。包括公园绿地、生产绿地、防护绿地、附属绿地和其他绿地的面积。

公园绿地面积 指城市中向公众开放的、以游憩为主要功能,有一定的游憩设施和服务设施,同时兼有健全生态、美化景观、防灾减灾等综合作用的绿化用地。包括综合公园、社区公园、专类公园、带状公园和街旁绿地。其中综合公园、专类公园和带状公园面积之和为公园面积。

建成区绿化覆盖面积 指城市建成区内各单位管理的一切用于绿化的乔灌木和多年生草本植物的垂直投影面积。包括园林绿地以外的道路绿化覆盖面积(即道路的隔离带、中心绿岛和林荫道及行道树的覆盖面积)和单株树木的覆盖面积。

工业废水排放总量 指经过企业厂区所有排放口排到企业外部的工业废水量。包括生产废水、外排的直接冷却水、超标排放的矿井地下水和与工业废水混排的厂区生活污水,不包括外排的间接冷却水(清污不分流的间接冷却水应计算在内)。

工业废气排放总量 指报告期内企业厂区内燃料燃烧和生产工艺过程中产生的各种排入大气的含有污染物的气体的总量,以标准状态(273K,101325Pa)计算。测算公式为:

工业废气排放量 = 燃料燃烧过程中废气排放量 + 生产工艺过程中废气排放量

工业烟尘排放总量 指企业厂区内燃料燃烧过程中产生的烟气中夹带的颗粒物排放量。

工业固体废物产生量 指报告期内企业在生产过程中产生的固体状、半固体状和高浓度液体状废弃物的总量,包括危险废物、冶炼废渣、粉煤灰、炉渣、煤矸石、尾矿、放射性废物和其他废物等。不包括矿山开采的剥离废石和掘进废石(煤矸石和呈酸性或碱性的废石除外)。酸性或碱性废石指采掘的废石其流经水、雨淋水的pH值小于4或pH值大于10.5者。

生活垃圾清运量 指报告期内收集和运送到垃圾处理厂(场)的生活垃圾数量。生活垃圾指城市日常生活或为城市日常生活提供服务的活动中产生的固体废物以及法律行政规定的视为城市生活垃圾的固体废物。包括:居民生活垃圾、商业垃圾、集市贸易市场垃圾、街道清扫垃圾、公共场所垃圾和机关、学校、厂矿等单位的生活垃圾。

生活垃圾无害化处理率 指报告期生活垃圾无害化处理量与生活垃圾产生量比率。在统计上,由于生活垃圾产生量不易取得,可用清运量代替。计算公式为:

生活垃圾无害化处理率 = 生活垃圾无害化处理量 / 生活垃圾产生量 ×100%

Explanatory Notes on Main Statistical Indicators

Possession of Civil Motor Vehicles refer to the total number of vehicles that are registered and received vehicles license tags according to the Work Standard for Motor Vehicles Registration formulated by the Transport Management Office under the department of public security at the end of the reference period. They are divided into categories. According to the structure of motor vehicles, they are divided into passenger vehicles,trucks and others; according to ownership into private vehicles and vehicles for the unit's use; according to kind of usage into working vehicles and non-working vehicles and according to size of vehicles into large passenger vehicles, medium-sized passenger vehicles, small passenger vehicles and mini passsenger vehicles, heavy trucks, light-heavy trucks, light trucks and mini-trucks.

Freight (Passenger) Traffic refers to the weight of freight (number of passenger) transported with various means within a specific period of time. Freight transport is calculated in tons and passenger traffic is calculated in terms of the actual weight of the goods and takes no account of the type of freight and distance of diatance, Passenger traffic is calculated by the principle that one person can be counted only once in one trip and takes no account of the travelling distance and ticket price. The passengers who travel with a half price ticket or a child's ticket is also calculated as one person.

Railway (Passenger) Tranffic refers to the weight of freight (number of passenger) transported with railway within a specific period of time. Passenger traffic is calculated by the principle that: a) one person can be counted only once in one trip and takes no account of the travelling distance and ticket price. b) children eligible for free ticket are not calculated; c) persons with monthly or season tickets shall be regarded as 25 passengers. Besides, due to the change of management system of local railway, every district has the right to calculate the volume of passengers through railway stations within its district as the basic statistic unit.

Highway Passenger (Freight) Traffic refers to the actual quantity of cargos delivered with commercial freight cars and passengers travelling with commercial passenger service vehicles in a given period. Besides, these commercial vehicles shall be registered at Management Department of Highway Transportation.

Water Traffic refers to the actual quantity of passengers travel with means of transport provided by water transportation enterprises and other units in a given period.

Civil Aviation Passenger Traffic refers to the quantity of passengers travels with means of public air transport in a given period. In the process of calculation, both adults and children shall be regarded as statistic units but infants shall not. And every passenger of ever particular flight shall be counted only once. But there is one exception that one passenger taking a scheduled flight which both flies across domestic and international sectors can be counted twice and regarded as a domestic and a international passenger at the same time.

Civil Aviation Delivery of Cargos and Mails refers to the total weight of luggage, mails and cargos delivered from air terminals within one year. It includes the total weight of originating and multimodal transport. And the weight of transport is calculated at such original records as listed in shipping bills and load sheets.

Business Volume of Post and Telecommunications refers to the total amount of postal and telecommunication services, expressed in value terms, provided by the post and telecommunication departments for society. According to professional classification, post and telecommunication services can be classified as letters, package, postal order, issue of newspapers and periodicals, QMX, EMS, postal savings, stamps for collection, public telegraphs, facsimiles, long-distance telephone service, leasing of telephone lines, mobile telephone service, communication of packet switched data, maintenance, etc. The calculation method is to multiply the service products of all types with their average unit price (constant price) to get the total business value and to plus the result with income from other services such as leasing of telephone lines and equipments as well as maintenance of telephone switchboards and lines for customers.

The formula is as follows:

Business volume of post and telecommunications = ∑(transaction of post and telecommunication services × price [constant price]) + income from leasing, maintenance and other services

Post and Telecommunications Revenue refers to total income from all production and operating activities of post and telecommunication enterprises, including main business incomes from post, telecommunication and local call services as well as from local state-owned telecommunication services. Besides, this year the statistical range has changed into all enterprises engaged into telecom operation (namely China Telecom, China Mobile Communication Corporation and China Unicom), postal enterprises and express enterprises with an annual business income above 2 million yuan.

Mobile Telephone Subscribers refer to persons who have registered at postal and telecommunication institutions and are hence connected with the mobile telephone communication network through the mobile telephone switchboards and occupy moble phone numbers. The number of subscribers is calculated at the actual subscribers who have gone through all the register formalities and are connected with the mobile telephone communication network. Besides, one mobile telephone owner is treated as a subscriber.

Fixed-line Phone Subscribers refer to all subscribers who are connected to the national public fixed-line telephone network and enjoy fixed telephone services.

Production Capacity of Water Supply refers to comprehensive productive capacity of waterworks and various units affiliated to water supplying companies of city constructing departments to fetch water from self-contained water source, to purify water, to deliver water and to build water transmission main pipes. The capacity is determined mainly on the weakest og the above-mentioned four segments, excluding the capacity increased through overload operation.

Total Volume of Urban Water Supply refers to the total volume of water supplied by water-works (units) during the reference period, including both the efective water supply and loss during the water supply, excluding the volume of boiling water directly available.

Consumption of Water for Household Use refers to consumption of water for daily life of all households in cities, including households of urban residents, farmers and public water supply stations.

Population Consuming Water refers to the actual population consuming domestic water calculated at year-end. The population includes both nonagricultural and agricultural population.

Volume of Gas Supply (Artificial and Natural Gas) refers to total volume of gas provided to urban production users, households and other users by gas-producing enterprises, including the volume purchased and lost gas.

Population Consuming Gas refers to number of domestic consumers consuming gas calculated at the end of reference period.

Number of Buses (Trolley) under Opereation at Year-end refers to total number of vehicles urban public transport enterprises put into operation, including those which are technologically intact, under repair, to be repaired, out of use for a long time and number of operating vehicles which are about to be scraped but haven't been scraped without the permission of superior competent departments. But the actual quantity of operating vehicles excludes fuel tank cars and trucks of public transport enterprises, other non-operating special purpose vehicles as well as borrowed and rented passenger service vehicles.

Passenger Traffic of Buses (Trolley) All Year Round refers to total number of passengers, including passengers travel with tickets of standard fares and monthly tickets as well as passengers who charter buses.

Number of Taxies under Opereation at Year-end refers to all business vehicles used in rental business with the permission of related departments, including cars, minibuses and motor buses.

Area of Urban Paved Roads at Year-end refers to the total land area of roads the width of whose pavement are over 3.5 (include 3.5) meters. And the roads used as statistical units include high level, sub-high level and general roads but exclude lanes and alleys the width of whose pavement are below 3.5 meters.

Besides, road area consists of only the land areas of pavements as well as those of squares, bridges and parking lots which are connected with roads, excluding the land areas of flower beds in the city center, curbstones, sidewalks and road shoulders.

Length of Sewage Pipes refers to the drainage system made up of pipes and ditches which are used for aggregating and discharging sewage, waste water and rain water as well as subsidiary facilities, including main pipes, branch pipes and pipes leading to treatment plants. Besides, whether installed in streets or else where, pipes which can drain away water shall be regarded as drainage pipelines.

Green Land Area refers to the total area occupied for green projects at the end of reference period, including park green land, production green land, protection green land, green land attached to institutions and other green areas.

Park Green Area refers to green area opent o the public for amusement and test with the facilities of amusement, rest and services. Its function included perfecting ecology,beautifying landscape and preventing and reducing distaster. Park green areas include comprehensive park, community park, theme park, linear park and roadside green space. Total areas of comprehensive park, topic park and belt-shaped is the area of park.

Green Coverage of Built-up Areas refers to the total vertical projected area of trees and shrubs in urban built-up areas, including green coverage of roads (namely the total cover area of isolation belts, center green lands, boulevards and street trees) apart from that of gardens and cover area of trees. Besides, those plants are used for greening projects and are managed by related units of respective built-up areas.

Total Industrial Waste Water Discharged refers to the volume of waste water discharged by industrial enterprises through all their outlets, including waste water from production process, directly cooled water, groundwater from mining wells which excesses discharge standards and sewage from households mixed with industrial wastewater. However, indirectly discharged cooled water shall not be regarded as the statistic unit while indirectly discharged cooled water which is discharged uniformly whether muddy or not shall be regarded as the statistic unit.

Total Emission of Industrial Waste Gas refers to the total volume of pollution gases which are generated from fuel burning and production process in enterprises and discharged into atmosphere within a given period of time. It is calculated in standard state (273K, 101325Pa) and the design formula is as follows:

Emission of industrial waste gas = volume of industrial waste gas generated from fuel burning + volume of industrial waste gas generated from production process

Total Industrial Fumes Emission refers to volume of particulate matters in exhaust gas generated in the process of fuel burning in factories of enterprises.

Industrial Solid Wastes Produced refers to total volume of solid, semi-solid and highly concentrated liquid wastes produced by industrial enterprises in production process in the report period, including hazardous wastes, smelting wastes, coal ash, slag, coal gangue, tailings, radioactive residues and other wastes, but excluding stones stripped or dug out from mines (exclude gangue and acid or alkaline stones). And acid or alkaline stones refer to those soaked in water or drenched by rain water whose PH value is below 4 or above 10.5.

Consumption Wastes Transported refers to volume of consumption wastes collected and transported to disposal factories or sites during the reference period. Consumption waste are solid wastes produced from urban households or from service activities for urban households and solid wastes regarded by laws and regulations as urban consumption wastes, including those from households, commercial activities, markets, cleaning of streets, public sites, offices, schools, factories and mines and other sources.

Decontamination Rate of Life Refuse refers to Consumption Wastes Treated over that produced, in practical statistics, as it is difficult to estimate, the volume of consumption wasted produced is replaced with that transported. It is calculated as:

Decontamination Rate of Life Refuse = consumption wastes treated / consumption wastes produced × 100%

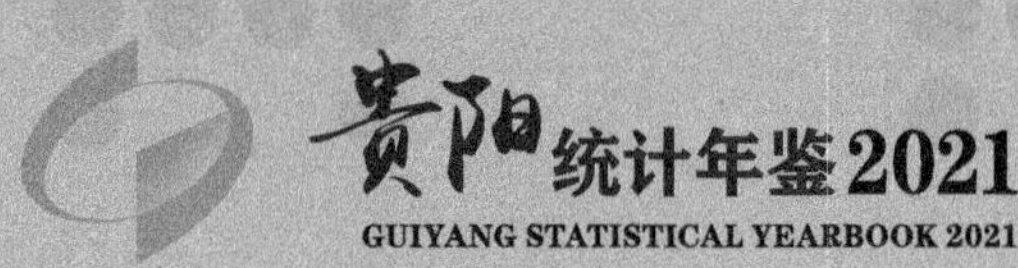

财政、税收

Government Finance, Taxation

12-1 财政收入基本情况
Government Revenues

单位：万元 (10 000 yuan)

指标	Item	2016	2017	2018	2019	2020	2020年比2019年增长(%) Growth Rate in 2020 over 2019 (%)
财政总收入	**Total Government Revenue**	**7177007**	**7828488**	**9032558**	**9013499**	**8815111**	**-2.2**
# 一般公共预算收入	**Public Financial Budget Revenues**	**3663181**	**3778473**	**4113402**	**4172610**	**3981279**	**-4.6**
税收收入	**Total Tax Revenue**	**2837769**	**2964789**	**3198440**	**3173773**	**3062936**	**-3.5**
增值税	Value-added Tax	719713	1043540	1204142	1203415	1118861	-7.0
企业所得税	Corporate Income Tax	283594	370425	462944	464344	456683	-1.6
个人所得税	Individual Income Tax	118824	160189	277030	141141	153946	9.1
资源税	Resource Tax	27408	26913	28910	25952	26796	3.3
城市维护建设税	City Maintenance and Construction Tax	231957	226262	285337	283311	290894	2.7
房产税	House Property Tax	156070	174744	138507	144266	145909	1.1
印花税	Stamp Tax	55064	63252	70126	67572	81213	20.2
城镇土地使用税	Urban Land Use Tax	57394	56140	63481	60597	58071	-4.2
土地增值税	Land Appreciation Tax	171983	264831	212651	293309	213512	-27.2
车船税	Tax on Vehicles and Boat Operation	34717	39848	44850	48658	53732	10.4
耕地占用税	Farm Land Occupation Tax	252123	228764	105674	53593	52539	-2.0
契　税	Deed Tax	267879	305592	298434	384521	404515	5.2
烟叶税	Tobacco Tax	5050	4289	2782	3157	2976	-5.7
其他税收收入	Other Tax Revenues			3572	-4907	-1502	
非税收入	**Total Non-tax Revenue**	**825412**	**813684**	**914962**	**998837**	**918343**	**-8.1**
专项收入	Special Project Revenue	219566	273217	373816	398682	334947	-16.0
行政事业性收费收入	Charges of Administrative Institutions	109979	127526	131509	134506	171097	27.2
罚没收入	Income from Fines and Confiscation	62814	74922	88770	108463	151332	39.5
国有资本经营收入	Income from State-owned Capital Operation	112600	80700	34592	32739	12603	-61.5
国有资源（资产）有偿使用收入	Income from Use of State-owned Resources(Assets)	273342	196435	212275	148792	112731	-24.2
其他收入	Other Non-tax Revenues	47111	60884	74000	175655	135633	-22.8
# 政府性基金收入	**Income from Government-managed Funds**	**1251821**	**2704576**	**3441786**	**5148845**	**6300721**	**22.4**

12-2 财政支出基本情况
Government Expenditures

单位：万元 (10 000 yuan)

指　标	Item	2016	2017	2018	2019	2020	2020年比2019年增长(%) Growth Rate in 2020 over 2019 (%)
财政总支出	**Total Government Expenditure**	**6914779**	**8232574**	**9359518**	**11611396**	**14671417**	**26.4**
一般公共预算支出	**Public Financial Budget Expenditures**	**5252621**	**5824776**	**6242193**	**7188224**	**6781587**	**-5.7**
一般公共服务	Expenditure for General Public Services	742574	780771	924438	1118827	1006034	-10.1
国防支出	Expenditure for National Defense		9180	8915	7779	8613	10.7
公共安全	Expenditure for Public Security	499518	504465	557188	584613	545710	-6.7
教　育	Expenditure for Education	992693	1047672	1210969	1268289	1322183	4.2
科学技术	Expenditure for Science and Technology	172621	166542	247794	284573	257290	-9.6
文化体育与传媒	Expenditure for Culture, Sports and Media	78916	79356	74503	83109	88050	5.9
社会保障和就业	Expenditure for Social Security and Employment	389449	542986	534794	541966	604416	11.5
卫生健康	Health	393314	425028	451189	497185	553260	11.3
节能环保	Expenditure for Energy Conservation and Environmental Protection	126349	186122	163334	189969	162398	-14.5
城乡社区事务	Expenditure for Urban and Rural Community Affairs	508370	729676	809155	1316445	658021	-50.0
农林水事务	Expenditure for Agriculture, Forestry and Water Conservancy	449109	402788	412485	416172	460466	10.6
交通运输	Expenditure for Transportation	67798	101938	167636	102023	163652	60.4
资源勘探电力信息等事务	Expenditure for Affairs of Exploration,Power and Information	326854	267537	197067	140909	330673	134.7
商业服务业等事务	Expenditure for Affairs of Commerce and Services	38867	51125	47228	31306	56354	80.0
金　融	Finance	6747	582	727	1558	2356	51.2
自然资源海洋气象等	Natural resources,Marine meteorology etc	32251	40974	51789	39284	48833	24.3
住房保障支出	Expenditure for Housing Security	223883	192613	206981	238551	184159	-22.8
粮食物资储备管理等事务	Expenditure for Reservation and Management of Grain & Related Materials	6315	6515	9777	13582	26393	94.3
债务付息支出	Expenditure for Repaying Principals and Interests of National Debts	59002	107185	109309	154866	157776	1.9
债务发行费用支出	Expenditure on Debt Issuance		1233	1391	243	676	178.2
其他支出	Other Expenditures	127348	180488	55524	116222	72356	-37.7
政府性基金支出	**Expenditure for Government-managed funds**	**1662158**	**2407798**	**3117325**	**4423172**	**7889830**	**78.4**

12-3 各级地方财政分类别收入(2020 年)
Government Revenues by Level and Item(2020)

单位：万元 (10 000 yuan)

指　　标	Item	全市合计 Guiyang	市　级 City Level	县　级 County Level	乡镇级 Town Level
总　计	**Total**	**3981279**	**1478812**	**2333694**	**168773**
税收收入	**Total Tax Revenues**	**3062936**	**1028270**	**1870198**	**164468**
增值税	Value-added Tax	1118861	476344	575399	67118
企业所得税	Corporate Income Tax	456683	160932	277548	18203
个人所得税	Individual Income Tax	153946	51111	96785	6050
资源税	Resource Tax	26796	6656	6075	14065
城市维护建设税	City Maintenance and Construction Tax	290894	154779	128419	7696
房产税	House Property Tax	145909	0	136154	9755
印花税	Stamp Tax	81213	0	73967	7246
城镇土地使用税	Urban Land Use Tax	58071	16051	36382	5638
土地增值税	Land Appreciation Tax	213512	27799	177573	8140
车船税	Tax on Vehicles and Boat Operation	53732	46329	6089	1314
耕地占用税	Farm Land Occupation Tax	52539	1869	43909	6761
契　税	Deed Tax	404515	85581	309244	9690
烟叶税	Tobacco Tax	2976	0	571	2405
环境保护税	Environmental Protection Tax	4791	1191	3213	387
其他税收收入	Other Tax Revenues	-1502	-372	-1130	0
非税收入	**Total Non-tax Revenue**	**918343**	**450542**	**463496**	**4305**
专项收入	Special Project Revenue	334947	161346	171303	2298
行政事业性收费收入	Charges of Administrative Institutions	171097	96003	74989	105
罚没收入	Income from Fines and Confiscation	151332	64450	86477	405
国有资本经营收入	Income from State-owned Capital Operation	12603	2598	9925	80
国有资源(资产)有偿使用收入	Income from Use of State-owned Resources(Assets)	112731	12959	98915	857
其他收入	Other Non-tax Revenues	135633	113186	21887	560

12-4 各级地方财政分类别支出(2020年)

Government Expenditures by Level and Category(2020)

单位：万元 (10 000 yuan)

指标	Item	全市合计 Guiyang	市级 City Level	县级 County Level	乡镇级 Town Level
总计	**Total**	**6781587**	**1802197**	**4727585**	**251805**
一般公共服务	Expenditure for General Public Services	1006034	206456	727910	71668
国防	Expenditure for National Defense	8613	5256	3248	109
公共安全	Expenditure for Public Security	545710	227564	314380	3766
教育	Expenditure for Education	1322183	271334	1038407	12442
科学技术	Expenditure for Science and Technology	257290	53363	203923	4
文化旅游体育与传媒	Expenditure for Culture,Sports and Media	88050	27105	55197	5748
社会保障和就业	Expenditure for Social Security and Employment	604416	159559	417233	27624
卫生健康	Expenditure for Medical and Health Care	553260	269322	268860	15078
节能环保	Expenditure for Energy Conservation and Environmental Protection	162398	45103	116287	1008
城乡社区事务	Expenditure for Urban and Rural Community Affairs	658021	97173	544727	16121
农林水	Expenditure for Agriculture,Forestry and Water Conservancy	460466	128516	248266	83684
交通运输	Expenditure for Transportation	163652	53902	109618	132
资源勘探电力信息等事务	Expenditure for Affairs of Exploration,Power and Information	330673	50024	280649	
商业服务业等事务	Expenditure for Affairs of Commerce and Services	56354	34634	21720	
金融	Expenditure for Affairs of Financial Supervision	2356	30	2326	
自然资源海洋气候	Expenditure for Affairs of Territorial Resources and Weather	48833	17170	31109	554
住房保障	Expenditure for Housing Security	184159	38968	141139	4052
粮油物资储备管理等事务	Expenditure for Reservation and Management of Grain & Related Materials	26393	10101	16248	44
债务付息	Expenditure for Repaying Principals and Interests of National Debts	157776	73517	84259	
债务发行费用	Expenditure on Debt Issuance	676	197	479	
其他支出	Other Expenditures	72356	14002	58111	243

12-5 一般公共预算分类别支出 (2020 年)

单位：万元

指　标	Item	支出数 Expenditure
教　育	**Expenditure for Education**	**1322183**
# 教育管理事务	Educational Affairs Management	22476
普通教育	Regular Education	1022427
职业教育	Vocational Education	91969
成人教育	Adult Education	496
广播电视教育	Radio and Television Education	777
特殊教育	Special Education	6540
进修及培训	Further Education for Teachers and Cadres	16479
教育费附加安排的支出	Educational Surtax	94165
其他教育支出	Others	66837
科学技术	**Expenditure for Science and Technology**	**257290**
# 科学技术管理事务	Management Issues of Science and Technology	8163
技术研究与开发	Scientific Research and Development	115633
科技条件与服务	Scientific Conditions and Services	4043
社会科学	Social Science	383
科学技术普及	Popularization of Science and Technology	9791
其他科学技术支出	Others	116029
文化旅游体育与传媒	**Expenditure for Culture,Tourism,Sports and Media**	**88050**
# 文化和旅游	Culture and Tourism	58305
文　物	Historical Relics	6852
体　育	Sports	4210
新闻出版广播影视	Press and Publication,Radio,Film and Television	10433
其他文化体育与传媒	Others	8250
社会保障和就业	**Expenditure for Social Security and Employment**	**604416**
# 人力资源和社会保障管理事务	Management of Human Recources, and Social Security Affairs	32783
民政管理事务	Management of Civil Affairs	84127
行政事业单位离退休	Pensions for Retirees from Administrative Institutions	182781
企业改革补助	Subsidies for Enterprise Reform	16243
就业补助	Employment Subsidy	34134

Public Financial Budget Expenditures by Item(2020)

(10 000 yuan)

指　　标	Item	支出数 Expenditure
抚　恤	Pension	33262
退役安置	Ex-servicemen's Employment	30384
社会福利	Social Welfare	27925
残疾人事业	Undertakings of the Disabled	11188
最低生活保障	Minimum Living Allowances	60390
其他生活救助	Other Life Assistants	447
其他社会保障和就业支出	Others	20497
卫生健康	**Expenditure for Medical Care**	**553260**
#卫生健康管理事务	Medical Health and Birth Control Affairs	19258
公立医院	Public Hospitals	36428
基层医疗卫生机构	Grassroots Health Care Institutions	31974
公共卫生	Public Health	185152
财政对基本医疗保险基金的补助	Government Subsidies for Basic Medical Insurance Funds	153846
节能环保	**Expenditure for Environmental Protection**	**162398**
#环境保护管理事务	Management of Environmental Protection	16872
环境监测与监察	Environmental Monitoring and Supervision	3269
污染防治	Pollution Control	80559
自然生态保护	Conservation of Natural Ecology	10318
天然林保护	Natural Forest Protection	4569
退耕还林还草	Return farmland to Forest and Grassland	3692
风沙荒漠治理	Management of Sand Desertification	235
能源节约利用	Energy Conservation	19
污染减排	Pollution Reduction	6632
农林水事务	**Expenditure for Agriculture,Forestry and Water**	**460466**
#农　业	Agriculture	194362
林业和草原	Forestry and grassland	51458
水　利	Water Conservation	68077
扶　贫	Poverty Alleviation	39055
农村综合改革	Comprehensive Agricultural Reform	31654
其他农林水	Others	66266

12-6 各区(市、县)地方财政收支
Government Revenue and Expenditure by District (City, County)

单位: 万元 (10 000 yuan)

区(市、县)名称	District (City, County)	一般公共预算收入 Public Financial Budget Revenue		一般公共预算支出 Public Financial Budget Expenditure	
		2020	2019	2020	2019
南明区	Nanming	380884	403297	734648	732461
云岩区	Yunyan	330578	337103	513337	555114
花溪区	Huaxi	227415	255581	639176	772355
乌当区	Wudang	145450	144920	278832	337768
白云区	Baiyun	147675	163282	334854	311881
观山湖区	Guangshanhu	539140	537982	749618	789909
开阳县	Kaiyang	90104	87784	337023	314098
息烽县	Xifeng	52120	48489	247333	245589
修文县	Xiuwen	81450	77974	286505	270540
清镇市	Qingzhen	185783	178113	456602	421971
高新区	High-tech	163350	159129	174851	222471
经开区	Economic Development Zone	145382	144710	210371	206605
综保区	Comprehensive Bonded	13136	11770	16240	32624

12-7 财政收支(历年)

Local Budgetary Revenue and Expenditures and Their Composition (Over Years)

年 份 Year	一般公共预算收入 Public Financial Budget Revenue		一般公共预算支出 Public Financial Budget Expenditure	
	绝对值(万元) Absolute Figures (10 000 yuan)	比上年增长(%) Growth Rate over last year (%)	绝对值(万元) Absolute Figures (10 000 yuan)	比上年增长(%) Growth Rate over last year (%)
1978	25761		8984	
1979	26891	4.4	9424	4.9
1980	29851	11.0	10041	6.5
1981	31420	5.3	11065	10.2
1982	37437	19.2	13492	21.9
1983	44177	18.0	16541	22.6
1984	51016	15.5	26067	57.6
1985	60780	19.1	26930	3.3
1986	72490	19.3	33082	22.8
1987	82370	13.6	38224	15.5
1988	96507	17.2	44953	17.6
1989	118124	22.4	67982	51.2
1990	136291	15.4	71991	5.9
1991	149939	10.0	73851	2.6
1992	155344	3.6	81143	9.9
1993	172183	10.8	92093	13.5
1994	64040	-62.8	105844	14.9
1995	86341	34.8	131104	23.9
1996	113498	31.5	147782	12.7
1997	130506	15.0	166153	12.4
1998	167353	28.2	207261	24.7
1999	197907	18.3	261554	26.2
2000	241483	22.0	310569	18.7
2001	279687	15.8	361699	16.5
2002	330788	18.3	459589	27.1
2003	403855	22.1	502919	9.4
2004	497019	23.1	599316	19.2
2005	498015	0.2	725719	21.1
2006	615798	23.7	882349	21.6
2007	759154	23.3	1064287	20.6
2008	890503	17.3	1422818	33.7
2009	1053636	18.3	1698423	19.4
2010	1363034	29.4	2043801	20.3
2011	1870940	37.3	2773807	35.7
2012	2411920	28.9	3493275	25.9
2013	2772077	14.9	3936020	12.7
2014	3315962	19.6	4486298	14.0
2015	3741476	12.8	5035189	12.2
2016	3663181	-2.1	5252621	4.3
2017	3778473	3.1	5824776	10.9
2018	4113402	8.9	6242193	7.2
2019	4172610	10.4	7188224	23.4
2020	3981279	-4.6	6781587	-5.7

注：财政收支 1994 年起为新口径，2005 年起财政收入为 40%所得税口径。
Since 1994, data refer to the new caliber; since 2005, budgetary revenue has referred to the caliber of 40% income tax.

12-8 税收收入分企业类型情况
Tax Revenue by Enterprise Entities

单位：万元 (10 000 yuan)

指　标	Item	2016	2017	2018	2019	2020	2020年比2019年增长(%) Growth Rate in 2020 over 2019 (%)
总　计	**Total**	**6168234**	**6725828**	**8071861**	**7585357**	**7431794**	**-2.0**
内资企业	**Domestic-funded Enterprise**	**5636079**	**6081216**	**7229313**	**6821654**	**6662485**	**-2.3**
国有企业	State-owned Enterprises	451598	497691	613892	372247	359816	-3.3
集体企业	Collective-owned Enterprises	22442	23194	19974	23144	23148	0.0
股份合作企业	Joint-equity Cooperative Enterprises	20571	27346	36493	47671	26570	-44.3
联营企业	Joint Ownership Enterprises	1037	950	737	600	523	-12.8
股份公司	Joint Stock Companies	3178489	3616589	5942293	5850799	5757074	-1.6
私营企业	Private Enterprises	162850	302259	463634	444409	410873	-7.5
其他企业	Others	166221	152297	152290	82784	84481	2.0
港澳台投资企业	**Enterprises with Funds from Hong Kong,Macao and Taiwan**	**97485**	**112969**	**162393**	**104898**	**125971**	**20.1**
外商投资企业	**Foreign-funded Enterprises**	**124527**	**125130**	**105982**	**106903**	**115272**	**7.8**
个体经营	**Individual Operators**	**310143**	**406513**	**574173**	**551902**	**528066**	**-4.3**

注：自2019年起，数据统计口径有所调整，与往年不可比。(下表同)
The statistic caliber has been adjusted since 2019 , which cannot be compared with data of previous years.

12-9 税收收入分产业情况
Tax Revenue by Sector

单位：万元 (10 000 yuan)

指　标	Item	2016	2017	2018	2019	2020	2020年比2019年增长(%) Growth Rate in 2020 over 2019 (%)
总　计	**Total**	**6168234**	**6725828**	**8071861**	**7585357**	**7431794**	**-2.0**
第一产业	**Primary Industry**	**8670**	**20330**	**13017**	**3734**	**4006**	**7.3**
第二产业	**Secondary Industry**	**2521033**	**2474089**	**2785186**	**2761545**	**2831828**	**2.5**
采矿业	Mining Industry	71504	66045	64512	55536	58324	5.0
制造业	Manufacturing	1709525	1717672	1971675	2053962	2113258	2.9
电力、燃气及水的生产和供应业	Production and Supply of Electric Power, Gas and Water	209719	132642	134683	132900	155048	16.7
建筑业	Building Industry	530285	557730	614316	519147	505198	-2.7
第三产业	**Tertiary Industry**	**3638531**	**4231409**	**5273658**	**4820078**	**4595960**	**-3.7**
交通运输、仓储及邮政业	Transport,Storage and Post	101756	110487	134400	100683	73804	-26.7
批发和零售业	Wholesale and Retail Trades	699338	853196	956892	982928	986935	0.4
金融业	Financial Industry	816215	876496	1023618	1340350	1253699	-6.5
信息传输、软件和信息技术服务业	Information Transmission, Software and Information Technology Service Industry	77873	96062	120805	118543	101454	-14.4
住宿和餐饮业	Lodging and Catering Industries	28097	30996	40324	30446	20260	-33.5
文化、体育和娱乐业	Culture,Sports and Entertainment	17519	22073	22270	13900	12456	-10.4
租赁和商务服务业	Leasing and Business Services	455458	443856	857870	352108	333963	-5.2
房地产业	Real Estates	904923	1139550	1301701	1342786	1314948	-2.1
其他行业	Others	204866	658693	815778	538334	498441	1.1

12-10 税收收入分税种情况 (2020 年)

单位：万元

指 标	Item	合 计 Total	内资企业 小 计 Subtotal	内资企业 国有企业 State-owned Enterprises	内资企业 集体企业 Collective-owned Enterprises
税收收入合计	**Total Tax Revenue**	**7431794**	**6662485**	**359816**	**23148**
增值税收入	**Value-added Tax Revenue**	**2771465**	**2605958**	**119209**	**15464**
一般纳税人	General Taxpayer	2495984	2409735	112445	13805
国内消费税	Consumption Tax Revenue	1241948	1240698	107525	7
企业所得税	Corporate Income Tax	1486934	1375247	68340	4840
个人所得税	Individual Income Tax	445449	352050	21012	254
资源税	Resource Tax	33461	31792	4	24
城市维护建设税	City Maintenance and Construction Tax	280326	271628	15848	1047
房产和城市房地产税	House Property and Urban Real Estate Taxes	138364	126002	9492	1113
印花税	Stamp Tax	74173	70680	3364	109
城镇土地使用税	Urban Land Use Tax	67470	63420	3511	202
土地增值税	Land Appreciation Tax	199361	191553	3573	26
车船税	Tax on Vehicle and Vessel Use and Licence	53461	52376	2077	0
车辆购置税	Vehicle Purchase Tax	226256	32211	853	39
其他税收	Other Tax Revenues	413126	248870	5008	23

Taxation Revenue by Business Entities (2020)

(10 000 yuan)

Domestic-funded Enterprises						港澳台投资企业 Enterprises with Funds from HongKong, Macao and Taiwan	外商投资企业 Foreign-funded Enterprises	个体经营 Individual Operators
股份合作企 Joint-equity Cooperative Enterprises	联营企业 Joint Ownership Enterprises	有限责任公司 Limited Liability Companies	股份有限公司 Stock Companies	私营企业 Private Enterprises	其他企业 Others			
26570	**523**	**4885272**	**871802**	**410873**	**84481**	**125971**	**115272**	**528066**
5504	**399**	**1749563**	**505259**	**199798**	**10762**	**36671**	**49909**	**78927**
5407	393	1626040	501567	141772	8306	36076	47995	2178
0	0	1131942	186	1038	0	451	341	458
13422	30	1029388	186180	61157	11890	60778	50909	0
5529	–1	168327	70414	43612	42903	6746	3966	82687
0	0	17561	12756	1424	23	0	1	1668
287	26	204517	35253	13981	669	2788	3308	2602
1620	13	83929	20066	6815	2954	4589	2497	5276
144	3	54453	5766	5766	1075	1181	757	1555
46	18	48720	4450	5946	527	2511	1179	360
0	0	168023	1203	18727	1	5228	514	2066
0	0	25905	22252	2140	2	0	684	401
64	5	24140	468	4881	1761	1821	78	192146
–46	30	178804	7549	45588	11914	3207	1129	159920

主要统计指标解释

财政收入 包括地方财政收入和上划中央增值税、消费税两部分。财政一般预算内收入包括营业税、地方企业所得税40%部分、个人所得税40%部分、城镇土地使用税70%部分、城镇维护建设税、房产税、车船使用税、印花税、屠宰税、烤烟税、耕地占用税、契税、增值税15%部分和除海洋石油资源税以外的其他资源税70%部分。

财政支出 国家财政将筹集起来的资金进行分配使用，以满足经济建设和各项事业的需要，主要包括：一般公共服务、公共安全、教育、科学技术、文化体育与传媒、社会保障和就业、医疗卫生、环境保护、城乡社区事务、农林水事务、交通运输、粮食物资储备管理等事务、采掘电力信息等事务和其他支出。

地方财政一般预算收入 包括增值税、营业税、企业所得税、个人所得税、资源税、城市维护建设税、房产税、印花税、城镇土地使用税、土地增值税、车船税、耕地占用税、契税、烟草税、其他各项税收等税收收入和专项收入、行政事业性收费收入、罚没收入、国有资本经营收入、国有资源（资产）有偿使用收入、其他收入等非税收入。

各项税收 包括增值税、消费税、营业税、企业所得税、企业所得税退税、个人所得税、资源税、固定资产投资方向调节税、城市维护建设税、房产税、印花税、城镇土地使用税、土地增值税、车船税、耕地占用税、契税、烟叶税、其他税收收入。

企业所得税 反映税务机关按《中华人民共和国企业所得税暂行条例》征收的企业所得税及依照《中华人民共和国外商投资企业和外国企业所得税法》征收的外商投资企业和外国企业所得税。税务机关对港澳台商投资企业征收的企业所得税也包括在内。

个人所得税 反映按照《中华人民共和国个人所得税法》、《对储蓄存款利息所得征收个人所得税的实施办法》征收的个人所得税。

地方财政一般预算支出 包括一般公共服务、国防、公共安全、教育、科学技术、文化体育与传媒、社会保障就业、医疗卫生、环境保护、城乡社区事务、农林水事务、交通运输等方面的支出。

一般公共服务支出 反映政府提供一般公共服务的支出。

科学技术支出 反映用于科学技术方面的支出。

教育支出 反映政府教育事务支出。有关具体教育事务包括教育行政管理、学前教育、小学教育、初中教育、普通高中教育、普通高等教育、初等职业教育、中专教育、技校教育、职业高中教育、高等职业教育、广播电视教育、留学生教育、特殊教育、干部继续教育、教育机关服务等。

文化体育与传媒支出 反映政府在文化、文物、体育、广播电视、新闻出版等方面的支出。

医疗卫生支出 即地方财政一般预算内支出中的医疗卫生支出项目。指政府医疗卫生方面的支出。具体包括医疗卫生管理事务支出、医疗服务支出、医疗保障支出、疾病预防控制支出、卫生监督支出、妇幼保健支出、农村卫生支出等。

城乡社区事务支出 反映政府城乡社区事务支出。具体包括：城乡社区管理事务支出、城乡社区规划与管理支出、城乡社区公共设施支出、城乡社区住宅支出、城乡社区环境卫生支出、建设市场管理与监督支出等

交通运输支出 反映政府交通运输方面的支出。包括公路运输支出、水路运输支出、铁路运输支出、民用航空运输支出等。

社会保障和就业支出 反映政府在社会保障与就业方面的支出。有关事项包括社会保障与就业管理事务、民政管理事务、财政对社会保险基金的补助、补充全国社会保障基金、行政事业单位离退休、企业改革补助、就业补助、抚恤、退役安置、社会福利、残疾人事业、城市居民最低生活保障、其他城镇社会救济、农村社会救济、自然灾害生活补助、红十字事务等。

Explanatory Notes on Main Statistical Indicators

Government Revenue refers to local government revenue and central VAT and consumption tax. General Budgetary Financial Revenue includes business tax, 40% of local enterprise income tax, 40% of personal income tax, 70% of city land use tax, urban maintenance and construction tax, house property tax, vehicle and vessel tax, stamp tax, slaughter tax, tobacco tax, farm land pccupation tax, deed tax, 15% of VAT and 70% other taxes except for offshore petroleum resources tax.

Government Expenditure refers to the distribution and use of the funds which the government finance has raised, so as to meet the needs of economic construction and various causes. It includes: expenditure for general public services, expenditure for public security, expenditure for education, expenditure for science and technology, expenditure for culture, sport and media, expenditure for social safety net and employment effort, expenditure for medical and health care, expenditure for environment protection, expenditure for urban and rural community affairs, expenditure for agriculture forestry and water conservancy, expenditure for transportation, expenditure for grain and material reserves and management, expenditure for affairs of exploration, power and information and others.

General Budgetary Revenue of Local Finance refers to revenue from valued-added tax, business tax, corporate income tax, individual income tax, resource tax, urban maintenance and construction tax, house property tax, stamp tax, urban and rural land use tax, land value increment tax, vehicle and vessel tax, farmland occupancy tax, deed tax, tobacco tax and other taxes. It also includes special revenue, and non-tax revenue of administrative and institutional fees, penalty income, government capital operating income, state-owned resource (asset) compensable use income and other incomes.

Taxes of Various Kinds refer to value-added tax, consumption tax, business tax, corporate income tax, drawback for corporate income tax, individual income tax, resource tax, fixed asset investment regulation tax, urban maintenance and construction tax, house property tax, stamp tax, urban and rural land use tax, land value increment tax, vehicle and vessel tax, farmland occupancy tax, deed tax, tobacco tax and other taxes.

Corporate Income Tax refers to the income levied by tax authorities abiding by Provisional Regulation of PRC on Corporate Income Tax and the foreign-funded enterprises income tax and foreign enterprises income tax levied abiding by Tax Law of PRC on Foreign-funded Enterprises Income and Foreign Enterprises Income. The income levied by tax authorities from the investment on the Hong Kong, Macao and Taiwan enterprises is included as well.

Individual Income Tax refers to the tax levied abiding by Individual Income Tax Law of the People's Republic of China and by Implementary Measure of Collection to Individual Income to Savings Deposit Interest.

General Budgetary Expenditure of Local Finance refers to the cost from general public service, national defense, social security, education, science and technology, culture, sports and media, social security and employment effort, medical and health care, environment protection, urban and rural community affairs, agriculture, forestry, water conservancy affairs, communications and transportations and etc.

General Public Service Expenditure refers to the cost provided by government for public service.

Science and Technology Expenditure refers to the cost for science and technology.

Education Expenditure refers to the cost provided by government for education affairs. The education affairs include educational administration and service for pre-school education, primary school education, junior high school education, regular senior high school education, regular higher education, elementary vocational education, technical secondary school education, technical school education, vocational high school education, higher vocational education, radio and television education, oversea-students education, special education, cadre continuing education and other education organizations.

Culture, Sports and Media Expenditure refers to the cost provided by government for culture, cultural relic, sports, radio and television, press and publication news.

Medical and Health Care Expenditure refers to the medical and health programs in the general budget of local finance. It refers to the cost provided by government for medicine and health care, including medical and health management affairs, medical service, medical support, disease control and prevention, health supervision, maternal and children hygiene and rural health.

Urban and Rural Community Affairs Expenditure refers to the cost provided by government, including the cost of urban and rural community management affairs, urban and rural community plan and management, urban and rural community public facilities, urban and rural community residences, establishing of marketing management and supervision.

Communication and Transportation Expenditure refers to the cost provided by government for communication and transportation, including road transportation, waterway transportation, railway transportation, civil aviation transportation and etc.

Social Safety and Employment Effort Expenditure refers to the cost provided by government for social safety and employment effort including the social security and employment management affairs, civil management affairs, subsidies to social security fund from finance, replenish to national social security fund, subsidies for retirement of administrative institutions, subsidies for enterprises reform, subsidies for employment, pension, arrangement after retirement, social welfare, handicapped utilities, minimum subsistence allowances for urban residents, other urban social relief, rural social relief, living subsidies for natural disasters, red cross affairs and etc.

金融、证券、保险

Banking, Securities,Insurance

13-1 金融机构本外币信贷情况
Credit Conditions of Domestic and Foreign Currency in Financial Institutions

单位：万元 (10 000 yuan)

指　标	Item	2016	2017	2018	2019	2020	2020年比2019年增长(%) Growth Rate in 2020 over 2019 (%)
各项存款合计	**Total Deposits**	**99788423**	**109082653**	**114185161**	**119794568**	**125235166**	**4.5**
境内存款	Demestic Deposits	99756472	109049940	114117855	119739658	125162216	4.5
住户存款	Household Deposits	25054136	26633626	28539446	31814656	36524756	14.8
活期存款	Current Deposit	12445615	12623479	12256138	13094907	14772992	12.8
定期及其他存款	Fixed Deposit and others	12608520	14010147	16283309	18719749	21751764	16.2
非金融企业存款	Non-financial Corporate Deposits	46915167	48677605	43421808	41001186	45735905	11.5
活期存款	Current Deposit	31451344	34276020	27821308	26319852	27221759	3.4
定期及其他存款	Time Deposits and Others	15463823	14401585	15600500	14681334	18514145	26.1
广义政府存款	General Government Deposits	21352008	23808702	26153049	26007951	26117873	0.4
财政性存款	Fiscal Deposits	4491759	6279049	5907726	3191251	4836857	51.6
机关团体存款	Deposits of Non-profit Institutions	16860249	17529653	20245323	22816700	21281016	-6.7
非银行业金融机构存款	Non-banking Financial Institutions Deposits	6435161	9930006	16003551	20915866	16783683	-19.8
境外存款	Oversees Deposits	31952	32713	67306	54910	72950	32.9

13-1 续表 (Continued)

单位：万元 (10 000 yuan)

指　标	Item	2016	2017	2018	2019	2020	2020年比2019年增长(%) Growth Rate in 2020 over 2019 (%)
各项贷款合计	**Total Loans**	**92564057**	**105061387**	**125087295**	**141413102**	**158617483**	**12.2**
境内贷款	Demestic Loans	91667069	104218891	124307752	140797201	158267039	12.4
住户贷款	Household Loans	17548428	20441717	25399903	31473685	35397798	12.5
短期贷款	Short-term Loans	3016770	3189486	3998366	4745449	4522231	-4.7
消费贷款	Consumption Loans	1358489	1496494	2001193	2660126	2272223	-14.6
经营贷款	Business Loans.	1658281	1692993	1997172	2085323	2250007	7.9
中长期贷款	Medium & Long-term Loans	14531658	17252231	21401537	26728236	30875568	15.5
消费贷款	Consumption Loans	11792002	14257729	17916088	22696688	26834671	18.2
经营贷款	Business Loans.	2739656	2994502	3485449	4031547	4040897	0.2
非金融企业及机关团体贷款	Non-financial Corporate & Non-government Loans	74116446	83774978	98907849	109303516	122869241	12.4
短期贷款	Short-term Loans	12358359	13241180	13343915	13840335	14469424	4.5
中长期贷款	Medium & Long-term Loans	59082193	68132211	81755352	90778475	101380478	11.7
票据融资	Bill Financing	1710294	951578	1708292	2317702	4437474	91.5
各项垫款	Miscellaneous Advances	267400	150014	156113	85161	24723	-71.0
非银行业金融机构贷款	Non-banking Financial Institutions Loans	2195	2195		20000		-100.0
境外贷款	Oversees Loans	896989	842497	779544	615901	350444	-43.1

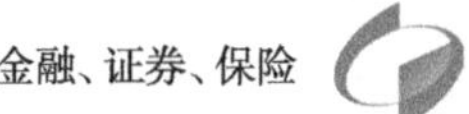

13-2 金融机构人民币信贷情况
The RMB Credit Conditions in Financial Institutions

单位：万元 (10 000 yuan)

指　　标	Item	2016	2017	2018	2019	2020	2020年比2019年增长(%) Growth Rate in 2020 over 2019 (%)
各项存款合计	**Total Deposits**	**99283045**	**108145106**	**113574421**	**119361672**	**124851706**	**4.6**
境内存款	Demestic Deposits	99256552	108116214	113542362	119315184	124791899	4.6
住户存款	Household Deposits	24860738	26460865	28357390	31641230	36345806	14.9
活期存款	Current Deposit	12330700	12523973	12145293	12992527	14660729	12.8
定期及其他存款	Fixed Deposit and others	12530038	13936893	16212097	18648703	21685076	16.3
非金融企业存款	Non-financial Corporate Deposits	46626198	47959843	43096602	40791181	45582256	11.7
活期存款	Current Deposit	31317353	34015880	27609269	26153176	27092549	3.6
定期及其他存款	Time Deposits and Others	15308844	13943963	15487333	14638006	18489707	26.3
广义政府存款	General Government Deposits	21336158	23767027	26090426	25968611	26081851	0.4
财政性存款	Fiscal Deposits	4491759	6279049	5907726	3191251	4836857	51.6
机关团体存款	Deposits of Non-profit Institutions	16844400	17487978	20182701	22777360	21244994	-6.7
非银行业金融机构存款	Non-banking Financial Institutions Deposits	6433457	9928478	15997943	20914161	16781986	-19.8
境外存款	Oversees Deposits	26494	28892	32060	46489	59807	28.6

13-2 续表 (Continued)

单位：万元 (10 000 yuan)

指　　标	Item	2016	2017	2018	2019	2020	2020年比2019年增长(%) Growth Rate in 2020 over 2019 (%)
各项贷款合计	**Total Loans**	**91532038**	**104031208**	**124127535**	**140575879**	**157991538**	**12.4**
境内贷款	Demestic Loans	91528969	104027207	124122312	140570995	157987013	12.4
住户贷款	Household Loans	17546823	20440457	25398699	31471121	35396860	12.5
短期贷款	Short-term Loans	3015270	3188289	3997185	4742915	4521347	-4.7
消费贷款	Consumption Loans	1356988	1495296	2000013	2657592	2271340	-14.5
经营贷款	Business Loans.	1658281	1692993	1997172	2085323	2250007	7.9
中长期贷款	Medium & Long-term Loans	14531554	17252169	21401514	26728206	30875513	15.5
消费贷款	Consumption Loans	11791898	14257666	17916066	22696658	26834616	18.2
经营贷款	Business Loans.	2739656	2994502	3485449	4031547	4040897	0.2
非金融企业及机关团体贷款	Non-financial Corporate & Non-government Loans	73979950	83584555	98723613	109079875	122590153	12.4
短期贷款	Short-term Loans	12231726	13052794	13203481	13701935	14294648	4.3
中长期贷款	Medium & Long-term Loans	59072330	68130172	81714252	90695982	101276165	11.7
票据融资	Bill Financing	1710294	951578	1708292	2317702	4437474	91.5
各项垫款	Miscellaneous Advances	267400	150014	153410	82414	24723	-70.0
非银行业金融机构贷款	Non-banking Financial Institutions Loans	2195	2195		20000		-100.0
境外贷款	Oversees Loans	3069	4001	5223	4883	4525	-7.3

13-3 人寿保险
Life Insurance

指　　标	Item	2016	2017	2018	2019	2020	2020 年比 2019 年增长 (%) Growth Rate in 2020 over 2019 (%)
承保人次　（万人）	**Insurer　(10 000 persons)**	**1586.34**	**3072.11**	**2201.00**	**1421.15**	**1257.13**	**-11.5**
寿　险	Life Insurance	172.51	98.78	96.11	138.98	108.01	-22.3
意外伤害险	Personal Accident Insurance	775.57	2266.02	1345.96	449.28	382.29	-14.9
健康险	Health Insurance	638.26	707.30	758.93	832.89	766.83	-7.9
保险金额　（万元）	**Insured Amount　(10 000 yuan)**	**102645097**	**218508475**	**252371593**	**310102618**	**308244790**	**-0.6**
寿　险	Life Insurance	13103121	10178940	13379588	35738293	31447017	-12.0
意外伤害险	Personal Accident Insurance	45892449	115246084	87008126	70337860	91289380	29.8
健康险	Health Insurance	43649527	93083450	151983880	204026466	185508394	-9.1
保费收入　（万元）	**Premium Income　(10 000 yuan)**	**565796**	**742792**	**829657**	**949879**	**1002206**	**5.5**
寿　险	Life Insurance	471204	613859	643378	720851	764646	6.1
意外伤害险	Personal Accident Insurance	25201	31518	34462	31282	28698	-8.3
健康险	Health Insurance	69391	97416	151818	197745	208863	5.6
赔付支出　（万元）	**Payment　(10 000 yuan)**	**152363**	**148022**	**188852**	**168552**	**182236**	**8.1**
寿　险	Life Insurance	128165	113838	149497	119918	120228	0.3
意外伤害险	Personal Accident Insurance	4715	7010	7441	5759	5832	1.3
健康险	Health Insurance	19482	27174	31914	42875	56175	31.0

13-4 财产保险
Property Insurance

指　　标	Item	2016	2017	2018	2019	2020	2020年比2019年增长(%) Growth Rate in 2020 over 2019 (%)
承保件数　（万件）	**Insured Cases　(10 000 cases)**	**1261.99**	**1592.16**	**1897.12**	**3123.12**	**21334.48**	**583.1**
#企业财产险	Enterprise Property Insurance	0.82	0.96	0.96	1.12	80.77	7111.4
家庭财产险	Family Property Insurance	11.94	13.42	17.27	42.66	191.98	350.0
机动车辆保险	Motor Vehicle Insurance	204.74	243.59	275.59	307.17	332.07	8.1
健康险	Health Insurance	31.74	53.54	122.60	365.56	1790.64	389.8
保险金额　（万元）	**Insured Amount　(10 000 yuan)**	**328848069**	**537896337**	**798720008**	**1540484336**	**3125288807**	**102.9**
#企业财产险	Enterprise Property Insurance	35309150	40632394	48653981	52395851	61326453	17.0
家庭财产险	Family Property Insurance	2365242	2664410	4359687	6794667	19928720	193.3
机动车辆保险	Motor Vehicle Insurance	74995662	100358072	124753929	147344308	181368275	23.1
健康险	Health Insurance	12049825	23612301	59688632	324458607	905778385	179.2
签单保费　（万元）	**Writter Premium　(10 000 yuan)**	**577687**	**683071**	**785625**	**855899**	**881489**	**3.0**
#企业财产险	Enterprise Property Insurance	31151	35380	38458	41054	43222	5.3
家庭财产险	Family Property Insurance	785	1664	1901	1174	3707	215.8
机动车辆保险	Motor Vehicle Insurance	446670	512082	548384	579238	569076	-1.8
健康险	Health Insurance	9576	11422	14089	29108	52905	81.8
赔付件数　（万件）	**Number of Claims (10 000 cases)**	**89.23**	**101.17**	**149.90**	**192.17**	**510.62**	**165.7**
#企业财产险	Enterprise Property Insurance	0.71	0.49	0.43	0.44	0.52	18.3
家庭财产险	Family Property Insurance	0.13	1.56	4.32	1.93	0.59	-69.2
机动车辆保险	Motor Vehicle Insurance	3.51	3.57	3.68	3.52	3.88	10.1
健康险	Health Insurance	1.32	2.74	4.05	3.02	4.66	54.2
已决赔款　（万元）	**Settled Compensation(10 000 yuan)**	**301510**	**347879**	**412604**	**463404**	**501001**	**8.1**
#企业财产险	Enterprise Property Insurance	17826	15543	15382	11692	15692	34.2
家庭财产险	Family Property Insurance	243	870	1826	1505	511	-66.0
机动车辆保险	Motor Vehicle Insurance	226914	257697	296928	319691	320709	0.3
健康险	Health Insurance	3601	5968	9059	7949	16707	110.2
未决赔款　（万元）	**Outstanding Loss　(10 000 yuan)**	**128710**	**143067**	**143791**	**146621**	**163226**	**11.3**
#企业财产险	Enterprise Property Insurance	15984	8847	4055	4792	5789	20.8
家庭财产险	Family Property Insurance	140	142	184	161	95	-40.7
机动车辆保险	Motor Vehicle Insurance	78473	88704	99144	102579	110422	7.6
健康险	Health Insurance	1222	1098	1068	3008	4952	64.6

注：本表包括十六家财产保险分公司：中国人民财产保险股份有限公司贵州省分公司，中国人寿财产保险股份有限公司贵州省分公　司，太平财产保险有限公司贵州分公司，中国大地财产保险股份有限公司贵州分公司，中国平安财产保险股份有限公司贵州分公司，中国太平洋财产保险股份有限公司贵州分公司，阳光财产保险股份有限公司贵州省分公司，华泰财产保险股份有限公司贵州省分公司，天安保险股份有限公司贵州省分公司，华安财产保险股份有限公司贵州分公司，安邦财产保险股份有限公司贵州分公司，都邦财产保险股份有限公司贵州分公司，安诚财产保险股份有限公司贵州分公司，鼎和财产保险股份有限公司贵州分公司，锦泰财产保险股份有限公司贵州分公司，众安财险保险贵州（虚拟）。其中"众安财险保险贵州（虚拟）"保费记入贵州省，但目前未设立"众安财险保险贵州"实体机构。

Data in this table include figures of 16 Guizhou branch property insurance companies: People's Insurance Company of China, Inc., China Life Insurance Property and Casualty Insurance Co., Ltd., Taiping General Casualty Insurance Co., Ltd., China Continent Property and Casualty Insurance Co., Ltd., Ping An Property and Casualty Insurance Company of China, Ltd., China Pacific Property Insurance Co., Ltd., Sunshine Property and Casualty Insurance Co., Ltd., Huatai Property and Casualty Insurance Co., Ltd., Tianan Property Insurance Company Limited of China, Sinosafe General Insurance Co., Ltd., Anbang Property and Casualty Insurance Co., Ltd., Du—bang Property and Casualty InsuranceCo., Ltd., Ancheng Property and Casualty Insurance Co., Ltd., Dinghe Property Insurance Co., Ltd., Jintai Property Insurance Co., Ltd.,and Guizhou Zhong An Property Insurance Co., Ltd.(in virtual). Among those, Guizhou Zhong An Property Insurance Co., Ltd.(in virtual) hasn' t established entities, thus its premiums are counted into Guizhou province.

13-5 上市公司情况
Listed Companies

指　标	Item	2016	2017	2018	2019	2020	2020 年比 2019 年增长 (%) Growth Rate in 2020 over 2019 (%)
上市公司数量　（个）	**Number of Listed Companies　(unit)**	**16**	**19**	**20**	**20**	**20**	**持平**
#上交所　（个）	Shanghai Stock Exchange　(unit)	7	9	9	9	9	持平
#深交所　（个）	Shenzhen Stock Exchange　(unit)	9	10	11	11	11	持平
上市公司总股本（亿 股）	**Total Capital of Listed Companies (100 million shares)**	**157.95**	**167.76**	**200.74**	**217.39**	**222.35**	**2.3**
上市公司总市值　（亿 元）	**Total Market Capitalization of Listed Companies (100 million yuan)**	**1935.48**	**1874.82**	**1545.68**	**1624.41**	**2125.55**	**30.9**
募集资金　（亿 元）	**Raised Capital　(100 million yuan)**	**235.94**	**25.84**	**66.02**	**104.69**		

注：资料范围为总部设在贵阳市辖区内的上市公司。
Data in this table are listed companies with headquarters located in Guiyang.

13-6 证券期货交易情况
General Statistics on Securities and Futures Trading

指　标	Item	2016	2017	2018	2019	2020	2020 年比 2019 年增长 (%) Growth Rate in 2020 over 2019 (%)
证券公司　（家）	**Securities Company　(unit)**	**2**	**2**	**2**	**2**	**2**	**持平**
#客户交易结算资金　（亿 元）	Customers' Transaction Settlement Funds (100 million yuan)	38.09	32.26	26.76	38.33	53.81	40.4
#指定与托管证券市值　（亿 元）	Market Value of Designated and Deposited Securities (100 million yuan)	455.22	718.89	571.49	873.12	1066.75	22.2
证券营业部　（家）	**Security Exchange　(unit)**	**50**	**76**	**79**	**80**	**82**	**2.5**
#资金帐户数　（万户）	Number of Share Capital Accounts (household)	72.97	84.81	93.89	107.69	193.30	79.5
#客户交易结算资金　（亿 元）	Customers' Transaction Settlement Funds (100 million yuan)	48.03	32.76	31.42	38.87	51.58	32.7
#指定与托管证券市值　（亿 元）	Market Value of Designated and Deposited Securities (100 million yuan)	1114.76	1504.88	1128.04	2175.67	3633.66	67.0
#成交金额　（亿 元）	Turnover　(100 million yuan)	6744.21	7041.37	7396.50	8189.4	13589.85	65.9
期货营业部　（家）	**Futures Business Departments　(unit)**	**10**	**10**	**10**	**10**	**11**	**10.0**
#成交金额　（亿 元）	Turnover　(100 million yuan)	3730.03	3275.55	3425.34	4373.67	6754.76	54.4

注：资料范围包括贵阳市辖区内从事证券交易的所有证券机构；证券营业部 2017 年以前为证券分支机构。
Data in the table include figures of all securities institutions locaded in Guiyang and engaged in securities trading.The Security Exchange was one of the branches of securities institutions before 2017.

主要统计指标解释

信贷资金 指金融机构以信用方式积聚和分配的货币资金。金融机构信贷资金的来源有各项存款、对国际金融机构负债、流通中货币、银行自有资金及当年结益等;信贷资金的运用有各项贷款、黄金占款、外汇占款、财政借款及在国际金融机构中的资产等。

存　款 指企业、机关、团体或居民根据资金必须收回的原则,把货币资金存入银行或其他信用机构保管并取得一定利息的一种信用活动形式。根据存款对象的不同可划分为企业存款、财政存款、机关团体存款、基本建设存款、城镇储蓄存款、农村存款等科目。它是银行信贷资金的主要来源。

年末金融机构人民币各项存款余额 指企业、机关、团体和居民根据可以收回的原则,把货币存入银行或其他信用机构保管并取得一定利息的年末货币总量。

城乡居民储蓄存款余额 指某一时点城乡居民存入银行及农村信用社的储蓄金额,包括城镇居民储蓄存款和农民个人储蓄存款,不包括居民的手存现金和工矿企业、部队、机关、团体等单位存款。

贷　款 指银行或其他信用机构根据资金必须归还的原则,按一定利率,为企业、个人等提供资金的一种信用活动形式。我国银行贷款分为流动资金贷款、固定资产贷款、城乡个体工商户贷款以及农业贷款等科目。

年末金融机构人民币各项贷款余额 指年终时银行或其他信用机构根据必须归还的原则,按一定利率,为企业、个人等提供资金贷款的总额。不包括外币贷款。

保险金额 指保险人承担赔偿或者给付保险金责任的最高限额。

保费收入 指保险合同订后,被保险人必须向保险人付出一定的费用才能取得保险人根据合同内容承担赔偿责任。这种费用叫“保费”。

赔款、给付 指保险人在年内实际支付给被保险人遭到损失时的赔款。无论哪年承保业务和发生的损失,凡在本年内支付赔款、结案均计在本年内。

股票市价总值 指在交易所上市的证券在某一时点按市价与发行数量计算的总金额。计算公式为:

股票市价总值=Σ(市价 × 发行数量)。

Explanatory Notes on Main Statistical Indicators

Credit Funds refers to the monetary funds accumulated and disturbed in the means of credit by the financial institutions. The sources of credit funds include various deposits, liabilities to international financial institutions, currency in circulation, bank itself owned funds, current retained profits and other items. The uses of credit funds include loans, securities and investment, position for bullion and silver purchase, position for foreign exchange purchase, advances to treasury, and assets with international financial institutions.

Deposit is a form of credit by which enterprises, institutions, organizations or households can put money into banks and other credit institutions for safekeeping and interest earning under the principle of free withdrawal. According to different depositors, deposits are divided into enterprise deposits, treasury deposits, deposits of government agencies and organizations, capital construction deposits, urban savings deposits, rural deposits and other deposits. Deposits are major sources of the credit funds of banks.

Savings Deposits in RMB in all Items of Financial Institutions refer to the total year-end monetary aggregates of enterprises, institutions, organizations and residents saving money into banks and other credit institutions and gaining some interests according to the recoverable principle.

Savings Deposit Balance of Urban and Rural Residents refers to the money put into banks and rural credit unions at certain time points, include the bank savings deposit of urban residents and the bank savings deposit of rural residents. The cash held by residents and the deposits of organizations such as industrial and mining enterprises, army units, institutions, etc, are not included.

Loan is a form of credit by which banks and other credit institutions provide funds at certain interest rate to enterprises and individuals in the light of the principle of unconditional repayment. Loans from Chinese banks include circulating capital loans, fixed assets loans, loans to urban and rural individuals engaged in industrial and commercial business and agricultural loans.

Loan Balances in RMB in all Items of Financial Institutions refer to the total volume of loans with some interest rate provided by banks and other credit institutions for enterprises and individuals at year-end according to principle of must-be-returned.

Amount Insured refers to the maximum that the insurant will get for the claim of the case insured.

Premium is the fee paid by the insurant to the insurer to obtain the obligation of compensation from the insurance within the agreed terms.

Settled Claim is the compensation paid by the insurer to the insurant in accordance with the insurance contract.

Total Market Capitalization refers to the total value of the issued shares calculated on the share price at a certain time and the number of issued shares. The formula is as follows:

Total Market Capitalization= $\sum$(Market Price × Issued Volume)

城乡调查

Urban and Rural Survey

14-1 城市居民消费价格指数
Urban Consumer Price Indices

（以上年同期为 100 preceding year=100）

指　标	Item	2016	2017	2018	2019	2020
居民消费价格总指数	**Gereral Consumer Price Index**	**101.1**	**101.0**	**101.7**	**102.7**	**102.4**
# 服务项目价格指数	**Services Price Index**	**101.6**	**100.6**	**101.9**	**100.9**	**99.8**
消费品价格指数	Consumer Goods Price Index	100.8	101.2	101.6	103.7	103.7
食品烟酒	**Food, Tobacco&Liquor**	**102.9**	**100.1**	**101.0**	**107.6**	**110.0**
食　品	Food	103.7	98.7	100.5	109.5	112.8
粮　食	Grain	100.6	100.2	102.7	100.5	99.6
薯　类	Tubers	113.3	95.2	102.7	104.2	110.2
豆　类	Beans	100.4	101.4	101.5	101.9	109.5
食用油	Oil	103.4	97.8	95.5	106.5	116.4
菜	Vegetables	105.6	96.2	101.4	103.7	106.8
鲜　菜	Fresh Vegetables	106.0	95.7	101.5	103.8	107.2
干菜及菜制品	Dried Vegetable and Processed Products	101.5	101.3	101.1	102.4	102.1
畜肉类	Livestock Meat	110.7	94.8	96.3	126.1	140.5
猪　肉	Pork	118.3	90.4	93.0	137.8	148.0
牛　肉	Beef	100.4	100.5	99.5	110.5	120.6
禽肉类	Poultry	104.0	101.6	101.5	106.8	96.9
水产品	Aquatic Products	104.9	103.1	101.0	102.0	107.3
蛋　类	Eggs	96.1	98.2	109.1	105.7	93.7
奶　类	Milk	99.0	96.3	105.8	99.2	103.6
干鲜瓜果类	Dried and Fresh Melons and Fruits	95.7	106.3	101.6	111.9	92.8
糖果糕点类	Sweets and Cakes	100.4	101.5	102.2	100.6	105.3
调味品	Flavoring	103.1	103.8	102.1	102.1	100.2
其他食品类	Others	99.1	103.4	102.0	101.8	104.0
茶及饮料	Tea&Beverages	99.9	100.3	101.7	103.1	100.4
烟　酒	Tobacco&Liquor	100.4	100.0	101.5	100.9	99.8
烟　草	Tobacco	100.5	100.0	100.0	100.0	100.0
酒　类	Liquor	100.2	100.1	105.3	103.0	99.3
在外餐饮	Dining Out	102.0	103.9	101.9	105.6	106.8

注：2016 年起居民消费价格按新指标体系。
From 2016, the index system of household consumer price survey was changed, so in 2016, a new index system was put into use .

14-1 续表 1 (Continued)

指　标	Item	2016	2017	2018	2019	2020
衣　着	**Clothing**	**100.2**	**102.3**	**101.6**	**101.1**	**97.4**
服　装	Garments	99.7	101.7	103.2	101.0	96.3
男士服装	Men's Garments	102.1	100.6	104.8	101.4	99.6
女士服装	Women's Garments	99.1	101.7	102.5	100.6	95.3
儿童服装	Children's Garments	95.4	105.2	101.7	101.7	90.7
服装材料	Clothing Material	100.0	104.0	113.8	107.6	88.9
其他衣着及配件	Other Clothing and Accessories	99.8	100.7	101.9	101.1	99.4
衣着加工服务费	Fees for Clothing Processing	100.0	100.0	107.1	110.0	101.0
鞋　类	Shoes	101.8	104.4	96.4	100.7	100.5
鞋	Shoes	101.8	104.4	96.3	100.6	100.4
鞋类加工服务	Fees for Shoe Processing	100.0	100.0	102.0	105.9	106.9
居　住	**Residence**	**99.2**	**101.4**	**101.1**	**100.5**	**97.9**
租赁房房租	House Rent	99.3	99.5	100.6	101.2	97.7
房屋保养维修及管理	Maintenance and Management of the House	101.1	101.0	100.9	100.9	100.1
住房装潢材料	Decoration Material	99.6	102.2	101.2	100.6	100.2
物业管理费	Property Management Fee	104.8	99.5	100.0	100.0	100.0
住户装潢维修	Decoration&Maintenance	100.0	100.0	101.4	102.8	100.0
水电燃料	Water, Electricity& Fuel	99.1	102.0	100.7	99.5	97.5
水	Water,	100.0	109.3	101.7	100.0	100.0
电	Electricity	100.0	100.0	100.0	100.0	100.0
燃　气	Gas	96.3	100.0	100.9	97.9	85.5
取暖费	Heating Fee	100.0	100.0	100.0	100.0	100.0
其他燃料	Other Fuels	88.9	119.7	109.7	94.6	98.1
自有住房	Private Housing	98.5	101.7	101.5	100.8	97.4
生活用品及服务	**Articles of Daily Use and Service**	**99.6**	**102.0**	**101.2**	**100.0**	**99.2**
家具及室内装饰品	Furniture and Upholstery	100.5	102.5	101.1	100.1	102.2

注：2016 年起居民消费价格按新指标体系。
From 2016, the index system of household consumer price survey was changed, so in 2016, a new index system was put into use .

14-1 续表 2 (Continued)

指　标	Item	2016	2017	2018	2019	2020
家　具	Furniture	100.6	103.3	101.3	100.0	102.5
室内装饰品	Interior Upholstery	100.0	99.6	100.4	100.3	100.9
家用器具	Household Facilities	98.2	103.4	101.2	97.4	96.5
大型家用器具	Large Household Appliances	98.2	103.6	100.7	97.1	96.9
小家电	Small Household Appliances	98.3	102.3	103.2	98.8	94.7
家用纺织品	Household Textiles	100.6	100.3	99.8	99.3	99.4
床上用品	Bed Articles	100.9	100.2	99.8	99.3	100.7
窗帘门窗	Curtains	100.3	102.2	99.7	97.7	98.4
其他家用纺织品	Other Household Textiles	99.6	99.9	99.7	100.1	95.3
家庭日用杂品	Daily Use Household Articles	99.6	100.8	100.8	99.8	98.1
洗涤卫生用品	Detergent	99.3	100.2	101.2	100.1	97.2
厨具餐具茶具	Kitchen Utensils and Tableware	99.3	100.2	101.3	99.0	98.1
家用手工工具	Household Hand Tools	100.2	101.4	100.0	99.2	94.2
其他家庭日用杂品	Other Household Articles	100.4	102.6	99.5	99.4	100.5
个人护理用品	Personal Care Products	100.6	100.7	103.4	104.2	101.5
化妆品	Cosmetics	100.6	100.6	103.9	104.4	102.3
其他护理用品类	Others	100.5	100.8	102.3	103.9	99.9
家庭服务	Household Service	100.0	105.9	101.2	102.4	102.3
交通和通信	**Transportation and Communication**	**98.6**	**101.6**	**103.0**	**99.1**	**95.4**
交　通	Transportation	99.5	103.1	104.5	97.2	92.9
交通工具	Transportation Facilities	100.0	99.3	99.4	92.0	98.6
交通工具用燃料	Fuels for Transportation Facilities	95.3	111.2	113.0	94.2	86.1
交通工具使用和维护	Fees for Vehicles Use and Maintenance	99.3	102.1	100.7	99.8	98.5
交通费	Fees for Transportation	104.4	96.9	99.0	103.8	96.0
通　信	Communication	97.4	99.5	100.9	101.9	98.9
通讯工具	Communication Facility	87.1	95.6	103.8	107.1	99.4
通信服务	Communication Service	100.0	100.2	100.1	100.0	98.5
邮递服务	Postal Service	100.3	101.2	101.4	106.1	100.0
教育文化和娱乐	**Recreation, Education and Culture**	**101.4**	**100.5**	**103.9**	**100.9**	**102.1**
教　育	Education	101.7	103.5	100.8	104.5	102.1
教育用品	Education Articles	98.6	100.6	103.7	101.6	98.5
教育服务	Education Services	101.8	103.6	100.7	104.6	102.2

注：2016 年起居民消费价格按新指标体系。
From 2016, the index system of household consumer price survey was changed, so in 2016, a new index system was put into use .

14-1 续表 3 (Continued)

指　标	Item	2016	2017	2018	2019	2020
文化娱乐	Culture and Recreational Articles	101.1	97.7	106.8	97.6	102.1
文娱耐用消费品	Durable Consumer Goods for Cultural and Recreational Use	95.4	99.4	99.6	97.2	98.8
其他文娱用品	Others	101.1	100.1	101.2	104.2	100.2
文化娱乐服务	Cultural Service	100.0	100.0	100.7	100.4	97.9
旅　游	Touring	105.3	94.6	117.0	94.2	107.1
医疗保健	**Heath Care**	**105.2**	**100.9**	**101.4**	**103.3**	**101.7**
医药及医疗器具	Medicine and Medical Instrument	100.6	101.1	103.4	107.6	102.3
中　药	Traditional Chinese Medicine	100.2	100.7	104.4	108.4	101.6
西　药	Western Medicine	100.8	101.9	104.7	110.8	103.1
滋补保健品	Nourishing Health Care Products	100.0	100.2	100.5	101.4	104.1
医疗卫生器具	Medical Instrument and Articles	100.0	100.0	100.0	99.4	97.8
保健器具	Health Care Applicants	102.4	100.9	99.6	104.9	101.0
医疗服务	Health Care Services	109.0	100.8	99.9	99.8	101.3
综合医疗类	Synthetic Medical Treatment	114.0	101.1	100.1	100.3	103.4
诊断类	Diagnosis	99.5	100.0	100.0	100.0	99.5
治疗类	Treatment	118.2	101.4	99.1	97.4	103.5
康复类	Rehabilitation	100.0	100.0	100.0	100.0	102.2
中医医疗服务类	TCM Medical Service	113.8	101.1	100.0	100.0	100.0
其他医疗服务	Others	191.7	104.3	100.0	100.0	100.0
其他用品和服务	**Other Articles and Service**	**101.2**	**100.2**	**99.8**	**101.5**	**104.3**
其他用品类	Other Articles	103.8	99.9	97.9	104.3	109.6
首饰手表	Jewelry and Watch	107.3	101.5	96.8	105.4	113.9
其他杂项用品	Others	98.5	97.4	99.8	102.4	102.3
其他服务类	Other Services	99.3	100.5	101.3	99.5	100.1
旅游住宿	Hotel Charge	89.7	100.7	113.6	95.2	89.1
美容美发洗发浴	Cosmetic Fees	100.2	101.3	101.7	104.1	105.3
养老服务	Service for the Aged	100.0	100.0	100.0	106.0	106.6
金融保险	Finance and Insurance	101.2	100.6	100.0	100.0	100.4
其他服务类	Other Services	100.0	96.9	90.1	82.0	90.2

注：2016 年起居民消费价格按新指标体系。
From 2016, the index system of household consumer price survey was changed, so in 2016, a new index system was put into use .

14-2 商品零售价格指数
Retail Price Index

(以上年同期为 100 preceding year=100)

指　标	Item	2016	2017	2018	2019	2020
商品零售价格总指数	**General Retail Price Index**	**99.5**	**101.4**	**102.3**	**102.3**	**101.2**
食　品	**Food**	**103.4**	**99.7**	**100.8**	**108.6**	**111.5**
粮　食	Grain	100.6	100.2	102.6	100.5	99.6
薯　类	Tubers	113.3	95.2	102.7	104.2	110.2
豆　类	Beans	100.4	101.4	101.6	101.9	109.6
食用油	Oil	103.3	97.9	95.6	106.4	116.1
菜	Vegetables	105.6	96.2	101.4	103.7	106.8
鲜　菜	Fresh Vegetables	106.0	95.7	101.5	103.8	107.2
干菜及菜制品	Dried Vegetable and Processed Products	101.5	101.3	101.1	102.4	102.1
畜肉类	Livestock Meat	110.7	94.8	96.3	125.9	140.4
猪　肉	Pork	118.3	90.4	93.0	137.8	148.0
牛　肉	Beef	100.4	100.5	99.5	110.5	120.6
禽肉类	Poultry	104.0	101.5	101.5	106.8	96.9
水产品	Aquatic Products	105.0	103.1	101.2	102.1	107.4
蛋　类	Eggs	96.1	98.2	109.1	105.7	93.7
奶　类	Milk	98.9	96.2	105.8	99.3	103.7
干鲜瓜果类	Dried and Fresh Melons and Fruit	95.7	106.3	101.6	111.9	92.8
糖果糕点类	Sweets and Cakes	100.4	101.5	102.2	100.6	105.3
调味品	Flavoring	103.1	103.9	102.1	102.2	100.3
其他食品类	Others	99.1	103.4	102.0	101.9	104.0
在外餐饮	Dining Out	102.0	103.9	101.9	105.6	106.8
饮料、烟酒	Beverages,Tobacco & Liquor	100.3	100.1	101.7	101.4	99.9
茶及饮料	Tea&Beverages	99.9	100.3	102.3	103.5	100.4
烟　草	Tobacco	100.5	100.0	100.0	100.0	100.0
酒　类	Liquor	100.2	100.1	105.2	102.9	99.3
服装、鞋帽	**Garments, Shoes and Headgear**	**100.3**	**102.4**	**101.2**	**100.9**	**97.5**
服　装	Garments	99.7	101.7	103.2	100.9	96.3
男士服装	Men's Garments	102.1	100.6	104.8	101.3	99.6
女式服装	Women's Garments	99.1	101.7	102.5	100.6	95.3
儿童服装	Children's Garments	95.4	105.2	101.7	101.7	90.5
鞋帽袜	Shoes, Socks and Hats	101.6	104.1	96.3	100.7	100.5
鞋	Shoes	101.8	104.4	96.2	100.6	100.5
袜　子	Socks	100.0	99.8	98.4	102.6	101.2
帽　子	Hats	100.0	99.0	95.6	100.6	100.0
其他衣着配件	Other Accessories	99.5	102.0	107.3	99.6	97.2
纺织品	Textiles	100.8	100.5	101.0	100.2	99.5

注：2016 年起居民消费价格调查按新指标体系。
From 2016, the index system of household consumer price survey was changed, so in 2016, a new index system was put into use .

14-2 续表 (Continued)

指　标	Item	2016	2017	2018	2019	2020
服装材料	Clothing Material	100.0	104.0	113.8	107.6	88.9
床上用品	Bed Articles	100.9	100.2	99.9	99.5	100.7
家用电器及音响材料	Household Appliances&Acoustic Materials	97.2	101.8	100.0	97.1	97.3
家庭设备	Household Facilities	98.2	103.4	101.2	97.4	96.5
文娱用耐用消品	Durable Consumer Goods for Cultural and Recreational Use	94.8	99.2	98.4	95.8	98.3
专业音像材料	Professional Acoustic Materials	101.4	103.0	100.3	100.1	98.0
文化办公用品	**Culture and Official Articles**	**98.9**	**99.1**	**101.3**	**100.2**	**99.1**
日用品	Daily Necessities	99.2	99.8	100.7	100.2	98.7
日用百货	General Merchandise	100.8	100.1	100.1	98.1	95.4
厨具餐具茶具	Kitchen Utensils and Tableware	99.2	100.2	101.3	99	98.1
清洗用品	Detergent	98.3	100.0	101.6	102.2	98.9
其他日用品	Other Household Articles	98.9	99.2	99.5	100.4	101.7
体育娱乐用品	Sports and Recreational Equipment	101.4	100.4	100.1	101	99.3
体育户外用品	Sports Outdoor Articles	96.4	99.3	98.7	96.9	100.3
娱乐用品	Recreational Equipment	102.3	100.5	100.3	101.6	99.1
交通、通信用品	Transportation and Communication Articles	95.2	99.1	102.3	100.6	99.2
交通运输机械	Transportation Machinery	99.7	100.8	101.6	97.6	99.0
通信器材	Telecom Equipment	87.3	95.8	103.8	106.8	99.4
家　具	Furniture	100.6	103.3	101.3	100.1	102.6
化妆品	Cosmetics	100.7	100.8	104.0	104.6	101.6
金银饰品	Gold and Silver Ornaments	108.2	101.6	96.5	106.4	115.3
中西药品及医疗保健用品	**Medicine and Health Care**	**100.7**	**101.2**	**103.5**	**108**	**102.6**
医疗卫生器具	Medical Instrument	100.0	100.0	100.0	99.4	97.8
中　药	Traditional Chinese Medicine	100.2	100.7	104.0	107.7	101.5
西　药	Western Medicine	101.1	101.9	104.7	110.7	103.1
保健器具及用品	Health Care Applicants and Articles	100.5	100.3	100.3	102.1	103.5
书报杂志及电子出版　物	Books,Newspapers, Magazines&E-journals	98.6	99.8	103.1	107.4	100.3
教材及参考书	Text Books and Reference Books	96.7	99.6	103.4	102	98.0
书报杂志	Books,Newspapers and Magazines	100.0	100.0	103.5	113.6	102.1
计算机办公软件	Computer Office Software	100.0	100.0	100.0	100	100.0
燃　料	**Fuels**	**94.8**	**109.3**	**110.4**	**96**	**87.9**
煤炭及制品	Coal and Coal Products	88.5	118.5	114.7	98.7	99.5
石油及制品	Oil and Oil Products	95.8	107.9	109.7	95.5	85.7
建筑材料及五金电料	**Construction and Electrical Materials&Hardware**	**100.1**	**102.8**	**100.8**	**100.4**	**100.1**
建筑装潢材料	Decoration Materials	99.6	102.2	101.2	100.6	100.2
五金水暖	Hardware and Water Heating	102.2	105.4	99.6	99.7	99.4

14-3 城镇住户基本情况
Statistics on Urban Households

指　标		Item		2016	2017	2018	2019	2020
调查户数	**(户)**	**Number of Households Surveyed**	**(household)**	**673**	**669**	**750**	**750**	**750**
家庭人口数	**(人/户)**	**Number of Persons per Household**	**(household/person)**	**2.84**	**2.86**	**3.20**	**3.20**	**3.30**
离退休人数	(人/户)	Number of Retirees	(household/person)	0.48	0.46	0.31	0.33	0.36
负担系数	**(人/就业者)**	**Dependency Ratio**	**(person/employee)**	**1.89**	**1.88**	**1.90**	**1.80**	**1.80**
耐用消费品		**Durable Consumer Goods**						
家用汽车	(辆/百户)	Automobile	(unit/100households)	31.48	32.20	55.87	46.83	51.17
摩托车	(辆/百户)	Motorcycle	(unit/100households)	4.70	4.90	9.47	6.30	7.85
电冰箱(柜)	(台/百户)	Refrigerator(Freezer)	(set/100households)	97.39	98.80	101.38	102.55	103.82
洗衣机	(台/百户)	Washing Machine	(set/100households)	99.40	100.00	101.95	102.86	103.44
热水器	(台/百户)	Water Heater	(set/100households)	85.01	86.90	99.90	101.31	103.40
空　调	(台/百户)	Air Conditioner	(set/100households)	17.61	18.30	22.72	22.57	24.15
彩色电视机	(台/百户)	Color TV Set	(set/100households)	104.86	105.60	106.72	107.66	108.52
摄像机	(架/百户)	Video Camera	(unit/100households)	8.26				
照相机	(架/百户)	Camera	(unit/100households)	21.00	20.70	17.16	17.33	18.39
计算机	(台/百户)	Computer	(set/100households)	55.30	56.70	65.49	68.97	71.96
接入互联网的计算机	(台/百户)	Computer with Access to Internet	(set/100households)		38.10	48.58	48.90	49.87
中高档乐器	(架/百户)	Mid&High-grade instruments	(unit/100households)	3.38	4.10	9.18	10.02	11.03
固定电话	(部/百户)	Fixed Telephone	(unit/100households)	45.65	41.50	17.43	13.26	12.66
移动电话	(部/百户)	Mobile telephone	(unit/100households)	209.77	215.70	247.68	253.32	256.19
其中：接入互联网的移动电话	(部/百户)	Mobil Phones with Access to Internet	(unit/100households)	125.74	139.50	189.97	222.03	245.05

14-3 续表 (Continued)

指　标	Item	2016	2017	2018	2019	2020
现住房总建筑面积　（平方米/人）	**Total Floor Space of Houses(sq.m/person)**	**36.25**	**35.60**	**37.50**	**37.00**	**37.01**
现住房房屋来源	**Source of Current Housing**					
租赁公房　%	Leasing of State-owned Housing	1.19	1.20	2.40	4.13	4.00
租赁私房　%	Leasing of Private Housing	10.17	10.01	7.60	7.60	8.40
自建住房　%	Self-built Houses			24.52	24.13	23.07
购买商品房　%	Purchase of Commercial House	37.72	37.40	45.61	45.33	45.47
购买房改住房　%	Purchase the House Through Housing Reform			7.07	6.40	6.53
购买保障性住房　%	Purchase of Indemnificatory Apartment			4.53	3.73	3.73
拆迁安置房　%	Relocation House			4.27	4.53	4.80
继承或获赠住房　%	House Inherited or Received from Others			0.53	0.53	0.40
免费借用房　%	Free Housing Borrowed From Others			1.87	2.80	2.53
雇主提供免费住房　%	Free Housing Provided by the Employers					
其他来源　%	Others Sources	10.73	12.25	1.60	0.80	1.07
住宅建筑式样	**Housing Styles**					
单栋楼房　%	Storied House			20.92	22.80	21.73
单栋平房　%	Bungalow			4.00	2.53	1.87
四居室　%	Four-bedroom House	4.45	5.53	6.40	6.27	6.80
三居室　%	Three-bedroom House	27.98	26.34	32.27	33.33	33.73
二居室　%	Two-bedroom House	37.90	38.10	31.60	31.87	32.27
一居室　%	One-bedroom House	3.12	3.29	2.53	2.27	2.67
筒子楼及连片平房　%	Tube-shaped Apartment and Bungalow	21.22	0.75	2.27	0.93	0.93
其　它　%	Others	21.93				
饮水情况	**Drinking Water**					
经过净化处理的自来水　%	Purified Tap Water			84.26	88.00	88.13
受保护的井水和泉水　%	Protected Well and Springs Water			0.67	0.67	0.80
不受保护的井水和泉水　%	Unprotected Well and Springs Water					
江河湖泊水　%	River and Lake Water			0.67		0.27
收集雨水　%	Rainwater Collection					
桶装水　%	Barrelled Water	24.06	6.57	14.27	10.80	10.67
其　它　%	Others	25.49	0.30	0.13	0.13	0.13
取暖设备	**Heating Equipment**					
无取暖设备　%	Without Heating Installation	26.91	8.52	0.53	0.00	4.00
自行供暖　%	Supply Heating by Oneself	27.62	91.33	95.46	95.73	96.00
由市政或小区集中供暖　%	Central Heating	28.33	0.15	4.00	4.27	
主要炊用能源状况	**Fuels for Cooking**					
柴　草　%	Firewood			0.53	0.13	
煤　炭　%	Coal	31.17	0.90	3.73	3.33	2.5
罐装液化石油气　%	Canned Liquefied Petroleum Gas			3.33	1.60	4.1
管道液化石油气　%	Piped Liquefied Petroleum Gas			0.13	0.13	0.1
管道煤气　%	Piped Coal Gas	29.75	1.49	1.60	0.93	0.1
管道天然气　%	Piped Natural Gas	31.88	32.77	42.67	44.40	49.5
电　%	Electricity	32.59	59.31	47.99	49.47	43.6
燃料用油 %	The Fuel Oil					
沼　气　%	Marsh Gas					
其　他　%	Others	33.30	0.15			
无炊用行为 %	No cooking					

注：样本轮换后，部分指标与之前年份的口径不一致。

14-4 城镇住户收支情况
Income and Expenditure of Urban Households

单位：元 / 人　　(yuan/person)

指　标	Item	2016	2017	2018	2019	2020
可支配收入	**Disposable Income**	**29501.65**	**32186.32**	**35115.00**	**38240.00**	**40305.00**
工资性收入	**Income from Wages and Salaries**	**17696.42**	**19134.96**	**22055.92**	**24150.76**	**25321.22**
工　资	Income from Laborage and Allowance	17170.76	18520.82	21482.84	23319.33	24211.58
实物福利	Material Benefits	42.95	29.74	24.59	38.53	62.38
其　他	Others	482.70	584.40	548.49	792.89	1047.26
经营净收入	**Net Business Income**	**2510.64**	**2885.87**	**4260.90**	**4762.38**	**4939.58**
第一产业净收入	Frimary Industry		78.26	21.08	25.92	25.01
第二产业净收入	Secondary Industry		156.77	263.39	309.30	870.05
第三产业净收入	Tertiary Industry		2650.84	3976.42	4427.16	4044.53
财产净收入	**Net Property Income**	**2719.72**	**2951.10**	**3932.66**	**4312.41**	**4608.43**
转移净收入	**Net Income from Transfer**	**6574.87**	**7214.39**	**4865.51**	**5014.80**	**5435.51**
转移性收入	**Income from Transfer**	**8263.31**	**8576.21**	**6943.54**	**7168.20**	**7630.37**
养老金或离退休金	Annuities or Pension	7615.95	7877.58	5780.45	6203.75	6440.05
社会救济和补助	Income from Social Relief and Aids	189.35	150.49	205.45	124.90	125.29
政策性生活补贴	Allowance from the Government	25.63	3.95	13.57	15.25	30.70
报销医疗费	Income from Medical Reimbursement	35.34	78.09	199.20	293.55	316.48
家庭外出从业人员寄回带回收入	Income from Family Members Working Outside	9.78	13.62	292.83	175.96	284.59
赡养收入	Income from Offsprings	319.64	370.10	296.00	259.88	328.59
其他经常转移性收入	Other Frequent Transfer Income	37.69	50.98	111.11	58.85	72.33

14-4 续表 (Continued)

指　　标	Item	2016	2017	2018	2019	2020
从政府和组织得到的实物产品和服务折价	Discounted Productsand Services from Government	29.34	28.03	37.92	34.03	25.53
现金政策性惠农补贴	Cash Aids under Benefting-Farmers Policy	0.58	3.37	7.00	2.02	6.80
转移性支出	**Transfer Expenditure**	**1688.44**	**1361.82**	**2078.02**	**2153.40**	**2194.86**
个人所得税	Individual Income Tax	64.45	58.04	109.34	114.01	128.14
社会保障支出	Social Security Expenditure	1430.89	1145.22	1550.77	1572.14	1772.19
外来从业人员寄给家人的支出	Expenditure on Family MembersWorking Outside	3.22	5.33	12.76	23.93	31.54
赡养支出	Expenditure on Supportingthe Old	109.82	62.81	326.99	359.32	193.17
其他经常性转移支出	Expenditure on Transfer		90.42	78.16	80.53	69.81
消费支出	**Consumption Expenditure**	**24334.86**	**26062.87**	**28250.28**	**29150.90**	**26433**
# 服务性消费支出	Expenditure on Service Consumption	7197.22	8314.40	9531.04	10068.35	11512.00
通过互联网购买商品或服务	Purchasing Goods or Services from the Internet	289.55	330.01	459.00		
食品烟酒	Food,Tobacco and Liquor	7655.52	7987.16	7844.34	8980.73	8254.51
衣　着	Clothing	1763.17	1820.59	2112.64	2264.39	2079.01
居　住	Residence	4771.93	5089.02	5536.76	5472.49	5651.46
生活用品及服务	Household Items and Services	1739.43	1834.32	1846.02	1688.72	1671.77
交通通信	Transport and Communication	3048.16	3336.12	5091.18	4312.49	3598.26
教育文化娱乐	Education,Culture and Recreation	3619.97	3876.62	3346.72	3684.18	2750.152
医疗保健	Health Care	1270.75	1527.71	1787.47	1898.66	1830.35
其他用品和服务	Miscellaneous Goods and Services	465.91	591.33	685.14	849.25	597.10

14-5 城镇住户消费支出情况
Consumption Expenditure of Urban Households

单位：元 / 人 (yuan/person)

指　标	Item	2016	2017	2018	2019	2020
消费支出	**Consumption Expenditure**	**24334.86**	**26062.87**	**28250.28**	**29150.90**	**26432.80**
# 服务性消费支出	**Services**	**7197.22**	**8314.4**	**9531.04**	**10068.35**	**8091.47**
食品烟酒	**Food,Tobacco and Liquor**	**7655.52**	**7987.16**	**7844.34**	**8980.73**	**8254.51**
食　品	Food	5252.92	5326.19	4560.70	5242.06	5608.17
谷　物	Grain	556.66	543.00	449.55	468.89	504.25
薯　类	Tubers	47.46	50.31	44.06	56.21	65.28
豆　类	Beans	88.53	94.20	84.37	99.48	108.22
食用油	Oil	251.65	232.33	157.17	159.14	163.28
蔬菜和食用菌	Vegetables and Mushrooms	838.03	835.86	585.62	674.47	717.28
肉　类	Meat	1326.90	1362.87	1130.58	1336.44	1701.28
禽　类	Poultry	383.74	355.06	347.22	457.96	463.16
水产品	Aquatic Products	212.17	222.94	216.02	281.78	229.26
蛋　类	Eggs	122.61	117.81	96.79	109.33	116.10
奶　类	Milk	333.45	339.79	400.84	413.23	414.81
干鲜瓜果类	Dried and Fresh Melons and Fruits	652.86	729.82	648.33	756.81	696.36
糖果糕点类	Sweets and Cakes	201.42	214.92	212.08	231.71	223.33
其他食品	Others	237.42	227.28	188.07	196.60	205.58
烟　酒	Tobacco&Liquor	894.41	921.98	814.44	956.88	631.17
烟　草	Tobacco	613.14	642.52	605.82	729.03	527.75
酒　类	Liquor	281.28	279.46	208.62	227.85	103.42
饮　料	Beverages	176.79	185.72	157.11	191.56	194.48
饮食服务	Catering Services	1331.41	1553.27	2312.09	2590.24	1820.69
食堂用餐	Canteen Dining	34.65	41.96	63.25	104.16	128.79
其他在外饮食	Other Dining Out	1293.58	1508.53	2245.91	2481.83	1690.04
食品加工服务费	Food Processing Service	3.18	2.78	2.94	4.24	1.86

14-5 续表 1 (Continued)

单位: 元 / 人 (yuan/person)

指　标	Item	2016	2017	2018	2019	2020
衣　着	**Clothing**	**1763.17**	**1820.59**	**2112.64**	**2264.39**	**2079.01**
衣　类	Clothes	1297.76	1353.78	1719.85	1798.47	1645.28
鞋　类	Shoes	465.41	466.81	392.79	465.91	433.73
居　住	**Residence**	**4771.93**	**5089.02**	**5536.76**	**5472.49**	**5651.76**
租赁房房租	House Rent	327.85	376.70	341.06	245.74	212.74
住房维修及管理	Housing Maintenance and Management	425.66	713.61	970.49	578.97	579.65
水电燃料及其他	Water,Electricity,Fuel and Others	1042.22	1008.74	865.14	964.01	985.57
自有住房折算租金	Imputed Rent for Private Housing	2976.20	2989.97	3360.07	3683.78	3873.80
租赁房房租中租赁公房房租	Public House Rent		52.74	28.70	17.14	18.66
租赁房房租中租赁私房房租	Private House Rent		323.95	312.37	228.60	194.08
住房维修及管理中物业管理费	Property Management Fee		135.02	198.77	206.81	218.49
生活用品及服务	**Articles for Daily Use and Services**	**1739.43**	**1834.32**	**1846.02**	**1688.72**	**1671.77**
家具及室内装饰品	Furniture and Upholstery	227.98	324.82	311.75	180.73	223.87
家用器具	Household Appliance	426.04	392.21	340.15	294.42	319.61
家用纺织品	Household Textile	165.82	193.91	192.05	183.92	145.52
家庭日用杂品	Daily Household Articles	497.63	471.04	365.11	366.86	377.51
个人用品	Individual Articles	293.14	319.41	474.82	542.98	507.60
家庭服务	Family Services	128.82	132.93	162.15	119.80	97.66
其中: 家政服务	Household Services	99.06	95.28	131.53	89.90	64.52
交通通信	**Transportation and Communication**	**3048.16**	**3336.12**	**5091.18**	**4312.49**	**3598.26**
交　通	Transport	1690.35	1955.75	4097.55	3311.40	2582.14
交通工具	Vehicles	339.24	456.47	1489.21	581.44	585.60
交通费	Expenditure on Vehicles	364.45	454.54	655.58	731.70	466.04
交通工具用燃料	Fuel of Vehicles	551.11	606.78	1035.42	1085.21	826.80
交通工具使用及维修	Expenditure on Vehicles Use and Maintenance	435.55	437.96	917.35	913.05	703.70
其中: 车辆保险支出	Expenditure on Car Insurance	88.43	104.44	270.70	335.53	263.19

14-5 续表 2 (Continued)

单位: 元 / 人 (yuan/person)

指标	Item	2016	2017	2018	2019	2020
通信	Communication	1357.81	1380.37	993.63	1001.09	1016.12
通信工具	Communication Tools	341.35	365.10	339.47	331.68	308.90
通信服务	Communication Services	1016.46	1015.27	654.16	669.41	707.22
教育文化娱乐	**Education,Culture and Recreation**	**3619.97**	**3876.62**	**3346.72**	**3684.18**	**2749.64**
教育	Education	1382.80	1529.33	1788.52	2207.85	1834.53
学前教育	Preschool Education	171.31	214.25	372.18	377.00	232.72
小学教育	Elementary Education	199.37	175.51	239.33	296.83	306.82
初中教育	Junior Middle School Education	245.11	273.04	255.59	301.65	292.41
高中教育	Senior High School Education	264.35	301.29	306.82	396.07	379.43
中专职高教育	Secondary Vocational Education	16.35	27.64	37.27	39.64	50.61
大专及以上教育	College Diploma or Above	380.10	425.98	466.92	647.70	414.14
成人教育	Adult Education	106.22	111.62	110.41	148.95	158.40
文化娱乐	Culture and Recreation	2237.17	2347.29	1558.20	1476.33	915.11
文娱耐用消费品	Durable Consumer Goods of Culture and Recreation	174.45	248.44	176.91	183.17	164.99
其他文娱用品	Other Cultural and Recreational Articles	224.64	238.42	263.31	288.29	276.74
文化娱乐服务	Cultural and Recreational Services	1838.08	1860.43	1117.97	1004.86	473.39
医疗保健	**Medical Care**	**1270.75**	**1527.71**	**1787.47**	**1898.66**	**1830.45**
医疗器具及药品	Medical Apparatus and Medicine	605.79	802.92	569.93	543.35	597.67
医疗服务	Medical Services	664.97	724.79	1217.54	1355.31	1232.77
门诊总费用	Total Outpatient Expenditure	329.96	404.41	627.86	646.01	495.45
住院总费用	Hospitalization Expenditure	335.01	320.38	589.68	709.30	737.32
其他用品和服务	**Other Articles and Services**	**465.91**	**591.33**	**685.14**	**849.25**	**597.40**
其他用品	Other Articles	238.52	379.48	330.50	374.45	281.92
其他服务	Other Services	227.39	211.85	354.64	474.80	315.48

14-6 农村住户基本情况
Basic Conditions of Rural Households

指 标	Item	2016	2017	2018	2019	2020
调查户数 (户)	**Households Surveyed (household)**	**474**	**474**	**480**	**480**	**480**
调查户常住人口 (人)	**Permanent Residents per Surveyed Households (person)**	**1663**	**1646**	**1782**	**1765**	**1752**
平均每户常住人口 (人)	Average Number of Permanent Residentsper Household (person)	3.5	3.5	3.7	3.7	3.6
每户整半劳动力 (人)	Number of Full/Semi Labor Force Per Household (person)	2.54	2.51	2.47	2.46	2.46
整半劳动力占常住人口比重 (%)	The Proportion of Full Semi Labor Force (%)	72.30	72.42	66.61	67.02	67.36
6周岁及以上住户成员受教育程度(人)	**Education Level of Households at or Above 6 Years Old (person)**		**1557**	**1597**	**1575**	**1576**
未上过学 (人)	Never Been to School (person)		48	95	91	94
小 学 (人)	Elementary School (person)		544	640	636	629
初 中 (人)	Junior High School (person)		731	678	638	642
高 中 (人)	Senior High School (person)		146	104	111	115
大学专科 (人)	Junior College (person)		57	59	66	61
大学本科 (人)	Undergraduate College (person)		31	21	33	35
研究生 (人)	Postgraduate School (person)					
年末住房面积 (平方米/人)	**Living Space at Year-end (sq.m/person)**	**50.63**	**55.30**	**55.70**	**54.56**	**56.52**

注：样本轮换后，部分指标与之前年份的口径不一致。

14-7 农村住户家庭经营情况
Basic Conditions of Household Business in Rural Households

指　　标	Item	2016	2017	2018	2019	2020
经营耕地面积　　(亩/人)	**Area of Cultivated Land (mu/person)**	**1.30**	**1.48**	**1.20**	**1.21**	**0.95**
#有效灌溉面积　　(亩/人)	Area of Effective Irrigation (mu/person)	0.29	0.24	0.14	0.16	0.17
经营林地面积　　(亩/人)	**Areas of Forests Managed (mu/person)**	**0.27**	**0.34**	**0.43**	**0.37**	**0.36**
经营园地面积　　(亩/人)	**Areas of Gardens Managed (mu/person)**	**0.08**	**0.10**	**0.11**	**0.12**	**0.14**
经营养殖水面面积　　(亩/人)	**Areas of Meadow Managed (mu/person)**	**0.07**	**0.01**	**0.00**	**0.14**	
年内出售猪头数　　(头/户)	**Number of Selling Fattened Hogs in the Year (head/household)**	**0.91**	**0.73**	**0.72**	**0.35**	**0.22**
出售自宰肥猪肉产量(公斤/户)	Output of Pork Slaughtered by Peasants Themselves and Sold (kg/household)	117.75	9.40	5.85	2.02	1.38
每头猪肉产量　　(公斤/头)	Output of Per Slaughtered Hog (kg/head)	129.20	141.18	116.09	138.86	147.39
年内出售菜羊只数　　(只/百户)	**Number of Sold Mutton Sheep and Goat in the Year (head/100 households)**	**10.76**	**2.53**	**0.83**	**0.07**	**0.45**
出售自宰羊的肉产量(公斤/户)	Output of Mutton Slaughtered by Peasants Themselves and Sold (kg/household)	2.92	0.97	0.25		
年内出售肉牛数　　(头/百户)	**Number of Sold Fattened Cattle in the Year (head/100 households)**	**8.86**	**14.35**	**9.38**	**2.61**	**2.19**

注：2017年数据作修订，以此为准。
The data have been revised in 2017, taking this as the criterion.

14-8 农村家庭人均总收入
Per Capita Annual Income of Rural Households

单位：元

指　标	Item	2016	2017	2018	2019	2020
全年总收入	**Total Revenue of the Year**	**15709**	**16317**	**19677**	**21587**	**23164**
工资性收入	Income from Wages and Salaries	7617	8531	8180	9814	9802
经营性收入	Net Business Income	6711	6412	9243	8982	10137
财产性收入	Property Income	368	416	428	374	554
转移性收入	Income from Transfer	1013	958	1827	2417	2671
非收入所得	Other Income	1788	1446	2833	2893	2377
借贷性所得	Income from Debit and Credit	1637	713	3398	3742	2571
经营性收入	**Net Business Income**	**6711**	**6412**	**9243**	**8982**	**10137**
第一产业(不含惠农补贴)	Primary Industry(Not Including Income from Benefting-Farmers Policy)	4706	3543	3482	3663	3971
农业收入	Farming	2303	2103	2017	1971	2001
林业收入	Forestry	49	48	50	58	75
牧业收入	Animal Husbandry	2004	1195	1412	1632	1894
渔业收入	Fishery	350	197	3	2	2
第二产业	Secondary Industry	228	515	1644	1593	2343
采矿业收入	Mining Industry			1		
制造业收入	Manufacturing Industry	38	24	114	264	394
建筑业收入	Construction	190	491	1529	1328	1950
第三产业	Tertiary Industry	1777	2354	4117	3727	3822
批发和零售业	Wholesale and Retail Trade	504	546	1718	1617	1562
交通运输仓储和邮政业	Transportation,Warehousing and Postal Services	564	732	1070	903	870
住宿和餐饮业	Accommodation and Catering Industry	201	694	751	695	488
房地产业	Real Estate					
租赁和商务服务业	Leasing and Business Services	40	41	396	333	708
居民服务修理和其他服务业	Resident Maintenance Services and Others	308	228	133	170	194
其　他	Others	90	53	4		0
农林牧渔服务业	Services of Farming,Forestry,Animal, Husbandry and Fishery	70	62	44	8	1
转移性收入	**Income from Transfer**	**1013**	**958**	**1827**	**2417**	**2671**
养老金或离退休金	Annuities or Pension	329	367	650	816	1043
社会救济和补助	Income from Social Relief and Aids	25	27	170	124	214
政策性生活补贴	Allowance from the Government	107	48	27	87	49
家庭外出从业人员寄回带回收入	Income from Family Members Working Outside	139	120	516	755	719
赡养收入	Income from Offsprings	182	173	170	257	250
报销医疗费	Income from Medical Reimbursement	36	39	110	221	198
从政府和组织得到的实物产品和服务折　价	Discounted Products and Services from Government	16	36	26	35	38
现金政策性惠农补贴	Cash Aids under Benefting-Farmers Policy	106	46	65	93	78
其他转移性收入	Others	73	103	92	28	82
财产性收入	**Property Income**	**368**	**416**	**428**	**374**	**554**
利息收入	Interest Income	37	30	5	34	23
红利收入	Income from Collective Dividend and Bonus	21	30	20	18	17
储蓄性保险净收益	Net Income from Endowment Insurance of Savings			1		0
转让承包土地经营权租金净收入	Net Income from Management Transfer of the Contracted Land	55	19	97	127	150
出租房屋财产性净收入	Net Income from House Rent	239	314	224	161	178
出租机械专利版权等资产的净收入	Income from Machinery and Copyright Rent	12	22	3		
其他财产净收入	Other Net Income	4	1	78	35	185

14-9 农村家庭人均可支配收入
Per Capita Disposable Income of Rural Households

单位：元 (yuan)

指　标	Item	2016	2017	2018	2019	2020
全年可支配收入	**Annual Disposable Income**	**12967.50**	**14264.34**	**15648.08**	**17274.96**	**18674**
工资性收入	**Income from Wages and Salaries**	**7616.66**	**8381.29**	**8978.32**	**9869.73**	**10653.3**
经营性净收入	**Net Income from Household Operation**	**4196.16**	**4649.58**	**5276.50**	**5856.20**	**6270**
第一产业	Primary Industry	2816.98	2573.42	1562.54	2182.78	2398.03
农业收入	Farming	1564.71	1598.21	1097.18	1279.58	1346.43
林业收入	Forestry	30.50	21.16	–257.53	39.25	70.89
牧业收入	Animal Husbandry	1020.06	821.53	724.09	868.03	981.17
渔业收入	Fishery	201.71	132.52	–1.20	–4.09	–0.47
第二产业	Secondary Industry	167.62	473.99	1453.46	1224.53	1460.51
采矿业	Industry			0.51	–0.54	–1.86
制造业	Manufacturing	26.50	10.12	84.54	106.17	177.93
电力热力燃气及水生产和供应业	Electricity,Heat,Gas and Water Production and Supply Industries	–0.32				
建筑业	Construction Industry	141.44	463.87	1368.41	1118.91	1284.44
第三产业	Tertiary Industry	1211.55	1602.17	2260.50	2448.89	2411.28
批发和零售业	Wholesale and Retail Trade	329.54	441.00	925.85	1127.82	967.62
交通运输仓储和邮政业	Transportation,Warehousing and Postal Service	455.52	615.09	654.34	662.26	553.84
住宿和餐饮业	Accomodation and Catering Industries	22.80	206.53	398.68	435.19	355.63
房地产业	Real Estate Industries			–1.04	–2.14	–0.01
租赁和商务服务业	Leasing and Commerical Services	18.19	28.19	230.25	100.30	445.01
居民服务修理和其他服务业	Resident Maintenance Services and Others	242.88	206.79	104.08	127.43	99.86
其　他	Others	85.62	47.57	–3.41	–2.17	–3.59
农林牧渔服务业	Services of Farming,Forestry,Animal,Husbandry and Fishery	57.00	58.00	–48.25	0.20	–7.09
财产净收入	**Property Net Income**	**344.22**	**377.83**	**409.41**	**376.60**	**421.8**
转移性净收入	**Net Income from Transfer**	**810.46**	**855.64**	**983.85**	**1172.43**	**1329.6**

14-10 农村家庭人均经营费用和生产性固定资产购置
Per Capita Expenditure for Households Business Operations and Purcrase of Productive Fixed Assets of Rural Households

单位：元 (yuan)

指　标	Item	2016	2017	2018	2019	2020
生产经营费用支出	**Expenditure on Production and Operation**	**2108.5**	**2179.0**	**3282.5**	**3619.3**	**4438.8**
第一产业经营费用支出	Primary Industry	1653.7	1246.1	1872.5	1786.1	1938
农　业	Farming	582.7	548.9	862.7	853.7	892.9
林　业	Forestry	18.3	36.6	314.4	27.8	18.1
牧　业	Animal Husbandry	906.3	584.3	691.0	898.5	1025.2
渔　业	Fishery	146.4	76.3	4.3	6.1	1.8
第二产业经营费用支出	Secondary Industry	26.1	29.4	66.4	481.1	1017.8
采矿业	Mining and Quarrying			0.7	0.1	
制造业	Manufacturing	7.3	13.4	24.8	100.1	236.7
电力热力燃气及水生产和供应业	Electricity,Heating,Gas and Water Production and Supply	0.3				
建筑业	Construction	18.5	16.1	41.0	380.9	781.1
第三产业经营费用支出	Tertiary Industry	428.7	903.5	1343.6	1352.1	1483
批发和零售业	Wholesale and Retail Trade	139.8	118.7	562.6	696.1	653.6
交通运输仓储和邮政业	Transport,Storage and Post	46.2	82.7	329.7	244.1	336.9
住宿和餐饮业	Hotel and Catering Services	162.1	664.1	247.0	167.0	133.8
房地产业	Real Estates		1.4	1.0	2.5	
租赁和商务服务业	Leasing and Business Services	20.0	16.7	82.7	186.9	246.2
居民服务修理和其他服务业	Resident Maintenance Services and Others	46.4	12.8	23.2	46.0	102.6
其　他	Others	1.0	1.6	0.4	0.4	0.1
农林牧渔服务业	Farming,Forestry,Animal Husbandry,Fishery	13.3	5.4	96.9	9.0	9.7
购置资产支出	Expenditure on Assets Purchase	842.9	481.2	1076.3	959.4	719.6
建造住房支出	Expenditure on House-building	407.6	197.7	55.7	278.2	307.7
购买住房支出	Expenditure on House Purchase	361.5	69.0	632.6	405.5	113.5
购建第一产业生产性固定资产	Creating Fixed Assets of Primary Industry	59.7	108.9	200.0	57.5	213.8
购买或建造农业生产性用房	Purchase of Agricultural Production House	5.0	19.6	79.8	22.9	69.3
购买役畜	Purchase of Draught Animal	16.2	21.4	22.7	11.7	25
购买产品畜	Purchase of Commodity Animals	23.9	48.5	47.8		69.9
购买或建造农业设施	Purchase of Agricultural Facilities		1.6	31.4	1.4	13.6
购建第二产业生产性固定资产支出	Creating Fixed Assets of Secondary Industry			51.1	12.6	2.1
采矿业	Mining and Quarrying					
制造业	Manufacturing			1.3	2.7	0.5
电力热力燃气及水生产和供应业	Electricity,Heating,Gas and Water Production and Supply					
建筑业	Construction			49.8	9.9	1.6
购建第三产业生产性固定资产支出	Creating Fixed Assets of Tertiary Industry	14.0	93.6	136.9	184.3	77.1
批发和零售业	Wholesale and Retail Trade	1.6	8.3	12.8	0.4	0.6
交通运输仓储和邮政业	Transport,Storage and Post	7.4	85.2	105.4	132.5	76.5
住宿和餐饮业	Hotel and Catering Services				38.0	
房地产业	Real Estates					
租赁和商务服务业	Leasing and Business Services			2.3		
居民服务修理和其他服务业	Resident Maintenance Services and Others	4.9	0.1	13.9	13.4	
其　他	Others			2.5		
购建其他资产支出	Expenditure on Other Purchase		12.0		21.3	5.41

14-11 农村居民人均现金收入
Per Capita Annual Cash Income of Farmers

单位：元　(yuan)

指　标	Item	2016	2017	2018	2019	2020
现金收入（未扣除生产费用）	**Cash Income(Including Expenditure on Production)**	**14738.06**	**21992.27**	**20665.88**	**24096.70**	**26453.78**
现金工资性收入	Cash Income from Wages and Salaries	7608.86	12111.40	8936.28	11410.41	11708.27
工　资	Wages and Salaries	7540.58	12025.15	8872.96	11304.42	11605.22
其他工资性收入	Other Income from Wages and Salaries	68.28	86.25	63.32	105.99	103.54
现金经营性收入	Cash Business Income	5799.80	8034.82	9412.34	9723.22	11147.60
第一产业现金经营收入	Cash Income from Primary Industry	3793.98	3958.29	3110.99	3503.91	3727.30
第二产业现金经营收入	Cash Income from Secondary Industry	228.47	732.12	1798.37	1862.05	2820.17
第三产业现金经营收入	Cash Income from Tertiary Industry	1777.35	3344.40	4502.97	4357.26	4600.12
现金财产性收入	Cash Property Income	368.17	590.81	467.93	436.72	667.27
利息收入	Interest Income	37.01	43.14	5.62	39.48	28.15
红利收入	Income from Collective Dividend and Bonus	21.26	42.78	21.59	20.97	20.77
储蓄性保险收益	Income from Endowment Insurance of Savings	0.31	0.25	1.62		0.01
转让承包土地经营权租金收入	Income from Management Transfer of the Contracted Land	54.56	27.05	106.05	148.12	180.80
出租房屋财产性净收入	House Rent	238.88	445.55	245.16	187.72	214.77
出租机械专利版权等资产的净收入	Income from Machinery and Copyright Rent	12.37	31.09	2.76	0.04	
其他财产性收入	Other Property Income	3.78	0.96	85.13	40.41	222.77
现金转移性收入	Cash Income from Transfer	961.23	1255.24	1849.34	2526.34	2930.15
养老金或离退休金	Annuities or Pension	329.03	521.15	711.38	954.14	1255.32
社会救济和补助	Income from Social Relief and Aids	24.56	38.73	185.47	145.06	257.46
政策性生活补贴	Allowance from the Government	107.49	68.06	30.04	102.12	58.41
家庭外出从业人员寄回带回收入	Income from Family Members Working Outside	138.83	170.55	564.43	883.14	865.38
赡养收入	Income from Offsprings	181.61	246.15	185.78	300.44	300.91
其他转移性收入	Other Income from Transfer	73.38	145.68	100.74	32.86	98.53
现金政策性惠农补贴	Cash Aids under Benefting-Farmers Policy	106.33	64.93	71.49	108.57	94.14
非收入所得	**Other Income**	**1788.42**	**2054.24**	**3098.55**	**3382.46**	**2860.88**
出售资产所得	Income from Selling Properties	583.54	716.78	712.42	501.92	218.87
非经常性转移所得	Income from Irregular Transfer	1788.42	1315.39	2368.10	2849.12	2618.40
其他非收入所得	Others	583.54	22.06	18.02	31.41	23.61
借贷性所得	**Income from Debit and Credit**	**1636.65**	**1013.09**	**3716.92**	**4375.33**	**3094.39**
提取储蓄存款	Drawing Money from Banks	594.38	364.64	1651.29	2951.95	2237.19
借入款	Loan Payable	449.16	403.34	1596.25	1157.72	696.92
收回借出款	Loans Received	111.03	64.87	131.71	91.34	33.91
收回储蓄性保险本金	Insurance Savings Capital Received				0.51	0.72
住房贷款	Housing Loan		2.02	1.10	51.00	1.67
汽车贷款	Car Loan	6.59	113.92	90.31	5.32	3.64
教育贷款	Education Loans			17.82	10.19	9.00
其他贷款	Other Loans	466.07	30.45	150.69	107.29	67.63
其他借贷所得	Others	9.41	33.84	77.76		43.70

14-12 农村家庭人均生活消费支出
Per Capita Annual Living Expenditures of Rural Households

单位：元 (yuan)

指　　标	Item	2016	2017	2018	2019	2020
平均每人生活消费支出	**Per Capita Consumption Expenditure**	**11044**	**12369**	**13164**	**14357**	**15043**
食品烟酒	Food	3105	3361	3120	3466	4052
衣　着	Clothing	741	855	830	899	925
居　住	Residence	2990	3161	3443	3599	3752
生活用品及服务	Household Facilities,Articles and Related Services	703	796	779	845	915
交通和通讯	Transport and Communications	1607	2119	2775	3097	2710
教育文化娱乐	Education,Culture,Recreation,and Related Services	1194	1206	1110	1206	1219
医疗保健	Health Care and Medical Services	543	666	919	1032	1182
其他用品和服务	Miscellaneous Goods and Services	161	204	188	212	288

14-13 农村家庭人均主要消费品消费量
Per Capita Consumption on Major Consumer Goods of Rural Households

单位：公斤 (kg)

指　　标	Item	2016	2017	2018	2019	2020
粮食消费量	Grain	138.37	121.19	104.03	124.55	142.05
油脂类消费量	Oil and Fats	10.72	10.41	8.40	7.70	9.19
蔬菜及菜制品消费量	Vegetables and Its Products	70.18	78.93	61.14	82.80	82.76
肉　类	Meat	25.65	27.28	27.99	34.24	27.44
禽　类	Poultry	5.05	5.63	4.33	6.28	8.61
水产品	Aquatic Products	1.64	1.75	1.85	2.44	2.51
蛋类及蛋制	Eggs and Processed Products	4.07	4.18	3.00	4.01	5.04
奶和奶制品	Milk and Processed Products	4.20	4.64	3.62	4.23	5.28
干鲜瓜果类	Dried and Fresh Melons and Fruit	28.08	30.27	29.28	34.90	38.14
糖果糕点类	Sweet and Sugar	3.53	3.23	3.53	4.07	3.93
饮　料	Beverage	0.24	0.30	0.12	0.15	0.14
烟叶消费量	Tobacco Consumption	41.73	43.23	40.16	48.23	50.59
酒	Liquor	7.72	7.84	7.40	7.74	9.39

14-14 农村家庭每百户耐用消费品拥有量
Ownership of Durable Consumer Goods Per 100 Rural Households

指　标		Item		2016	2017	2018	2019	2020
洗衣机	（台）	Washing Machine	(set)	99.9	99.5	100.3	101.1	101.1
电冰箱	（台）	Refrigerator	(set)	92.1	93.3	97.1	99.5	100.8
空调机	（台）	Air Conditioner	(set)	0.7	1.2	1.3	1.9	2.3
热水器	（台）	Water Heater	(set)	58.8	62.9	65.5	73.6	81.8
摩托车	（辆）	Motorcycle	(unit)	58.0	51.7	53.8	54.1	52
生活用汽车	（辆）	Automobile	(unit)	28.0	30.3	46.0	46.8	47.5
电话机	（部）	Telephone	(set)	9.8	12.8	7.2	3.2	3.2
移动电话	（部）	Mobile Telephone	(set)	260.3	262.8	293.2	297.8	291
彩色电视机	（台）	Color TV Set	(set)	106.5	106.7	106.7	111.9	112.5
照相机	（台）	Camera	(set)	3.6	2.9	1.8	2.6	2.6

14-15 农村居民人均出售产品现金收入
Per Capita Annual Cash Income of Selling Products

单位：元　　(yuan)

指　标	Item	2016	2017	2018	2019	2020
出售农林牧渔业产品	**Products on Sale**	**3794**	**3958**	**3111**	**3504**	**3727**
农业产品	Farming Products	1663.70	2146.43	1694.22	1798.53	1830.89
林业产品	Forestry Products	32.45	57.45	50.36	39.09	53.05
牧业产品	Animal Husbandry Products	1753.04	1478.12	1363.91	1665.12	1842.46
渔业产品	Fishery Products	344.79	276.29	2.50	1.17	0.90

14–16 农村住户人均主要产品产量及商品率（2020 年）
Per Capita Output and Commodity Rate of Major Agricultural Products of Rural Households（2020）

指　标	Item	产品产量（公斤）Output(kg)	出售量（公斤）Sale(kg)	商品率 (%) Commodity Rate(%)
主要产品	Main Products			
谷　物	Grain	197.54	34.45	17.44
#小　麦	Wheat	0.18		
稻　谷	Rice	56.57	6.62	11.71
玉　米	Corn	140.80	24.76	17.59
高　粱	Sorghum		1.38	
薯　类	Tubers	4.62	0.44	9.59
红薯产量	Output of Sweet Potatoes	2.27	0.25	10.91
马铃薯产量	Output of Potatoes	2.32	0.14	6.12
其他薯类产量	Output of Others			
豆类产量	Output of Beans	6.68	0.96	14.40
大豆产量	Output of Soybean	5.06	0.43	8.57
其他豆类产量	Output of Other Beans	1.62	0.53	32.57
棉花产量	cotton Yield			
油料产量	Oilseed Yield	4.98	1.37	27.47

14-17 各区（市、县）城镇常住居民人均可支配收入
Per Capita Annual Disposal Income of Permanent Urban Residents by District (City, County)

单位：元 (yuan)

区（市、县）名称	District (City, County)	城镇常住居民人均可支配收入 Per Capita Annual Net Income of Permanent Urban Residents 2016	2017	2018	2019	2020	2020年比2019年增长(%) Growth Rate in 2020 over 2019(%)	扣价增速(%) Growth Rate of Discount(%)
南明区	Nanming	30207	32895	35740	38921	40906	5.1	2.6
云岩区	Yunyan	30265	32959	35809	38996	40985	5.1	2.6
花溪区	Huaxi	28874	31559	34462	37564	39592	5.4	2.9
乌当区	Wudang	28720	31420	34285	37302	39428	5.7	3.2
白云区	Baiyun	28879	31507	34358	37313	39402	5.6	3.1
观山湖区	Guanshanhu	28990	31657	34601	37750	39713	5.2	2.7
开阳县	Kaiyang	28698	31482	34457	37558	39511	5.2	2.7
息烽县	Xifeng	27541	30185	33067	36109	38204	5.8	3.3
修文县	Xiuwen	28586	31302	34197	37275	39250	5.3	2.8
清镇市	Qingzhen	28600	31317	34276	37258	39307	5.5	3.0

14-18 各区（市、县）农村常住居民人均可支配收入
Per Capita Annual Disposal Income of Permanent Rural Residents by District (City, County)

单位：元 (yuan)

区（市、县）名称	District (City, County)	农村常住居民人均可支配收入 Per Capita Annual Net Income of Permanent Rural Residents 2016	2017	2018	2019	2020	2020年比2019年增长(%) Growth Rate in 2020 over 2019(%)	扣价增速(%) Growth Rate of Discount(%)
南明区	Nanming	15008	16434	-	-	-	-	-
云岩区	Yunyan	15114	16520	-	-	-	-	-
花溪区	Huaxi	13463	14782	16211	17897	19293	7.8	4.6
乌当区	Wudang	14197	15574	17062	18802	20288	7.9	4.7
白云区	Baiyun	15092	16511	18071	19896	21428	7.7	4.5
观山湖区	Guanshanhu	14352	15730	17091	18851	20359	8.0	4.8
开阳县	Kaiyang	12366	13640	15032	16595	17973	8.3	5.0
息烽县	Xifeng	11856	13089	14393	15904	17208	8.2	4.9
修文县	Xiuwen	11904	13130	14441	15986	17329	8.4	5.1
清镇市	Qingzhen	12611	13885	15281	16901	18270	8.1	4.9

14-19 各区(市、县)城镇常住居民人均消费性支出
Per Capita Consumption Expenditure of Urban Residents

单位：元 (yuan)

区(市、县)名 称	District (City, County)	城镇常住居民人均消费性支出 Per Capita Consumption Expenditure of Urban Residents						
		2016	2017	2018	2019	2020	2020 年比 2019 年增长 (%) Growth Rate in 2020 over 2019(%)	扣价增速 (%) Growth Rate of Discount(%)
南明区	Nanming	28572	31400	33312	33013	28622	-13.3	-15.3
云岩区	Yunyan	27352	27844	27808	28808	26468	-8.1	-10.3
花溪区	Huaxi	19129	20717	24677	26552	24766	-6.7	-8.9
乌当区	Wudang	25449	29072	30352	33797	30728	-9.1	-11.2
白云区	Baiyun	24747	25514	32188	31563	26715	-15.4	-17.3
观山湖区	Guanshanhu	29671	30591	31508	31466	30248	-3.9	-6.1
开阳县	Kaiyang	15296	15817	19441	22191	20715	-6.7	-8.8
息烽县	Xifeng	16580	18769	18572	21922	21295	-2.9	-5.1
修文县	Xiuwen	23897	25642	27517	19939	20002	0.3	-2.0
清镇市	Qingzhen	15328	17137	20453	25404	21875	-13.9	-15.9

14-20 各区(市、县)农村常住居民人均消费性支出
Per Capita Consumption Expenditure of Rural Residents

单位：元 (yuan)

区(市、县)名 称	District (City, County)	农村常住居民人均消费性支出 Per Capita Consumption Expenditure of Rural Residents						
		2016	2017	2018	2019	2020	2020 年比 2019 年增长 (%) Growth Rate in 2020 over 2019(%)	扣价增速 (%) Growth Rate of Discount(%)
南明区	Nanming	19845	22691		—	—	—	—
云岩区	Yunyan	17285	17976		—	—	—	—
花溪区	Huaxi	13086	14172	15529	16262	16853	3.6	0.5
乌当区	Wudang	13794	15209	17051	17038	18395	8.0	4.7
白云区	Baiyun	15064	16501	15379	17119	18575	8.5	5.2
观山湖区	Guanshanhu	14813	15524	15523	16670	17393	4.3	1.2
开阳县	Kaiyang	6848	7872	9569	10852	11393	5.0	1.8
息烽县	Xifeng	8355	8907	10359	10573	11324	7.1	3.9
修文县	Xiuwen	11587	13220	13624	15281	15356	0.5	-2.5
清镇市	Qingzhen	9678	10559	11595	12890	13381	3.8	0.7

注：新样本轮换周期，南明区和云岩区已没有农村调查点。
There is no rural survey site in Nanming and Yunyan districts as a result of the new sample rotation.

14-21 全市居民收支情况(历年)
Income and Expenditure of Urban and Rural Households (Over Years)

单位: 元 (yuan)

年 份 Year	居民消费价格指数(%) Consumer Price Index(%)	城镇常住居民人均可支配收入 Per Capita Annual Disposable Income of Permanent Urban Households	城市居民人均消费性支出 Per Capita Annual Consumption Expenditure of Urban Residents	# 食品烟酒	教育文化娱乐服务 Education, Culture, Recreation and Services	农村常住居民人均可支配收入 Per Capita Disposable Income of Permanent Rural Residents	农民人均生活消费支出 Per Capita Consumption Expenditure of Rural Residents	# 食品烟酒
1979		343	313					
1980		413	385					
1981		453	418			266		
1982		477	431			290		
1983		501	447	277	16	288		
1984		593	527	306	29	342		
1985		805	740	365	95	377		
1986		969	873	438	77	411		
1987		1103	1010	513	70	479		
1988		1276	1228	635	73	593		
1989		1421	1277	734	79	644		
1990		1558	1361	781	84	680		
1991		1691	1514	879	71	672		
1992		2154	1869	1048	170	739		
1993		2581	2205	1221	179	901		
1994		3700	3087	1704	226	1039		
1995		4550	3964	2187	288	1343		
1996	111.7	4866	4526	2335	450	1650	1282	890
1997	102.5	5343	4808	2274	569	1834	1279	835
1998	100.5	5369	5036	2180	624	1940	1410	918
1999	97.6	6082	5327	2214	476	2010	1418	883
2000	98.7	6453	5550	2208	648	2104	1453	852
2001	103.2	6909	5780	2170	822	2229	1532	854
2002	98.4	7306	5801	2210	1017	2352	1552	793
2003	100.8	7985	6324	2447	1034	2510	1704	805
2004	102.1	8989	6912	2750	1156	2809	1967	866
2005	100.7	9928	7693	2946	1113	3135	2296	980
2006	101.1	11222	8808	3334	1351	3442	2454	1314
2007	105.1	12781	10183	3897	1355	4088	3036	1271
2008	107.0	13817	10507	4383	1206	4818	3463	1435
2009	97.7	15041	11519	4718	1685	5316	3928	1605
2010	102.9	16597	12940	4905	1744	5976	4384	1736
2011	105.5	19420	14300	5528	1764	7381	5494	2241
2012	102.6	21796	15718	6011	1924	8488	6161	2380
2013	103.2	22816	17995	6265	3044	9606	6527	1927
2014	102.7	24961	19501	6176	2874	10827	8724	2609
2015	102.3	27241	22532	6935	3337	11918	9875	2851
2016	101.1	29502	24335	7656	3620	12967	11044	3105
2017	101.0	32186	26063	7987	3877	14264	12369	3361
2018	101.7	35115	28250	7844	3347	15648	13164	3120
2019	102.7	38240	29151	8981	3684	17275	14357	3466
2020	102.4	40305	26433	8255	2750	18674	15043	4052

注: 1) 1991年(包括1991年)以前,教育文化娱乐服务指标的名称为文娱用品。

2) 国家统计局城乡一体化住户调查改革方案,城镇居民人均可支配收入和农民人均纯收入从2014年起改为城镇常住居民人均可支配收入、农村常住居民人均可支配收入,2013年数据作同口径调整,2013年及以后数据与往年不可比。

a) Before 1991(includes 1991), education, culture, recreation and services indices are called cultural and recreational articles.

b) Since 2014, rural per capita net income has been replaced by per capita net income of rural residents, and urban per capita net income has been replaced by per capita net income of urban residents, due to the promotion of the reform program of "the unity of city and countryside" in 2014. The data in 2013 has been adjusted accordingly, so the data in and after 2013 has no comparability with the data in the previous years.

主要统计指标解释

商品零售价格指数　是反映城乡商品零售价格变动趋势的一种经济指数。零售物价的变动直接反映城乡居民的生活支出和国家的财政收入，反映居民购买力和市场供需平衡，反映消费与积累的比例。

居民消费价格指数　是反映一定时期内城乡居民所购买的生活消费品价格和服务项目价格变动趋势和程度的相对数，是对城市居民消费价格指数和农村居民消费价格指数进行综合汇总计算的结果。

可支配收入　指调查户在调查期内获得的、可用于最终消费支出和储蓄的总和，即调查户可以用来自由支配的收入。可支配收入既包括现金，也包括实物收入。按照收入的来源，可支配收入包含四项，分别为：工资性收入、经营净收入、财产净收入和转移净收入。计算公式为：

可支配收入 = 工资性收入 + 经营净收入 + 财产净收入 + 转移净收入

其中：经营净收入 = 经营收入 － 经营费用 － 生产性固定资产折旧 － 生产税

财产净收入 = 财产性收入 － 财产性支出

转移净收入 = 转移性收入 － 转移性支出

工资性收入　指就业人员通过各种途径得到的全部劳动报酬和各种福利，包括受雇于单位或个人、从事各种自由职业、兼职和零星劳动得到的全部劳动报酬和福利。

工资　指就业人员通过劳动从单位或雇主获取的各种现金报酬，包括按周、按月或按其他间隔定期发放的计时计件劳动报酬；按月、按季度或按年度发放的奖金；按月或其他间隔发放的住房补贴、交通补贴、车改补贴、通讯补贴、冬季取暖费和防暑降温费等；定期或不定期发放的过节费、相当于现金的通用购物卡等；因加班、夜班、在周末或其他私人时间工作而获得的加班工资或专门津贴；因到外地工作、或在不满意的或危险的环境下工作而获得的津贴；在国外工作的出国津贴等；根据国家法律、法规和政策规定，因病、工伤、产假、计划生育假、婚丧假、事假、探亲假、定期休假、停工学习、执行国家或社会义务等原因按计时或计件工资标准的一定比例支付的工资；根据激励制度，与企业整体业绩挂钩而给付的专项奖金或现金奖励；在工作岗位上获得的佣金、赏金或小费。

工资应包括各种扣款，如工作单位代扣的应由个人承担的养老保险、医疗保险、失业保险和住房公积金；以及单位在工资中代扣的房租、水费、电费、托儿费、医疗费、借款等，同时把所扣除的各项费用分别计入相应的消费支出或转移性支出中。工资按照收付实现制计算，只要是在调查期内实际得到的工资，无论该工资是补发还是预发，都应归为本期得到的工资收入。本调查期内应得但因拖欠等原因未得到的工资不应计入。

工资不包括因员工或员工家属大病、意外伤害、意外死亡等原因支付给员工或其遗属的抚恤金和困难补助金，应该将其列入转移性收入中的社会救济和补助收入。

实物福利　指单位或雇主免费或低价提供给员工的各种实物产品和服务折价。实物福利既包括单位或雇主免费或低价提供的各种实物产品，如米面、植物油、牛奶、水果、糕点、床上用品、日用杂品、手机、自行车、家用电器及配件等；也包括单位或雇主免费或低价提供的各种服务，如免费或低价提供的工作餐（不包括公务招待或出差中的餐饮消费）、住宿、上下班交通工具、停车场、幼儿园、娱乐、健身、旅游和医疗保健服务，以及单位缴纳的水电费、取暖费、物业费、职工子女入学的教育赞助费等。由个人先行付款消费，后由单位或雇主给予报销的款额也视为实物福利。实物福利还包括单位或雇主自身生产过程所生产的货物与服务，如铁路或航空公司提供给员工的免费旅程，采矿企业提供给员工的免费煤炭等。

实物福利的估价遵循以下原则：如果产品或服务是单位或雇主购买的，则采用购买者价格对其进行估价；如果产品或服务是单位或雇主自己生产的，则采用生产者价格对其进行估价。如果产品或服务是免费提供给职工的，则实物福利的价值就是所提供产品或服务的全部价值；如果产品或服务是以低于市场价格的价格提供给职工的，则实物福利的价值就是所提供的产品或服务的市场价值与实际支付额之间的差值。

实物福利不包括单位或雇主为雇员能够完成工作所给予的实物产品或服务。如雇员为接手新的工作岗位或应雇主的要求，把家搬到本国其他地区或国外所支付的旅费、搬迁费或其他相关费用的报销；如发给雇员的用于工作的服装、工具、设备或其他产品。

其他　指就业人员获取的、除工资以外的其他现金劳动报酬以及单位缴纳的各种社会保障费。包括因裁员得到的一次性辞退金；股份制企业派发或奖励给员工的股票和期权；调动工作的安家费；根据国务院发布的有关规定颁发的创造发明奖、自然科学奖和科学技术进步奖以及支付给运动员、教练员的奖金；个人从事自由职业如写作、翻译、设计等（含兼职或零星劳动）得到的稿费、翻译费、设计费、讲课费、咨询费等劳动报酬。

经营净收入　指住户或住户成员从事生产经营活动所获得的净收入，是全部经营收入中扣除经营费用、生产性固定资产折旧和生产税之后得到的净收入。计算公式具体为：

经营净收入 = 经营收入 － 经营费用 － 生产性固定资产折旧 － 生产税

第一产业净收入　指住户或住户成员从事第一产业生产经营活动所获得的净收入，是全部经营收入中扣除经营费用、生产性固定资产折旧和生产税之后得到的净收入。

第一产业是指农业、林业、牧业和渔业（不含农林牧渔服务业）。

第二产业净收入　指住户或住户成员从事第二产业的生产经营活动所获得的净收入，是全部经营收入中扣除经营费用、生产性固定资产折旧和生产税之后得到的净收入。

第二产业是指采矿业(不含开采辅助活动),制造业(不含金属制品、机械和设备修理业),电力、热力、燃气及水生产和供应业，建筑业。

第三产业净收入　指住户或住户成员从事第三产业生产经营活动所获得的净收入，是全部经营收入中扣除经营费用、生产性固定资产折旧和生产税之后得到的净收入。

第三产业即服务业，是指除第一产业、第二产业以外的其他行业。第三产业包括：批发和零售业，交通运输、仓储和邮政业，住宿和餐饮业，信息传输、软件和信息技术服务业，金融业，房地产业，租赁和商务服务业，科学研究和技术服务业，水利、环境和公共设施管理业，居民服务、修理和其他服务业，教育，卫生和社会工作，文化、体育和娱乐业，公共管理、社会保障和社会组织，国际组织，以及农、林、牧、渔业中的农、林、牧、渔服务业，采矿业中的开采辅助活动，制造业中的金属制品、机械和设备修理业。

财产净收入　指住户或住户成员将其所拥有的金融资产、住房等非金融资产和自然资源交由其他机构单位、住户或个人支配而获得的回报并扣除相关的费用之后得到的净收入。财产净收入包括利息净收入、红利收入、储蓄性保险净收益、转让承包土地经营权租金净收入、出租房屋净收入、出租其他资产净收入和自有住房折算净租金等。

财产净收入不包括转让资产所有权的溢价所得，这应该计入"非收入所得"。

利息净收入　指利息收入扣除该住户或个人付给债权方的生活性借贷款利息支出后得到的净值。

利息收入是指按照双方事先约定的金融契约条件,借出金融资产(存款、债券、贷款和其他应收账款)的住户或个人从债务方得到的本金之外的附加额。利息收入是应得收入，包括各类定期和活期存款利息、债券利息、个人借款利息等，银行代扣的利息所得税也包括在内。利息与红利的差异：利息一般是预先约定的，与企业的经营状况无关，而红利的多少与企业的经营效益直接有关，一般不预先约定。

红利收入　指住户或个人作为股东将其资金交由公司支配或处置而有权获得的收益。包括股票发行公司按入股数量定期分配的股息、年终分红以及从集体财产入股或其他投资分配得到的股息和红利。股票买卖结算后获得的收益(含亏损)不包含在内，应计入"非收入所得"。

储蓄性保险净收益　指住户或个人参加储蓄性保险，扣除缴纳的保险本金及相关费用后，所获得的保险净收益。不包括保险责任人对保险人给予的保险理赔收入。

转让承包土地经营权租金净收入　指住户将拥有经营权或使用权的土地转让给其他机构单位或个人获得的补偿性收入扣除相关成本支出后得到的净收入。也包括从其他机构单位或个人获得的实物形式的收入。

出租房屋净收入　指住户将自有住房出租给其他机构单位或个人得到的租金回报再扣除相关的维护成本之后得到的净收入。

出租其他资产净收入　指住户将除住房之外的其他资产，包括各种有形资产和无形资产(如生产经营用房、机械设备、专利、专有技术、商标商誉等)，交由其他机构单位或个人使用而获得的回报再扣除相关成本支出后得到的净收入。

自有住房折算净租金　指现住房产权为自有住房(含自建住房、自购商品房、自购房改住房、自购保障性住房、拆迁安置房、继承或获赠住房)的住户为自身消费提供住房服务的折算价值扣除折旧后得到的净租金。自有住房折算净租金的计算方法为：

自有住房年度折算净租金 = 自有住房年度折算租金 － 购建房年度分摊成本

自有住房年度折算租金主要是依据自有住房的市场估值和使用年限进行折算，而购建房年度分摊成本是按照购建房的价格和相应的年折旧率进行计算。由于大多数的农村区域并不存在住房交易市场，难以对其进行估值，一般就认为农村居民的房屋市场价值等同于当年的建房价格，折算后的净租金为零。因此，在实际操作中仅针对城镇居民计算自有住房折算净租金。需要注意，自有住房折算净租金是一种实物收入。

其他财产净收入　指住户所得的除上述以外的其他财产性收入扣除相关的维护成本之后得到的净收入。如通过在国外购买的土地、矿产等自然资源获得的财产净收入等。

转移净收入　计算公式为：转移净收入 = 转移性收入 - 转移性支出

转移性收入　指国家、单位、社会团体对住户的各种经常性转移支付和住户之间的经常性收入转移。包括养老金或退休金、社会救济和补助、政策性生产补贴、政策性生活补贴、经常性捐赠和赔偿、报销医疗费、住户之间的赡养收入，以及本住户非常住成员寄回带回的收入等。

转移性收入不包括住户之间的实物馈赠。

养老金或离退休金　指根据国家有关文件规定或合同约定，在劳动者年老或丧失劳动能力后，根据他们对社会、单位所作的贡献和所具备的享受养老保险资格或退休条件，按月以货币形式或实物产品及服务给予的待遇，主要用于保障因年老或疾病丧失劳动能力的劳动者的基本生活需要。包括离退休人员的养老金或离退休金、生活补贴，农民享有的新型农村养老保险金，城镇居民享有的社会养老保险金，国家或地方政府给予城镇无保障老人的养老金，因工致伤离退休人员的护理费，退休人员异地安家补助费、取暖补贴、医疗费、旅游补贴、书报费、困难补助以及在原工作单位所得的各种其他收入，相当于现金的购物卡券也包含在内。也包括发给的实物和购买指定物品的票证、购物卡券，应同时计入相应的实物产品和服务项目中。

社会救济和补助　指国家机关企事业单位社会团体和个人对各类特殊家庭人员提供的特别津贴。包括国家对享受城镇居民最低生活保障待遇的家庭发放的最低生活保障金、对农村五保户发放的五保救助金、国家和社会及机构单位对特殊困难家庭给予的困难补助、扶贫款、救灾款、国家或机构单位向由于失去工作能力或意外死亡等原因而失去工作的职工或其遗属定期发放的抚恤金等。也包括发给的实物和购买指定物品的票证、购物卡券，应同时计入相应的实物产品和服务项目中。

政策性生产补贴　指国家为扶持农业等行业进行的相关生产补贴，如农业支持保护补贴、购置和更新大型农机具补贴、退耕还林还草补贴、畜牧业补贴、非农生产经营补贴等。

政策性生活补贴　指根据国家的有关规定，中央财政、各级地方财政给予家庭的相关政策性生活补贴。包括家电下乡和以旧换新等家电补贴、能源补贴、给农村寄宿制中小学生的生活补贴等；也包括其他低价或免费提供的实物产品和服务，如廉租房等。

报销医疗费　指参加新型农村合作医疗、城镇职工基本医疗保险、（城镇）居民基本医疗保险、城乡居民大病保险的居民在购买药品、进行门诊治疗或住院治疗之后，从社保基金或单位报销的医疗费。报销医疗费属于一种实物收入。报销医疗费包括使用社保卡进行医疗服务付费时直接扣减的、由社保基金支付的部分。从商业医疗保险获得报销的医疗费不包括在内。

外出从业人员寄回带回收入 指在外(含国外)工作的本住户非常住成员寄回、带回的收入。无论是以现金、汇款、转账、银行卡共享等任何形式寄回、带回的收入，都应计入。

赡养收入 指亲友因赡养和抚养义务经常性给予住户及其成员的现金和实物收入。

其他经常转移收入 指住户从除上述各项转移性收入以外得到的其他经常性转移收入。如经常性捐赠收入、经常性赔偿收入、失业保险金、亲友搭伙费等。

经常性捐赠收入指住户从他人、组织、社会团体处得到的经常性捐献或赠送收入。这种捐赠收入带有义务性和经常性，不包括遗产及一次性馈赠收入、婚丧嫁娶礼金所得、压岁钱等。捐赠收入与赡养收入的区别：赠送是对本住户的成员无赡养义务的其他住户或个人给本住户及其成员的现金。本住户成员内部间的捐赠收入和捐赠支出均不必记账。

经常性赔偿收入指住户及其成员因受到财产损失、人身伤害、精神损失得到的国家、单位、个人定期支付的经常性赔偿，不包括一次性赔偿所得。

转移性支出 指调查户对国家、单位、住户或个人的经常性或义务性转移支付。包括缴纳的税款、各项社会保障支出、赡养支出、经常性捐赠和赔偿支出以及其他经常转移支出等。

个人所得税 指调查对象被扣缴的工资薪金所得、对企事业单位的承包经营承租经营所得、个体工商户的生产经营所得、劳务报酬所得、稿酬所得、特许权使用费所得、利息股息红利所得、财产租赁所得、财产转让所得、偶然所得、经国务院财政部门确定征税的其他所得等个人所得的税款。生产税、消费税不在其内。

社会保障支出 指调查户家庭成员参加国家法律、法规规定的社会保障项目中由单位和个人共同缴纳的保障支出。包括养老保险、医疗保险、失业保险、工伤保险、生育保险以及其他社会保障支出。

外来从业人员寄给家人的支出 指从业人员寄回带回其户口登记地家庭的支出。

赡养支出 指调查户因赡养和抚养义务而付给亲友的经常性现金和定期的实物支出。现金赡养支出应按实际发生的金额计算，不论是从报告期收入中开支的，还是从银行存款、手存现金以及其他所得中开支的，均应包含在内。

其他经常转移支出 指除缴纳的税款、社会保障支出、赡养支出以外的其他经常性转移支出。如经常性捐赠支出；经常性赔偿支出；各种罚款，如交通罚款；政府部门向居民提供服务收取的服务费，如迁户口的办理费、办理身份证费；缴纳工会费、党费、团费以及学会团体组织费等。

经常性捐赠支出指调查户赠予他人的经常性和带有义务性的现金支出，包括向寺庙的经常性捐款、定期资助贫困学生或贫困地区的款项、个人对公共设施建设的各类捐款，如解困基金、水利基金、防洪基金等。但不包括以商品或服务方式给予他人的价值额。婚丧嫁娶礼金支出及一次性馈赠支出如压岁钱、探望病人给予的礼金等不含在内。经常性捐赠支出应按实际发生的金额计算，不论是从报告期收入中开支的，还是从银行存款、手存现金以及其他所得中开支的，均应包括在内。

经常性赔偿支出指调查户向因受到财产损失、人身伤害、精神损失的国家、单位、个人定期支付的赔偿支出，不包括一次性赔偿支出。

中位数　指将所有调查户按人均收入水平从低到高顺序排列，处于最中间位置的调查户的人均收入。

基尼系数　指在全部居民收入中，用于进行不平均分配的那部分收入占总收入的比例。基尼系数最大为“1”，最小为“0”。前者表示居民之间的收入分配绝对不平均，即100%的收入被一个单位的人全部占有；而后者则表示居民之间的收入分配绝对平均，即人与人之间收入完全平等，没有任何差异。通常这两种情况在实际生活中不会出现。因此，基尼系数的实际数值只能介于0～1之间。本方案中，基尼系数使用住户收支与生活状况调查的全部样本可支配收入的分户数据计算。

Explanatory Notes on Main Statistical Indicators

Retail Price Index reflects the trend of changes in retail prices of urban and rural commodities. The change and the adjustment in retail prices directly reflect the living expenditure of urban and rural residents and government revenue, purchasing power of residents and the equilibrium of market supply and demand, and the ratio of consumption.

Consumer Price Index reflects the trend and degree of changes in prices of consumer goods and services items purchased by urban and rural households during a given period. They are obtained by combining Consumer Price Indices of Urban Household and Consumer Price Indices of Rural Household.

Disposable Income refers to the sum of the final consumption expenditure and savings that the surveyed households obtain during the surveyed period, that is, the income that the surveyed households can use for their free disposal. Disposable income includes both cash and income in kind. According to the source of income, disposable income includes income from wages and salaries, net business income, net income from properties and net income from transfer.

Disposable income = income from wages and salaries + net business income + net income from properties + net income from transfer

Of which, net business income = total business income-expenditure of operation -depreciation of productive fixed assets-net tax on production (product tax -production subsidy)

net income from properties =total income from properties-expenses on properties

net income from transfer= total income from transfer - expenses on transfers

Income from Wages and Salaries refers to the total remuneration and welfare of employee obtained through various channels, including employed by units or individuals and engaged in various freelance, part-time and sporadic labor job.

Wages and salaries refer to various cash remunerations obtained by employees from units or employers, including hourly piecework remuneration paid on a weekly, monthly or other intervals; bonuses paid on a monthly, quarterly or annual basis; according to use or other housing subsidies, transportation subsidies, car reform subsidies, communication subsidies, winter heating fees and anti-cooling fees issued at intervals; regular or irregular holiday fees (equivalent to cash universal shopping cards, etc.; Overtime wages or special allowances for working overtime and night shifts, working on weekends or in other private hours; allowances for working in other places or working in unsatisfactory or dangerous environments; allowances for working abroad, etc. National laws, regulations and policies stipulates that due to illness, work injury, maternity leave, family planning leave, marriage and funeral leave, personal leave, family visit leave, regular leave, suspension of work to learn to implement national or social obligations and other reasons, wages are paid according to the hourly or piece rate wage standard; special bonuses or cash rewards are paid in conjunction with the incentive system and the overall performance of the enterprise; commissions, bounties or tips are obtained in the workplace.

Wages should include various deductions, such as old-age pension insurance, medical insurance, unemployment insurance, and housing provident funds, as well as rent, water, electricity, childcare, medical treatment expenses, loans and etc. that should be borne by the individuals withheld by the work units, while deducted expenses are included in the corresponding consumption expenditure or transfer expenditure. Wages are calculated in accordance with the system of receipt and payment. The wages actually received during the investigation time should be the wage income received in the current period, whether the wages are reissued or advanced. During the investigation time, wages and salaries that should be paid, but not done due to arrears and other reasons shall not be included.

Wages do not include pensions and hardship subsidies paid to employees or their survivors due to serious illnesses, accidental injuries, accidental deaths of employees or their family members. They should be included in the social aid and subsidy income from transfer.

Welfare in kind refers to various products in kind and services discounts provided to employees by units or employers for free or at low prices. In-kind benefits include various physical products provided by units or employers for free or at low prices, such as rice noodles, vegetable oil, milk, fruits, pastries, bedding, daily sundries, mobile phones, bicycles, household appliances and accessories, etc.; it also includes various services provided by units or employers for free or at a low price, such as free or low-cost working meals (excluding official entertainment or catering consumption during business trips), accommodation, commuting transportation, parking, kindergarten, entertainment, fitness, tourism and medical and health services, as well as utilities, heating fees, property fees paid by the units, education sponsorship fees for the children of employees, etc. The payment taken on by the individual first, and then reimbursed by the units or employers is also regarded as benefits in kind. In-kind benefits also include the goods and services produced by the units or employer's own production process, such as free journeys provided to employees by railways or airlines, and free coal provided to employees by mining companies.

The valuation of benefits in kind follows the principles: if the product or service is bought by the units or employers, the buyer's price is used to value it; if the product or service is produced by the units or the employers themselves, the producer price is used to value it. If the product or service is provided to employees free of charge, the value of the in-kind welfare is the total value of the product or service provided; if the product or service is provided to the employees at a price lower than the market price, the value of the in-kind welfare is the value of the difference between the market value of the product or service provided and the actual payment.

In-kind benefits do not include in-kind products or services provided by units or employers for employees to be able to complete their work, such as the reimbursement of travel expenses, relocation expenses, or other related expenses paid by employees to take over a new job or at the request of the employers to move the family to another part of the country or abroad and clothing, tools, and other equipment or other products for employees.

Others refer to the cash remuneration other than wages, obtained by employees, and various social security fees paid by the units, which includes one-time dismissal payments because of the layoffs; stocks and options distributed or rewarded to employees by joint-stock enterprises; resettlement fees for the transfer of work; creation and invention awards, natural science awards, and scientific and technological progress awards issued in accordance with relevant regulations issued by the State Council and payment, bonuses for athletes and coaches; remuneration such as manuscript fees, translation fees, design fees, lecture fees, consulting fees, etc. for individuals' engaging in freelance work such as writing, translation, design, etc. (including part-time or sporadic working).

Net Business Income refers to net income of household or household members acquired through engaging in production and business activities. It equals to total operating income deducts operating expenses, depreciation fixed assets for production and net taxes on production (taxes on production minus subsidies on production). The formula for calculation is as follows:

Net business income = total business income - expenditure of operation -depreciation of productive fixed assets - net tax on production (product tax-production subsidy)

The Primary Industry Net Income refers to the net income earned by households or household members that engaged in production and operation activities of the primary industry, which is the net income obtained after deducting operating expenses, depreciation of fixed productive assets and production taxes from all operating income.

The primary industry refers to agriculture, forestry, animal husbandry and fishery (excluding agriculture, forestry, animal husbandry and fishery services).

The Secondary Industry Net Income refers to the net income earned by households or household members that engaged in production and operation activities of the secondary industry, which is the net income obtained after deducting operating expenses, depreciation of fixed productive assets and production taxes from all operating income.

The secondary industry refers to mining industry (excluding mining auxiliary activities), manufacturing industry (excluding metal products, machinery and equipment repair industry), electricity, heat, gas and water production and supply industry, and construction industry.

The Tertiary Industry Net Income refers to the net income earned by households or household members that engaged in production and operation activities of the tertiary industry, which is the net income obtained after deducting operating expenses, depreciation of fixed productive assets and production taxes from all operating income.

The tertiary industry is the services sector, which refers to industries other than the primary industry and the secondary industry. The tertiary industry includes: wholesale and retail, transportation, warehousing and postal services, accommodation and catering, information transmission, software and information technology services, finance, real estate, leasing and business services, scientific research and technical services, water conservancy, environment and public facilities management, residential services, repairs and other services, education, health and social work, culture, sports and entertainment, public management, social security, social organizations and international organizations, as well as agricultural services, forestry services, animal husbandry services and fishery services in agriculture, forestry, animal husbandry and fishery, mining auxiliary activities in mining, and metal products, machinery and equipment repair in manufacturing.

Net Income from Properties refers to the rewards of households or household members gained by authorizing their financial assets and natural resources to other institutional units, households or individuals after deducting related expenses. Net income from properties includes net interest income, dividend income, savings insurance and net rental income through transferring management rights of contracted land, net rental income, net income from leasing other assets, net rental income from self-owned properties, etc.

Net income from properties does not include the premium income from the transfer of asset ownership, which should be included in "non-income income."

Net Interest Income refers to the net value of interest income after deducting the interest expenses of the household or individual's life loan interest paid to the creditor. Interest income refers to the additional amount in addition to the principal received from the debtor by households or individuals who lend financial assets (deposits, bonds, loans and other accounts receivable) according to the financial contract conditions agreed by both parties in advance. Interest income is earnings that is due, including various fixed and current deposit interest, bond interest, personal loan interest, etc., and interest income tax withheld by banks is also included. The difference between interests and dividends: interests are generally agreed in advance and has nothing to do with the business status of the enterprises, and dividends are directly related to the operating efficiency of the enterprise and is generally not agreed in advance.

Dividend Income refers to the income that households or individuals are entitled to gain when their funds are handed over to the company for disposal or disposal as shareholders, and it includes the regular distribution of dividends by stock issuing companies, year-end dividends, and dividends and bonuses obtained from collective property shares or other investment distributions according to the number of shares. The gains (including losses) obtained after the settlement of stock transactions are not included and should be included in "non-income income".

Net Income from Saving Insurance refers to the net insurance income obtained by households or individuals participating in savings insurance after deducting the paid insurance principal and related expenses, and it does not include insurance claim income granted by the insurer to the insurer.

Net Rental Income from the Transfer of Contracted Land Management Rights refers to the net income from the compensatory income received by households for the transfer of the land with the management or use rights to other institutions or individuals after deducting the relevant costs and expenses. It also includes in-kind income from other institutions or individuals. Net income from rental housing refers to the net income obtained by households after renting out their own housing to other institutions or individuals with deducting related maintenance costs.

Net Income from Renting Other Assets refers to the fact that households transfer other assets other than housing, including various tangible and intangible assets (such as production and business houses, machinery and equipment, patents, know-how, trademark goodwill, etc.) to other institutions. The net income was from the return obtained by the unit or individual after deducting the relevant costs and expenses.

Net Rental Income of Self-owned Housing refers to net rental income that households whose current housing property rights are self-owned housing (including self-built housing, self-purchased commercial housing, self-purchased housing to change housing, self-purchased affordable housing, demolition and resettlement housing, inherited or received housing) gained after deducting depreciation for their own consumption from the converted value of housing services. The calculation method of converting the net rent of own house is:

Annual net rental income from self-owned house = annual rental income from self-owned house -annual cost of purchasing and building houses

The annual rental income from self-owned houses is mainly based on the market valuation and service life period of the self-owned houses, and the annual cost of the purchase and construction of the house according to the price of the house and the corresponding annual depreciation rate. Since most of the rural areas do not have a housing transaction market, it is difficult to evaluate it. It is generally believed that the market value of rural residents' houses is equal to the house construction price of the year, and the net rent after conversion is zero. Therefore, in actual operation, only the net rent of self-owned housing is calculated for urban residents. It should be noted that net rental income from self-owned houses is a kind of income in kind.

Net Income from Other Properties refers to the net income obtained by households from property income other than the above after deducting related maintenance costs. For example, we gain the net property income by purchasing natural resources such as land, minerals, etc. abroad.

Net Income from Transfer the formula for calculation is as follows: transfer net income = transfer income - transfer expenditure

Transfer Income refers to the various current transfer payments of the state, units, and social organizations to households and the transfer of current income between households. It includes old-age pensions or retirement pensions, social relief and subsidies, policy-based production subsidies, policy-based living subsidies, recurring donations and compensation, reimbursement of medical expenses, maintenance income between households, return of non-resident members of this household and etc.

Transfer income does not include gifts in kind between households.

Old-age pensions or retirement pensions refer to the treatment given monthly in the form of currency or in-kind products and services to protect the basic living needs of workers who lose the ability to work due to the age and illness, referring to the provisions of relevant state documents or contractual agreements after workers are old or lose their ability to work, and their contributions to society and units and their qualifications for pension insurance or retirement conditions. They include pensions or retired pensions, and living allowances for retired people, new rural pension insurance for farmers, social pension insurance for urban residents, and pensions granted by the state or local government to urban unsecured elderly people who are injured at work, nursing expenses for retirees, retired people's living allowances, heating subsidies, medical expenses, travel subsidies, book and newspaper fees, hardship subsidies, and various other income earned in the original work unit. The cash equivalent of shopping card coupons is also included. Besides, it also includes the physical objects issued and the tickets and shopping cards for the purchase of designated items, which should be included in the corresponding physical products and services at the same time.

Social Relief and Subsidies refer to special allowances provided by the state, government agencies, enterprises and institutions, non-governmental organizations and individuals to various special families and persons. They also include the minimum living security fund granted by the state to families enjoying the minimum living security treatment for urban residents, the five guarantees relief fund issued to rural households with the five guarantees, and the hardship subsidies granted by the state, society and institutions to families with special difficulties, poverty alleviation funds, and disaster relief fund, regular pensions issued by the state or institutional units to employees or their survivors who lose their jobs due to incapacity or accidental death. They also include the physical objects issued and the tickets and shopping cards for the purchase of designated items, which should be included in the corresponding physical products and services at the same time.

Policy-based Production Subsidies refer to related production subsidies provided by the state to support agriculture and other industries, such as agricultural support and protection subsidies, subsidies for purchasing and updating large agricultural machinery, subsidies for returning farmland to forests and grasslands, subsidies for animal husbandry, and subsidies for non-agricultural production operations.

Policy-related Living Subsidies refer to the relevant policy-related living subsidies given to families by the central government and local governments at all levels in accordance with relevant national regulations. They include home appliance subsidies such as going to the countryside and trade-in for new ones, energy subsidies, living allowances for rural boarding school students, etc.; they also include other low-priced or free physical products and services, such as low-rent housing.

Reimbursement of Medical Expenses refers to medical reimbursement from social security funds or units after residents that participating in the new rural cooperative medical care, basic medical insurance for urban employees, basic medical insurance for (urban) residents, and disease insurance for urban and rural residents, purchase drugs, and getting outpatient treatment or hospitalization. Reimbursement of medical expenses is an income in kind. Reimbursement of medical expenses includes the part that is directly deducted when paid for medical services by using a social security card and paid by the social security fund. Medical expenses reimbursed from commercial medical insurance are not included.

Income Sent Back and Brought Back by Employees Who Work Outside refers to the income sent back and brought back by non-resident members of the household who work abroad (including abroad). Income sent back or brought back in any form such as cash, remittance, transfer, bank card sharing, etc., should be included.

Maintenance Income refers to the cash and in-kind income that relatives and friends regularly give to households and their members due to maintenance and support obligations.

Other Current Transfer Income refers to the other current transfer income received by households in addition to the above-mentioned transfer income, such as income from recurring donations, income from recurring compensation, unemployment insurance payments, and partnership fees for relatives and friends.

The income from regular donations refers to the income from regular donations or gifts that households receive from others, organizations, and social groups. This kind of donation income is obligatory and recurring, and it does not include inheritance and one-time gift income, weddings and funerals, wedding gifts, New Year money. The difference between donation income and support income: donation is cash given to the household and its members by other households or individuals who have no obligation to support the members of this household. Donation income and donation expenditures between members of this household do not need to be recorded.

Recurring compensation income refers to the recurring compensation paid by the state, units, and individuals to households and their members due to the property loss, personal injury, and mental loss. It does not include one-time compensation income.

Transfer Expenses refers to the current or compulsory transfer payments paid by survey households to the state, units, households, or individuals. They include taxes, various social security expenditures, supporting expenditures, current donations and compensation expenditures, and other current transfer expenditures.

Personal Income Tax refers to the income tax from wages and salaries deducted by surveyed respondents, income tax from contracting and leasing operations to enterprises and institutions, income tax from production and operation of individual industrial and commercial households, income tax from labor services, income tax from author's remuneration, income tax from royalties, income tax from interest dividends, property lease income tax, property transfer income tax, incidental income tax, and other income tax determined by the financial department of the State Council for taxation. Production taxes and consumption taxes are not included.

Social Security Expenditures refer to the security expenditures jointly paid by units and individuals when family members of the surveyed households participate in social security projects stipulated by national laws and regulations. They include pension insurance, medical insurance, unemployment insurance, work injury insurance, maternity insurance and other social security expenditures.

Expenditures Sent by Migrant Workers to Their Families refer to the expenditures sent back by the practitioners to the families where they are registered.

Support Expenses refer to the regular cash and regular in-kind expenditures paid to relatives and friends by the surveyed households for support and maintenance obligations. Cash support expenditures should be calculated based on the actual amount incurred, and whether they are expenditures from income or expenditures from bank deposits cash in hand, and other income during the reporting period, they all should be included.

Other Current Transfer Expenditures refer to other current transfer expenditures other than taxes paid, social security expenditures, and support expenditures, such as recurring donation expenses and recurring compensation expenses; various fines, like traffic fines; service fees charged by government departments for services to residents, like fees for relocation of household registration, ID card fees; payment of union fees, party fees, and group fees and the organization fee of the society.

Regular donation expenditures refer to the regular and obligatory cash expenditures given to others by surveyed households, including regular donations to temples, regular funding for poor students or poor areas, and various personal donations for the construction of public facilities, such as poverty relief fund, water conservancy fund, flood prevention fund. But they do not include the amount of value given to others in the form of goods or services. Expenses for weddings and funerals and one-off gifts such as New Year's Eve: gifts for visiting patients are not included. Recurrent donation expenditures should be calculated based on the actual amount incurred, whether it is expenditures or expenditures from bank deposits, cash in hand, and other income from the income of the reporting period, and they all should be included.

Regular compensation expenditures refer to the regular compensation expenditures paid by surveyed households to countries, units, and individuals that have suffered property losses, personal injuries, or mental losses, excluding one-time compensation expenditures.

The Median Income refers to the per capita income of the surveyed households in the most middle position, ranking all survey households in descending order of per capita income.

Gini Coefficient refers to the proportion of the total income that is used for uneven distribution of the income of all residents. The maximum of Gini coefficient is "1" and the minimum of it is "0". The former means that the income distribution between residents is absolutely uneven, that is, 100% of the income is occupied by all people in a unit; the latter means that the income distribution between residents is absolutely even, that is, the income between people is completely equal, and there is no difference. Generally, these two do not appear in reality. Therefore, the actual value of the Gini coefficient can only be between 0 and 1. In this plan, the Gini coefficient is calculated by using the household income and expenditure and living conditions survey of all sample disposable income data.

十五 Fifteen

科技、教育、文化、广播

Science And Technology, Education, Culture And Radio

15-1 各级各类学校数
Number of School by Type and Level

单位：个 (unit)

类　别	Item	2016	2017	2018	2019	2020	2020年比2019年增长(%) Growth Rate in 2020 over 2019 (%)
各类学校总计	**Total**	**2339**	**2277**	**2223**	**2412**	**2641**	**9.5**
研究生培养机构	Institutions Providing Postgraduate Programs	6	7	7	8	8	0.0
#高等学校	Institutions of Higher Education	6	6	6	7	7	0.0
普通高等学校	Regular Institutions of Higher Education	32	34	34	34	35	2.9
中等职业教育(学校)	Secondary Vocational Education	60	56	56	57	57	0.0
#市属中职	Municipal Secondary Vocational	36	32	32	33	33	0.0
普通中学	Regular Secondary School	316	315	322	330	335	1.5
#初　中	Junior Secondary School	246	245	249	255	260	2.0
#高　中	Senior Secondary School	70	70	73	75	75	0.0
小　学	Primary School	550	542	538	534	538	0.7
特殊教育学校	Special Education	10	10	10	10	10	0.0
工读学校	Schools for Juvenile Delinquents	3	3	2	2	2	0.0
技工学校	Technical School	12	13		11	10	-9.1
成人高等学校	Institutions of Higher Education for Adult	2	2	2	2	2	0.0
职业技术培训机构	Vocational and Technical Training Institutions	523	385	279	404	598	48.0
幼儿园	Kindergarten	825	910	973	1020	1046	2.5

注：技工学校为市本级数。
Technical Schools belong to city-level.

15-2 各级各类学校毕业生数
Number of Graduates of Formal Education by Type and Level

单位：人 (person)

类　别	Item	2016	2017	2018	2019	2020	2020 年比 2019 年增长 (%) Growth Rate in 2020 over 2019 (%)
各类学校总计	**Total**	**467656**	**438081**	**404860**	**411686**	**497054**	**20.7**
研究生培养机构	Institutions Providing Postgraduate Programs	4177	4347	4764	4943	6290	27.3
#高等学校	Institutions of Higher Education	4177	4342	4758	4937	6281	27.2
普通高等学校	Regular Institutions of Higher Education	91643	113998	115114	113266	120900	6.7
普通高等教育	Regular Higher Education	69106	85438	86083	89837	102812	14.4
成人高等教育	Adult Higher Education	22537	28560	29031	23429	18088	-22.8
中等职业教育(学校)	Secondary Vocational Education	43965	39804	38701	35787	32051	-10.4
#市属中职	Municipal Secondary Vocational	18010	15400	14591	12082	13072	8.2
普通中学	Regular Secondary School	84270	81303	78373	76589	77356	1.0
#初　中	Junior Secondary School	55681	52035	48634	47265	48712	3.1
#高　中	Senior Secondary School	28589	29268	29739	29324	28644	-2.3
小　学	Primary School	49682	50852	53786	51623	58667	13.6
特殊教育学校	Special Education	151	266	289	250	278	11.2
工读学校	Schools for Juvenile Delinquents	88	331	260	343	485	41.4
技工学校	Technical School	2750	3494		3509	4182	19.2
成人高等学校	Institutions of Higher Education for Adult	2794	1808	1184	608	453	-25.5
普通高等教育	Regular Higher Education						
成人高等教育	Adult Higher Education	2794	1808	1184	608	453	-25.5
职业技术培训机构	Vocational and Technical Training Institutions	135413	84500	47532	59261	130498	120.2
幼儿园	Kindergarten	52723	57378	64857	65507	65894	0.6

注：技工学校为市本级数。
Technical Schools belong to city-level.

15-3 各级各类学校招生数
Number of Entrants of Formal Education by Type and Level

单位：人 (person)

类 别	Item	2016	2017	2018	2019	2020	2020年比2019年增长(%) Growth Rate in 2020 over 2019 (%)
各类学校总计	**Total**	**403917**	**417360**	**431456**	**439000**	**461635**	**5.2**
研究生培养机构	Institutions Providing Postgraduate Programs	5107	6481	7132	7707	9913	28.6
#高等学校	Institutions of Higher Education	5107	6473	7124	7699	9896	28.5
普通高等学校	Regular Institutions of Higher Education	125354	133194	140003	149582	156579	4.7
普通高等教育	Regular Higher Education	104966	113261	120948	130352	135938	4.3
成人高等教育	Adult Higher Education	20388	19933	19055	19230	20641	7.3
中等职业教育(学校)	Secondary Vocational Education	49435	48754	47879	39970	35623	-10.9
#市属中职	Municipal Secondary Vocational	17306	18773	16870	15335	18220	18.8
普通中学	Regular Secondary School	78100	78750	81987	80641	87761	8.8
#初 中	Junior Secondary School	48800	49720	52677	51146	57403	12.2
#高 中	Senior Secondary School	29300	29030	29310	29495	30358	2.9
小 学	Primary School	68280	73702	81928	81631	80083	-1.9
特殊教育学校	Special Education	302	373	455	261	238	-8.8
工读学校	Schools for Juvenile Delinquents	62	260	327	485	127	-73.8
技工学校	Technical School	4832	4192		3763	9130	142.6
成人高等学校	Institutions of Higher Education for Adult	711	351	434	916	873	-4.7
普通高等教育	Regular Higher Education						
成人高等教育	Adult Higher Education	711	351	434	916	873	-4.7
职业技术培训机构	Vocational and Technical Training Institutions						
幼儿园	Kindergarten	71734	71303	71311	74044	81308	9.8

注：技工学校为市本级数。
Technical Schools belong to city-level.

15-4 各级各类学校在校生数
Number of Enrolments of Formal Education by Type and Level

单位：人 (person)

类　别	Item	2016	2017	2018	2019	2020	2020年比2019年增长(%) Growth Rate in 2020 over 2019 (%)
各类学校总计	**Total**	**1460825**	**1464171**	**1468234**	**1540983**	**1636995**	**6.2**
研究生培养机构	Institutions Providing Postgraduate Programs	14650	16744	19014	21599	25091	16.2
#高等学校	Institutions of Higher Education	14650	16724	18992	21575	25058	16.1
普通高等学校	Regular Institutions of Higher Education	404401	419461	437600	468011	499457	6.7
普通高等教育	Regular Higher Education	326034	349952	378986	411134	440212	7.1
成人高等教育	Adult Higher Education	78367	69509	58614	56877	59245	4.2
中等职业教育（学校）	Secondary Vocational Education	137953	129482	126589	116718	105038	-10.0
#市属中职	Municipal Secondary Vocational	50775	48206	44913	42211	44770	6.1
普通中学	Regular Secondary School	238072	234509	237185	239783	248774	3.7
#初　中	Junior Secondary School	149297	146603	149480	152385	160239	5.2
#高　中	Senior Secondary School	88775	87906	87705	87398	88535	1.3
小　学	Primary School	348251	370347	398899	427408	445829	4.3
特殊教育学校	Special Education	1115	1832	2122	1358	1356	-0.1
工读学校	Schools for Juvenile Delinquents	62	260	327	485	127	-73.8
技工学校	Technical School	12706	14525		8937	15122	69.2
成人高等学校	Institutions of Higher Education for Adult	5439	5398	4394	4694	5111	8.9
普通高等教育	Regular Higher Education						
成人高等教育	Adult Higher Education	5439	5398	4394	4694	5111	8.9
职业技术培训机构	Vocational and Technical Training Institutions	139343	100932	66543	71842	99390	38.3
幼儿园	Kindergarten	158833	170681	175561	180148	191700	6.4

注：技工学校为市本级数。
Technical Schools belong to city-level.

15-5 各级各类学校毕业班学生数
Number of Graduates for Next Year of Formal Education by Type and Level

单位：人 (person)

类　别	Item	2016	2017	2018	2019	2020	2020年比2019年增长(%) Growth Rate in 2020 over 2019 (%)
各类学校总计	**Total**	**353036**	**380981**	**367187**	**392745**	**411112**	**4.7**
研究生培养机构	Institutions Providing Postgraduate Programs	4990	5469	5786	7273	7756	6.6
#高等学校	Institutions of Higher Education	4990	5463	5780	7265	7748	6.6
普通高等学校	Regular Institutions of Higher Education	118016	123501	125746	138653	149831	8.1
普通高等教育	Regular Higher Education	88349	91018	96406	107089	116524	8.8
成人高等教育	Adult Higher Education	29667	32483	29340	31564	33307	5.5
中等职业教育(学校)	Secondary Vocational Education	45023	41829	37879	36770	36171	-1.6
#市属中职	Municipal Secondary Vocational	16301	15064	12776	12946	11961	-7.6
普通中学	Regular Secondary School	81727	78555	76829	77642	80688	3.9
#初　中	Junior Secondary School	52299	48731	47436	48800	51890	6.3
#高　中	Senior Secondary School	29428	29824	29393	28842	28798	-0.2
小　学	Primary School	51093	53863	51670	58874	63245	7.4
特殊教育学校	Special Education	308	356	519	537	298	-44.5
工读学校	Schools for Juvenile Delinquents						
技工学校	Technical School	2805	4262		3931	3479	-11.5
成人高等学校	Institutions of Higher Education for Adult	4152	4677	3901	3718	3750	0.9
普通高等教育	Regular Higher Education						
成人高等教育	Adult Higher Education	4152	4677	3901	3718	3750	0.9
职业技术培训机构	Vocational and Technical Training Institutions						
幼儿园	Kindergarten	44922	68469	64857	65347	65894	0.8

注：技工学校为市本级数。
Technical Schools belong to city-level.

15-6 各级各类学校专任教师数
Number of Full-time Teachers of Schools by Type and Level

单位：人 (person)

类　别	Item	2016	2017	2018	2019	2020	2020 年比 2019 年增长 (%) Growth Rate in 2020 over 2019 (%)
各类学校总计	**Total**	**74473**	**79086**	**79865**	**84565**	**88138**	**4.2**
研究生培养机构	Institutions Providing Postgraduate Programs						
#高等学校	Institutions of Higher Education						
普通高等学校	Regular Institutions of Higher Education	19156	20289	20492	20748	21351	2.9
中等职业教育(学校)	Secondary Vocational Education	5463	5565	5199	5185	4782	-7.8
#市属中职	Municipal Secondary Vocational	2088	2153	2386	2398	2536	5.8
普通中学	Regular Secondary School	18204	18492	18890	19313	19964	3.4
#初　中	Junior Secondary School	11525	11611	11721	11937	12443	4.2
#高　中	Senior Secondary School	6679	6881	7169	7376	7521	2.0
小　学	Primary School	18590	19747	21016	22274	23146	3.9
特殊教育学校	Special Education	208	217	228	235	246	4.7
工读学校	Schools for Juvenile Delinquents	12	14	20	19	19	持平
技工学校	Technical School	647	1334		1039	1153	11.0
成人高等学校	Institutions of Higher Education for Adult	334	326	353	342	91	-73.4
职业技术培训机构	Vocational and Technical Training Institutions	1689	1931	1814	3054	3968	29.9
幼儿园	Kindergarten	10170	11171	11853	12356	13032	5.5

注：技工学校为市本级数。
Technical Schools belong to city-level.

15-7 普通高等教育(学校)基本情况(2020 年)

单位：人

类　别	Item	学校数(所) Number of Schools (unit)
总　计	**Total**	**35**
本科大学	**Universities with Full Undergraduate Courses**	**6**
贵州大学	Guizhou University	1
贵州医科大学	Guizhou Medcial University	1
贵州中医药大学	Guizhou University of Traditional Chinese Medicine	1
贵州师范大学	Guizhou Normal University	1
贵州财经大学	Guizhou University of Finance and Economics	1
贵州民族大学	Guizhou Minzu University	1
本科学院	**Institutions with Full Undergraduate Courses**	**5**
贵州师范学院	Guizhou Normal College	1
贵州理工学院	Guizhou Institute of Technology	1
贵阳学院	Guiyang University	1
贵州商学院	Guizhou Commercial College	1
贵州警察学院	Guizhou Police College	1
本科独立学院	**Undergraduate Independent Institutions**	**6**
贵州大学科技学院	The College of Science and Technology of Guizhou University	1
贵州大学明德学院	Mingde College of Guizhou University	1
贵州师范大学求是学院	Qiushi College of Guizhou Normal College	1
贵州民族大学人文科技学院	The College of Humanities Sciences of Guizhou Minzu University	1
贵州医科大学神奇民族医药学院	ShenQi Ethnic Medicine College of Guizhou Medical University	1
贵阳中医学院时珍学院	Shizhen Institute of Guiyang College of Traditional Chinese Medicine	1
专科院校(高等专科学校)	**Non-university Tertiary(Junior College)**	**1**
贵阳幼儿师范高等专科学校	Guiyang Preschool Education College	1
专科院校(高等职业学校)	**Non-university Tertiary(Advanced Vocational School)**	**17**
贵州交通职业技术学院	Guizhou Polytechnic College of Communications	1
贵州城市职业学院	Guizhou City Vocational College	1
贵州工业职业技术学院	Guizhou Industry Polytechnic College	1
贵州电力职业技术学院	Guizhou Power Vocational and Technical College	1
贵州轻工职业技术学院	Guizhou Light Industry Technical College	1
贵阳护理职业学院	Guiyang Nursing Vocational College	1
贵阳职业技术学院	Guiyang Vocational and Technology College	1
贵州职业技术学院	Guizhou Vocational and Technology Institute	1
贵州工商职业学院	Guizhou Technology and Business Institute	1
贵州建设职业技术学院	Guizhou Polytechnic of Construction	1
贵州农业职业学院	Guizhou Vocational College of Agriculture	1
贵州水利水电职业技术学院	Guizhou School of Water Conservancy and Electric Power	1
贵州电子商务职业技术学院	Guizhou Electronic Commerce Vocational College	1
贵州装备制造职业学院	Guizhou Equipment Manufacturing Vocational College	1
贵州食品工程职业学院	Guizhou Vocational College of Foodstuff Engineering	1
贵州财经职业学院		1
贵州航空职业技术学院	Guizhou Aerospace Vocational and Technical College	1

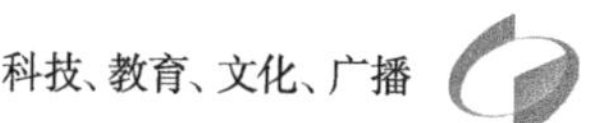

Basic Statistics on Regular Higher Education(Schools)(2020)

(person)

毕业生 Graduates	普通高等教育 Regular Higher Education	成人高等教育 Adult Higher Education	招 生 New Enrollment	普通高等教育 Regular Higher Education	成人高等教育 Adult Higher Education
120900	**102812**	**18088**	**156579**	**135938**	**20641**
44820	**31554**	**13266**	**48312**	**31503**	**16809**
10471	7550	2921	13039	8507	4532
8889	4143	4746	10503	5186	5317
3139	2835	304	3429	3368	61
9116	6042	3074	8999	6946	2053
7191	5744	1447	8147	3301	4846
6014	5240	774	4195	4195	0
16796	**13362**	**3434**	**16978**	**13969**	**3009**
4336	3412	924	3813	3026	787
3140	2751	389	4618	4340	278
5098	3234	1864	4787	2893	1894
3087	2830	257	2661	2611	50
1135	1135	0	1099	1099	0
13215	**13215**	**0**	**20766**	**20766**	**0**
2199	2199	0	3488	3488	0
2560	2560	0	4458	4458	0
2835	2835	0	3154	3154	0
3181	3181	0	4532	4532	0
1404	1404	0	1884	1884	0
1036	1036	0	3250	3250	0
1973	**1928**	**45**	**2608**	**2608**	**0**
1973	1928	45	2608	2608	0
44096	**42753**	**1343**	**67915**	**67092**	**823**
3951	3951	0	5236	5236	0
4554	4554	0	4839	4612	227
3515	3511	4	5025	5018	7
553	524	29	0	0	0
3033	3033	0	5237	5237	0
2282	2265	17	3445	3445	0
5219	4052	1167	4724	4210	514
3795	3795	0	5550	5550	0
5379	5379	0	6203	6203	0
3646	3646	0	4635	4635	0
2048	2048	0	4494	4494	0
2201	2201	0	4221	4221	0
1784	1784	0	4152	4152	0
574	574	0	3400	3400	0
506	506	0	2381	2381	0
0	0	0	1535	1535	0
1056	930	126	2838	2763	75

15-7 续表

单位：人

类　别	Item	在校生 Total Enrollment
总　计	**Total**	**499457**
本科大学	**Universities with Full Undergraduate Courses**	**181459**
贵州大学	Guizhou University	49739
贵州医科大学	Guizhou Medcial University	31883
贵州中医药大学	Guizhou University of Traditional Chinese Medicine	15225
贵州师范大学	Guizhou Normal University	35765
贵州财经大学	Guizhou University of Finance and Economics	31629
贵州民族大学	Guizhou Minzu University	17218
本科学院	**Institutions with Full Undergraduate Courses**	**59739**
贵州师范学院	Guizhou Normal College	15073
贵州理工学院	Guizhou Institute of Technology	13637
贵阳学院	Guiyang University	15240
贵州商学院	Guizhou Commercial College	11206
贵州警察学院	Guizhou Police College	4583
本科独立学院	**Undergraduate Independent Institutions**	**69296**
贵州大学科技学院	The College of Science and Technology of Guizhou University	11081
贵州大学明德学院	Mingde College of Guizhou University	13914
贵州师范大学求是学院	Qiushi College of Guizhou Normal College	12978
贵州民族大学人文科技学院	The College of Humanities Sciences of Guizhou Minzu University	17404
贵州医科大学神奇民族医药学院	ShenQi Ethnic Medicine College of Guizhou Medical University	7458
贵阳中医学院时珍学院	Shizhen Institute of Guiyang College of Traditional Chinese Medicine	6461
专科院校（高等专科学校）	**Non-university Tertiary(Junior College)**	**7041**
贵阳幼儿师范高等专科学校	Guiyang Preschool Education College	7041
专科院校（高等职业学校）	**Non-university Tertiary(Advanced Vocational School)**	**181922**
贵州交通职业技术学院	Guizhou Polytechnic College of Communications	16340
贵州城市职业学院	Guizhou City Vocational College	13194
贵州工业职业技术学院	Guizhou Industry Polytechnic College	15366
贵州电力职业技术学院	Guizhou Power Vocational and Technical College	0
贵州轻工职业技术学院	Guizhou Light Industry Technical College	14777
贵阳护理职业学院	Guiyang Nursing Vocational College	8984
贵阳职业技术学院	Guiyang Vocational and Technology College	12648
贵州职业技术学院	Guizhou Vocational and Technology Institute	14610
贵州工商职业学院	Guizhou Technology and Business Institute	19394
贵州建设职业技术学院	Guizhou Polytechnic of Construction	11900
贵州农业职业学院	Guizhou Vocational College of Agriculture	10330
贵州水利水电职业技术学院	Guizhou School of Water Conservancy and Electric Power	12115
贵州电子商务职业技术学院	Guizhou Electronic Commerce Vocational College	10650
贵州装备制造职业学院	Guizhou Equipment Manufacturing Vocational College	7270
贵州食品工程职业学院	Guizhou Vocational College of Foodstuff Engineering	4478
贵州财经职业学院		1535
贵州航空职业技术学院	Guizhou Aerospace Vocational and Technical College	8331

(Continued)

(person)

普通高等教育 Regular Higher Education	成人高等教育 Adult Higher Education	毕业班学生 Current Graduates	普通高等教育 Regular Higher Education	成人高等教育 Adult Higher Education	教职工 Teachers and Staff	# 专任教师 Full-time Teachers
440212	**59245**	**149831**	**116524**	**33307**	**30026**	**21351**
131660	**49799**	**63765**	**35946**	**27819**	**13660**	**9167**
34188	15551	19186	8259	10927	3936	2577
21751	10132	10206	5391	4815	1844	1271
14944	281	4121	3901	220	1479	1120
26101	9664	13355	6139	7216	2512	1730
17747	13882	10820	6359	4461	2131	1250
16929	289	6077	5897	180	1758	1219
53023	**6716**	**17085**	**13499**	**3586**	**4063**	**2885**
13122	1951	4458	3334	1124	1108	805
13065	572	3085	2872	213	905	608
11141	4099	5064	2859	2205	947	704
11112	94	3265	3221	44	726	487
4583	0	1213	1213	0	377	281
69296	**0**	**13711**	**13711**	**0**	**3047**	**2292**
11081	0	2511	2511	0	210	106
13914	0	2645	2645	0	349	300
12978	0	2964	2964	0	732	565
17404	0	3998	3998	0	841	620
7458	0	1125	1125	0	511	357
6461	0	468	468	0	404	344
6562	**479**	**2232**	**1753**	**479**	**385**	**260**
6562	479	2232	1753	479	385	260
179671	**2251**	**53038**	**51615**	**1423**	**8871**	**6747**
16340	0	4702	4702	0	784	627
12967	227	5184	5184	0	668	546
15354	12	4528	4528	0	776	683
0	0	0	0	0	153	53
14777	0	3955	3955	0	655	591
8984	0	2391	2391	0	439	379
11461	1187	4493	3820	673	669	501
14610	0	3848	3848	0	450	380
19394	0	5993	5993	0	1066	669
11900	0	3478	3478	0	511	445
10330	0	2459	2459	0	542	393
12115	0	3762	3762	0	473	330
10650	0	2646	2646	0	504	315
7270	0	1825	1825	0	299	228
4478	0	970	970	0	264	154
1535	0	0	0	0	185	172
7506	825	2804	2054	750	433	281

15-8 高等教育研究生及本科分科学生数(2020年)
Number of Undergraduate and Postgraduate Students in Institutions of Higher Education by Field of Study(2020)

单位：人 (person)

指 标	Item	毕业生 Graduates		招 生 New Enrollment		在校生 Total Enrollment		毕业班学生 Current Graduates	
		研究生以上学历 Master's Degree above	本 科 Undergraduate Students	研究生以上学历 Master's Degree above	本 科 Undergraduate Students	研究生以上学历 Master's Degree above	本 科 Undergraduate Students	研究生以上学历 Master's Degree above	本 科 Undergraduate Students
总 计	**Total**	**6290**	**67437**	**9913**	**81216**	**25091**	**286396**	**7756**	**77697**
哲 学	Philosophy	43	38	86	50	199	187	48	46
经济学	Economics	220	3077	380	2707	887	11759	235	3139
法 学	Law	749	3488	1122	4531	2922	16643	931	4354
教育学	Education	714	4647	1143	5008	2327	15976	538	4503
文 学	Literature	259	6237	393	6486	941	25572	259	7982
历史学	History	36	381	77	401	188	1693	47	424
理 学	Science	534	4419	882	4428	2358	18339	768	4919
工 学	Engineering	1097	13410	1786	19530	4540	66361	1369	16359
农 学	Agriculture	426	1134	799	1430	2010	4882	628	1169
医 学	Medicine	949	12881	1552	14945	3807	46464	1105	12562
管理学	Management	1038	12983	1344	16771	3958	59664	1517	17600
艺术学	Arts	225	4742	349	4929	954	18856	311	4640

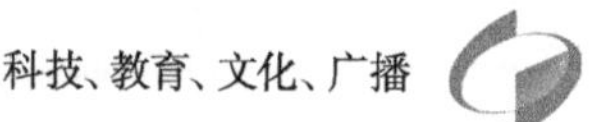

15-9 高等教育专科分科学生数(2020年)
Number of Students in Junior College by Field of Study(2020)

单位：人 (person)

指　标	Item	毕业生 Graduates	招生 New Enrollment	在校生 Total Enrollment	毕业班学生 Current Graduates
总　计	**Total**	**53916**	**76236**	**218172**	**75884**
农林牧渔	Agriculture,Forestry,Animal Husbandry and Fishery	1462	2022	4942	1390
交通运输	Communication and Transportation	1162	1553	4274	1492
生化与药品	Biochemistry and Drugs	1033	813	2483	962
资源开发与测绘	Exploiture of Resources & Surveying and Mapping	7714	11342	32434	11053
材料与能源	Materials and Sources of Energy	615	874	2453	722
土　建	Civil Construction	3776	7322	20112	6532
水　利	Water Conservancy	227	142	1102	306
制　造	Manufacturing	35	0	32	32
电子信息	Electronic Information	1304	2720	6209	1842
环保、气象与安全	Environmental Protection, Meteorology and Security	5689	6355	17466	5117
轻纺食品	Textile and Food	4184	8446	22331	5979
财　经	Finance and Economics	5116	6210	18082	5711
医药卫生	Medicine and Health	11612	16120	45238	16501
旅　游	Tourism	1625	3055	8619	2751
公共事业	Public Service	2065	3675	9975	2697
文化教育	Culture and Education	137	164	461	133
艺术设计传媒	Art Design and Media	4152	3555	13803	7886
公　安	Public Security	1273	432	2095	981
法　律	Law	735	1436	6061	3797

15-10 研究生基本情况 (2020 年)

单位：人

类　别	Item	学校数(所) Number of Schools (unit)	毕业生 Grad-uates	博士 Doctor	硕士 Master
高等院校小计	**Institutions of Higher Education**	**8**	**6290**	**133**	**6157**
贵州大学	Guizhou University	1	3135	85	3050
贵州医科大学	Guiyang Medical University	1	656	25	631
贵阳中医学大学	Guizhou University of Traditional Chinese Medicine	1	341	0	341
贵州师范大学	Guizhou Normal University	1	1157	16	1141
贵州财经大学	Guizhou University of Finance and Economics	1	606	0	606
贵州民族大学	Guizhou Minzu University	1	386	7	379
贵阳学院	Guiyang College	1	0	0	0
中国航天科工集团第十研究院	The 10th Academy of China Aerospace Science&Industry Corportation	1	9	0	9

Statistics on Postgraduates(2020)

(person)

招生 New Enroll-ment	博士 Doctor	硕士 Master	在校生 Total Enroll-ment 小计	博士 Doctor	硕士 Master	毕业班学生 Current Graduates 小计	博士 Doctor	硕士 Master
9913	**468**	**9445**	**25091**	**1469**	**23622**	**7756**	**569**	**7187**
4521	248	4273	12351	845	11506	4156	401	3755
1067	105	962	2616	251	2365	752	72	680
607	0	607	1467	0	1467	408	0	408
1906	71	1835	4332	247	4085	1199	72	1127
1001	18	983	2426	32	2394	729	0	729
716	26	690	1758	94	1664	504	24	480
78	0	78	108	0	108	0	0	0
17	0	17	33	0	33	8	0	8

15-11 中等职业教育(学校)基本情况(2020年)

单位：人

类　别	Item	毕业生 Graduates	# 普通中专 Regular Secondary Specialized Schools
总　计	**Total**	**33999**	**27440**
# 女	Female Students	16006	13567
按类别划分	**By Field of Study**		
农林牧渔	Agriculture,Forestry,Animal Husbandry and Fishery	889	560
资源环境	Resources and Environment	34	34
能源与新能源	Energy and New Energy	94	94
土木水利	Civil and Hydraulic Engineering	3755	3302
加工制造	Manufacturing	2380	2239
石油化工	Petroleum and Chemical	26	26
轻纺食品	Textile and Food	59	39
交通运输	Transport	5122	4213
信息技术	Information Technology	4758	2676
医药卫生	Medicine and Health	4530	3566
休闲保健	Leisure and Health	349	298
财经商贸	Finance and Trade	3535	2832
旅游服务	Tourism Services	2261	1827
文化艺术	Culture and Arts	508	500
体育与健身	Sports and Fitness	199	199
教　育	Education	5096	4827
司法服务	Justice Services	22	
公共管理与服务	Public Management and Services	73	
其　他	Others	309	208

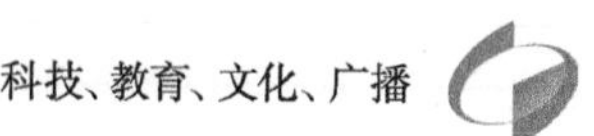

Basic Statistics on Secondary Vocational Education(Schools) (2020)

(person)

职业高中 Vocational Senior Secondary Schools	成人中专 Adult Specialized Secondary Schools	招生 New Enrollment	#普通中专 Regular Specialized Secondary Schools	职业高中 Vocational Senior Secondary Schools	成人中专 Adult Specialized Secondary Schools
6114	**445**	**36614**	**23771**	**12425**	**418**
2266	173	14693	9538	4984	171
	329	1175	757		418
		93	33	60	
		94	94		
453		3917	3656	261	
141		2142	1789	353	
		17	17		
20		156	60	96	
909		8008	4464	3544	
2082		5576	2755	2821	
964		3330	1662	1668	
51		450	338	112	
688	15	4228	2774	1454	
434		2151	1683	468	
8		1411	1108	303	
		378	378		
269		2377	1964	413	
22					
73		962	90	872	
	101	149	149		

15-11 续表

单位：人

类别	Item	在校生 Total Enrollment	# 普通中专 Regular Secondary Specialized Schools	职业高中 Vocational Senior Secondary Schools	成人中专 Adult Specialized Secondary Schools
总　计	**Total**	**108091**	**79909**	**27042**	**1140**
# 女	Female Students	45590	34348	10811	431
# 文化基础课	Cultural Basic Courses				
# 实习指导课	Internship Tutorials				
按类别划分	**By Field of Study**				
农林牧渔	Agriculture,Forestry,Animal Husbandry and Fishery	2187	1176		1011
资源环境	Resources and Environment	115	55	60	
能源与新能源	Energy and New Energy	318	318		
土木水利	Civil and Hydraulic Engineering	11322	10050	1272	
加工制造	Manufacturing	5819	5018	801	
石油化工	Petroleum and Chemical	70	70		
轻纺食品	Textile and Food	270	140	130	
交通运输	Transport	26340	17458	8882	
信息技术	Information Technology	14964	9615	5349	
医药卫生	Medicine and Health	10104	6324	3780	
休闲保健	Leisure and Health	1407	1196	211	
财经商贸	Finance and Trade	12792	9905	2887	
旅游服务	Tourism Services	6346	5183	1163	
文化艺术	Culture and Art	2678	2296	382	
体育与健身	Sports and Fitness	880	880		
教　育	Education	10908	9655	1253	
司法服务	Justice Services				
公共管理与服务	Public Management and Services	1019	147	872	
其　他	Others	552	423		129

(Continued)

(person)

毕业班学生 Current-year Graduates	# 普通中专 Regular Specialized Secondary Schools	职业高中 Vocational Senior Secondary Schools	成人中专 Adult Specialized Secondary Schools	专任教师 Full-time Teachers	# 普通中专 Regular Specialized Secondary Schools	职业高中 Vocational Senior Secondary Schools	成人中专 Adult Specialized Secondary Schools	其他机构
37368	**30699**	**6287**	**382**	**4966**	**2201**	**1608**	**1121**	**36**
16069	13910	2022	137	2678	1386	839	431	22
				1634	630	546	428	30
				218	87	25	100	6
				3114	1484	1037	593	
625	372		253	254	60		194	
22	22			29		3	26	
95	95			25	4		21	
4245	3694	551		281	171	47	63	
1967	1814	153		170	93	64	13	
32	32			15	15			
58	38	20		20	16	4		
8950	6658	2292		384	100	247	37	
4315	3314	1001		462	181	210	71	
3880	2978	902		434	250	181	3	
465	392	73		14	11	3		
4041	3604	437		189	125	27	37	
2091	1753	338		186	83	97	6	
683	650	33		133	73	42	18	
204	204			79	50	29		
5375	4888	487		295	222	42	31	
				9		5	4	
7	7			66	25	24	17	
313	184		129	69	5	12	52	

15-12 普通中学基本情况(2020年)

单位：人

类　别	Item	学校数(所) Number of Schools (unit)	高　中 Senior Secondary Schools	#完全中学 Six-grades Secondary Schools
总　计	**Total**	**335**	**75**	**28**
#女	Female Students			
教育部门和集体办	Run by Education Departments and Collectives	182	41	14
民　办	Run by Private Institutions	151	32	13
其他部门办	Run by Other Departments	2	2	1
城区合计	**Cities**	**244**	**59**	**21**
教育部门和集体办	Run by Education Departments and Collectives	107	32	11
民　办	Run by Private Institutions	136	26	9
其他部门办	Run by Other Departments	1	1	1
镇区合计	**Counties and Towns**	**65**	**15**	**7**
教育部门和集体办	Run by Education Departments and Collectives	53	9	3
民　办	Run by Private Institutions	11	5	4
其他部门办	Other Departments in Running Schools	1	1	
乡村合计	**Rural**	**26**	**1**	
教育部门和集体办	Run by Education Departments and Collectives	22		
民　办	Run by Private Institutions	4	1	
其他部门办	Run by Other Departments			

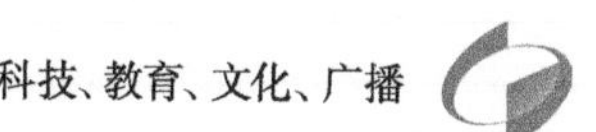

Basic Statistics on Regular Secondary Schools(2020)

(person)

					毕业生 Graduates	
#高级中学	#十二年一贯制学校 12–Year Schools	初　中 Junior Secondary Schools	#初级中学	#九年一贯制学校 9–Year Schools	初　中 Junior Secondary Schools	高　中 Senior Secondary Schools
30	**17**	**260**	**120**	**140**	**48712**	**28644**
					22726	15272
23	4	141	105	36	37559	21619
7	12	119	15	104	10898	6873
	1				255	152
25	**13**	**185**	**70**	**115**	**34470**	**22072**
18	3	75	57	18	24573	16915
7	10	110	13	97	9762	5157
					135	
5	**3**	**50**	**36**	**14**	**12002**	**6467**
5	1	44	36	8	11073	4704
	1	6		6	809	1611
	1				120	152
	1	**25**	**14**	**11**	**2240**	**105**
		22	12	10	1913	
	1	3	2	1	327	105

15-12 续表

单位：人

类　别	Item	招　生 New Enrollment	
		初　中 Junior Secondary Schools	高　中 Senior Secondary Schools
总　计	**Total**	**57403**	**30358**
#女	Female Students	27077	15343
教育部门和集体办	Run by Education Departments and Collectives	45730	21445
民　办	Run by Private Institutions	11554	8723
其他部门办	Run by Other Departments	119	190
城区合计	**Cities**	**39169**	**22815**
教育部门和集体办	Run by Education Departments and Collectives	29013	16364
民　办	Run by Private Institutions	10109	6451
其他部门办	Run by Other Departments	47	
镇区合计	**Counties and Towns**	**14982**	**7365**
教育部门和集体办	Run by Education Departments and Collectives	14034	5081
民　办	Run by Private Institutions	876	2094
其他部门办	Run by Other Departments	72	190
乡村合计	**Rural**	**3252**	**178**
教育部门和集体办	Run by Education Departments and Collectives	2683	
民　办	Run by Private Institutions	569	178
其他部门办	Run by Other Departments		

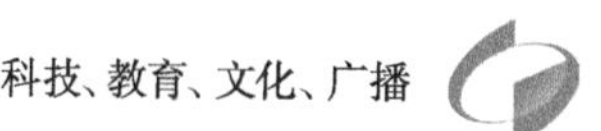

(Continued)

(person)

在校生 Total Enrollment		毕业班学生 Current Graduates		教职工 Teachers and Staff	
初中 Junior Secondary Schools	高中 Senior Secondary Schools	初中 Junior Secondary Schools	高中 Senior Secondary Schools		# 专任教师 Full-time Teachers
160239	**88535**	**51890**	**28798**	**27222**	**23606**
75096	45354	24292	14975	17252	15064
123960	62005	39586	20235	17498	16066
35787	25686	12099	8251	9590	7419
492	844	205	312	134	121
109965	**66793**	**35497**	**21660**	**20046**	**17506**
78526	47668	24805	15627	11791	11134
31176	19125	10574	6033	8217	6340
263		118		38	32
41486	**21362**	**13674**	**7035**	**5871**	**5053**
38249	14337	12497	4608	4741	4131
3008	6181	1090	2115	1034	833
229	844	87	312	96	89
8788	**380**	**2719**	**103**	**1305**	**1047**
7185		2284		966	801
1603	380	435	103	339	246

15-13 小学基本情况(2020年)

单位：人

类别	Item	学校数(所) Number of Schools (unit)	#独立设置少数民族学校 Independent Primary Schools for Minorities	其它机构(教学点) Others Insitutions
总计	**Total**	**538**	**16**	**74**
#女	Female Students			
教育部门和集体办	Run by Education Departments and Collectives	461	15	74
民办	Run by Private Institutions	77	1	
其他部门办	Run by Other Departments			
城区合计	**Cities**	**278**	**4**	**1**
教育部门和集体办	Run by Education Departments and Collectives	204	3	1
民办	Run by Private Institutions	74	1	
其他部门办	Run by Other Departments			
镇区合计	**Counties and Towns**	**81**		**1**
教育部门和集体办	Run by Education Departments and Collectives	79		1
民办	Run by Private Institutions	2		
其他部门办	Run by Other Departments			
乡村合计	**Rural**	**179**	**12**	**72**
教育部门和集体办	Run by Education Departments and Collectives	178	12	72
民办	Run by Private Institutions	1		
其他部门办	Run by Other Departments			

Statistics on Primary Schools(2020)

(person)

毕业生 Graduates	招　生 New Enrollment	在校生 Total Enrollment	毕业班学生 Current Graduates	教职工 Teachers and Staff	# 专任教师 Full-time Teachers
58667	**80083**	**445829**	**63245**	**21198**	**19504**
27532	37379	208398	29720	16216	15095
49422	69865	382195	53209	19249	18083
9170	10137	63225	9946	1949	1421
75	81	409	90		
39832	**54783**	**298219**	**41941**	**13566**	**12572**
31118	45378	239232	32565	11797	11268
8714	9405	58987	9376	1769	1304
11930	**15750**	**92035**	**13458**	**4416**	**4002**
11511	15157	88478	12913	4253	3895
344	512	3148	455	163	107
75	81	409	90		
6905	**9550**	**55575**	**7846**	**3216**	**2930**
6793	9330	54485	7731	3199	2920
112	220	1090	115	17	10

15-14 特殊教育基本情况 (2020 年)
Statistics on Special Education Schools(2020)

单位：人 (person)

类别	Item	班数 (个) Number of Classes (unit)	毕业生 Graduates	招生 New Enrollment	在校生 Total Enrollment	教职工 Teachers and Staff	# 专任教师 Full-time Teachers
总计	**Total**	**151**	**493**	**505**	**2864**	**298**	**246**
# 女	Female		192	197	1103	227	198
按特殊教育分	**Disability Classification**						
视力残疾	Visual Deficiency	15	50	37	204		
听力残疾	Hearing Disability	29	104	91	402		
智力残疾	Mental Dificiency	87	175	210	1262		
其他残疾	Other Disability	20	164	167	996		
按地域分	**Classification by Region**						
城市	Cities	113	293	302	1641	219	182
镇区	Towns	38	166	140	852	79	64
农村	Rural		34	63	371		

注：1) 特殊学校数全市合计 10 所，其中培智学校 4 所，其他学校 6 所。2) 学生数含普通教育随班就读学生数，故与总表不一致。
a) There are 10 special education schools altogether including 4 mental deficiency schools and 6 others.

15-15 成人高等学校基本情况 (2020 年)
Statistics on Institutions of Adult Higher Education(2020)

单位：人 (person)

类别	Item	学校数 (所) Number of Schools (unit)	毕业生 Graduates	普通高等教育 Regular Higher Education	成人高等教育 Adult Higher Education	招生 New Enrollment	普通高等教育 Regular Higher Education	成人高等教育 Adult Higher Education
总计	**Total**	**2**	**453**		**453**	**873**		**873**
贵州广播电视大学	Guizhou Radio&TV University	1	448		448	873		873
贵州铝厂职工大学	Guizhou Aluminum Plant University for Employees	1	5		5			

15-15 续表 (Continued)

单位：人 (person)

类别	Item	在校生 Total Enrollment	普通高等教育 Regular Higher Education	成人高等教育 Adult Higher Education	毕业班学生 Current-year Graduates	普通高等教育 Regular Higher Education	成人高等教育 Adult Higher Education	教职工 Teachers and Staff	# 专任教师 Full-time Teachers
总计	**Total**	**5111**		**5111**	**3750**		**3750**	**137**	**91**
贵州广播电视大学	Guizhou Radio&TV University	5089		5089	3745		3745	84	51
贵州铝厂职工大学	Guizhou Aluminum Plant University for Employees	22		22	5		5	53	40

15-16 广播电视宣传基本情况 (2020 年)
Basic Statistics on Radio and TV(2020)

单位：小时 (hour)

指 标	Item	全年广播电视节目播出时间 Length of Radio and Television Programs	按节目类型分 Grouped by Program Type	
			新闻资讯 News	专题服务 Special Subject
无线广播合计	**All Radio Broadcasting Stations**	**32451**	**6426**	**4942**
地（市）级广播电台	Prefectural Level	32451	6426	4942
电视播映合计（含有线电视）	**All Television Stations (including cable TV)**	**68599**	**13552**	**10560**
地（市）级电视台	Prefectural Level	36296	9250	7319
县电视台	County Level	32303	4302	3241

15-16 续表 (Continued)

单位：小时 (hour)

指 标	Item	按节目类型分 Grouped by Program Type			
		综艺益智 General Entertainment	广播影视剧 Radio Play	广 告 Advertising	其 他 Others
无线广播合计	**All Radio Broadcasting Stations**	**5456**	**4695**	**3068**	**6470**
地（市）级广播电台	Prefectural Level	5456	4695	4462	6470
电视播映合计（含有线电视）	**All Television Stations (including cable TV)**	**438**	**23315**	**10203**	**10532**
地（市）级电视台	Prefectural Level	365	6388	5632	7342
县电视台	County Level	73	16927	4571	3190

15-17 广播电视节目制作
Production of Radio and Television Programs Produced

单位：小时 (hour)

指　标	Item	2016	2017	2018	2019	2020	2020 年比 2019 年增长 (%) Growth Rate in 2020over 2019(%)
广播节目制作	**Production of Radio Programs**	**19210**	**21945**	**22531**	**25905**	**25929**	**0.1**
# 新闻资讯	News Programs	1638	2162	2572	2690	2720	1.1
专题服务	Special Subject Programs	5357	5211	4314	5315	4880	-8.2
综　艺	Variety Shows	5244	2705	4960	5347	5197	-2.8
广播剧	Radio Plays	182	902	1119	3782	3592	-5.0
广　告	Advertisements	3254	3774	3688	2507	3068	22.4
其　他	Others	3535	7191	5878	6264	6472	3.3
电视节目制作（含有线电视）	**Production of TV Programs (including cable TV)**	**8257**	**8407**	**8381**	**5530**	**7655**	**38.4**
# 新闻资讯	News Programs	2609	2778	2725	2934	4230	44.2
专题服务	Special Subject Programs	1763	1763	1909	899	1713	90.5
综　艺	Variety Shows	450	458	548	182	249	36.8
广　告	Advertisements	2493	2495	2313	245	30	-87.8
其　他	Others	942	914	886	1271	1433	12.7

注：数据不做机械处理。

15-18 广播电视事业发展情况
Basic Statistics on Radio and Television Industry

指　标	Item	2016	2017	2018	2019	2020
调频电视转播发射台 （座）	Relaying Stations of Frequency Modulation Broadcasting (unit)	9	7	5	5	4
调频发射机功率 （千 瓦）	Modulation Transmitter Power (kilowatt)	21	20	20	20	20
电视发射机功率 （千 瓦）	Television Transmitter Power (kilowatt)	1.35	1.35	8.00	9.00	8.00
广播人口覆盖率 (%)	Radio Coverage Rate of Population (%)	100	100	100	100	100
农村广播综合人口覆盖率 (%)	Radio Coverage Rate of Population inRural Areas (%)	100	100	100	100	100
电视人口覆盖率 (%)	TV Coverage Rate of Population (%)	98.08	98.13	99.72	99.63	99.72
农村电视综合人口覆盖率 (%)	TV Coverage Rate of Population in Rural Areas (%)	99.48	99.48	99.50	99.47	99.50

注：数据不做机械处理。

15-19 文化事业机构及人员(2020年)
Number of Institutions and Personnel in Cultural Industry(2020)

指　标	Item	机构(个) Number of Institutions (unit)	人员(人) Numbers of Employed Persons(person)
总　计	**Total**	**1846**	**11476**
文化合计	Total Item of Culture	1821	10970
#艺术表演团体	Art Performance Troupes	30	1141
艺术表演场馆	Artistic Performance Stadium	17	146
公共图书馆	Public Libraries	14	268
文化馆	Cultural Center	13	199
文化站	Cultural Stations	145	807
艺术展览创作机构	Art Exhibition and Creation Agencies	2	60
文化科研机构	Cultural Study Institutions	1	22
文化市场经营机构	Cultural Market Management Institutions	1574	7532
文化和旅游行政主管部门	Culture and Tourism Administration	12	632
其他文化机构	Other Cultural Institutions	10	144
文物合计	Total Item of Cultural Relics	25	506
#博物馆	Museums	11	387
文化保护管理机构	Cultural Protection and Management Institutions	8	28
文物科研机构	Cultural Relic Study Institutions	2	36
文物商店	Antique Store		
其他文物机构	Other Cultural Relic Institutions	3	28

15-20 专利申请及授权
Patent Applications Accepted and Granted

单位：件 (piece)

指 标	Item	2016	2017	2018	2019	2020	2020年比2019年增长(%) Growth Rate in 2020over 2019(%)
专利申请受理量	**Number of Patent Aplications Accepted**	**9956**	**14118**	**17850**	**20931**	**20230**	—
发明专利	Inventions	3952	4747	5749	6514	5584	—
实用新型专利	Utility Models	5247	8086	11032	12765	13190	—
外观设计专利	Designs	757	1285	1069	1652	1456	—
专利授权量	**Number of Patent Aplications Granted**	**4754**	**5641**	**9113**	**10770**	**15379**	**42.8**
发明专利	Inventions	1236	1072	1160	972	1286	32.3
实用新型专利	Utility Models	2983	3772	6871	8633	12754	47.7
外观设计专利	Designs	535	797	1082	1165	1339	14.9

注：2020年为1-11月数据，与去年同期不可比。

15-21 公共图书馆
Public Libraries

类 别	Item	2016	2017	2018	2019	2020
公共图书馆个数 （个）	Number of Public Libraries (unit)	14	14	14	14	14
总藏书 （万册、件）	Total Collections (10 000 copies)	999.57	1106.28	1112.34	1159.64	608.75
#图 书 （万册、件）	Books (10 000 copies)	353.82	388.92	445.65	487.49	518.28
电子图书 （万册、件）	Electronic books (10 000 copies)	555.49	620.49	569.12	585.05	
电子阅览室终端数 （个）	Terminals in Electronic Media Reading Rooms (set)	576	553	580	461	384
书刊文献外借人次 （万人次）	Borrowing from Libraries (10 000 person-times)	60.97	61.92	57.63	69.70	49.10
书刊文献外借册次 （万册次）	Number of Books and Periodicals Lent to Readers (10 000 copies-times)	116.48	109.37	115.88	120.42	65.41
累计发放有效借书证（万 张）	Accumulative Number of Library Cards Distributed (10 000 units)	16.21	19.34	21.48	13.53	

注：新统计制度删除电子图书藏量，有效借书证数，电子阅览室终端的指标统计，改为电子图书增量，实际持证读者数，计算机中供读者使用的终端数，故与去年不可比。

15-22 规模以上工业企业R&D人员和经费情况(2020年)

类　别	Item	R&D人员合计(人) Total Number of R&D Personnel (person)
总　计	**Total**	**12369**
按隶属关系分	**By Subordination**	
中　央	Subordinated to Central Level	6793
地　方	Subordinated to Local Level	5576
按登记注册类型分	**By Status of Registration**	
内资企业	Domestic-funded Enterprises	12108
外商投资	Foreign-funded Enterprises	261
按工业行业大类分	**By Sector**	
非金属矿采选业	Non-metal Minerals Mining and Dressing	
农副食品加工业	Farm and Sideline Products Processing	57
食品制造业	Manufacture of Food	98
酒、饮料和精制茶制造业	Manufacture of Liquor,Beverages and Refined Tea	6
烟草制品业	Manufacture of Tobacco	123
皮革、毛皮、羽毛及其制品和制鞋业	Manufacture of Leather,Fur,Feather and Related Products and Footware	
家具制造业	Manufacture of Furniture	39
印刷和记录媒介复制业	Printing and Reproduction of Recording Media	99
造纸和纸制品业	Paper and Paper Products Industry	25
化学原料和化学制品制造业	Manufacture of Raw Chemical Materials and Chemical Products	571
医药制造业	Manufacture of Medicines	1559
橡胶和塑料制品业	Manufacture of Rubber and Plastics Products	945
非金属矿物制品业	Manufacture of Non-ferrous Metals	320
黑色金属冶炼和压延加工业	Smelting and Pressing of Ferrous Metals	127
有色金属冶炼和压延加工业	Smelting and Pressing of Non-ferrous Metals	83
金属制品业	Manufacture of Metal Products	256
通用设备制造业	Manufacture of General Purpose Machinery	663
专用设备制造业	Manufacture of Special Purpose Machinery	287
汽车制造业	Manufacture of Automobile	816
铁路、船舶、航空航天和其他运输设备制造业	Manufacture of Railway,Ship,Aerospace and Other Transport Equipment	2510
电气机械和器材制造业	Manufacture of Electrical Machinery and Apparatus	286
计算机、通信和其他电子设备制造业	Manufacture of Computers,Communication and Other Electronic Equipment	1081
仪器仪表制造业	Manufacture of Instruments and Meters	83
其他制造业	Other Manufacturing	450
废弃资源综合利用业	Comprehensive Utilization Of Waste Resources	3
电力、热力生产和供应业	Production and Supply of Electricity and Heat	1871
水的生产和供应业	Production and Supply of Water	11

R&D Personnel and Expenditures of Industrial Enterprises above Designed Size(2020)

R&D 人员折合全时当量（人·年）Full-time Equivalent of R&D Personnel (person-year)	R&D 经费内部支出（万 元）Internal Expenditure on R&D (10 000 yuan)	政府资金 Government Funds	企业资金 Self-raised Funds by Enterprises	其他资金 Other Funds
8468	**356152**	**105848**	**247899**	**2405**
4679	221815	103123	116308	2385
3789	134337	2726	131591	20
8258	345882	105717	237760	2405
210	10270	132	10139	
15	2093	38	2049	5
27	649	121	528	
6	23		23	
26	2143		2119	24
33	1187		1187	
90	4592		4592	
23	537		537	
429	17161	357	16804	
1136	35764	1116	34648	
640	22675	38	22637	
190	7299	127	7172	
88	5114	65	5049	
27	4766	65	4701	
203	3721	23	3683	15
487	10839	3345	7494	
211	8061	179	7882	
568	14602	896	13707	
1902	124501	88999	35501	
189	10659	176	10484	
720	39514	6519	32995	
46	1035		1035	
388	11725	2898	6466	2361
3	309		309	
1025	27034	889	26145	
1	152		152	

15-23 规模以上工业企业科技机构情况(2020年)
Scientific and Technological Institutions of Industrial Enterprises above Designated Size(2020)

指　标	Item	机构数(个) Number of R&D Institutions (unit)	机构科技活动人员(人) Persons Engaged in Scientific and Technological Activities (person)	仪器设备原价(万元) Prime Cost of Equipment (10 000 yuan)
总　计	**Total**	**115**	**5908**	**207036**
按隶属关系分	**By Subordination**			
中　央	Subordinated to Central Level	35	3782	134530
地　方	Subordinated to Local Level	80	2126	72505
按登记注册类型分	**By Status of Registration**			
内资企业	Domestic-funded Enterprises	108	5685	200617
外商投资	Foreign-funded Enterprises	7	223	6418
按工业行业大类分	**By Sector**			
农副食品加工业	Farm and Sideline Products Processing	6	61	763
食品制造业	Manufacture of Food	2	28	534
酒、饮料和精制茶制造业	Manufacture of Liquor,Beverages and Refined Tea			
烟草制品业	Manufacture of Tobacco	3	165	11825
皮革、毛皮、羽毛及其制品和制鞋业	Manufacture of Leather,Fur,Feather and Related Products and Footware			
家具制造业	Manufacture of Furniture	1	52	1099
印刷和记录媒介复制业	Printing and Reproduction of Recording Media	2	80	1435
化学原料和化学制品制造业	Manufacture of Raw Chemical Materials and Chemical Products	7	204	4966
医药制造业	Manufacture of Medicines	21	662	9644
橡胶和塑料制品业	Manufacture of Rubber and Plastics Products	4	86	2722
非金属矿物制品业	Manufacture of Non-ferrous Metals	10	235	23664
黑色金属冶炼和压延加工业	Smelting and Pressing of Ferrous Metals	1	44	899
有色金属冶炼和压延加工业	Smelting and Pressing of Non-ferrous Metals	1	23	1273
金属制品业	Manufacture of Metal Products	8	107	20435
通用设备制造业	Manufacture of General Purpose Machinery	9	357	12769
专用设备制造业	Manufacture of Special Purpose Machinery	3	58	736
汽车制造业	Manufacture of Automobile	12	723	5009
铁路、船舶、航空、航天和其他运输设备制造业	Manufacture of Railway,Ship,Aerospace and Other Transport Equipment	10	1575	48859
电气机械和器材制造业	Manufacture of Electrical Machinery and Apparatus	1	18	368
计算机、通信和其他电子设备制造业	Manufacture of Computers,Communication and Other Electronic Equipment	7	736	39136
仪器仪表制造业	Manufacture of Instruments and Meters	4	134	1708
其他制造业	Other Manufacturing	2	330	10693
电力、热力的生产和供应业	Production and Supply of Electricity and Heat	1	230	8500

主要统计指标解释

企业办科技机构数　企业办科技机构指企业自办(或与外单位合办)管理上同生产系统相对独立(或者单独核算)的专门科技活动机构,如企业办的技术中心、研究院所、开发中心、开发部、实验室、中试车间、试验基地等。企业办科技活动机构经过资源整合,被国家或省级有关部门认定为国家级或省级技术中心的,应按一个机构填报。与外单位合办的科技活动机构若主要由本企业出资兴办,则由本企业统计,否则应由合办方统计。企业科技管理职能处(科)室(如科研处、技术科等)一般不统计在内;若科研处、技术科等同时挂有科技活动机构的牌子,视其报告年度内主要工作任务而定,主要任务是从事科技活动的可以统计,否则不予统计。本指标不含企业在中国境外设立的科技活动机构数。

机构人员合计　指报告期末企业办科技活动机构中从业人员合计。

仪器和设备原价　指企业办科技机构报告期末固定资产中仪器和设备的原价(不包括长期闲置不用的仪器和设备)。

R&D(科学研究与试验发展,简称"研发")　是指在科学技术领域,为增加知识总量、以及运用这些知识去创造新的应用进行的系统的创造性的活动,包括基础研究、应用研究、试验发展三类活动。

R&D人员　指单位内部从事基础研究、应用研究和试验发展三类活动的人员。包括直接参加上述三类项目活动的人员以及这三类项目的管理人员和直接服务人员。为研究活动提供直接服务的人员包括直接为研究活动提供资料文献、材料供应、设备维护等服务的人员。

R&D人员折合全时当量　由参加R&D项目人员的全时当量及应分摊在R&D项目的管理和直接服务人员的全时当量两部分相加计算。一个折合全时当量是一人年。例如,一个人在R&D活动上花费了30%的正常工作时间而70%的时间用于其他工作,则其折合全时当量为0.3。

R&D经费内部支出合计　指调查单位在报告年度用于内部开展R&D活动(基础研究、应用研究和试验发展)的实际支出。包括用于R&D项目(课题)活动的直接支出,以及间接用于R&D活动的管理费、服务费、与R&D有关的基本建设支出以及外协加工费等。不包括生产性活动支出、归还贷款支出以及与外单位合作或委托外单位进行R&D活动而转拨给对方的经费支出。

R&D经费内部支出中政府资金　指调查单位R&D经费内部支出中来自各级政府部门的各类资金,包括财政科学技术拨款、科学基金、教育等部门事业费以及政府部门预算外资金的实际支出。

R&D经费内部支出中企业资金　指调查单位R&D经费内部支出中来自本企业的自有资金和接受其他企业委托而获得的经费,以及科研院所、高校等事业单位从企业获得的资金的实际支出。

R&D经费内部支出中其他资金　指从上述渠道以外获得的计划用于R&D活动的经费,如企业从金融机构贷款得到的用于内部开展R&D活动的资金,从独立科研院所和高等学校等事业单位获得的用于R&D活动的经费,来自民间非盈利机构的资助和个人捐赠等。

普通高等学校 指按照国家规定的设置标准和审批程序批准举办，通过国家统一招生考试，招收高中毕业生为主要培养对象，实施高等教育的全日制大学、独立设置的学院和高等专科学校、短期职业大学。

成人高等学校 指按照国家有关规定审批，招收通过全国成人高教统一招生考试的具有高中毕业或同等学历的在职从业人员，利用脱产、半脱产、业余或函授等多种形式对其实施高等学历教育，培养高等教育专科或本科毕业水平的专门人才，修业年限、课程设置和总学时数均按高等学历教育要求付诸实施的学校。包括广播电视大学、职工高等学校、农民高等学校、管理干部学院、教育学院、独立设置的函授学院等。

中等职业教育学校 指按规定的设置标准和审批程序批准建立的，招收初中（或部分高中）毕业生或同等学历者，实施中等职业技术教育，培养中等职业技术人才的学校。招收初中毕业生的，修业年限一般为三至四年；招收高中毕业生的，修业年限一般为二年至三年。包括中等专业学校、技工学校、职业中学（高中）等。统计中等职业学校时应注意，已承担培养学生任务的中等职业技术学校和独立设置的高等学校中专部或中专学校计算校数。正在筹建、尚未招生的中等职业学校和高等学校附设的中专班不计校数。

普通中学 指按规定的审批程序批准设立的，招收小学、初中（或部分高中）毕业生或同等学历者，实施普通中学教育的学校。

专任教师 指主要从事教学工作的人员。包括临时（一年以内）调去帮助做其他工作的教学人员。高等学校函授部、夜大学的专任教师和承担科研任务，未担任教学工作仍属教师编制的人员，应计入专任教师中。不包括调离教学岗位，担任行政领导工作或其他工作的原教学人员。

文化事业机构 指从事专业文化工作和为专业文化工作服务的独立建制的单位。不包括这些单位另外举办独立核算的其他机构和各部门的业余文化组织。

Explanatory Notes on Main Statistical Indicators

Number of S&T Institutions refers to specialized technology institutions run by enterprises (or jointly with other units) and their activities in the production system is relatively independent (or accounted separately) on the management, such as technology center office, research institutes, development centers, development department, laboratory, pilot plant and test base. Through resource integration, institutions identified as national or provincial technology center by national or provincial departments should be reported as one institution. A S&T institution organized with other units should implement the statistics by enterprise itself if the institution is funded mainly by the enterprise, otherwise co-sponsor. Enterprise Technology Management Office (Branch) / Room (such as research department, technology department, etc.) are generally not included in the statistics; If the research department, technology department and other S&T departments hanging brand agency at the same time, the statistic depends on main tasks stipulated in the annual report and only the S&T activities should be considered into statistics.

Total Personnel of Institutions refers to institutions reported total number of employees engaged in the S&T activities in the year-end.

Instruments and Equipment Cost refers to institutions reported the original cost of instruments and equipment (excluding long-term idle equipment and facilities) in the fixed assets in the year end.

R&D(Research and Development, hereinafter R&D) refers to systematic and creative activities in the field of science and technology aiming at increasing the knowledge and using the knowledge for new application. R&D includes 3categories of activities: basic research, applied research and experimentation for development.

R&D Personnel refers to persons engaged in the above mentioned activities of R&D, including persons in the project team, persons engages in the management of projects and persons providing direct services. The latter includes persons providing documents, materials and equipment maintenance.

Full-time Equivalent of R&D Personnel refers to the full-time equivalent of R & D project personnel and personnel assessed in full-time equivalent management and direct service. A full-time equivalent is a person-years. For example, a person spends 30% of working hours on the R & D activities while 70% of the time for other work, the full-time equivalent is 0.3.

Total Expenditure of Funds on R&D refers to the real expenditure of surveyed units on their own R&D activities (basic research, application study, test and development) including direct expenditure on R&D activities, indrect expenditure of management and services on R&D activities, expenditure on capital construction and material processing by others. Excluding the expenditure on production activities, return of loan, fees transferred to cooperated and entrusted agencies on R&D activities.

Expenditure of Government Funds on R&D refers to the expenditure of funds on R&D activities from government agencies at different levels including appropriate funds on science and technology from financial departments, scientific funds, operating expenses from education departments and the real expenditure of extra budgetary funds from government agencies.

Expenditure of Funds of enterprises on R&D refers to the expenditure of funds on R&D activities from self-raised funds of enterprises and funds from other enterprises through entrustment, and the expenditure of funds of institutions such as institution of scientific research and universities, from enterprises.

Expenditure of other Funds on R&D refers to funds from other sources other than those mentioned above for R & D activities such as corporate loans from financial institutions, institution of scientific research universities, grants and individual donations of private non-profit organizations.

Regular Institutions of Higher Learning refer to educational establishments set up according to the government evaluation and approval procedures, enrolling graduates from senior secondary schools and providing higher education courses and training for senior professionals. They include full-time universities, colleges, and institutions of higher professional education, institutions of higher vocational education and others.

Institutions of Higher Learning for Adults refer to educational establishments approved according to relevant government rules, enrolling staff and workers with senior secondary or equivalent education through uniform national matriculation examinations, and providing them with regular higher education in various forms such as full-time, part-time, spare-time and correspondence courses in accordance with requirements of regular higher education in years of education, curricula, and total learning hours, so that they meet the standards for graduation of universities or junior colleges. Institutions of higher learning for adults include radio and TV universities, colleges for staff and workers, colleges for farmers, colleges for management cadres, teachers' colleges, and independent correspondence colleges.

Second Vocational Schools refer to those recruiting junior high school (or partly senior high school) graduates or people having the same educational level implement medium vocational education based on regulated setting standards and examination and approval procedure. The lengthy of secondary schools which receive junior high school graduates is usually three to four years; the lengthy of those which receive senior high school graduates is usually two to three years. The secondary vocational schools include medium professional schools, technical schools, vocational middle schools (senior high schools) and etc. Note that medium vocational technical schools taking the mission of developing students and independently established secondary specialized schools of higher education or medium professional schools are counted. The medium vocational technical schools are preparing and are not recruiting students and medium professional classes attaching to higher education are not accounted.

Regular High Schools refer to those recruiting primary schools, junior high schools (senior high schools) graduates or people having the same educational level implement regular high education based on regulated setting standards and examination and approval procedure.

Full-time Teachers refer to those engaging in teaching activities, include the teaching staff dispatched to do other jobs temporarily (within one year).Correspondence departments of higher schools, full-time teachers of evening universities, people with authorized qualifications who taking the mission of doing research but do not teaching students should be regarded as full-time teachers. Former teaching staff who are dispatched off teaching post or bear administrative leadership or other jobs are not regarded as full-time teachers.

Cultural Institutions refers to institutions engaged in professional culture work and independent institutions providing services to cultural work. Institutions with independent accounting departments and amateur cultural organizations are not included.

民政、卫生、体育及其他

Social Welfare, Public Health, sports and others

16-1 民政事业基本情况 (2020 年)
Statistics on Civil Administration Departments(2020)

指　标	Item	单位数 (个) Number of Institutions (unit)	职工人数 (人) Number of Staff (person)	固定资产原价 (万元) Original Cost of Fixed Assets (10 000 yuan)	收入合计 (万元) Total Revenue (10 000 yuan)	支出合计 (万元) Total Expenditure (10 000 yuan)
军供站	Military Supply Stations	1	32	705	1303	1601
烈士纪念建筑物管理单位	Martyr Memorial Building Management Units	2	6	312	156	69
收养类单位	**Adoptive Institutions**	**104**	**1933**	**25624**	**12111**	**15836**
社会福利院	Social Welfare Homes	2	111	9344	3855	3974
儿童福利院	Social Welfare Homes for Children	1	73	4457	2526	3321
精神疾病服务机构	Psychiatric Service Agencies	1	53	2305	1838	4560
养老机构	Pension Agencies	100	1696	9518	3893	3981
救助类单位	**Institutions for Relief**	**1**	**45**	**731**	**1922**	**2247**
救助管理站	Relief Stations	1	45	731	1922	2247
殡仪服务单位	**Funeral and Interment Institutions**	**18**	**1209**	**27599**	**44753**	**20602**
殡仪馆	Funeral Home	5	379	17028	15332	9307
公　墓	Cemetery	10	809	10414	28939	10806
殡葬管理	Funeral and Interment Management Institutions	3	21	157	483	489
福利彩票发行单位	**Welfare Lottery Issuing Institutions**	**1**	**50**	**541**	**1665**	**1840**
其他事业单位	**Other Institutions**	**7**	**118**	**6227**	**20074**	**6233**
行政机关	**Administrative Institutions**	**11**	**287**	**21667**	**101037**	**98120**

16-2 城乡各种福利院机构和人员情况
Statistics on Welfare Institutions and Personnel in Rural and Urban Area

指　标	Item	2016	2017	2018	2019	2020	2020 年比 2019 年增长 (%) Growth Rate in 2020over 2019 (%)
机构数（个）	**Number of Institutions(unit)**	**81**	**91**	**96**	**98**	**104**	**6.1**
社会福利院	Social Welfare Homes	2	2	2	2	2	0.0
儿童福利院	Social Welfare Homes for Children	1	1	1	1	1	0.0
精神病福利院	Welfare Homes for Psychiatric Patients	1	1	1	1	1	0.0
养老机构	Pension Agencies	77	87	92	94	100	6.4
职工人数（人）	**Number of Staff (person)**	**1024**	**1606**	**1846**	**1888**	**1933**	**2.4**
社会福利院	Social Welfare Homes	117	114	111	101	111	9.9
儿童福利院	Social Welfare Homes for Children	76	75	75	73	73	0.0
精神病福利院	Welfare Homes for Psychiatric Patients	51	51	54	53	53	0.0
养老机构	Pension Agencies	780	1366	1606	1661	1696	2.1
床位数（张）	**Number of Beds (bed)**	**10177**	**11818**	**11920**	**11160**	**11624**	**4.2**
社会福利院	Social Welfare Homes	800	800	800	800	800	0.0
儿童福利院	Social Welfare Homes for Children	500	500	500	500	500	0.0
精神病福利院	Welfare Homes for Psychiatric Patients	100	100	100	130	160	23.1
养老机构	Pension Agencies	8777	10418	10520	9730	10164	4.5
在院人数（人）	**Inpatients(person)**	**3920**	**4749**	**4775**	**4738**	**4550**	**-4.0**
社会福利院	Social Welfare Homes	410	359	368	368	387	5.2
儿童福利院	Social Welfare Homes for Children	380	355	355	320	295	-7.8
精神病福利院	Welfare Homes for Psychiatric Patients	97	92	95	117	112	-4.3
养老机构	Pension Agencies	3033	3943	3957	3933	3756	-4.5

16-3 民政事业发展情况
Basic Statistics on Civil Affairs

指　标		Item		2016	2017	2018	2019	2020	2020年比2019年增长(%) Growth Rate in 2020over 2019 (%)
抚恤、补助对象情况		**Pension and Subsidy**							
抚恤补助优抚对象总数	(人)	Total Quantity	(person)	17215	17704	17669	17456	17077	-2.2
定期抚恤	(人)	People Receiving Regular Pensions	(person)	275	269	269	226	215	-4.9
定期补助	(人)	People Receiving Regular Subsidies	(person)	14855	15272	15203	14944	14697	-1.7
伤残人员	(人)	Injured and Disabled Persons	(person)	2085	2163	2197	2246	2165	-3.6
优待、烈士褒扬情况		**Preferential Treatment and Resettlement**							
优待优抚对象	(人)	Number of Household Receiving Preferential Treatment	(person)	5837	17704	17669	17456	17077	-2.2
安置退役士兵复员干部	(人)	Number of Ex-servicemen Receiving Resettlement	(person)	1402	1580	1604	1482	1422	-4.1
低保、救济和医疗救助情况		**Minimum Living Allowance, Relief and Medical Assistance**							
城市居民最低生活保障家庭数	(户)	Number of Households Receiving Minimum Living Allowance in Urban Areas	(household)	32361	29795	28485	31031	31539	1.6
城市居民最低生活保障人数	(人)	Number of Persons Receiving Minimum Living Allowance in Urban Areas	(person)	58391	50990	47434	51042	52007	1.9
#女　性	(人)	Female	(person)	26569	22456	21726	22831	23266	1.9
农村居民最低生活保障家庭数	(户)	Number of Households Receiving Minimum Living Allowance in Rural Areas	(household)	24375	19474	16120	12632	13760	8.9
农村居民最低生活保障人数	(人)	Number of Persons Receiving Minimum Living Allowance in Rural Areas	(person)	44349	36556	30113	23610	26371	11.7
#女　性	(人)	Female	(person)		15436	12455	9747	11023	13.1
农村五保户供养人数	(人)	Number of Persons Receiving Livelihood Guarantees in Five Aspects in Rural Areas	(person)	2751	2881	3139	3312	3687	11.9
#女　性	(人)	Female	(person)	244	239	243	217	283	27.2
特困人员救助供养	(人)	Relief and Support to People with Extreme Poverty	(person)						
#城市特困人员救助供养	(人)	Relief and Support to People with Extreme Poverty in Urban Areas	(person)		233	277	322	381	18.3
农村特困人员救助供养	(人)	Relief and Support to People with Extreme Poverty in Rural Areas	(person)		2811	3139	3312	3687	11.3

注：由于机构改革，优抚、优待情况自2018年起由市退役军人事务局提供，与往年数据口径不一致。
Due to the institutional restructuring, data of household receiving preferential treatment are offered by the Municipal Bureau of Veterans Affairs, so the data is different from the previous years.

16-4 卫生机构、床位和人员(2020 年)

单位：人

指　标	Item	机构数（个）Number of Institutions (unit)	床位数（张）Number of Bed (bed)
总　计	**Total**	**3320**	**42944**
医院	**Hospitals**	**193**	**36674**
综合医院	General Hospitals	112	22928
中医医院	Hospitals of Traditional Chinese Medicine	18	3440
中西医结合医院	Hospitals of Traditional Integrated Chinese and Western Medicine	7	1743
专科医院	Specialized Hospitals	55	8513
口腔医院	Stomatological Hospitals	4	150
眼科医院	Ophthalmic Hospitals	4	266
耳鼻喉科医院	Otorhinolaryngology Hospital	2	100
肿瘤医院	Cancer Hospitals	1	1339
妇产（科）医院	Obstetrics and Gynecology Hospitals	10	493
儿童医院	Children' s Hospitals	1	20
精神病医院	Psychiatric Hospitals	7	1653
传染病医院	Infectious Disease Hospitals	2	1379
皮肤病医院	Dermatological Hospitals	3	120
职业病医院	Occupational Disease Hospitals	1	300
骨科医院	Orthopaedic Hospitals	5	1824
康复医院	Convalescent Hospitals	3	305
整形外科医院	Plastic Surgery Hospitals	1	120
美容医院	Beauty Hospitals	6	131
其他专科医院	Other Specialized Hospitals	5	313
护理院	Nursing Hospitals		
基层医疗卫生机构	**Primary-level Medical and Sanitary Institutions**	**3073**	**4298**
社区卫生服务中心（站）	Health Service Centers(stations) for Community	151	1700
社区卫生服务中心	Community Health Service Centers	81	1640
社区卫生服务站	Community Health Service Stations	70	60
卫生院	Health Centers	78	2593
乡镇卫生院	Township Health Centers	78	2593
中心卫生院	Central Health Centers	33	1748
乡卫生院	Countryside Health Centers	45	845
村卫生室	Village Clinics	1291	
门诊部	Outpatient Departments	88	5
综合门诊部	Comprehensive Outpatient Departments	29	
中医门诊部	Chinese medicine clinic	2	
专科门诊部	Specialist Outpatient Departments	57	5
诊所、卫生所、医务室	Clinics,Health Centers and Infirmaries	1465	
诊　所	Clinics	1379	
卫生所、医务室	Health Centers and Infirmaries	86	

Basic Statistics on Health Care Institutions(2020)

(person)

卫生技术人员 Medical Technical Personnel	# 医 生 Doctor	# 执业医师 Licensed Doctor	注册护士 Registered Nurse	药 师（士） Pharmacist	技 师（士） Technician	# 检验师 Inspector	其 他 Others
56854	**20679**	**19130**	**27622**	**2168**	**3072**	**2187**	**3313**
39513	**13915**	**13405**	**20084**	**1539**	**2052**	**1405**	**1923**
25935	9353	8992	13038	938	1346	928	1260
3346	1142	1107	1683	169	131	87	221
1742	569	557	863	99	103	84	108
8439	2841	2742	4464	330	470	305	334
674	323	315	299	13	28	14	11
312	112	107	163	14	8	7	15
62	26	26	31	3	2	1	
1340	386	383	730	74	106	61	44
546	168	154	300	21	45	32	12
10	2	2	6	1	1	1	
886	279	275	532	31	30	21	14
1002	326	323	533	46	76	56	21
143	42	39	79	12	9	9	1
334	132	130	145	19	21	12	17
2056	708	692	1059	64	105	65	120
126	30	26	52	4	4	2	36
163	65	63	89	5	4	2	
422	137	119	254	7	11	9	13
363	105	88	192	16	20	13	30
12737	**5192**	**4207**	**5636**	**503**	**478**	**303**	**928**
3536	1109	946	1753	183	204	133	287
2840	867	730	1388	152	181	116	252
696	242	216	365	31	23	17	35
2880	974	604	1033	147	217	128	509
2880	974	604	1033	147	217	128	509
1822	597	366	704	88	137	81	296
1058	377	238	329	59	80	47	213
470	335	71	135				
1226	489	442	644	25	45	34	23
388	158	150	181	17	24	17	8
22	7	6	13	1			1
816	324	286	450	7	21	17	14
4625	2285	2144	2071	148	12	8	109
4350	2141	2011	1952	144	8	5	105
275	144	133	119	4	4	3	4

16-4 续表

单位：人

指　标	Item	机构数（个）Number of Institutions (unit)	床位数（张）Number of Bed (bed)
专业公共卫生机构	**Professional Public Health Institutions**	**40**	**1907**
疾病预防控制中心	Disease Prevention & Treatment Centers	13	
省　属	Provincial Centers	1	
省辖市（地区）属	Centers of Provincially Administered Cities	1	
地辖市属	Municipal Centers	7	
县　属	County Centers	3	
其　他	Others	1	
妇幼保健院（所、站）	Maternal and Child Health Care Institutions(Centers or Stations)	12	1907
按隶属分	**By Administration**		
省　属	Provincial Centers		
省辖市（地区）属	Centers of Provincially Administered Cities	1	1229
地辖市属	Municipal Centers	7	423
县　属	County Centers	3	235
其　他	Others		
按类型分	**By Types**		
妇幼保健院	Maternal and Child Health Hospitals	12	1907
妇幼保健站	Maternal and Child Health Stations		
急救中心（站）	First Aid Centers (Stations)	2	
采供血机构	Blood Banks	2	
卫生监督所（中心）	Health Supervision Institutions(Centers)	11	
省　属	Provincial Centers	1	
省辖市（地区）属	Centers of Provincially Administered Cities	1	
地辖市属	Municipal Centers	5	
县　属	County Centers	3	
其　他	Others		
计划生育技术服务机构	Family Planning Technical Service Organization		
其他卫生机构	**Other Institutions**	**14**	**65**
疗养院	Sanatoriums	1	65
医学科学研究机构	Institutions of Medical Scientific Research	1	
医学在职培训机构	Institutions of Medical In-service Training	3	
临床检验中心（所、站）	Clinical Laboratory Center (station)	4	
其　他	Others	5	

(Continued)

(person)

卫生技术人员 Medical Technical Personnel	# 医 生 Doctor	# 执业医师 Licensed Doctor	注册护士 Registered Nurse	药 师(士) Pharmacist	技 师(士) Technician	# 检验师 Inspector	其 他 Others
4336	**1519**	**1470**	**1785**	**123**	**455**	**412**	**454**
800	425	412	57	16	217	211	85
377	198	197	11	2	124	121	42
119	61	61	5	2	37	37	14
194	112	105	28	5	33	31	16
82	38	33	13	7	17	16	7
28	16	16			6	6	6
3015	1034	999	1593	106	203	166	79
1937	670	669	1102	64	100	85	1
704	246	225	330	27	49	40	52
305	97	84	138	10	34	23	26
3015	1034	999	1593	106	203	166	79
68	25	24	42	1			
163	35	35	93		35	35	
290							290
101							101
52							52
137							137
268	**53**	**48**	**117**	**3**	**87**	**67**	**8**
32	12	11	15	3	2	1	
10	3	3	4		1	1	2
60	3	3			54	54	3
166	35	31	98		30	11	3

16-5 县(区)诊所、卫生室、医务室基本情况(2020年)

指　标	Item	机构数(个) Number of Institutions (unit)	总人员数(人) Medical Personnel (person)
总　计	**Total**	**1553**	**6344**
按管理类别分	**By Management**		
非营利性	Non-profit	96	352
营利性	Profit	1457	5992
按经济类型分	**By Ownership**		
国　有	State-owned	69	266
集体办	Collective-owned	4	20
联　营	Jointly Operated		
私　营	Privately Operated	1327	5046
其　他	Others	153	1012
按设置、主办单位分	**By Sponsor**		
政府办	Run by Government	10	50
社会办	Run by Society	116	561
私人办	Run by Private	1427	5733
按诊所类别分	**By Types**		
普　通	General	788	2489
中　医	Traditional Chinese Medicine	271	652
中西医结合	Traditional Chinese Medicine and Western Medicine	134	442
口　腔	Stomatological	140	660
其　他	Others	132	512

Basic Statistics on Clinics and Health Centers at County(District) Level(2020)

卫生技术人员 Medical Technical Personnel	执业医师 Licensed Doctors		注册护士 Registered Nurse	药剂师（士） Pharmacist	技 师（士） Technician		其 他 Others	诊疗人次数（万人次） Visits (10 000 times)
		执业助理医师 Licensed Assistant Doctors				# 检验师（士） Inspector		
5851	**2586**	**188**	**2715**	**173**	**57**	**42**	**132**	**348.64**
336	163	13	143	8	4	3	5	14.95
5515	2423	175	2572	165	53	39	127	333.69
256	127	10	107	6	2	2	4	11.34
18	6	4	6	2				2.20
4736	2123	133	2194	136	36	26	114	312.76
841	330	41	408	29	19	14	14	22.34
50	25	2	20	2			1	1.42
480	215	11	224	10	11	9	9	18.67
5321	2346	175	2471	161	46	33	122	328.55
2471	1171	45	1190	35	2	2	28	95.30
643	347	17	164	97	1		17	47.56
438	200	8	210	10	1		10	31.26
630	228	56	302		3	1	41	28.46
443	198	15	205	6	6	5	13	20.77

16-6 县(区)村卫生室基本情况(2020年)

指　标	Item	合计 Total	村办 Run by Villages
机构数　(个)	**Number of Institutions　(unit)**	**1291**	**409**
执业(助理)医师　(人)	Licensed(Assistant) Doctor　(person)	335	122
注册护士　(人)	Registered Nurse　(person)	135	48
乡村医生和卫生员　(人)	Village Doctors and Health Workers　(person)	1510	490
乡村医生　(人)	Village Doctors　(person)	1415	459
#以中医、中西医结合或民族医为主的人数　(人)	Personnel with Integrated Knowledge ofTraditional Chinese and Western Medicine or of Minority Groups' Arts of Healing　(person)	194	32
当年考核合格的乡村医生数　(人)	Qualified Village Doctors of the Current Year　(person)	1297	415
卫生员　(人)	Health Workers　(person)	95	31
诊疗人次数　(万人次)	Visits　(10 000 times)	155	43
#出诊人次数　(万人次)	Patients　(10 000 times)	7	

Basic Statistics on Village Clinics at County(District) Level(2020)

按主办单位分 By Sponsor				按行医方式分 By Medicine		
乡镇卫生院设点 Township Hospitals	联合办 Jointly Run	私人办 Run by Private	其　他 Others	中　医 Chinese Traditional Medicine	西　医 Western Medicine	中西医结合 Integration of Traditional Chinese and Western Medicine
67	**13**	**502**	**300**	**20**	**1065**	**206**
	3	124	86	6	250	79
		19	68	3	91	41
79	15	520	406	22	1239	249
72	15	516	353	19	1160	236
15		63	84	6	102	86
64	15	486	317	14	1064	219
7		4	53	3	79	13
5	2	60	45	1	127	26
			6		2	5

16-7 体育事业基本情况 (2020 年)
Basic Statistics on Sports(2020)

指　标	Item	合 计 Total	省 级 Provincial Level	市 级 Municipal Level
运动员	**Number of Athletes**			
国际级运动员(国际级运动健将)	**International Athletes (International Athletes)**	**2**		**2**
国家级运动员(运动健将)(人)	**National Athletes(master of sports) (person)**	**218**		**218**
省级运动员　(人)	**Provincial Athletes　(person)**	**60**		**60**
一线在队人员　(人)	First-team Player　(person)	60		60
二线在队人员　(人)	Second-team Player　(person)	750		750
三线在队人员　(人)	Third-team Player　(person)	2203		2203
体育设施个数	**Sports Facilities**			
市属生态体育公园　(个)	The Municipal Sport&Eco Park　(unit)	15		15
全民健身路径设施　(个)	Facilities on Fitness Paths　(unit)	1103	40	1063
市属全民健身中心　(个)	Municipal Fitness Centers　(unit)	3		3
市属健身房　(个)	Municipal Fitness Rooms　(unit)	457		457
体育设施占地面积	**Area of Sports Facilities**			
市级生态体育公园　(平方米)	The Municipal Sport&Eco Park　(s.k.m.)	3663000		3663000
全民健身路径设施　(平方米)	Facilities on Fitness Paths　(s.k.m.)	264720	9600	255120
市属全民健身中心　(平方米)	Municipal Fitness Centers　(s.k.m.)	41500		41500
市属健身房　(平方米)	Municipal Fitness Rooms　(s.k.m.)	226771		226771

16-8 体育系统机构和从业人员(2020 年)
Number of Institutions and Engaged Persons in Sports(2020)

指 标		Item		合 计 Total	省 级 Provincial Level	市 级 Municipal Level
机构数	**(个)**	**Number of Institution**	**(unit)**	**9**		**9**
行政机关	(个)	Administrative Organizations	(unit)	1		1
体育运动学校	(个)	Sports Schools	(unit)	1		1
业余体校	(个)	Spare-time Sports Schools	(unit)			
体育场馆	(个)	Stadium and Gymnasium	(unit)	3		3
其他事业单位	(个)	Other Public Institutions	(unit)	4		4
从业人员	**(人)**	**Number of Engaged Persons**	**(person)**	**162**		**162**
行政机关	(人)	Administrative Organizations	(person)	15		15
体育运动学校	(人)	Sports Schools	(person)	75		75
业余体校	(人)	Spare-time Sports Schools	(person)			
体育场馆	(人)	Stadiums and Gymnasiums	(person)	42		42
其他事业单位	(人)	Other Public Institutions	(person)	30		30

注：省属为在贵阳市地域上，但隶属于省的机构和人员；市属为在贵阳市地域上，同时也隶属于市的机构和人员。
Provincial-level institutions and engaged persons refer to those administrated by Guizhou provincial government in Guiyang City; Municipal-level ones refer to those administrated by Guiyang municipal government.

16-9 举办体育业务情况 (2020 年)
Basic Statistics on Sports Activities(2020)

指　　标		Item		合 计 Total	省 级 Provincial Level	市 级 Municipal Level
运动会或比赛		**Sports Games**				
举办综合运动会	(次)	Number of Comprehensive Games	(time)	1		1
举办专项体育赛事活动	(次)	Specialized Sports Events Held	(time)	5		5
全民健身活动		**National Fitness Activities**				
举办全民健身活动次数	(次)	Activities of Full Fitness	(time)	230		230
#1000人以上	(次)	Over 1 000 Participators	(time)	50		50
参加活动人数	(人)	Number of Participators	(person)	184000		184000
举办培训班情况		**Training Classes**				
举办培训班次数	(次)	Times of Training Classes	(time)	2		2
参加培训班人数	(人)	Number of Participators	(person)	113		113
竞技体育情况		**Training Classes**				
体育比赛获得奖牌数	(块)	Number of Medals	(piece)			
其中:金　牌	(块)	Gold Medal	(piece)	38		38
银　牌	(块)	Silver Medal	(piece)	48		48
铜　牌	(块)	Bronze Medal	(piece)	38		38

16-10 婚姻情况
Statistics on Marriages

指标	Item	2015	2016	2017	2018	2019	2020	2020年比2019年增长(%) Growth Rate in 2020over 2019 (%)
国内婚姻	**Marriages with Citizens of Mainland China**							
登记结婚对数 (对)	Number of Registered Marriages (pair)	50918	45161	42550	42333	39219	34272	-12.6
初婚 (人)	First Marriages (person)	93673	84634	78944	63018	50532	43396	-14.1
再婚 (人)	Marriages After Divorces (person)	8163	5688	6156	21648	27906	25148	-9.9
登记离婚对数 (对)	Number of Registered Divorces (pair)	21167	20681	22093	24150	25344	24772	-2.3
涉外婚姻	**Marriages with Citizens out of Mainland China**							
登记结婚对数 (对)	Number of Registered Marriages (pair)	393	385	423	450	508	177	-65.2
内地公民 (人)	Citizen of Mainland China (person)	393	385	423	450	508	177	-65.2
中国香港、中国澳门、中国台湾居民 (人)	Citizen of Hong Kong,Macao and Taiwan, China (person)	205	172	174	159	144	59	-59.0
华侨 (人)	Overseas Chinese (person)	16	11	10	10	14	1	-92.9
外国人 (人)	Foreigners (person)	172	202	239	281	350	117	-66.6
登记离婚对数 (对)	Number of Registered Divorces (pair)	64	60	75	71	81	36	-55.6

16-11 社会保险及就业情况
Social Insurance and Employment

指　　标	Item	2016	2017	2018	2019	2020	2020 年比 2019 年增长 (%) Growth Rate in 2020over 2019 (%)
城镇就业和失业	**Rural Employment and Unemployment**						
城乡统筹就业人数 (人)	Number of Engaged Person in Urban and Rural Areas (person)	265383	270086	271349	223107		
城镇失业人员就业人数 (人)	Number of Re-employed Person in Urban Areas (person)	48729	48637	48455	48097	52660	9.5
农村富余劳动力转移人数 (人)	Number of Surplus Rural laborer Transferring to Urban Areas (person)	38378	38156	38246	38054	37849	-0.5
就业困难对象 (人)	Number of People Having Difficulties Getting Employed (person)	11593	11589	11602	11602	11594	-0.1
城镇新增就业人数 (人)	Number of New Jobs in Urban Areas (person)	227005	231930	233126	185053	138856	-
城镇登记失业人员期末实有人数 (人)	Actual Number of Registered Unemployment in UrbanAreas at the Year-end (person)	35103	34971	34951	34914	55782	59.8
#女　性 (人)	Female (person)	17570	17619	16941	16844	26385	56.6
城镇登记失业率 (%)	Registered Unemployment Rate in Urban Areas (%)	3.09	3.13	3.11	2.96	4.04	-
社会保险	**Social Insurance**						
城镇职工基本养老保险 (人)	Basic Pension Insurance for Urban Employees (person)	1700106	1864859	2238658	2400129	2542439	5.9
在职职工养老保险 (人)	Endowment Insurance for On-the-job Staff (person)	1427615	1575898	1871787	2013102	2138004	6.2
离退休退职人员养老保险 (人)	Endowment Insurance for Retirees (person)	272491	288961	366871	387027	404435	4.5
失业保险 (人)	Unemployment Insurance (person)	667312	745727	808085	858490	907237	5.7
城镇职工基本医疗保险 (人)	Basic Medical Insurance for Urban Employees (person)	1320378	1384451	1466481	1522170	1592217	4.6
#退休人员 (人)	Retirees (person)	351088	367246	383248	391133	409696	4.7
生育保险 (人)	Maternity Insurance (person)	1207282	1301986	1385748	1445776	1592217	10.1
工伤保险 (人)	Work-related Injury Insurance (person)	1539363	975294	1069438	1360091	1621162	13.2
城乡居民养老保险参保人数 (人)	Number of Insured Urban and Rural Residents of Endowment Insure (person)	835705	830416	797478	780663	792383	1.5
城乡居民基本医疗保险参保人数 (人)	Number of Insured Urban Residents of Medical Insurance (person)	701849	741729	741760	621480	2730000	—

注：1) “城镇新增就业人数”口径发生变化，不可比。
2) 自 2020 年起，“城镇居民医疗保险参保人数”更改为“城乡居民基本医疗保险参保人数”，数据不可比。

16–12 社会治安
Basic Statistic on Social Securities

指　标	Item	2016	2017	2018	2019	2020	2020 年比 2019 年增长 (%) Growth Rate in 2020over 2019 (%)
火灾事故 (起)	Number of Fire Accidents (case)	249	234	1096	844	2372	181.0
死亡人数 (人)	Number of Deaths (person)		3	7	11	17	54.5
受伤人数 (人)	Number of Injuries (person)			7	2	10	400.0
直接损失额 (万 元)	Direct Property Losses (10 000 yuan)	1551.65	536.32	780.53	1058.86	2020.40	90.8
刑事案件立案数 (件)	Number of Criminal Cases Registered (case)	7689	7639	6788	6090	5103	–16.2
犯罪人数 (人)	Number of Offenders (person)	6757	10724	9638	7150	6500	–9.1

注：1) 火灾为消防部门提供的生产经营性火灾。
2) 刑事案件立案数和犯罪人数均为贵阳市中级人民法院数据。
a) Data of fire accident are operation fire accidents provided by the fire authorities.
b) The data of criminal cases registered and offenders are provided by Guiyang Intermediate People' s Court.

16-13 私营企业和个体工商户基本情况 (2020 年)
Number of Private Enterprises and Self-employed Individuals(2020)

指　标	Item	私营企业户数（户）	个体工商户户数（户）
总　计	**Total**	**262715**	**401985**
按国民经济行业分组	**By Sector**		
农、林、牧、渔业	Agriculture,Forestry,Animal Husbandry and Fishery	10660	13230
采矿业	Mining	355	147
制造业	Manufacturing	7924	7602
电力、热力、燃气及水的生产和供应业	Production and Supply of Electricity,Gas and Water	240	36
建筑业	Construction	23654	1434
交通运输、仓储和邮政业	Transport,Storage and Post	4386	5558
信息传输、软件和信息技术服务业	Information Transmission,Information Technology Services and Software Industry	20660	55103
批发和零售业	Wholesale and Retail Trades	98490	193435
住宿和餐饮业	Hotels and Catering Services	6059	73346
金融业	Financial Industry	874	38
房地产业	Real Estate	7112	296
租赁和商务服务业	Leasing and Business Services	46027	9060
科学研究、技术服务业	Scientific Research and Technical Services	16355	1161
水利、环境和公共设施管理业	Management of Water Conservancy, Environment and Public Facilities	1769	181
居民服务、修理和其他服务业	Services to Household and Others	10421	37617
教　育	Education	1732	206
卫生和社会工作	Health and Social Welfare	524	1278
文化、体育和娱乐业	Culture,Sports and Entertainment	5229	1559
其他行业	Others	244	698

注：本表资料来源于市市场监督管理局。
Data in this table come from Market Supervision Administration of Guiyang Municipality.

主要统计指标解释

卫生机构 包括医疗机构、疾病预防控制中心(防疫站)、采供血机构、卫生监督及监测(检验)机构、医学科研和在职培训机构、健康教育所等。

医疗机构 包括医院、社区卫生服务中心(站)、疗养院、卫生院、门诊部、诊所(卫生所、医务室)、妇幼保健院(所、站)、专科疾病防治院(所、站)、急救中心(站)和临床检验中心。医疗机构分为非赢利性医疗机构和赢利性医疗机构。

医　院 指设有固定床位,能收容病人住院并能为病人提供医疗、护理服务的医疗机构,包括县及县以上医院、农村乡卫生院和其他医院三部分。县及县以上医院按业务性质不同分为综合医院和专科医院。

卫生技术人员 指卫生事业机构支付工资的全部职工中现任职务为卫生技术工作的专业人员,包括执业医师、执业助理医师、注册护士、药剂人员、检验员和其他初级卫生技术人员。

医　生 指在医疗、预防保健机构工作且取得《执业医师证书》的执业医师和执业助理医师。

体育场 指有400米跑道(中心含足球场),有固定道牙,跑道6条以上,并有固定看台的室外田径场地。体育场按看台容纳观众人数分为:甲级25000人以上,乙级15000—25000人,丙级5000—15000人,丁级5000人以下。

体育馆 指有固定看台,可供篮球、排球、羽毛球、乒乓球、体操等项目训练比赛活动用的室内运动场地。体育馆按看台容纳观众人数分为:甲级6000人以上,乙级4000—6000人,丙级2000—4000人,丁级2000人以下。

城镇登记失业人员 指有非农业户口,在一定的劳动年龄内(16周岁至退休年龄),有劳动能力,无业而要求就业,并在当地就业服务机构进行求职登记的人员。

城镇登记失业率 城镇登记失业人员与城镇单位就业人员(扣除使用的农村劳动力、聘用的离退休人员、港澳台及外方人员)、城镇单位中的不在岗职工、城镇私营业主、个体户主、城镇私营企业和个体就业人员、城镇登记失业人员之和的比。计算公式为:

城镇登记失业率 = 城镇登记失业人数 /(城镇单位就业人员 − 使用的农村劳动力 − 聘用的离退休人员 − 聘用的港澳台及外方人员)+ 不在岗职工 + 城镇私营业主 + 城镇个体户主 + 城镇私营企业及个体就业人员 + 城镇登记失业人数 ×100%

城镇职工基本养老保险参保人数 指报告期末按照法律、法规和有关政策规定参加城镇基本养老保险并在社保经办机构已建立缴费记录档案的职工人数(包括中断缴费但未终止养老保险关系的职工人数,不包括只登记未建立缴费记录档案的人数)和离休、退休和退职人员的人数。取自人力资源和社会保障部统计年报。

城镇基本医疗保险参保人数 指报告期末按有关规定参加城镇职工基本医疗保险和城镇居民基本医疗保险的人数。取自人力资源和社会保障部统计年报。

失业保险参保人数 指报告期末按照法律、法规和有关政策规定参加了失业保险的城镇企业、事业单位的职工及地方政府规定参加失业保险的其他人员的人数。取自人力资源和社会保障部统计年报。

工伤保险参保人数 指报告期末依据有关规定参加工伤保险的职工人数和有雇工的个体工商户的雇工数。取自人力资源和社会保障部统计年报。

生育保险参保人数 指报告期末依据有关规定参加生育保险的人数。取自人力资源和社会保障部统计年报。

社会福利院数 指年末在所辖区内由民政部门主办的社会福利院、儿童福利院、精神病人福利院、其他收养性单位，以及民政部指导的城乡社会办的各类敬老院、养老院等。

社会福利院床位数 指福利院报告期末床位的实际收养能力。

社区服务设施数 指报告期末城镇(街道办事处、居委会)设立以非盈利为目的,为本社区居民服务,特别是为老年人、残疾人、儿童服务的社区服务中心、活动站、服务站、养老院、老年公寓、残疾人工疗站、残疾儿童日托所家务服务站、婚姻介绍所等福利性设施以及职工社会保险管理服务的机构数。几种不同类型的社区服务单位,共用一个场所的,只能统计为一个社区服务设施。条件是: (1) 独立核算单位; (2) 有固定的从业人员; (3) 有一定的服务项目; (4) 有一定的场所。

城市居民最低生活保障人数 指在报告期末，家庭平均收入在当地规定的最低生活保障线以下的城市居民数。包括“三无对象”，失业人员和在职、下岗、退休人员等。

交通事故死亡人数 指实际因交通事故死亡的人数。

交通事故损失额 指道路交通事故造成的车辆、财产直接损失折款，不含现场抢救 (险)、人身伤亡善后处理的费用，也不含停工、停产、停业等所造成的财产间接损失。

火灾事故损失额 指火灾事故所造成的直接财产损失折款。火灾直接财产损失是指被烧毁、烧损、烟熏和灭火中破拆、水渍以及因火灾引起的污染等所造成的损失。

Explanatory Notes on Main Statistical Indicators

Health Care Institutions refer to medical institutions, disease prevention and control centers (epidemic prevention stations), blood gathering and supplying institutions, health supervision and inspection (check-up) institutions, medical scientific research and on-job training institutions, health education centers and so on.

Medical Organizations refer to hospitals, health service centers (stations) in communities, sanatoria, health centers, out-patient clinics, clinics (health stations and infirmaries), maternity and child care agencies (centers and stations), special disease prevention and curing agencies (centers and stations), first aid centers (stations) and clinical inspection centers. Medical organizations are grouped by two types: profit-making and non-profit-making medical organizations.

Hospitals refer to medical institutions with permanent hospital beds,including hospitals at county and higher levels, township health certers and other hospitals, which are able to take in patients and provide them with medical and nursing services. Hospitals at county and higher levels can be divided into general hospitals and specialized hospitals according to their business scope.

Medical Technical Personnel refer to the professional staff engaged in, getting payment from health care institutions and working in medical technical position, such as licensed doctors, licensed assistant doctors, registered nurses, pharmacists, laboratory technicians and others.

Doctors refer to the medical workers who have obtained the licenses of qualified doctors or qualified assistant doctors and are employed in medical treatment, disease provension or health care institutions.

Stadiums refer to stadiums for track and field events with six lane 400-meter tracks around soccer fields, permanent track marks and permanent bleachers. Stadiums are classified according to seating capacity. They include: Class A stadiums have the capacity of seating 25000 people each. Class B stadiums have the capacity of seating 15000 to 25000 people each. Class C stadiums have the capacity of seating 5000 to 15000 people each, and Class D stadiums have the capacity of seating fewer than 5000 people. This indicator reflects numbers of large and medium-sized stadiums.

Gymnasiums refer to indoor sports grounds with permanent seats in which basketball, volleyball, badminton, table tennis and gymnastics competitions can be held. Gymnasiums are classified according to seating capacity. They include Class A gymnasiums with the capacity of seating over 6000 people,Class B gymnasiums seating 4000 to 6000 people,Class C gymnasiums seating 2000 to 4000 people, and Class D gymnasiums seating fewer than 2000 people.

Urban Registered Unemployed Persons refer to the persons with non-agricultural household registration at certain working ages (from 16 years old to retirement age), who are capable of working ,unemployed and willing to work, and have been registered at the local employment services agencies to apply for a job.

Urban Registered Unemployment Rate refers to the ratio of the number of the registered unemployed persons to the total number of persons employed in various units (minus the employed rural labour force, re-employed retirees and Hong Kong, Macao, Taiwan or foreign employees), laid-off staff and workers in urban units, owners of private enterprises in urban areas, owners of self-employed individuals in urban areas, employees of private enterprises in urban areas, employees of self-employed individuals in urban areas and the registered umemployed persons in urban aresa. It is calculated as follows:

Urban registered unemployment rate = urban registered unemployed persons/[(persons employed in various units − employed rural labour force − re-employed retirees − Hong Kong, Macao, Taiwan or foreign employees) + laid-off staff and workers + employment in urban private sectors and individuals + urban registered unemployed person] × 100%

Number of Basic Endowment Insurance for Urban Employees refers to number of employees who join the urban basic endowment insurance and has payment records in social security administration department in accordance with relevant laws and regulations at the end of reference period (including those not stop the basic endowment insurance relation but stop capturing spends; excluding those who has registered but without payment records) and retirees and registered persons. The information comes from statistic report of Ministry of Labor and Social Security.

Number of Urban Basic Endowment Insurance refers to number of those people who join the basic endowment insurance for urban employees and urban basic endowment insurance in accordance with relevant regulations at the end of reference period. The information comes from statistic report of Ministry of Labor and Social Security.

Number of Unemployment Insurance refers to number of staffs from town enterprises and institutions joining unemployment insurance and other personnel joining unemployment insurance stipulated by local government in accordance with relevant laws and regulationsat the end of reference period. The information comes from statistic report of Ministry of Labor and Social Security.

Number of Work-related Injury Insurance refers to number of staffs joining work-related injure insurance and employees from individual businesses in accordance with relevant regulations at the end of reference period. The information comes from statistic report of Ministry of Labor and Social Security.

Number of Maternity Insurance refers to number of those who join maternityinsurance in accordance with relevant regulations at the end of reference period. The information comes from statistic report of Ministry of Labor and Social Security.

Number of Social Welfare Homes refers to social welfare homes, social welfare homes for children, welfare homes for psychiatric patients and other adoptive institutions sponsored by civil administration department under the local jurisdiction and various old people's home etc. covering urban and rural areas instructed by ministry of civil affairs at year-end.

Number of Social Welfares' Beds refers to actual adoptive capacity of social welfares' beds in the reference period.

Number of Social Welfares' Beds refers to actual adoptive capacity of social welfares' beds in the reference period.

Number of Community Service Facilities refers to number of nonprofit institutions set up by towns and cities(subdistrict office, neighborhood office) to serve the local community residents at the end of reference period. It included welfare facilities such as community service center for the old, the disable and children, activity stations, service stations, old people's home, elderly apartment, work therapy station for the disabled, day nursery and housework service station for disabled children, matchmaking service center, and social insurance management services for employees. Various different types of community services units sharing one place are calculated as one community service facility. The following are some requirements: 1 independent accounting units; 2 fixed facility; 3 offer certain service items; 4 certain places.

Number of Residents Receiving Minimum Living Allowance in Urban Area refers to number of cities residents whose average household income is below the local minimum subsistence level. It includes "three non-personnel", unemployment person, in-service staff, lay-off workers and retirees etc..

Number of Deaths in Traffic Accidents refers to actual number of person caused to death due to traffic accidents.

Amount of Loss in Traffic Accidents refers to direct losses converted into cash of cars and property caused by road accidents. It excludes onsite care (insurance), treatment fees for personal injuries and deaths and indirect property loss caused by shut down, production halts and closure etc..

Amount of Loss in Fire Accidents refers to direct property loss converted into cash caused by fire accidents. Direct property loss caused by fire accidents refers to losses caused by burnout, sparkwear and smudging as well as forcible entry, waterlogging during firefighting and pollution caused by fire accidents.

全国、全省及省会城市和副省级城市主要经济指标

Major Economic Indicators of China, Guizhou,Provincial Capitals and Deputy Provincial Cities in China

17-1 全国、全省及省会城市和副省级城市主要经济指标
Major Economic Indicators of China, Guizhou Province, Provincial Capitals and Deputy Provincial Cities in China

单位：亿元 (100 million yuan)

城市名称	City	生产总值 GDP	位次 Ranking	2020年比2019年增长(%) Growth Rate in 2020 over 2019 (%)	位次 Ranking	第一产业增加值 Added Value of Primary Industry	位次 Ranking	2020年比2019年增长(%) Growth Rate in 2020 over 2019 (%)	位次 Ranking	第二产业增加值 Added Value of Secondary Industry	位次 Ranking
全国	**National Total**	**1015986.00**		**2.3**		**77754.00**		**3.0**		**384255.00**	
贵州省	**Guizhou Province**	**17826.56**		**4.5**		**2539.88**		**6.3**		**6211.62**	
西部省会城市	**Provincial Capital Cities of Western China**										
贵阳	Guiyang	4311.65	19	5.0	4	178.31	18	6.4	2	1552.59	17
*成都	Chengdu	17716.68	2	4.0	8	655.17	1	3.3	11	5418.50	3
昆明	Kunming	6733.79	12	2.3	17	312.35	13	5.6	3	2102.93	15
*西安	Xi'an	10020.39	10	5.2	2	312.75	12	3.0	12	3328.27	11
兰州	Lanzhou	2886.74	22	2.4	16	57.43	23	5.0	4	933.42	21
西宁	Xining	1372.98	26	1.8	18	57.17	24	4.3	6	418.72	25
银川	Yinchuan	1964.37	24	3.2	12	75.72	22	0.7	19	832.62	23
乌鲁木齐	Urumqi	3337.32	21	0.3	21	27.05	26	1.4	16	907.89	22
南宁	Nanning	4726.34	18	3.7	10	534.36	4	4.7	5	1084.32	20
呼和浩特	Hohhot	2800.68	23	0.2	22	126.46	20	1.2	17	815.73	24
其它省会城市	**Other Provincial Cities**										
石家庄	Shijiazhuang	5935.10	15	3.9	9	498.60	6	3.5	10	1745.50	16
太原	Taiyuan	4153.25	20	2.6	15	32.24	25	3.7	9	1504.19	18
*沈阳	Shenyang	6571.56	14	0.8	19	303.58	14	2.9	13	2160.41	14
*长春	Changchun	6638.03	13	3.6	11	533.82	5	-2.4	21	2758.12	12
合肥	Hefei	10045.72	9	4.3	7	332.32	10	1.2	17	3579.51	9
福州	Fuzhou	10020.02	11	5.1	3	560.70	3	4.0	7	3840.77	8
南昌	Nanchang	5745.51	16	3.6	11	235.28	17	2.2	14	2676.89	13
*济南	Jinan	10140.90	8	4.9	5	361.70	9	2.2	14	3530.70	10
郑州	Zhengzhou	12003.04	7	3.0	13	156.87	19	0.9	18	4759.54	6
长沙	Changsha	12142.52	6	4.0	8	423.46	7	4.0	7	4739.27	7
*武汉	Wuhan	15616.06	4	-4.7	23	402.18	8	-3.8	22	5557.47	2
海口	Haikou	1791.58	25	5.3	1	79.88	21	3.8	8	269.56	26
*杭州	Hangzhou	16106.00	3	3.9	9	326.00	11	-1.1	20	4821.00	5
*南京	Nanjing	14817.95	5	4.6	6	296.80	15	0.9	18	5214.35	4
*哈尔滨	Harbin	5183.80	17	0.6	20	615.80	2	2.1	15	1144.50	19
*广州	Guangzhou	25019.11	1	2.7	14	288.08	16	9.8	1	6590.39	1
其它副省级城市	**Other Deputy Provincial Cities**										
*大连	Dalian	7030.40		0.9		459.20		3.2		2815.10	
*宁波	Ningbo	12408.70		3.3		338.40		2.1		5693.90	
*厦门	Xiamen	6384.02		5.7		28.89		2.5		2519.84	
*青岛	Qingdao	12400.56		3.7		425.41		2.6		4361.56	
*深圳	Shenzhen	27670.24		3.1		25.79		-3.1		10454.01	

注：加*号为副省级城市。
The cities marked with "*" are deputy provincial cities.

17-1 续表 1 (Continued)

单位：亿元 (100 million yuan)

城市名称	City	2020年比2019年增长(%) Growth Rate in 2020 over 2019 (%)	位次 Ranking	#工业增加值 Added Value of Industry	位次 Ranking	2020年比2019年增长(%) Growth Rate in 2020 over 2019 (%)	位次 Ranking	第三产业增加值 Added Value of Tertiary Industry	位次 Ranking	2020年比2019年增长(%) Growth Rate in 2020 over 2019 (%)	位次 Ranking
全国	**National Total**	**2.6**						**553977.00**		**2.1**	
贵州省	**Guizhou Province**	**4.3**						**9075.07**		**4.1**	
西部省会城市	**Provincial Capital Cities of Western China**										
贵阳	Guiyang	5.5	9			4.5	8	2580.75	20	4.4	3
*成都	Chengdu	4.8	12	4208.27	4	4.7	7	11643.00	2	3.6	9
昆明	Kunming	1.4	22					4318.51	12	2.5	14
*西安	Xi'an	7.4	3	1828.59	9	5.8	4	6379.37	8	4.2	5
兰州	Lanzhou	3.7	15	727.46	10	3.1	10	1895.90	22	1.5	17
西宁	Xining	6.1	7					897.09	26	-0.2	19
银川	Yinchuan	2.8	20	655.72	12	1.9	12	1056.03	25	3.8	7
乌鲁木齐	Urumqi	8.1	1	703.04	11	7.6	2	2402.38	21	-2.2	23
南宁	Nanning	5.3	10			2.6	11	3107.67	17	2.9	13
呼和浩特	Hohhot	1.4	22	613.92	13	3.8	9	1858.49	23	-0.5	21
其它省会城市	**Other Provincial Cities**										
石家庄	Shijiazhuang	3.1	17					3691.00	14	4.3	4
太原	Taiyuan	3.0	18					2616.82	19	2.3	15
*沈阳	Shenyang	2.9	19					4107.57	13	-0.6	22
*长春	Changchun	8.0	2					3346.09	16	0.3	18
合肥	Hefei	6.4	5					6133.89	10	3.0	12
福州	Fuzhou	6.2	6	2532.16	7	5.1	6	5618.55	11	4.4	3
南昌	Nanchang	3.8	14					2833.35	18	3.4	10
*济南	Jinan	7.0	4	2360.50	8	8.2	1	6248.60	9	3.7	8
郑州	Zhengzhou	4.5	13	3145.70	6	5.7	5	7086.63	6	1.7	16
长沙	Changsha	5.0	11					6979.79	7	3.3	11
*武汉	Wuhan	-7.3	24	4085.48	5	-9.3	14	9656.41	4	-3.1	24
海口	Haikou	0.6	23	150.60	14	-3.5	13	1442.14	24	6.4	1
*杭州	Hangzhou	2.3	21	4221.00	3	2.6	11	10959.00	3	5.0	2
*南京	Nanjing	5.6	8	4331.59	2	6.4	3	9306.80	5	4.1	6
*哈尔滨	Harbin	2.3	21					3423.50	15	-0.4	20
*广州	Guangzhou	3.3	16	5722.52	1	2.6	11	18140.64	1	2.3	15
其它副省级城市	**Other Deputy Provincial Cities**										
*大连	Dalian	4.3		2327.20		3.7		3756.00		-2.5	
*宁波	Ningbo	3.0		5045.60		3.6		6376.40		3.6	
*厦门	Xiamen	6.1		1892.18		5.4		3835.29		5.5	
*青岛	Qingdao	3.0		3268.38		2.8		7613.59		4.1	
*深圳	Shenzhen	1.9		9528.12		1.5		17190.44		3.9	

注：加*号为副省级城市。
The cities marked with "*" are deputy provincial cities.

17-1 续表 2 (Continued)

单位: %　　(%)

城市名称	City	规模以上工业增加值增速 Growth Rate of Added Value of Industry above Designated Size	位次 Ranking	固定资产投资增速 Growth Rate of Total Ivestment in Fixed Assets	位次 Ranking
全国	**National Total**	**2.8**		**2.7**	
贵州省	**Guizhou Province**	**5.0**		**3.2**	
西部省会城市	**Provincial CapitalCities of Western China**				
贵阳	Guiyang	6.1	7	2.7	17
*成都	Chengdu	5.0	10	9.9	4
昆明	Kunming	0.9	22	8.1	7
*西安	Xi'an	7.0	5	12.8	1
兰州	Lanzhou	3.2	16	3.4	15
西宁	Xining	3.5	15	-25.9	24
银川	Yinchuan	1.6	21	1.1	18
乌鲁木齐	Urumqi	8.0	4	0.3	19
南宁	Nanning	3.0	17	-2.5	20
呼和浩特	Hohhot	4.6	12	-8.5	21
其它省会城市	**Other Provincial Cities**				
石家庄	Shijiazhuang	2.2	20	-18.8	23
太原	Taiyuan	3.2	16	11.3	2
*沈阳	Shenyang	2.8	18	4.1	12
*长春	Changchun	10.4	2	8.8	6
合肥	Hefei	8.3	3	4.7	11
福州	Fuzhou	5.3	8	9.6	5
南昌	Nanchang	4.7	11	8.8	6
*济南	Jinan	12.2	1	4.0	13
郑州	Zhengzhou	6.1	7	3.6	14
长沙	Changsha	5.1	9	6.2	10
*武汉	Wuhan	-6.9	24	-11.8	22
海口	Haikou	-3.3	23	9.9	4
*杭州	Hangzhou	3.8	14	6.8	8
*南京	Nanjing	6.5	6	6.6	9
*哈尔滨	Harbin	4.2	13	2.8	16
*广州	Guangzhou	2.5	19	10.0	3
其它副省级城市	**Other Deputy Provincial Cities**				
*大连	Dalian	3.8		0.1	
*宁波	Ningbo	5.2		5.5	
*厦门	Xiamen	6.0		8.8	
*青岛	Qingdao	5.5		3.2	
*深圳	Shenzhen	2.0		8.2	

注：加 * 号为副省级城市。
The cities marked with "*" are deputy provincial cities.

17-1 续表 3 (Continued)

单位：亿元 (100 million yuan)

城市名称	City	房地产投资增速 (%) Growth Rate of Real Estate Investment	位次 Ranking	工业投资增速 (%) Growth Rate of I1ndustrial Investment	位次 Ranking	社会消费品零售总额 Total Retail Sales of Consumer Goods	位次 Ranking	2020年比2019年增长 (%) Growth Rate in 2020 over 2019 (%)	位次 Ranking
全 国	**National Total**	**7.0**				**391981.00**		**3.9**	
贵州省	**Guizhou Province**	**14.3**		**11.8**				**4.9**	
西部省会城市	**Provincial Capital Cities of Western China**								
贵 阳	Guiyang	10.1	7	3.8	13	2256.17	16	6.6	1
*成 都	Chengdu	9.2	8	2.9	14	8118.50	2	−2.3	9
昆 明	Kunming	8.0	10	8.1	10	3070.44	13	−3.6	14
*西 安	Xi'an	6.5	11	15.2	7	4989.33	7	−2.9	11
兰 州	Lanzhou	0.1	18	26.0	4	1641.24	19	−1.8	8
西 宁	Xining	−7.1	23	−43.7	22	573.57	24	−9.3	22
银 川	Yinchuan	13.1	4	15.4	6	770.87	23	−7.1	21
乌鲁木齐	Urumqi	−2.1	20	−16.1	19	1043.50	20	−19.8	24
南 宁	Nanning	−5.7	21	8.1	10	2180.36	17	−6.3	18
呼和浩特	Hohhot	40.9	1	53.4	1	1032.93	21	−4.0	15
其它省会城市	**Other Provincial Cities**								
石家庄	Shijiazhuang	4.4	15	−22.7	21	2382.70	15	−3.3	12
太 原	Taiyuan	2.4	16	39.5	2	1655.11	18	−6.4	19
*沈 阳	Shenyang	5.2	14	1.7	16	3637.60	12	−5.4	17
*长 春	Changchun	12.4	5	3.9	12			−6.5	20
合 肥	Hefei	−0.6	19	−5.1	18	4513.76	8	3.1	2
福 州	Fuzhou	14.4	2	9.9	9	4225.61	11	0.6	7
南 昌	Nanchang	14.2	3	9.9	9	2452.74	14	3.0	3
*济 南	Jinan	8.3	9	27.9	3	4469.10	10	1.1	5
郑 州	Zhengzhou	2.4	16	20.9	5	5076.30	6	−4.7	16
长 沙	Changsha	12.0	6	3.9	12	4469.79	9	−2.6	10
*武 汉	Wuhan	−6.4	22	−20.4	20	6149.84	4	−20.9	25
海 口	Haikou	−7.7	24			835.89	22	1.5	4
*杭 州	Hangzhou	5.3	13	6.9	11	5973.00	5	−3.5	13
*南 京	Nanjing	5.2	14	11.0	8	7203.03	3	0.9	6
*哈尔滨	Harbin	0.3	17	1.9	15			−11.3	23
*广 州	Guangzhou	6.2	12	−0.8	17	9218.66	1	−3.5	13
其它副省级城市	**Other Deputy Provincial Cities**								
*大 连	Dalian	5.9		−18.3		1828.00		−11.5	
*宁 波	Ningbo	6.8		10.0		4238.30		−0.7	
*厦 门	Xiamen	17.4		12.9		2293.87		1.6	
*青 岛	Qingdao	13.4		1.7		5203.50		1.5	
*深 圳	Shenzhen	16.4		0.5		8664.83		−5.2	

注：加*号为副省级城市。
The cities marked with "*" are deputy provincial cities.

17–1 续表 4 (Continued)

单位: 亿元 (100 million yuan)

城市名称	City	进出口总额 Total Value of Imports and Exports	位次 Ranking	2020年比2019年增长(%) Growth Rate in 2020 over 2019 (%)	位次 Ranking	# 出口总额 Total Value of Exports	位次 Ranking	2020年比2019年增长(%) Growth Rate in 2020 over 2019 (%)	位次 Ranking	实际利用外资(亿美元) Foreign Investment Utilized	位次 Ranking
全国	**National Total**	**321557.00**		**1.9**		**179326.00**		**4.0**		**1444.00**	
贵州省	**Guizhou Province**	**546.52**		**20.6**		**431.65**		**31.9**		**4.39**	
西部省会城市	**Provincial Capital Cities of Western China**										
贵阳	Guiyang	446.94	19	31.1	2	357.98	16	47.3	1	20.21	11
*成都	Chengdu	7154.21	2	22.4	4	4106.85	2	23.7	4		
昆明	Kunming										
*西安	Xi'an	3473.84	6	7.2	15	1775.98	7	2.6	17	76.77	4
兰州	Lanzhou	102.50	23	–14.2	23	32.70	24	–54.6	24	6292.72	1
西宁	Xining	16.81	25	–37.0	24	7.05	25	–51.7	23		
银川	Yinchuan	62.96	24	–60.0	25	45.27	23	–56.6	25	0.88	22
乌鲁木齐	Urumqi	455.87	18	–11.0	22	288.51	17	–12.6	21	1.10	20
南宁	Nanning	986	17	31.8	1	470.82	15	29.2	2	4.40	17
呼和浩特	Hohhot	147.00	22	18.3	6	72.40	22	13.9	8		
其它省会城市	**Other Provincial Cities**										
石家庄	Shijiazhuang	1341.10	12	14.0	9	785.60	11	19.9	5	18.30	13
太原	Taiyuan	1211.47	13	8.1	14	724.71	13	11.2	11	1.02	21
*沈阳	Shenyang	1028.10	15	–4.2	20	274.40	18	–13.2	22	7.10	16
*长春	Changchun	1027.60	16	3.0	17	135.40	20	–9.3	20	3.80	18
合肥	Hefei	2597.25	8	16.9	8	1580.76	8	13.4	9	35.95	10
福州	Fuzhou	2504.8	9	–1.0	19	1786.5	6	–1.1	19	10.10	15
南昌	Nanchang	1151.46	14	8.4	13	713.11	14	10.3	13	40.60	9
*济南	Jinan	1382.70	11	23.0	3	755.00	12	17.2	6	19.20	12
郑州	Zhengzhou	4946.40	5	19.7	5	2948.80	5	10.0	14	46.59	7
长沙	Changsha	2350.46	10	17.4	7	1548.72	9	10.8	12	72.82	5
*武汉	Wuhan	2704.30	7	10.8	11	1421.70	10	4.3	15	111.65	3
海口	Haikou	368.32	20	11.2	10	110.29	21	27.7	3	17.23	14
*杭州	Hangzhou	5934.20	3	5.9	16	3693.20	3	2.1	18	72.00	6
*南京	Nanjing	5340.21	4	10.6	12	3398.92	4	13.0	10	45.15	8
*哈尔滨	Harbin	255.90	21	1.5	18	136.90	19	14.1	7	3.40	19
*广州	Guangzhou	9530.06	1	–4.8	21	5427.67	1	3.2	16	493.72	2
其它副省级城市	**Other Deputy Provincial Cities**										
*大连	Dalian	3854.20		–11.7		1672.60		–13.8		6.60	
*宁波	Ningbo	9786.90		6.7		6407.00		7.3		24.70	
*厦门	Xiamen	6915.77		7.8		3572.92		1.2		166.05	
*青岛	Qingdao	6407.00		8.2		3876.80		13.7		58.50	
*深圳	Shenzhen	30502.53		2.4		16972.66		1.5		86.83	

注: 加 * 号为副省级城市。
The cities marked with "*" are deputy provincial cities.

17–1 续表 5 (Continued)

单位: 亿元 (100 million yuan)

城市名称	City	2020年比2019年增长(%) Growth Rate in 2020 over 2019 (%)	位次 Ranking	一般公共预算收入 Public Budgetary Revenue	位次 Ranking	2020年比2019年增长(%) Growth Rate in 2020 over 2019 (%)	位次 Ranking	一般公共预算支出 Public Budgetary Expenditure	位次 Ranking	2020年比2019年增长(%) Growth Rate in 2020 over 2019 (%)	位次 Ranking
全国	**National Total**	**4.5**		**182895.00**		**-3.9**		**245588.00**		**2.8**	
贵州省	**Guizhou Province**			**1786.78**		**1.1**		**5723.27**		**3.8**	
西部省会城市	**Provincial Capital Cities of Western China**										
贵阳	Guiyang	12.5	6	398.13	17	-4.6	21	676.42	18	-5.9	21
*成都	Chengdu			1520.40	4	2.5	11	2158.00	3	7.5	6
昆明	Kunming			650.47	13	3.2	8	875.05	15	6.6	7
*西安	Xi'an	8.8	8	724.13	11	3.1	9	1352.69	8	8.5	3
兰州	Lanzhou			247.13	22	6.0	5	485.73	21	6.4	8
西宁	Xining			133.51	26	31.2	1	329.51	24	0.4	18
银川	Yinchuan	-56.3	18	157.25	25	1.6	13	335.76	23	-3.1	20
乌鲁木齐	Urumqi			392.64	18	-16.9	23	536.87	20	-13.5	23
南宁	Nanning	41.9	2	263.61	21	-2.8	20	819.86	17	3.9	13
呼和浩特	Hohhot			217.10	23	6.9	3	435.74	22	4.3	12
其它省会城市	**Other Provincial Cities**										
石家庄	Shijiazhuang	12.7	5	632.20	14	11.1	2	1135.30	11	7.8	4
太原	Taiyuan	5.0	13	378.44	19	-2.1	19	647.35	19	6.0	9
*沈阳	Shenyang	2.0	14	736.08	10	0.8	17	1074.11	13	2.5	16
*长春	Changchun			440.40	16	1.5	14	1084.10	12	10.5	2
合肥	Hefei	6.0	11	762.90	9	2.3	12				
福州	Fuzhou			675.61	12	1.1	16	950.20	14		19
南昌	Nanchang	7.7	9	483.86	15	1.4	15	838.07	16	0.5	17
*济南	Jinan	-14.2	17	906.10	8	3.6	7	1288.80	9	7.6	5
郑州	Zhengzhou	5.7	12	1259.21	5	3.0	10	1721.30	6	-9.9	22
长沙	Changsha	14.3	4	1100.09	7	3.0	10	1480.24	7	3.8	14
*武汉	Wuhan	-9.3	16	1230.29	6	-21.3	24	2407.00	2	7.5	6
海口	Haikou	157.0	1	186.05	24	0.4	18	305.41	25	14.9	1
*杭州	Hangzhou	17.5	3	2093.00	1	6.5	4	2070.00	4	6.0	9
*南京	Nanjing	10.1	7	1637.70	3	3.7	6	1754.62	5	5.8	10
*哈尔滨	Harbin	0.6	15	339.60	20	-8.4	22	1162.20	10	5.5	11
*广州	Guangzhou	7.5	10	1721.59	2	1.4	15	2953.04	1	3.1	15
其它副省级城市	**Other Deputy Provincial Cities**										
*大连	Dalian	2.2		702.70		1.4		1002.00		-1.4	
*宁波	Ningbo	4.4		1510.80		2.9		1742.00		-1.5	
*厦门	Xiamen	23.8		783.94		2.0		976.89		7.0	
*青岛	Qingdao	0.2		1253.80		1.0		1584.70		0.6	
*深圳	Shenzhen	11.2		3857.39		2.2		4177.72		-8.2	

注: 加*号为副省级城市。
The cities marked with "*" are deputy provincial cities.

17-1 续表 6 (Continued)

单位：亿元 (100 million yuan)

城市名称	City	全部金融机构人民币存款余额 Balance of Deposits in All Financial Institutions	位次 Ranking	2020年比2019年增长(%) Growth Rate in 2020 over 2019 (%)	位次 Ranking	住户存款 Balance of Savings Deposits in Urban and Rural Areas	位次 Ranking	2020年比2019年增长(%) Growth Rate in 2020 over 2019 (%)	位次 Ranking
全 国	**National Total**	**215886.00**							
贵州省	**Guizhou Province**	**28276.31**		**4.1**		**12764.42**		**10.7**	
西部省会城市	**Provincial Capital Cities of Western China**								
贵 阳	Guiyang	12485.17	15	4.6	15	3634.58	13	14.9	
*成 都	Chengdu	42266.00	2	9.5	10	17085.00	1	14.7	7
昆 明	Kunming	16324.65	10	9.5	10	5962.79	9	11.3	13
*西 安	Xi'an	25730.51	5	11.5	9	10913.05	2	14.2	9
兰 州	Lanzhou	9044.77	18	2.4	18				
西 宁	Xining	4371.64	22	9.1	11	1723.88	17	7.8	16
银 川	Yinchuan	4488.01	21	11.8	8	2137.48	15	14.5	8
乌鲁木齐	Urumqi	9604.46	17	8.4	12	3680.28	12	16.0	4
南 宁	Nanning	11479.18	16	7.3	13	4415.35	11	11.5	12
呼和浩特	Hohhot	6116.14	19	4.1	16	2623.75	14	9.7	15
其它省会城市	**Other Provincial Cities**								
石家庄	Shijiazhuang	15917.80	11			8321.80	6		
太 原	Taiyuan	14212.47	12	12.2	7	5896.93	10	12.3	11
*沈 阳	Shenyang	19272.63	8	3.1	17	10329.86	3	23.9	1
*长 春	Changchun	14155.70	13	12.4	6	6888.20	8	17.0	3
合 肥	Hefei	18296.74	9	13.3	2				
福 州	Fuzhou	2015.52	23	13.1	4	924.43	18	15.3	5
南 昌	Nanchang	2015.52	23	13.1	4	924.43	18	15.3	5
*济 南	Jinan	20715.00	7	13.2	3	7584.10	7	17.8	
郑 州	Zhengzhou	24994.33	6	7.0	14	8961.80	5	12.6	10
长 沙	Changsha								
*武 汉	Wuhan	30329.15	4	8.4	12				
海 口	Haikou	5019.39	20	3.1	17	2034.63	16	10.7	14
*杭 州	Hangzhou								
*南 京	Nanjing	39056.06	3	13.0	5	9499.25	4	17.0	3
*哈尔滨	Harbin	13749.40	14	12.2	7				
*广 州	Guangzhou	65615.47	1	15.7	1				
其它副省级城市	**Other Deputy Provincial Cities**								
*大 连	Dalian	15512.50		9.5		7843.80		14.6	
*宁 波	Ningbo	23166.68		14.2		8522.07		14.0	
*厦 门	Xiamen	12553.38		13.1		2821.79		21.4	
*青 岛	Qingdao	19822.00				8031.00			
*深 圳	Shenzhen	96974.91		21.9		18717.82		16.9	

注：加*号为副省级城市。
The cities marked with "*" are deputy provincial cities.

17-1 续表 7 (Continued)

单位：元 (yuan)

城市名称	City	全部金融机构人民币存款余额（亿元）Balance of Deposits in All Financial Institutions (100 million yuan)	位次 Ranking	2020年比2019年增长(%) Growth Rate in 2020 over 2019 (%)	位次 Ranking	城镇常住居民人均可支配收入 Per Capita Annual Disposable Income of Urban Households	位次 Ranking	2020年比2019年增长(%) Growth Rate in 2020 over 2019 (%)	位次 Ranking
全 国	**National Total**	**495668.00**				**43834**		**3.5**	
贵州省	**Guizhou Province**	**32235.75**		**13.3**		**36096**		**4.9**	
西部省会城市	**Provincial Capital Cities of Western China**								
贵 阳	Guiyang	15799.15	12	12.4	8	40305	17	5.4	6
*成 都	Chengdu	39686.00	2	13.0		48593	9	5.9	4
昆 明	Kunming	19740.44	7	10.6	13	48018	11	3.7	12
*西 安	Xi'an	25559.04	6	14.8	4	43713	14	4.5	9
兰 州	Lanzhou	12954.98	15	7.7	17	40152	19	5.4	6
西 宁	Xining	5312.54	22	-0.3		36959	26	6.1	2
银 川	Yinchuan	5535.00	21	7.5	18	39416	23	3.1	13
乌鲁木齐	Urumqi	8672.11	19	11.2	11	42769	16	0.2	21
南 宁	Nanning	15820.33	11	13.7	5	38542	24	2.3	17
呼和浩特	Hohhot	8899.58	18	4.5	19	49789	7	0.8	20
其它省会城市	**Other Provincial Cities**								
石家庄	Shijiazhuang	12781.80	16			40247	18	4.4	10
太 原	Taiyuan	14823.04	13	8.1	15	38329	25	5.4	6
*沈 阳	Shenyang	17929.78	9	7.9	16	47413	12	1.3	19
*长 春	Changchun	14525.70	14	11.1	12	40001	21	5.7	5
合 肥	Hefei	17678.66	10	15.5	3	48283	10	6.3	1
福 州	Fuzhou	2170.65	23	12.7	7	49300	8	2.9	14
南 昌	Nanchang	2170.65		12.7	7	46796	13	6.0	3
*济 南	Jinan	19704.90	8	11.8	10	53329	5	2.7	16
郑 州	Zhengzhou	28439.38	5	12.1	9	42887	15	1.9	18
长 沙	Changsha					57971	4	5.0	7
*武 汉	Wuhan	35491.87	4	16.1	1	50362	6	-2.6	23
海 口	Haikou	5770.12	20	8.3	14	40049	20	2.8	15
*杭 州	Hangzhou					68666	1	3.9	11
*南 京	Nanjing	37594.23	3	13.0	6	67553	3	4.9	8
*哈尔滨	Harbin	12553.30	17	4.2	20	39791	22	-0.5	22
*广 州	Guangzhou	53535.39	1	16.0	2	68304	2	5.0	7
其它副省级城市	**Other Deputy Provincial Cities**								
*大 连	Dalian	12628.50		5.3		47380		2.0	
*宁 波	Ningbo	25051.98		15.1		68008		4.8	
*厦 门	Xiamen	12687.99		14.9		61331		3.9	
*青 岛	Qingdao	20211.00				55905		2.6	
*深 圳	Shenzhen	64628.97		15.4		64878		3.8	

注：加*号为副省级城市。
The cities marked with "*" are deputy provincial cities.

17-1 续表 8 (Continued)

单位：元 (yuan)

城市名称	City	农村常住居民人均可支配收入 Per Capita Annual Disposable Income of Rural Residents	位次 Ranking	2020年比2019年增长(%) Growth Rate in 2020 over 2019 (%)	位次 Ranking	居民消费价格指数(%) CPI (%)	位次 Ranking	2020年比2019年增长(%) Growth Rate in 2020 over 2019 (%)	位次 Ranking
全 国	**National Total**	**17131**		**6.9**		**102.5**		**2.5**	
贵州省	**Guizhou Province**	**11642**		**8.2**		**102.6**		**2.6**	
西部省会城市	**Provincial Capital Cities of Western China**								
贵 阳	Guiyang	18674	17	8.1	3	102.4	5	2.4	5
*成 都	Chengdu	26432	5	8.5	1	102.5	4	2.5	4
昆 明	Kunming	17719	18	8.3	2	103.1	1	3.1	1
*西 安	Xi'an	15749	24	8.0	4	102.1	7	2.1	7
兰 州	Lanzhou	14652	25	7.7	5	102.0	8	2.0	8
西 宁	Xining	13487	26	7.2	9	102.7	2	2.7	2
银 川	Yinchuan	16428	22	7.5	7	101.8	10	1.8	10
乌鲁木齐	Urumqi	22827	9	6.4	13	100.9	12	0.9	12
南 宁	Nanning	16130	23	7.2	9	102.3	6	2.3	6
呼和浩特	Hohhot	20489	12	8.0	4	102.0	8	2.0	8
其它省会城市	**Other Provincial Cities**								
石家庄	Shijiazhuang	16947	20	6.9	11	102.3	6	2.3	6
太 原	Taiyuan	19655	14	7.0	10	102.6	3	2.6	3
*沈 阳	Shenyang	19598	16	8.1	3	102.3	6	2.3	6
*长 春	Changchun	16636	21	7.6	6	101.9	9	1.9	9
合 肥	Hefei	24282	7	8.1	3	102.3	6	2.3	6
福 州	Fuzhou	22669	10	6.3	14	102.4	5	2.4	5
南 昌	Nanchang	20921	11	7.3	8	102.5	4	2.5	4
*济 南	Jinan	20432	13	5.0	16	102.4	5	2.4	5
郑 州	Zhengzhou	24783	6	5.3	15	102.3	6	2.3	6
长 沙	Changsha	34754	2	7.5	7	101.8	10	1.8	10
*武 汉	Wuhan	24057	8	–2.9	17	102.4	5	2.4	5
海 口	Haikou	17405	19	8.0	4	101.6	11	1.6	11
*杭 州	Hangzhou	38700	1	6.7	12	102.1	7	2.1	7
*南 京	Nanjing	29621	4	7.2	9	102.4	5	2.4	5
*哈尔滨	Harbin	19631	15	7.6	6				
*广 州	Guangzhou	31266	3	8.3	2	102.6	3	2.6	3
其它副省级城市	**Other Deputy Provincial Cities**								
*大 连	Dalian	21558		7.9		102.1		2.1	
*宁 波	Ningbo	39132		6.8		101.9		1.9	
*厦 门	Xiamen	26612		7.3		102.5		2.5	
*青 岛	Qingdao	23656		4.8		102.4		2.4	
*深 圳	Shenzhen					102.3		2.3	

注：加 * 号为副省级城市。
The cities marked with "*" are deputy provincial cities.

附 录

Appendix

2020年贵阳市国民经济和社会发展统计公报[1]

贵阳市统计局　国家统计局贵阳调查队

2021年4月16日

2020年，全市上下在市委市政府的坚强领导下，坚持稳中求进工作总基调，统筹推进疫情防控和经济社会发展，扎实做好“六稳”工作，全面落实“六保”任务，经济运行快速恢复，经济发展提质增效，经济韧性显著增强，经济活力充分迸发，顺利完成各项目标任务，为“十四五”开好局、起好步奠定坚实基础。

一、综　合

初步核算，2020年全市实现地区生产总值[2]4311.65亿元，同比增长5.0%。其中，第一产业增加值178.31亿元，增长6.4%；第二产业增加值1552.59亿元，增长5.5%；第三产业增加值2580.75亿元，增长4.4%。

图1：地区生产总值及增长速度

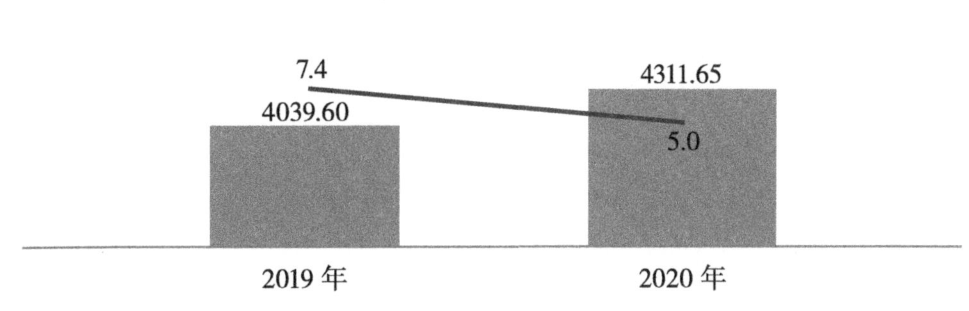

三次产业结构比为4.1:36.0:59.9，“三二一”结构继续呈现。与上年比，第一产业比重提高0.1，第二产业比重下降0.5个百分点，第三产业比重提高0.4个百分点。

表 1: 地区生产总值

指标名称	2019 年	2020 年	2020 年比 2019 年增长（%）
地区生产总值（亿元）	4039.60	4311.65	5.0
第一产业	161.34	178.31	6.4
第二产业	1475.27	1552.59	5.5
第三产业	2402.99	2580.75	4.4

全年居民消费价格总水平累计上涨 2.4%，八大类商品及服务项目价格“四升四降”，食品烟酒价格类涨幅最高，上涨 10.0%，其中猪肉价格上涨 48.0%。工业生产者出厂价格同比下降 1.2%。工业生产者购进价格同比上涨 1.1%。

图 2: 2020 年月度居民消费价格指数同比涨跌幅变化

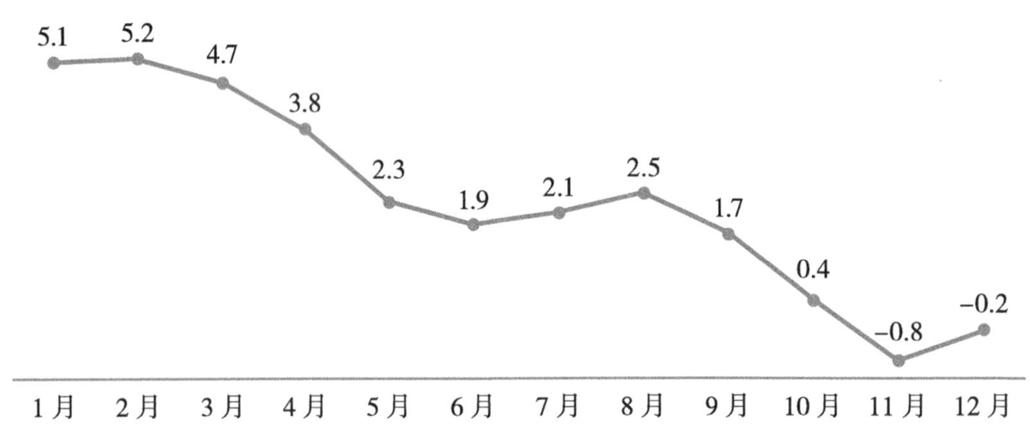

表 2: 2020 年居民消费价格比上年涨跌幅度

指标名称	涨跌幅度（%）
居民消费价格	**2.4**
服务项目价格	**−0.2**
消费品价格	**3.7**
1. 食品烟酒类	10.0
2. 衣着类	−2.6
3. 居住类	−2.1
4. 生活用品及服务类	−0.8
5. 交通和通讯类	−4.6
6. 教育文化和娱乐类	2.1
7. 医疗保健类	1.7
8. 其他用品和服务类	4.3
商品零售价格	**1.2**

图 3: 2020 年居民消费价格八大类比上年涨跌幅度 (%)

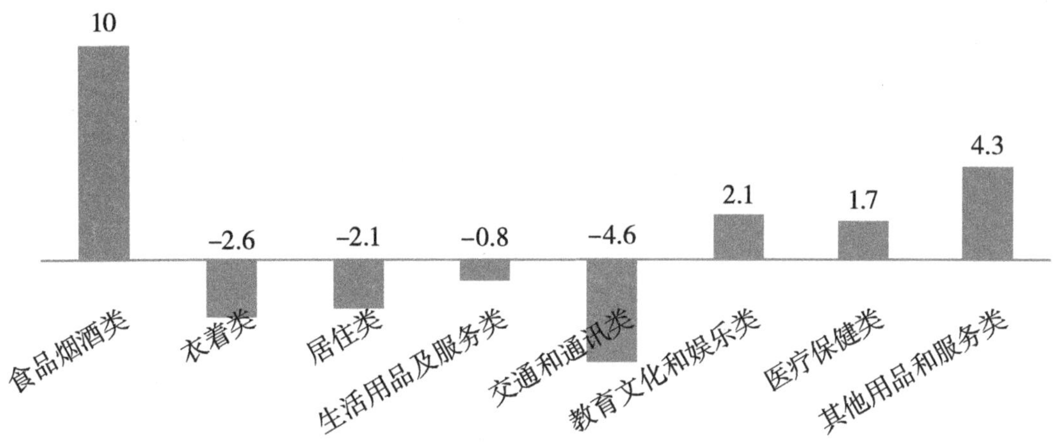

脱贫攻坚决战决胜，4.3 万农村贫困人口全部脱贫，1.2 万贫困群众通过易地扶贫搬迁搬出大山，52 万农村人口饮水安全问题全面解决。农村集中供水率达到 99.03%，农网供电可靠率 99.89%，30 户以上村民组实现 4G 网络全覆盖，20 户以上村民组广电光纤覆盖率 95%。建设高标准农田 68.34 万亩，经济作物种植面积增加 78.87 万亩，占种植业比重 83.13%。**绿色经济增长迅速，**“十三五”期间，全市淘汰落后产能和化解过剩产能企业 13 家，淘汰落后和过剩产能 196 万吨。规模以上工业企业风力发电量 3.35 亿千瓦时，比上年增长 18.2%；水力发电量 80.60 亿千瓦时，增长 8.3%；垃圾焚烧发电量 1.36 亿千瓦时，下降 16.0%。工业固体废物处置利用率达到 98.0% 以上，垃圾无害化处理率达到 99.0% 以上。**创业创新活力迸发，**全市市场主体总量 687200 户，比上年增长 20.9%；注册资本 33883.55 亿元，增长 7.4%。全年日均新登记市场主体 493 户，相当于比去年每天多增加 100 户，营商环境优化，有效激发社会投资创业活力。

二、农　业

全年粮食播种面积 124.26 万亩，比上年增长 2.0%；油菜籽播种面积 32.62 万亩，比上年下降 5.9%；烤烟播种面积 3.91 万亩，比上年下降 9.6%；蔬菜及食用菌播种面积 188.48 万亩，比上年增长 6.1%。

全年粮食产量 37.64 万吨，比上年增长 0.2%。其中，夏粮产量 5.71 万吨，增长 9.9%；秋粮产量 31.93 万吨，下降 1.3%。

图 4: 粮食产量(万吨)

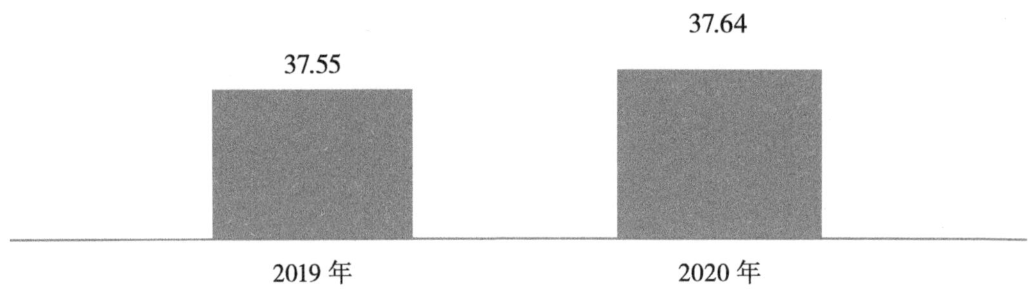

表 3: 2020 年主要农产品产量

指　　标	绝对数 (万吨)	比上年增长 (%)
粮食作物产量	**37.64**	**0.2**
按夏秋粮分		
夏 粮	5.71	9.9
秋 粮	31.93	-1.3
按类别分		
#稻 谷	17.06	-2.8
小 麦	0.56	3.0
玉 米	13.80	-0.7
大 豆	0.48	55.8
薯 类	5.61	8.9
油料作物	4.43	0.6
#油菜籽	3.91	-1.5
花 生	0.12	-0.4
烤 烟	0.47	-6.5
蔬菜及食用菌	281.97	12.7
茶 叶	0.66	21.3
园林水果	46.30	41.0
#梨	5.60	74.9
桃	5.44	49.6
柑 橘	1.73	10.6
杨 梅	1.50	40.3
猕猴桃	13.39	38.0
葡 萄	3.42	9.8

全年肉类总产量13.25万吨，比上年增长4.8%；禽蛋产量3.97万吨，比上年增长6.6%；奶类产量4.73万吨，比上年增长1.0%；水产品产量0.36万吨，比上年增长8.2%。

表4：2020年主要畜产品产量

指　　标	单位	绝对数	比上年增长（%）
当年肉猪出栏头数	万头	96.49	-3.5
当年肉用牛出栏头数	万头	4.25	0.6
当年羊出栏头数	万只	2.89	-21.3
当年家禽出栏头数	万只	2402.38	23.6
大牲畜年末存栏头数	万头	13.49	-2.5
#牛	万头	12.97	0.2
肉牛	万头	11.96	1.4
奶牛	万头	1.01	-11.6
马	万匹	0.52	-41.4
猪年末存栏数	万头	78.32	17.0
羊年末存栏数	万只	3.79	2.4
家禽年末存栏数	万只	1363.89	4.7
当年肉类总产量	万吨	13.25	4.8
#猪肉	万吨	8.40	-3.9
牛肉	万吨	0.57	5.5
羊肉	万吨	0.05	-24.8
禽肉	万吨	4.21	29.2
其他畜产品产量			
#生牛奶	吨	47335	1.0
蜂蜜	吨	123	-3.5
禽蛋	吨	39660	6.6

全市农产品加工转化率52%，农业机械总动力达206.76万千瓦；投入各类农业机械9.4万台（套），实现机耕面积312.77万亩、机播面积14.21万亩、机收面积43.64万亩，主要农作物综合机械化率达47.25%。累计完成“两品一标”认证116个（其中绿色食品认证企业31家共34个产品，有机产品认证企业39家77个产品，地理标志认证5个），产地认定面积26.3万亩实现监管监测“三个100%”。

三、工业和建筑业

全年规模以上工业[(3)]增加值比上年增长6.1%。重点产业（行业）规模以上工业增加值比上年增长4.8%，占规模以上工业增加值的83.9%；其中，磷煤化工业增加值增长17.0%、装备制造业增加值增长12.9%、电力生产及供应业增加值增长11.5%、烟草制品业增加值增长2.3%、特色食品业增长2.1%。工业园区规模以上工业企业增加值比上年增长5.3%，占规模以上工业增加值的78.9%。

图5：全部工业增加值及增长速度

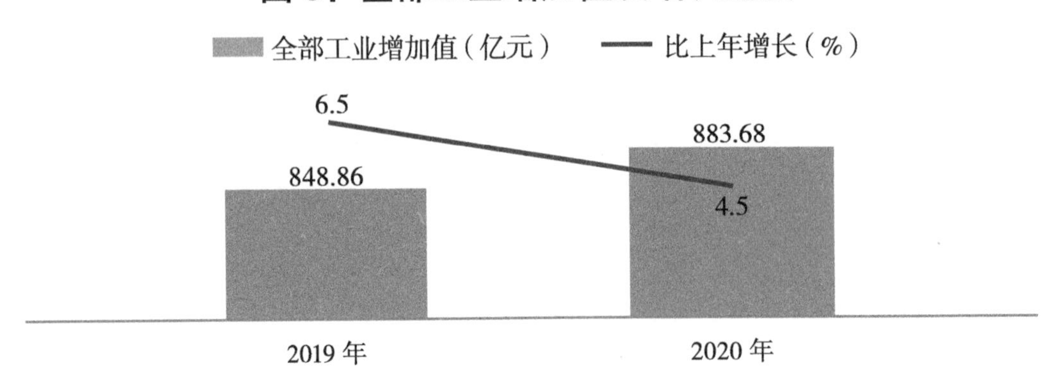

35个行业“21升14降”。全市35个工业行业中，21个行业呈增长趋势，其中煤炭开采和洗选业增长147.4%、其他制造业增长62.3%、废弃资源综合利用业增长56.6%、非金属矿采选业增长31.2%、计算机、通信和其他电子设备制造业增长30.5%，这五个行业增加值占全市规模以上工业增加值的8.1%。

表 5: 2020 年工业园区生产情况

工 业 园 区	比上年增长（%）
全市规模以上工业增加值	6.1
#园区工业增加值	5.3
南明临空经济产业园	10.8
云岩产业园	1.5
花溪产业园	-11.1
小河—孟关装备制造业生态工业园区	5.1
乌当医药食品工业园区	14.8
白云铝及铝加工基地	-14.3
麦架—沙文生态科技产业园	17.2
贵阳综合保税区	225.9
观山湖电子商务和现代制造业产业园	44.9
开阳磷煤化工基地	13.4
息烽县磷煤化工生态工业基地	-9.6
修文工业园区	3.1
清镇铝煤生态工业基地	2.2

表 6: 2020 年规模以上重点产业（行业）生产情况

行业分类	比上年增长（%）
重点产业（行业）	4.8
磷煤化工	17.0
铝及铝加工	-9.4
特色食品业	2.1
烟草制造业	2.3
医药制造业	-2.7
装备制造业	12.9
#汽车制造业	24.9
#电子信息产业制造业	4.6
电力生产及供应业	11.5
橡胶及塑料制品业	0.3

表 7: 2020 年规模以上工业主要行业生产情况

行业分类	比上年增长（%）
酒、饮料和精制茶制造业	–12.0
石油、煤炭及其他燃料加工业	29.5
化学原料和化学制品制造业	10.2
橡胶和塑料制品业	0.3
非金属矿物制品业	–10.4
金属制品业	–7.5
通用设备制造业	–20.4
铁路、船舶、航空航天和其他运输设备制造业	13.3
电气机械和器材制造业	–9.5
计算机、通信和其他电子设备制造业	30.5

在规模以上工业企业中，轻工业增加值比上年下降 0.7%，重工业增加值比上年增长 12.5%；国有企业增加值比上年增长 13.3%；国有控股企业增加值比上年增长 9.8%；非公有制工业增加值比上年下降 0.5%；外商及港澳台投资企业比上年增长 9.5%；大中型工业企业比上年增长 10.1%；小微型工业企业比上年下降 7.2%。

高技术产业加快发展，2020 年，全市规模以上高技术制造业增加值比上年增长 9.0%，增速比上年提高 0.7 个百分点，增速高于规模以上工业增加值 2.9 个百分点；占规模以上工业增加值比重为 18.9%，对规模以上工业增加值贡献率为 27.1%，拉动规模以上工业增加值增长 1.7 个百分点。其中，计算机、通信和其他电子设备制造业增长 30.5%，汽车制造业增长 24.9%，铁路、船舶、航空航天和其他运输设备制造业增长 13.3%。

表8: 2020年主要工业产品产量

指　　标	单位	绝对数	比上年增长（%）
磷矿石	万吨	867.84	11.6
中成药	万吨	3.33	2.6
农用氮磷钾化肥（折纯）	万吨	236.47	4.5
轮胎外胎	万条	705.98	16.3
水泥	万吨	1048.67	-5.9
钢材	万吨	132.84	2.0
彩色电视机	万台	183.62	48.6
原铝	万吨	48.61	1.4
白酒	万升	454.48	-31.8
啤酒	万升	5131.90	-21.5
电子元件	亿只	22.09	25.7

全年规模以上工业企业801个，比上年增加5个。营业收入2029.99亿元，比上年下降0.7%；资产负债率60.2%，比上年下降2.8个百分点；营业收入利润率11.2%，比上年上升3.2个百分点；百元收入成本69.5元，比上年减少1.9元。12月末，规模以上工业产成品增长31.7%，增速同比上升39.1个百分点；规模以上工业企业负债增速下降，负债同比减少2.6%，比上年下降3.6个百分点。

全市建筑业增加值670.21亿元，比上年增长7.0%。具有资质等级的总承包和专业承包建筑企业411个，资质以上建筑企业房屋建筑施工面积9916.85万平方米，比上年增长15.3%；房屋建筑竣工面积1898.69万平方米，比上年下降14.3%。

图6：建筑业增加值及增长速度

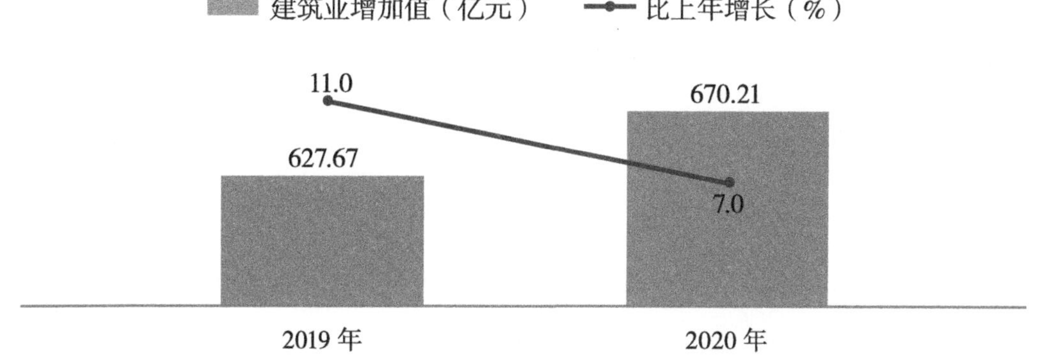

四、固定资产投资

全年固定资产投资[4]比上年增长2.7%。分产业看，第一产业投资增长95.3%；第二产业投资增长4.0%；第三产业投资增长0.4%。

表9: 2020年分行业固定资产投资增长速度

指　　标	比上年增长（%）
固定资产投资	2.7
第一产业	95.3
第二产业	4.0
#工　业（不含工业园区基础设施）	3.8
#化学原料及化学制品制造业	34.7
医药制造业	20.9
非金属矿制品业	25.3
黑色金属冶炼及压延加工业	514.6
有色金属冶炼及压延加工业	14.1
电气机械及器材制造业	20.3
第三产业	0.4
#交通运输、仓储和邮政业	−19.8
#道路运输业	−30.7
信息传输、计算机服务和软件业	15.3
批发和零售业	100.3
住宿和餐饮业	−69.1
水利、环境和公共设施管理业	−23.4
#公共设施管理业	−23.2
教育	34.8
卫生和社会工作	61.4
文化、体育和娱乐业	20.7

全年固定资产投资到位资金比上年下降2.8%。其中，国家预算内资金增长81.0%；国内贷款下降25.8%；自筹资金增长0.2%；其他资金下降4.8%。

全年房地产开发企业投资比上年增长10.1%。其中，住宅投资增长26.6%；办公楼投资下降39.5%；商业营业用房投资下降5.0%；其他投资下降20.8%。商品房待售面积107.72万平方米，比上年末增加1.04万平方米，增长1.0%。

表 10：2020 年房地产主要指标完成情况

指　　标	绝对数	比上年增长（%）
本年施工面积（万平方米）	7898.38	-1.8
#住　宅	5236.67	0.4
本年新开工面积（万平方米）	1804.54	-9.2
#住　宅	1310.20	-4.6
本年竣工房屋面积（万平方米）	359.33	16.4
#住　宅	221.15	19.2
本年销售商品房面积（万平方米）	1238.70	12.6
现房销售面积	40.95	-67.0
#住　宅	13.44	-56.0
期房销售面积	1197.74	22.7
#住　宅	1095.26	30.7
本年商品房销售额（亿元）	1152.82	持平
现房销售额	41.47	-75.0
#住　宅	7.31	-61.0
期房销售额	1111.35	12.6
#住　宅	1006.94	20.6

五、国内贸易

全年实现社会消费品零售总额 2188.26 亿元，比上年增长 6.6%。按经营地统计，城镇消费品零售额 1940.05 亿元，增长 4.8%，其中城区消费品零售额 1761.24 亿元，增长 4.8%；乡村消费品零售额 248.21 亿元，增长 22.9%。按消费形态分，商品零售 1994.42 亿元，增长 7.9%；餐饮收入 193.84 亿元，下降 4.8%。

图 7：社会消费品零售总额及增长速度

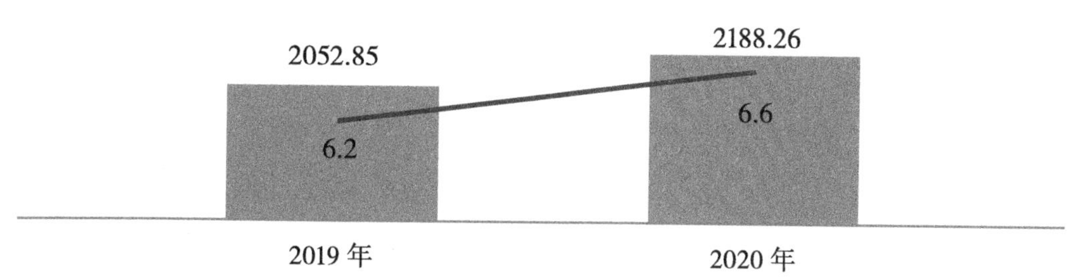

表 11：2020 年社会消费品零售总额完成情况

行业分类	绝对数（亿元）	比上年增长（%）
社会消费品零售总额	2188.26	6.6
#限额以上	993.22	13.9
按销售单位所在地分		
城 镇	1940.05	4.8
#城 区	1761.24	4.8
乡 村	248.21	22.9
按消费形态分		
餐饮收入	193.84	–4.8
商品零售	1994.42	7.9
#限额以上企业（单位）商品零售	965.21	14.8
#粮油、食品类	81.75	17.3
饮料类	9.18	48.2
烟酒类	153.89	100.5
服装鞋帽、针纺织品类	45.67	–12
化妆品类	13.24	–7.1
金银珠宝类	5.47	–10.3
日用品类	51.91	93.2
体育、娱乐用品类	17.15	1849.5
书报杂志类	5.85	–2.4
家用电器和音响器材类	38.65	3.4
中西药品类	33.12	11.4
文化办公用品类	14.35	28.3
家具类	2.83	21.4
通讯器材类	19.70	3.6
石油及制品类	152.95	6.4
建筑及装潢材料类	0.27	–46
汽车类	289.66	–6.1

六、对外经济

全年外贸进出口总额60.00亿美元，比上年增长(5)44.7%。其中出口49.60亿美元，增长62.9%；进口10.40亿美元，下降5.5%。

全年新设外商投资企业68家，比上年增长58.1%。实际利用外资(6)20.21亿美元，比上年增长12.5%。

图 8：外贸进出口总额

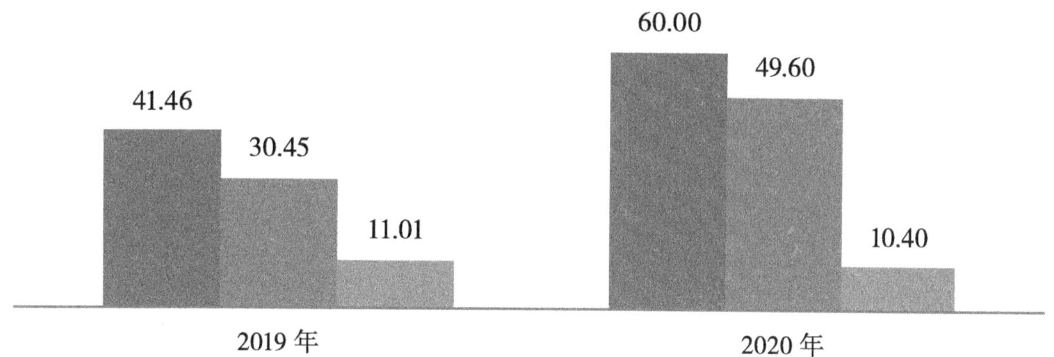

表 12：2020 年外贸进出口情况

指　　标	绝对数（亿美元）	比上年增长（%）
海关进出口总额	**60.00**	**44.7**
按企业性质分		
国有企业	20.73	-4.6
外商投资企业	1.51	-13.4
民营企业	37.67	111.2
其他企业	0.09	-37.2
按贸易方式分		
一般贸易	50.98	64
加工贸易	4.98	-12
其他贸易	4.04	-14.4
出口总额	**49.60**	**62.9**
按企业性质分		
国有企业	17.59	-6.6
外商投资企业	0.98	-12.3
民营企业	31.01	195.6
其他企业	0.03	121
按贸易方式分		
一般贸易	44.46	74.6
加工贸易	3.37	-6.1
其他贸易	1.78	26.6
进口总额	**10.40**	**-5.5**
按企业性质分		
国有企业	3.14	8.4
外商投资企业	0.53	-15.5
民营企业	6.66	-9.3
其他企业	0.06	-54.2
按贸易方式分		
一般贸易	6.52	16
加工贸易	1.61	-22.2
其他贸易	2.26	-31.7

表 13：2020 年分国别（地区）外贸进出口情况

单位：亿美元

国家或地区	外贸进出口总额	出 口	进 口
总 计	60.00	49.60	10.40
亚 洲	44.01	36.91	7.10
# 中国香港	23.38	23.38	0.00
印 度	0.67	0.55	0.12
日 本	1.91	1.53	0.37
韩 国	1.14	0.66	0.48
中国台湾	2.45	0.15	2.30
东 盟	9.99	7.96	2.02
非 洲	2.28	1.35	0.93
欧 洲	6.31	5.15	1.16
# 欧盟 28 国（含英国）	3.52	2.67	0.85
拉丁美洲	1.95	1.87	0.08
北美洲	2.41	1.76	0.66
# 美 国	1.95	1.38	0.57
大洋洲	3.02	2.57	0.45
# 澳大利亚	1.89	1.44	0.45

七、交通、邮电和旅游

贵阳机场共有航线 255 条，比上年增加 2 条；通航城市达到 136 个，比上年增加 4 个。其中国际地区航线 21 条，比上年减少 4 条；国际地区通航城市 22 个，比上年减少 2 个。全年各种方式完成旅客运输量 93621 万人，比上年增长 4.4%；完成货物运输量 72556 万吨，比上年增长 18.2%。

表 14：2020 年运输完成情况

指 标	绝对数	比上年增长（%）
旅客运输量（万人）	93621	4.4
铁 路（发送量）	2521	–24.8
公 路	89374	6.6
航 空	1658	–24.3
水 运	68	–77.3
货物运输量（万吨）	72556	18.2
铁 路（发送量）	1485	17.5
公 路	71044	18.3
航 空	11	–5.5
水 运	16	14.3

全市年末民用车辆拥有量 183.10 万辆，比上年末增长 8.5%，其中个人车辆拥有量 167.40 万辆，比上年末增长 8.7%。汽车拥有量 147.40 万辆，比上年末增长 9.9%。

全市邮电业务总量 903.83 亿元，比上年增长 25.3%，其中邮政业务总量 30.69 亿元，比上年增长 6.0%；电信业务总量 873.14 亿元，比上年增长 26.1%。邮政业务收入 30.75 亿元，比上年增长 10.0%。快递业务量 1.34 亿件，比上年增长 1.7%。电信业务收入 71.55 亿元，比上年增长 5.7%。移动电话年末用户 812.79 万户，比上年下降 0.8%，其中，4G 用户数 659.19 万户。固定互联网宽带接入用户数 199.40 万户，比上年增长 2.9%；移动互联网用户数 644.96 万户，比上年下降 4.7%。

全市全年旅游总人数 15319.88 万人次，比上年下降 33.1%，其中接待国内游客 15317.7 万人次，接待外国（海外）游客 2.18 万人次。旅游总收入 1619.8 亿元，比上年下降 47.7%，其中旅游外汇收入达 1846.16 万美元，下降 94.8%。

表 15：2020 年旅游情况

指　标	单　位	绝对数	比上年增长（%）
接待海外旅游人数	人　次	21783	−96.9
外国人	人　次	10126	−97.5
港澳同胞	人　次	7652	−95.9
台湾同胞	人　次	4005	−96.7
接待海外旅游人天数	人　天	145089	−90.9
外国人	人　天	74932	−91.9
港澳同胞	人　天	41321	−90.2
台湾同胞	人　天	28836	−88.6
旅游外汇收入	万美元	1846.16	−94.8
国内旅游			
接待国内游客	万人次	15317.7	−32.9
旅游收入	亿　元	1618.61	−47.4
旅游总收入	亿　元	1619.80	−47.7

八、财政、金融、证券和保险

全年完成财政总收入 881.51 亿元，比上年下降 2.2%；一般公共预算收入 398.13 亿元，比上年下降 4.6%；一般公共预算支出 676.42 亿元，比上年下降 5.9%。

图 9：一般公共预算收入（亿元）

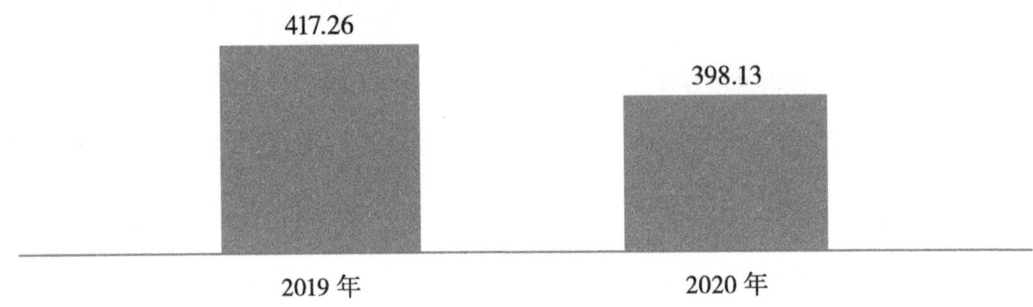

表 16：2020 年财政收支完成情况

指　　标	绝对数（亿元）	比上年增长（%）
财政总收入	881.51	-2.2
#一般公共预算收入	398.13	-4.6
税收收入	306.29	-3.5
#增值税	111.89	-7.0
企业所得税	45.67	-1.6
个人所得税	15.39	9.1
非税收入	91.83	-8.1
一般公共预算支出	676.42	-5.9
#一般公共服务	100.64	-10.1
公共安全	54.65	-6.5
教　育	132.24	4.3
科学技术	25.61	-10.0
社会保障和就业	60.70	12.0
卫生健康	55.32	11.3
节能环保	16.25	-14.4
城乡社区	65.54	-50.2

全市年末金融机构本外币各项存款余额 12523.52 亿元，比年初增加 544.06 亿元，其中，住户存款余额 3652.48 亿元，增加 471.01 亿元；金融机构本外币各项贷款余额 15861.75 亿元，比年初增加 1720.44 亿元。全市年末金融机构人民币各项存款余额 12485.17 亿元，比年初增加 549.00 亿元，其中，住户存款余额 3634.58 亿元，增加 470.46 亿元；非金融企业存款余额 4558.23 亿元，增加 494.11 亿元。金融机构人民币各项贷款余额 15799.15 亿元，比年初增加 1741.57 亿元，其中，住户贷款余额 3539.69 亿元，增加 392.57 亿元；企（事）业单位贷款余额 12259.02 亿元，增加 1351.03 亿元。

全年保险保费收入 184.89 亿元，比上年增长 3.8%。保险赔付支出 67.16 亿元，比上年增长 7.4%。

表 17: 2020 年保险业情况

指　　标	绝对数（亿元）	比上年增长（%）
保费收入	184.89	3.8
财产险	75.73	0.5
# 机动车辆保险	55.10	-1.6
人身险	109.16	6.2
人寿险	76.46	6.1
健康险	25.71	13.8
意外伤害险	6.99	-13.6
赔付支出	67.16	7.4
财产险	45.92	7.5
# 机动车辆保险	32.62	-1.1
人身险	21.24	7.2
人寿险	12.02	0.3
健康险	6.87	35.0
意外伤害险	2.34	-14.1

全市年末共有上市公司20家，其中上交所9家，深交所11家。上市公司总市值2125.55亿元，比上年增长30.9%。证券公司2家，证券分公司33家，证券营业部49家，资金账户数193.30万户，成交金额达到13589.85亿元。期货分公司3家，期货营业部8家，成交金额6685.57亿元。

九、科学技术和教育

全年授权专利15379件，其中发明专利1286件，实用新型专利12754件，外观设计专利1339件。有效发明专利7390，按国民经济行业（门类）划分，其中制造业6597件，占全部有效发明专利的89.3%。新入库国家科技型中小企业244家；410家企业通过国家高新技术企业认定，全市高新技术企业总数达1210家；新增省级技术先进型服务企业1家；新增省级重点实验室1个，省级工程技术研究中心3个，省级临床医学研究中心2个，省级院士工作站1个；新增国家级众创空间1个，省级众创空间3个；新认定市级科技企业孵化器（众创空间）15个；新增省级农业科技示范园区1个，省级星创天地2个；新增省级国际科技合作基地3个；引进科技创新人才团队30支。

2020年，全市研究生教育招生9913人，在校生25091人，毕业生6290人；普通高等教育招生13.59万人，在校生44.02万人，毕业生10.28万人；成人高等教育招生2.15万人，在校生6.44万人，毕业生1.85万人；中等职业教育招生3.56万人，在校生10.50万人，毕业生3.21万人；普通高中招生3.04万人，在校生8.85万人，毕业生2.86万人；普通初中招生5.74万人，在校生16.02万人，毕业生4.87万人；普通小学招生8.01万人，在校生44.58万人，毕业生5.87万人；特殊教育招生238人，在校生1356人，毕业生278人；幼儿园入园8.13万人，在园19.17万人，离园6.59万人。

全市各级各类学校共有2001所（民办学校935所）。其中，幼儿园有1046所（民办687所），小学538所（民办77所），初中260所（民办119所），高中75所（民办32所），中等职业学校33所（民办19所），特殊教育学校10所，工读学校2所，

成人高等学校 2 所，普通高等学校 35 所。

全市有教职员工 10.68 万人，其中专任教师 8.04 万人。全市中小学学校占地面积 1343.14 万平方米（小学生均占地面积 11.7 ㎡，初中生均占地面积 25.83 ㎡；校舍建筑面积 745.02 万平方米，小学生均建筑面积 5.99 ㎡，初中生均建筑面积 14.5 ㎡）。

学前三年毛入园率为 96.2%，九年义务教育巩固率为 92.1%，高中阶段毛入学率为 94.6%，高等教育的毛入学率为 66.9%。全市随迁子女数为 148820 人（小学 107899 人，初中 40921 人），其中进城务工人员随迁子女数为 104937 人（小学 76449 人，初中 28488 人），义务教育阶段进城务工子女就读公办学校（含政府购买民办学位 25574 个）占比为 85.5%。其中小学 76449 人（含政府购买民办学位 19082 个）占比为 84.9%，初中 28488 人（含政府购买民办学位 6492 个）占比为 87.0%。

图 10：高中、初中、小学和幼儿园在校生人数

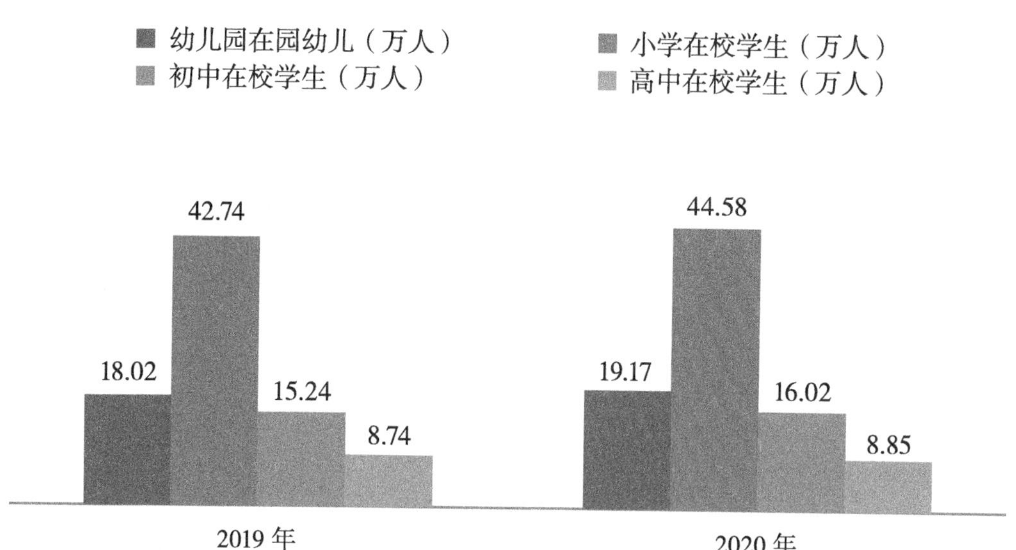

十、文化、卫生和体育

全市共有艺术表演团体 5 个，文化馆（群众艺术馆）11 个，文化站（文化中心）1699 个，公共图书馆 12 个，图书馆藏书量 696 万册（包含电子图书）；广播电视发射台站 5 座，广播人口综合覆盖率 100%，电视人口综合覆盖率 99.72%。

全市年未拥有卫生机构 3320 个，其中医院 193 个，社区卫生服务中心 151 个，乡镇卫生院 78 个，村卫生室 1291 个，门诊部 88 个，诊所、卫生所、医务室 1465 个，急救中心(站)2 个；床位总计 43021 张，其中公立医院床位 24501 张，社会办医院 10343 张，中医类医院 5183 张，公立专科医院 4342 张，基层医疗卫生机构 4375 张；卫生技术人员 56865 人，其中执业(助理)医师 20687 人，注册护士 27617 人；公共卫生人员 5249 人，乡村医生 1415 人；医护比 1:1.33, 床护比 1:0.64: 健康档案建档率 92.4%。

全市拥有 1 所体育运动学校，注册运动员 5440 人。全市共有体育场地 10240 个，其中市级生态体育公园 1 个，市属全民健身中心 1 个，全民健身路径工程 1103 个（器材数 13626 件）。体育场地面积 986.92 万平方米，人均体育场地面积 1.99 平方米。全年共完成省注册运动员 915 人，审核审批一级运动员 42 名、二级运动员 155 名。800 余名运动员参加 20 个项目的省级青少年锦标赛，共获得 138 金、133 银、129 铜的优异成绩。

创新全民健身办赛模式，积极开展线上线下体育赛事活动。组织开展了“共享新时代・全民健身贵阳行”五大系列惠民活动以及“爱运动・爱贵阳”—贵阳城市慢跑线上赛、贵阳市 2020“林城韵运”线上徒步活动和 2020 年贵阳马拉松线上赛，累计带动 600 万人次进行健身锻炼。

十一、城市建设和生态环境

全市年末市区道路[7]总长度达到 1514.49 公里，道路面积 3040.05 万平方米。公交专用车道长度 57.3 公里，轨道交通车站数 25 个，综合客运枢纽 2 个。城市出租汽车 17405 辆，全部安装卫星定位车载终端系统，全年载客车次总数 21296 万车次，客运量 23067 万人次，运营里程 8.79 亿公里。公共汽（电）车营运标准车[8]3369 台，公共汽（电）车营运线路网长度 831 公里，公共汽（电）车营运线路 265 条，全年公共汽（电）车客运总量 34042.11 万人次。

全市自来水厂 22 个，自来水综合生产能力 193.45 万立方米 / 日，供水管道长度达到 6109.49 公里。全年供水总量 45561.27 万立方米，售水总量 35094.41 万立方米，其中公共服务用水 4302.47 万立方米，居民家庭用水 21920.3 万立方米。

全市 46 个污水处理厂，处理能力 195.1 万立方米 / 日，其中市区污水处理厂 34 座，市区污水处理能力 179 万立方米 / 日；“三县一市”污水处理厂 12 座，污水处理能力 16.1 万立方米 / 日。市区排水管道长度 3792.24 公里。

全市 153 座生活垃圾转运站，每日生活垃圾转运能力达 50 吨；市容环卫专用车辆 1672 辆，道路清扫保洁面积 5709 万平方米；公共厕所 605 座，全部达到三类以上标准。

全市天然气供气总量 60507 万立方米，比上年增长 6.3%。其中家庭用量 24228 万立方米，增长 18.2%。用天然气户数 126.97 万户，其中家庭用户 126.11 万户，比上年增长 0.6%。天然气人口 360 万人，比上年增长 3.9%。燃气普及率 95.0%。

全市 16 个县级以上和 45 个农村千人以上集中式饮用水源地均达到Ⅲ类水质标准，水质达标率 100%。全市主城区区域环境噪声昼间时段为 55.2 分贝，道路交通噪声昼间时段为 69.7 分贝，达到国家考核标准要求。

新增建成区绿地面积[9]110.7 公顷，建成区绿地面积 14206 公顷，绿地率为 39.6%。建成区绿化覆盖面积 15015 公顷，绿化覆盖率为 41.8%，建成区公园绿地面积 4497 公顷，建成区人均公园绿地面积达到 13.62 平方米 / 人，森林覆盖率 55%。

城市公园绿地服务半径覆盖的居住用地面积10424.86公顷，绿道长度1051.95公里。

全市环境空气质量综合指数(10) 2.80，同比下降10.5个百分点。全年空气质量优良天数占全年天数的98.9%，同比提高0.8个百分点。可吸入颗粒物年均浓度为0.041毫克/立方米，同比下降12.8%；二氧化硫年均浓度为0.010毫克/立方米，同比持平；二氧化氮年均浓度为0.018毫克/立方米，同比下降14.3%；细颗粒物年均浓度为0.023毫克/立方米，同比下降14.8%。

全年平均气温14.9℃，较常年平均偏低0.2℃，极端最高气温34.3℃，极端最低气温零下3.8℃。全年平均相对湿度82.0%；总降水量1378毫米，较常年平均偏多28.5%；日照时数1288.1小时，较常年平均偏多22.8%。

十二、人民生活和劳动就业

贵阳市新建房市场呈起伏态势，2020年1–4月受春节假期返乡潮和“新冠”疫情叠加影响，环比价格指数先升后降，位于99.5–100.5区间，成交量随之回落；5月份以后随着复工复产有序推进，新建房市场逐步回暖，房价指数由降转升，环比价格指数在100.2–100.7之间，成交量随之稳步回升。二手住宅市场价格呈下行走势，月度环比价格指数“1平11降”，在99.2–100之间波动。

图11：2020年新建及二手房环比变动情况(%)

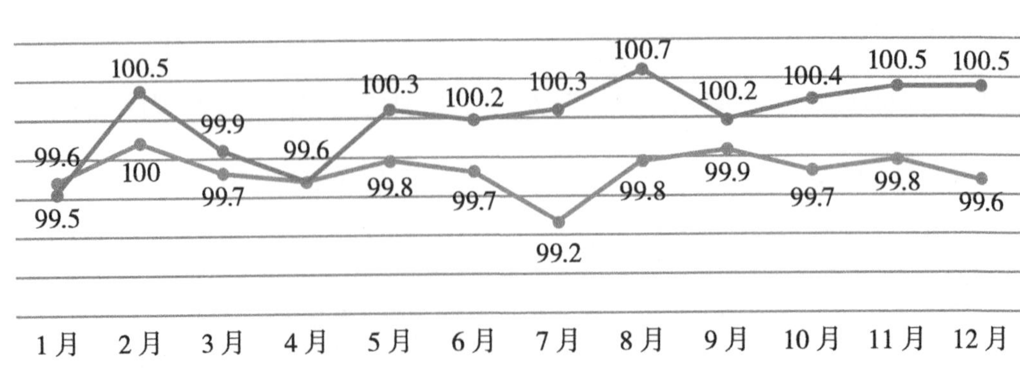

全年贵阳市城镇居民人均可支配收入首破四万元大关，达 40305 元，比上年增长 5.4%，扣除价格因素实际增长 2.9%。每百户居民拥有的家用汽车和移动电话机数量分别为 51.2 辆和 256.2 部。

表 18: 2020 年末每百户城镇居民家庭耐用消费品拥有量情况

指　　标	单 位	绝对数
家用汽车	辆	51.2
摩托车	辆	7.8
电冰箱（柜）	台	103.8
洗衣机	台	103.4
热水器	台	103.4
空调	台	24.2
彩色电视机	台	108.5
照相机	台	18.4
计算机	台	72.0
中高档乐器	架	11.0
固定电话	部	12.7
移动电话	部	256.2

农村居民人均可支配收入 18674 元，比上年增长 8.1%，扣除价格因素实际增长 5.6%。每百户居民拥有的家用汽车和移动电话机数量分别为 47.5 辆和 291.0 部。

表 19：2020 年末每百户农村居民家庭耐用消费品拥有量情况

指　　标	单 位	绝对数
家用汽车	辆	47.5
摩托车	辆	52.0
电冰箱	台	100.8
洗衣机	台	101.1
热水器	台	81.8
空调	台	2.3
彩色电视机	台	112.5
照相机	台	2.6
计算机	台	14.6
中高档乐器	架	1.4
固定电话	部	3.2
移动电话	部	291.0

图 12：居民人均可支配收入

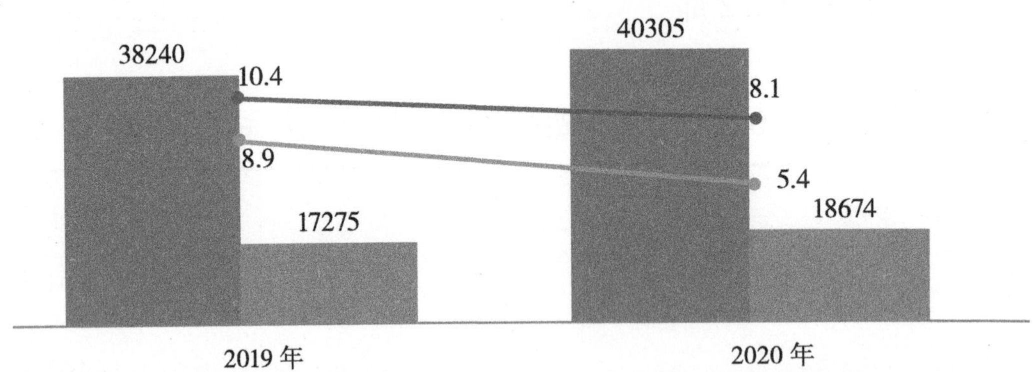

就业困难对象实现再就业 11594 人；农村富余劳动力转移人数 37849 人；城镇失业人员就业人数 52660 人；城镇新增就业人数 13.89 万人，比上年下降 25.0%。年末城镇登记失业率为 4.04%。

图 13：城镇新增就业人数（万人）

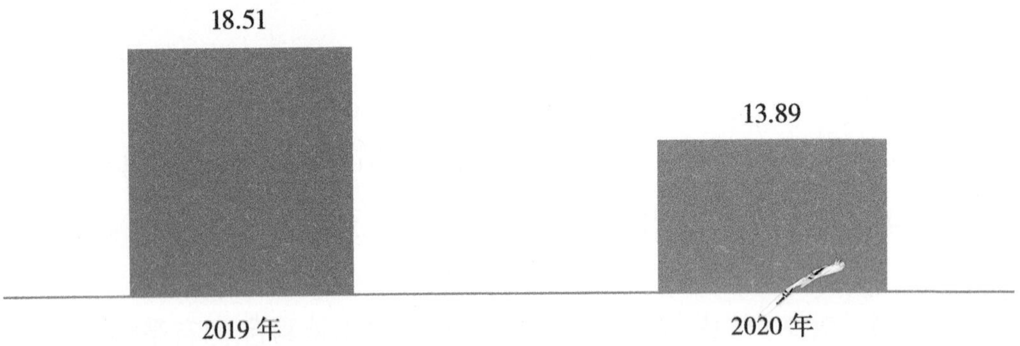

18.51
13.89
2019 年
2020 年

十三、社会保障和服务

全市年末参加城镇职工基本养老保险人数 254.24 万人，比上年增长 5.9%，其中离退休职工基本养老保险 40.44 万人，比上年增长 4.5%；城乡居民基本养老保险人数 79.24 万人，比上年增长 1.5%。

全市年末养老服务机构（含社区日间照料中心）240 个，床位数 21240 张，年末在院人数 4055 人；社区服务中心 143 个，其中农村 71 个；社区服务站 1583 个，其中农村 912 个；城乡居民享受最低生活保障的人数 7.84 万人，其中城市最低生活保障人数为 5.20 万人，农村最低生活保障人数为 2.64 万人；全年民政部门直接接受社会捐赠款 6924.72 万元。

注 释：

（1）公报中所列数据均为初步统计数。

（2）生产总值和各产业增加值绝对数为当年价格，增长速度按可比价格计算。

（3）规模以上工业指年主营业务收入为 2000 及 2000 万元以上工业企业。

（4）固定资产投资统计口径为计划总投资 500 万元及以上固定资产项目投资和全部房地产开发项目投资。

（5）进出口增速按扣除政策性增量后的可比口径计算。

（6）实际利用外资含外商直接投资、境外借款、外商投资企业再投资企业投资。

（7）市区道路为除三县一市外综合行政执法局管辖的道路。

（8）公交运营车辆数包含三县一市数据。

（9）绿地面积不包含三县一市。

（10）环境空气质量指数（AQI）技术规定（试行）（HJ633-2012）与《环境空气质量标准》(GB 3095—2012) 同步实施，标准内容可在环境保护部网站（bz.mep.gov.cn）查询。

（11）资料来源：本公报中电信数据来自贵州省通信管理局；民航运输数据来自贵州省机场集团；上市公司数据来自证监会贵州监管局；保险业数据来自银保监会贵州监管局；教育数据来自贵州省教育厅、市教育局；艺术表演团体、公共图书馆、文化馆数据来自市文化和旅游局；广播、电视数据、旅游数据来自市文化和旅游局；体育数据来自市体育局；城镇新增就业、登记失业率、社会保障数据来自市人力资源和社会保障局；财政数据来自市财政局；农业机械总动力和机耕面积数据来自市农业农村局；铁路运输数据、公路运输数据、水运数据来自市交通委员会；燃气供应数据来自市住房城乡建设局、市燃气集团；外商投资数据来自市商务局；外贸进出口数据来自贵阳海关；民用车辆数据来自市公安交通管理局；邮政业务数据来自市邮政管理局；金融数据来自人民银行贵阳中心支行；科技、专利数据来自市科技局、市市场监管局；平均气温及湿度数据来自市气象局；卫生、新农合数据来自市卫健局；社会福利、低保、社会捐赠数据来自市民政局；环境监测自市生态环境局；城市建设、建成区绿化数据来自市综合执法局；自来水及污水处理等数据来自市水务局；公交运营数据来自市交通委员会、市公交公司、市道路运输管理局；物价和城乡居民收支数据来自国家统计局贵阳调查队；其他数据均来自市统计局。